권·두·언

그 작품성을 홍보

김 건 중 | 경기문인협회 명예회장

경기문협의 숙원사업이다.

우선은 「경기도문단사」를 발간하는 일이었는데 2003년 발간하여 이제 증보판을 발간하면 되는 일이고, 다음은 「경기문인대표작품선집」의 발간인데 마침내 해내고 말았다.

우리 경기도에는 3,000여명의 문인들이 거주하고 있다. 아울러 훌륭한 문인이 그 어느 곳보다도 많이 있음에도 대내외에 크게 알리지 못한 아쉬움이 많았었다. 그러나 다행히도 2017년을 보내며 세밑에 이 책이 발간되어 기쁘기만 하다.

문인에게 창작은 생명과도 같다. 이런 정신 속에서 빚어진 문학작품들이 빛을 보지 못한다면 슬픈 일이 아닐 수 없다.

몇 해 전부터 경기도문인들의 훌륭한 문학작품을 세상에 내 놓아 그 작품성을 홍보코자 했으나 생각처럼 되지 않아 안타까움에 이리저리 동분서주하기만 했는데, 그 가운데서 길이 열리어 이 책이 빛을 보게 되어 그 기쁨을 함께 한 분들과 나누고 싶다.

이 책이 나오기까지 협조해주신 경기도와 경기문화재단 관계자분들께 깊이 감사드리고, 아울러 옥고를 보내주신 여러 선생님들께 큰 절을 올린다.

2017. 세밑

발·간·사

인생과 사람을 바꾸는

이 예 지 | 경기문인협회 회장

참 기쁩니다.

우리 경기도문인들의 대표작품을 한권의 책으로 묶어 내 놓는다는 것이 참으로 가슴 뿌듯합니다.

마음과 달리 쉬운 일이 아니었습니다.

하지만 훌륭하신 선생님들의 작품을 창고에 쌓아놓고만 있는 것 같아 송구하기만 했는데 경기도와 경기문화재단의 배려로 이 책이 발간되게 되어 감사함과 함께 더욱 활발한 문학 활동을 해야겠다는 생각을 합니다.

누구누구 이름만 보아도 지명도가 높은 문인들이 이번 「경기문인대표작품선집」에 함께 했다는 것 또한 큰 기쁨입니다.

비록 한권의 책이지만 이 한권의 책이 독자의 인생을 바꾸고 사람을 바꾸어 놓을 수 있다는 기대와 자긍심을 갖습니다.

우리 경기도를 사랑하는 마음에서 옥고를 주신 여러 선생님과 도움을 주신 경기도와 경기문화재단 관계자 분들께 깊은 감사를 드립니다.

2017. 초겨울

| 차례 | 경기문인 대표작품선집

【권두언】
김건중 - 그 작품성을 홍보 _ 2

【발간사】
이예지 - 인생과 사람을 바꾸는 _ 3

【권두시】
신세훈 - 시인의 달빛 _ 8

【시】
강명옥 - 담쟁이 넝쿨 외2편 _ 10
강영일 - 가난한 화가의
              캔버스 외2편 _ 13
고경숙 - 염전에서 외2편 _ 18
공문숙 - 폐경기 외2편 _ 21
구자룡 - 어머니, 얼마나
              좋으신지 · 1 외2편 _ 24
권순애 - 오월 외2편 _ 27
권혁찬 - 정류장 벤치 외2편 _ 30
권혁춘 - 맥문동 외2편 _ 34
김년균 - 집에서 외2편 _ 37
김대규 - 엽서 외2편 _ 42
김동진 - 굴(窟)과 새(鳥) 외2편 _ 45
김두녀 - 횡단보도 외2편 _ 48

김미선 - 간이역 외2편 _ 51
김복순 - 우리 세상 외2편 _ 55
김선영 - 해바라기 외2편 _ 58
김선용 - 그때, 그 사람의 마음을
              보았더라면 외2편 _ 61
김선우 - 어머니의 목소리 외2편 _ 64
김승배 - 진달래 외2편 _ 67
김여정 - 단풍잎새 한 잎 외2편 _ 70
김영희 - 그녀의 꽃다발 외2편 _ 73
김일두 - 폭포의 날개 외2편 _ 76
김정일 - 기도 외2편 _ 79
김정조 - 숯 굽는 산촌 외2편 _ 82
김지원 - 긍정의 힘 외2편 _ 85
김태룡 - 설화 한 토막 '지게' 외2편 _ 88
김행숙 - 적막한 손 외2편 _ 91
김현숙 - 풀꽃으로 우리
              흔들릴지라도 외2편 _ 94
남궁연옥 - 통증 외2편 _ 97
류성신 - 무위당(無爲堂) 외2편 _ 100
모순하 - 비밀의 문 외2편 _ 103
문영호 - 모래무지 외2편 _ 106
박공수 - 커피를 타며 외2편 _ 109
박미림 - 포도의 배후 외2편 _ 112
박미숙 - 구르다 외2편 _ 115
박민순 - 너를 만나면 외2편 _ 119
박선희 - 23.5도 외2편 _ 122

| 차례 | 경기문인 대표작품선집

박영만 – 서해 落照 외2편 _ 126
박은혜 – 바다, 비, 풍경 외2편 _ 129
박인옥 – 섬진강 은어 외2편 _ 133
박정자 – 구름 나그네 외2편 _ 137
박현태 – 나무들 붉은 색 입다 외2편 _ 140
방 은 – 아부지 몸보신 외2편 _ 143
배두순 – 배꼽 외2편 _ 146
배학기 – 첫사랑 외2편 _ 149
성현철 – 시론(詩論)에 부쳐 외2편 _ 152
성흥환 – 익모초 외2편 _ 156
신동근 – 민들레 외2편 _ 159
신성수 – 저는 낱말만 썼습니다 외2편 _ 162
신을소 – 인사동 길 외2편 _ 165
신이건 – 술래 외2편 _ 168
여도현 – 낙일소묘 외2편 _ 171
오현정 – 몽상가의 턱 외2편 _ 174
우재정 – 바람은 계절이다 외2편 _ 177
위상진 – 중얼거리는 꽃 외2편 _ 180
유 선 – 수원 비둘기 외2편 _ 184
윤고방 – 안개나무 외2편 _ 187
윤인환 – 규화목 외2편 _ 190
이갑세 – 안성의 찬가 외2편 _ 193
이강건 – 구절초 외2편 _ 196
이건선 – 꽃뱀꼬리鳶(연) 외2편 _ 199

이귀선 – 꽃비 외2편 _ 202
이명우 – 산골 풍경 · 325 외2편 _ 205
이상정 – 사막에 꽃으로 피어나리라 외2편 _ 208
이승하 – 어머니와 함께 밤을 새우다 외2편 _ 211
이영로 – 양지 마을 외2편 _ 214
이영성 – 웃고 싶은 날 외2편 _ 217
이영호 – 장충단공원 옆 태극당에서 외2편 _ 220
이원용 – 손톱의 절개 외2편 _ 224
이우림 – 백락사에서 외2편 _ 227
이재선 – 칠월 외2편 _ 230
이재옥 – 가을 외2편 _ 233
이준오 – 신운(神韻)에 핀 돌꽃 외2편 _ 236
이지선 – 작은 들꽃 외2편 _ 239
이철수 – 이대로 좋습니다 외2편 _ 242
이철호 – 그때의 기억 외2편 _ 245
이춘희 – 잎 외2편 _ 248
이향재 – 새 섬의 아침 외2편 _ 251
임경자 – 천일홍 축제에서 외2편 _ 254
임규택 – 들깨 밭이 있는 골목 외2편 _ 257
임병호 – 적군 묘지 외2편 _ 260
임상섭 – 온도계 외2편 _ 263

| 차례 | 경기문인 대표작품선집

임정남 – 여름 꽃 외2편 _ 266
장종국 – 나는 그렇게 서
　　　 있었다 외2편 _ 269
정기숙 – 강(江) 외2편 _ 272
정란희 – 바람 일기 외2편 _ 275
정성채 – 그 이름 나의
　　　 아버지 외2편 _ 278
정진윤 – 모춤 외2편 _ 282
정호성 – 종부의 비창 외2편 _ 285
조규화 – 쉿, 꽃들이
　　　 노래하네 외2편 _ 288
조덕혜 – 비밀한 고독 외2편 _ 291
조병무 – 무슨 색깔이
　　　 나올까 외2편 _ 294
조석구 – 생각의 순금 외2편 _ 297
조순애 – 기관지염 외2편 _ 300
조철형 – 백색 유령 외2편 _ 303
지성찬 – 남사당별곡 외2편 _ 308
진순분 – 항아리 외2편 _ 311
차순자 – 아버지·1 외2편 _ 314
최인섭 – 너와 나는 하나 외2편 _ 317
최종월 – 미노이의 사막 외2편 _ 321
추경희 – 가을엔 외2편 _ 324
하영이 – 팽이 외2편 _ 327
한새빛 – 가을 분수대 외2편 _ 330
한주운 – 하루 외2편 _ 333

한지혜 – 검은 문장 외2편 _ 336
한철수 – 왕릉일기·10 외2편 _ 340
허은주 – 추억 외2편 _ 343
홍은숙 – 간장 외2편 _ 346
황규환 – 일흔일곱 외2편 _ 349

【번역시】
김태준 – 지혜(WISDOM) 외1편 _ 353

【시조】
김석철 – 영산홍 외2편 _ 356
김성호 – 나이 먹어 늙으면 내 고향으로
　　　 가겠소 외2편 _ 359
양만규 – 고개 외2편 _ 362
원용우 – 강가에서 외2편 _ 365
이동륜 – 파도 외2편 _ 368
이주남 – 투명 강산 외2편 _ 371
장기숙 – 임진강 외2편 _ 374

【소설】
김건중 – 은행알 하나 _ 378
김용만 – 돈 키호테와 포옹하다 _ 397
박영래 – 세작 _ 410
손정모 – 일몰의 파동 _ 427
안　영 – 비밀은 외출하고 싶다 _ 446

【수필】

강근숙 - 엄마의 장독대 _ 466
구서휘 - 처연(悽然) _ 469
김미자 - 그리운 고향 _ 472
김산옥 - 엄마 _ 474
김순옥 - 산책길에서 _ 477
김중위 - 소월 김정식과 윤동주 _ 480
박명순 - 불꽃 _ 483
박춘근 - 누나의 얼굴 _ 486
박혜자 - 행복은 내가 만들어
         간다 _ 490
반윤희 - 사생을 다녀와서 _ 492
밝덩굴 - 계수 아버지 _ 495
소진섭 - 옥상에 농원을 만들며 _ 498
손 희 - 쥐불놀이 _ 501
송인관 - 인생 행복론 _ 504
신진숙 - 화가와 여인 _ 507
윤형두 - 연(鳶)처럼 _ 512
이강용 - 나비의 춤 _ 515
이경은 - 시간의 문턱 _ 517
이상국 - 기억 _ 520
이예경 - 노년은 인생을 살아온
         벌일까 _ 523
이예지 - 두 개의 인격 _ 526
임경애 - 공짜 자가용 _ 530
임금재 - 어느 날의 회상 _ 534

임종호 - 세월이 가도 지워지지
         않는 무늬 _ 537
정인자 - 울밑에 선 봉선화 _ 542
조정선 - 국립묘지에서 _ 546
진우곤 - 향기 없는 꽃 _ 549
최영종 - 권력의 함수(函數)인
         人事 _ 552
최장순 - 구석과 모퉁이 _ 555
한명희 - 나하고 같이 샤워할까,
         오빠! _ 559
홍미숙 - 부족함의 미학(美學) _ 562

【아동문학-동시】

김율희 - 開心寺 외2편 _ 566
김지례 - 허(虛)한 것은 반짝이는
         너의 눈 외2편 _ 569
신새별 - 매달려 있는 것 외2편 _ 572
이해복 - 장갑 한 짝 외2편 _ 575
정두리 - 물휴지 외2편 _ 578

【아동문학-동화】

강태희 - 다람쥐들의 신나는 묘기
         대행진 _ 581
김남희 - 은행나무 일기 _ 585
마 리 - 긴 하루 _ 589
윤수천 - 달이 생긴 이야기 _ 594

권|두|시

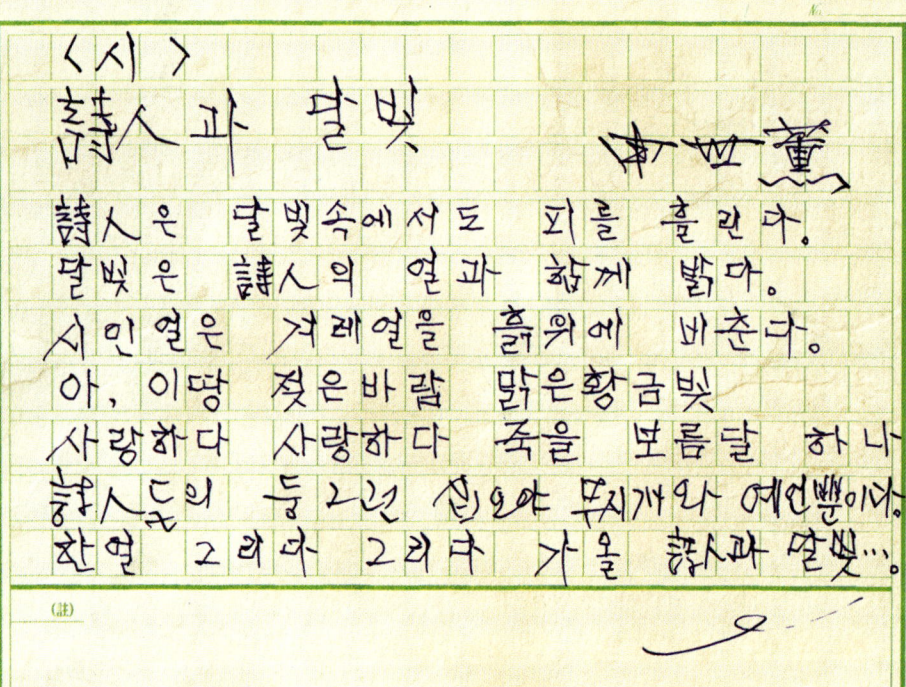

신세훈

- 1962 조선일보 신춘문예 시부 당선
- 국제 P.E.N 한국 부회장(2회) 역임
- 한국문인협회 이사장(2회) 역임(현재 고문)
- 한국현대시인협회 이사장 역임(현재 고문 및 평의원)
- 현재 「自由文學」 및 도서출판 天山 대표
- 시집 「思美人曲」, 「대장부리바」,
  「남이 다하고 난 질문」 등 편역저 30권
- 청마문학상 등 수상

시 · 시조

시

강명옥	강영일	고경숙	공문숙	구자롱	권순애	권혁찬	권혁춘
김년균	김대규	김동진	김두녀	김미선	김복순	김선영	김선용
김선우	김승배	김여정	김영희	김일두	김정일	김정조	김지원
김태룡	김행숙	김현숙	남궁연옥	류성신	모순하	문영호	박공수
박미림	박미숙	박민순	박선희	박영만	박은혜	박인옥	박정자
박현태	방 은	배두순	배학기	성현철	성흥환	신동근	신성수
신을소	신이건	여도현	오현정	우재정	위상진	유 선	윤고방
윤인환	이갑세	이강건	이건선	이귀선	이명우	이상정	이승하
이영로	이영성	이영호	이원용	이우림	이재선	이재옥	이준오
이지선	이철수	이철호	이춘희	이향재	임경자	임규택	임병호
임상섭	임정남	장종국	정기숙	정란희	정성채	정진윤	정호성
조규화	조덕혜	조병무	조석구	조순애	조철형	지성찬	진순분
차순자	최인섭	최종월	추경희	하영이	한새빛	한주운	한지혜
한철수	허은주	홍은숙	황규환				

번역시 김태준

시조

김석철 김성호 양만규 원용우 이동륜 이주남 장기숙

담쟁이 넝쿨 외2편

강 명 옥

성벽이나 담벼락 연이 닿는 곳이면
푸른 꿈을 움켜쥐고 오른다
작열하는 태양의 호흡 속에서도
건들바람이 속삭이면
출렁이는 잎사귀들
척력의 힘으로 단단하게 뿌리 내려
세월을 엮어 나가는 생명력은
푸른 물감을 쏘아내며
벽화를 그려나간다
비밀 하나쯤은 너끈하게 감추어 주는
스크럼을 짜며 묵정의 세월을 품고
절망의 늪도 사뿐하게 넘어간다
넝쿨 하나가 수천 개의 손바닥을 내밀며
너울너울 허공을 향해 오르는 것은
초록의 세상에 평화가 있음을 보여주는 것
세월의 강 흘러가다
천상의 음률에 취해 쉬어가는 담쟁이처럼
내 안의 강을 휘돌아 쉬면서
유턴도 마다하지 않은 삶
그런 삶 하나를 인생 나들목에 놓아본다

황금산 몽돌해변

산과 바다가 소곤대는 명품 트레킹 코스
금이 나왔던 곳이라 얻은 이름 황금산
금을 캐던 해식동굴은 산을 지키는 파수꾼
명물 중에 명물이 되었다
대산항 몽돌해안의 지킴이 코끼리 바위는
심연으로 물드는 바다와 몽돌의 하모니
해무 속에 밝아오는 물상들이 반긴다
달빛 별빛 새벽이슬 머금은
황금빛 태양이 절벽으로 찾아들 때는
금빛 찬란한 비경에 취한 몽들
서산 9경 중 7경으로 뽐내며 세월을 품는다
주상절리의 기묘한 바위들은 조물주의 작품
바다의 이야기를 도란도란 들려준다
낮은 자세로 모여 있는 몽돌
억만년 세월을 오가는 너울파도에
씻기고 씻긴 닳고 닳은 순백의 요정들
전설로 멀어져가는 인연들을 품는다
가진 것 내어주며 다툼도 차별도 서두름도 없다
그대는 하얀 정념(情念) 소리 없는 빅뱅이다

*황금산 몽돌해변 : 충남 서산시 대산읍 독곶리 서해안 끝자락에 있는 산

정동진 바다 부채길

화산 같은 파도에 햇살의 투영
물이랑 이랑마다 요동치는 빛
가슴으로 들어오는 바다
너울파도에 몽돌 파도 타는 소리
또르르, 또로록, 낮달도 쉬어가는
천년 사랑을 읊조린다

영겁 세월의 층을 품은 부채바위
천혜의 얼굴로 발걸음을 멈추게 한다
좌르르 좌르르… 파도를 감도는 몽돌
맑은 여운 메아리로 번지는 바다

바다가 풀어놓은 향기에
행여 연이 닿을까,
소망 하나를 두 손 합장하는
가슴 뛰는 희망의 바다
물무늬 어룽지는 수평선으로
하늘한 바람 따라 나서는 마음
뜨거운 커피 한 잔에
바다를 타서 마시고 싶다

「한국작가」 등단, 한국문인협회 회원, 한국작가 동인회 부회장, 평택문인협회 부회장, 경기신인문학상 · 경기문학 공로상 · 평택예총 예술공로상 · 평택항 물빛축제 백일장 수상. 검찰 총장 표창, 법무부장관 표창, 평택지청장 표창, 평택 안성 범죄피해자 지원센터 부이사장 역임

가난한 화가의 캔버스 외2편

강 영 일

운명의 꼭짓점을 향해 달리는 열차처럼
사랑과 이별이 입맞춤하는 서대전역은
가난한 화가의 캔버스 같다.

거리를 활보하는 물자절약 포스터처럼
세계화 격랑에 조난당한 IMF호 선원들을 집어삼킨
식인상어 같은 비둘기호 열차는
오늘도 비명 소리를 내며
낯선 이방인들을 재활용품으로 골라내고 있었다.

열차의 성난 지느러미 붓끝처럼 세우고
적절히 분탕질하는 밀실의 공간.

끈적끈적한 거미줄 같은 타액을
깊숙한 내장으로부터
담배연기처럼 빨아올리던 중년사내의 눈빛은
견(犬)도살장에서 보아오던 낯익은 눈빛이다.

저승길 납골당 같은 한 평 남짓한 공간에
불법 스티커 닮은 신문지 한 장
침강해안처럼 내려앉는 당신의 어깨
수의(壽衣)처럼 덮고 있었다.

현란한 불빛 아래 머리끝 세워

하이얀 밤을 오선지처럼 새워도
가난한 화가의 캔버스는 알 수 없는 그림자 하나.

드라마 속의 주인공처럼
실연(實演)을 하는 연기자들로
발 디딜 틈 없는 역마당을
무단점거해 버린 포장마차에서는
밤새 성게알 같은 밀어를 섬으로 낳고 있었다.

나침반이 살아가는 이유

　나는 흔들려야 사는 짐승이다. 미세한 바람결에도 눈썹 휘날리며 달팽이의 끈적한 더듬이로 감각의 행간을 읽어내고, 견우와 직녀가 뿌렸음직한 값싼 샴푸 내음에도 촉각을 세울 줄 아는 나는 갈대의 심장을 지닌 채 이 산 저 산 방랑의 삶을 살아왔다.

　목표점을 향하여 야심차게 돌진하는 전우들처럼, 때로는 이성을 잃은 사나운 짐승처럼 남북을 대척점으로 으르렁거리며 흉물스런 몰골을 하고 한랭전선에 둥지를 튼 지 60성상이 지났다.

　사랑에 주린 방향키를 움켜쥔 서로의 눈빛은 오월동주 되어 등 돌린 채 파르르 경련을 일으키고 있다. 손끝 감각으로부터 전해오는 은어의 미세한 떨림이 있어 좋다.

　아직은 살아있음에 감사하며 마지막 숨을 헐떡인다. 언제일지 모르는 그날을 위하여 삶의 끈을 놓지 않고 가냘픈 어깨를 추스리며 바람에 살포시 기대어 본다. 아직은 생명의 미세한 숨결이 남아 있다.

　아! 하고 나는 탄성에 가까운 안도의 숨을 토해낸다. 내일을 기약할 수 없는 부도수표 같은 인생을 담보로 그날을 위하여 값비싼 하루하루를 가불하고 있다.

질화로 한 점

　찬바람이 돌기 시작할 무렵이면 굳게 잠겼던 서대문형무소 같은 곳간 문이 열리곤 한다. 무장군인처럼 급습하는 햇살에 어둠은 풍비박산 꼬리를 감추고, 어둠이 밀물처럼 빠져나간 뒤 피난민들의 유품 같은 먼지 앉은 가전도구들이 하나 둘씩 깊은 잠에서 깨어나기 시작했다.

　미친 듯이 산과 들 쏘다니다 지쳐 잠이든 지게가 먼저 인사를 했다. 어머니 가슴처럼 답답하던 논과 밭의 맺힌 한을 풀어주던 쟁기, 곡괭이. 새벽 일 나가시던 아버지의 뒷꽁무니를 무시로 따라다니던 막내둥이처럼 항상 앞장을 서던 삽 한 자루, 이웃집 아저씨처럼 넓적한 이마를 드러내며 겸연쩍게 웃고 있다.
　보꾹에 매달린 채 숨 가쁘게 곡예를 하는 호미 한 자루. 콩밭, 조밭, 감자밭, 고구마밭 등 가려운 곳 시원히 긁어대던 효자손으로 오늘도 당신처럼 허리가 휘도록 인사를 한다.

　시리도록 적막한 사위. 따돌림 당하던 친구처럼 구석에 앉아 시선을 끄는 한 녀석이 있었다. 이장해버린 무덤처럼 밑둥이 빠진 채 앉아있는 질화로 한 점 고양이처럼 졸고 있다. 눈 오는 날이면 그의 주변엔 온 가족들의 웃음꽃이 떠날 줄 몰랐다. 가족의 희망이요, 등불이요, 재롱둥이였다. 군밤이 입맛을 돋우는 저녁 구수한 된장국 냄새가 겨울밤을 삼키던 그런 애틋한 추억이 있었다.

　훈장처럼 달고 있는 검푸른 주름살만큼이나 연륜을 가진 그는 안방 터줏대감으로 아랫목 차지를 톡톡히 해냈다. 서릿발 이는 저녁부터 아침까지 제 몸 태워 가족을 지켜온 든든한 방패막이로 아버지 같은 존재였다.
　혁명군처럼 기세등등하던 그가 제2선으로 물러난 건 당신께서 시름시름 앓던 어느 늦가을이었다. 세월이란 거풍에 무방비로 쓰러져 간 당신처럼 문명이란 격랑에 서민의 손과 발인 아궁이가 사라지면서 창고 한 켠을 외롭게 지키는 파수꾼이 되고 말았습니다.

* 보꾹 : 지붕 안쪽의 겉면. 천장

성남 및 경기문인협회 사무국장, 현 효양고 교사 및 문학시대 동인, 국제펜 한국본부 회원, 경기도문학상 우수상 · 교단수기 은상 · 경기예술대상 · 경기노총예술제 대상(문학) 수상, 시집 : 「겨울을 떠난 새」, 「가난한 화가의 캔버스」 외 다수

염전에서 외2편

고 경 숙

염전에 있는 것은 모두 다 슬픔이다
물에 생명 있어 흐르다 흐르다 마지막 가는 곳
소금밭 사이 경계를 맨발로 가는 저 실오라기 같은 바람에게 묻노니
사금파리 염판에 엎어져 그대 한없이 울어보았는가
목도 가득 실려가는 눈물의 끝
소금창고는 꺼이꺼이 목젖을 떨며 지나온 시간 울음 삼키는 상여집
목 놓아 울지도 못한다
어느 여름날
찐한 태양 아래 죽음처럼 고요한 염전에서
열린 창고문짝에 바람이 다녀가는 소리 듣는다
수차를 돌리마, 태양조차 돌리마
끊임없이 생을 돌리는 저 검은 등짝에
하얗게 소금이 엉길 때까지
푹 눌러쓴 짚풀 모자에
파랗게 함초가 돋을 때까지
노인과 나는 풍경 속에 오롯이 갇혀 있었다.

불가축(不可觸) 당신

　내가 일몰을 바라볼 때 지구 반대편의 새벽도 어둡고 고요했을 겁니다 서역의 바람이 얼음처럼 차가워져 분분히 일어서던 그때, 우리 마주치지 못했던 눈동자 속에서 가지런히 눈물이 떨어집니다 당신이 세상을 향해 말하고 싶었던 잉여의 노래입니다

　계절이 예정된 대로 거침없이 깊어집니다 시간 속에서 당신을 걸어낸 나는 지워진 이름입니다 우리가 허락받은 허름한 저녁을 지나는 기차의 헛발질 소리, 그리고 잠깐 부딪쳤을 등의 체온 정도를 기억하는 일 모두 꿈이어야 합니다 갠지즈강을 걸어나온 물빛 영혼을, 다 탄 장작더미에서 살아남은 그대의 얼굴을 내가 감싸쥐었을 때 그대의 두 손이 나를 일으켰을 때, 그 순간이, 우리가 유일하게 스쳐지나는 교차점이었음을 어둠이 내리고 칠흑같은 지상의 모든 것들을 더듬더듬 만지며 깨달았습니다 유기와 궁핍으로 굶주린 떠돌이개와 고양이들조차 내 발을 핥기를 주저합니다 앙상한 검은 발바닥에 별처럼 하얗게 붙어있는 모래를 털어주던 당신은 어느 별에서 보낸 어머니의 선물이었을까요? 꿈은 늘 많은 것들을 빼앗아가고 나는 쫓깁니다

　나는 당신을 만지지 못하고 당신 또한 그러하다면 더 이상 태양의 제단에 불을 지피는 일 따윈 하지 말아야 한다고, 죽어 문들어질 만큼만 손끝을 내리찍어 다시는 병든 의지가 당신에게 가닿는 일 없어야 한다고 율법을 내려주십시오

　내가 만지는 모든 것들은 언제나 겨울입니다

옆구리의 표정

입술 부르트도록 쏘다니다 만난 헐렁한 민박집 간판처럼 참으로 정처 없는 곳이다

탱자나무 담장에 기대어 이십 년도 더 띤 혁대 끝이 허름하게 머무는 그곳을 바라보며 힘없이 늘어뜨린 팔이 울고 있다 작정하고 독대한 시대의 갈등이다

표정은 등 저쪽으로 자꾸 시선을 민다 내밀하게 당신의 옆구리를 감싸 안고 잠시 삶이 궁금했던 적 언제였나?

사지가 쉬어야만 비로소 안락해지는 거기,

겨드랑이까지 간질이며 힘내라는 그 힘으로, 급하게 한 술 뜨고 세상 속으로 내달리다 옆구리 결려 으레 한 번씩 주저앉는, 숨넘어가게 웃어젖힐 때마다 느꼈던 그 통증의 혼돈을, 몸은 기억한다

탱자꽃 하얗게 지고 나면 그저 아무도 찾아주지 않는 빈 곳에 비죽비죽 여분의 살 채워지고 먼 것 같던 옛날이 바로 어제처럼

옆구리 시리니 같이 살자고 쿡쿡 찌른 건 당신이었나? 당신의 당신이었나?

계간 「시현실」 등단, 한국문협 · 한국시협 회원, 수주문학상 · 두레문학상 · 경기예술인상 · 2012희망대상 · 2016한국예총 예술문화공로상 · 2017 부천문화상 수상. 부천예총 부회장, 수주문학상운영위원장, 부천시 문화예술위원, 부천의 책 도서선정위원장, 국제교류협력추진위원, 유네스코 창의도시 추진운영위원, 부천시립도서관 운영위원장. 시집: 「모텔 캘리포니아」, 「달의 뒤편」, 「혈을 짚다」, 「유령이 사랑한 저녁」

폐경기 외2편

공 문 숙

- -이제 물러가라
- -안 된다
- -물러나야 한다니까
- -안 된다니까
- -바깥 바람과 안의 바람이
치열한 공방 중.

사이다

사이다를 마시자
얼음 모자 쓴 요정이
목 안에서
빗줄기를 타고
온 몸으로 흩어진다
순간 내 몸은
가슴에서 쥐가 난다

사람들아, 별처럼 살자

사람들아, 별처럼 살자
서로 부딪치지 말고
등을 지지도 말고
머리 맞대고 으밀아밀
저마다 제 위치에서
어둠도 서로가 밝혀내자
밤이 가고
새벽이 다가오면
언젠가 새벽이 오면
말없이 자리를 내어주는
밤하늘의 별처럼 살자

한국문인협회 회원, 한국문인협회 경기도지회 상임이사, 한국문인협회 낭송문화진흥위원회 회원, 한국문인협회 구리지부 부지부장

어머니, 얼마나 좋으신지 · 1 외2편

구 자 룡

깊은 잠에서 깨어난 조국이
만세를 부르던 날
마른 걸레쪽 같은 핏덩이를 안고
만주에서
고향까지 걸어 오셨다구요
오다 오다 지쳐
지쳐 지쳐 오다
핏덩이를 버리고 싶기까지 하셨다죠
화사한 장밋빛 시절
혼자 지내시고, 지금은 황혼
어디 계시죠
손자새끼
다 컸는데.

어머니 —

어머니, 얼마나 좋으신지 · 2

기억도 희미한 안개 속의 세월
어느 날,
동백기름 곱게 바르시고
동생은 업고
저는 걸려
어느 강변에선가
나룻배를 기다리셨죠

처음으로 당신이
제 심장 속에 심어주었던 강,
지금이니까 강이지
그땐 정말 바다였죠
아직도 제 가슴에 강은
바다가 되어 흐르는데
당신은 여지껏
나룻배를 못 타셨는지요

어머니 –

어머니, 얼마나 좋으신지·3

호반마다
당신 얼굴이 담겨져 있는
춘천

바람이 쓸고 간
물살
제 얼굴은 일그러지지만
당신 얼굴은
일그러지지 않습니다

소양강변에는 아직도
뒷굽 없는
헌 구두 한 켤레가 있더이까
당신을 찾다가
방랑자가 되었습니다

어머니—

경기도 여주 출생, 건국대학교 대학원 국어국문학과 졸업, 1968년 정한모 시인 추천 등단, 시집 「순이네 집 겨울비 내리다」, 「깊은구지 세탁소」 외 다수, 그외 평론집 : 「진달래꽃 소월 시집을 찾아서」, 「문학으로 만나는 복사골 부천」, 「변영로 연구」 등 모두 54권의 저서. 부천시문화상·복사골문학상·올해의 예술가상·경기문학대상·한국작가 수헌문학상 등 수상. 현재 부천 복사골문학총연합회 상임이사. 부천문학도서관 관장. 부천향토문화연구소 소장

오월 외2편

권 순 애

눈이 시린 오월로 들어서니
무성해진 떡갈나무 잎에
햇살이 그네를 타고
작은 벌레들의 쉼 없는 움직임에
땅이 출렁입니다
하늘로 날리는
꽃가루의 행렬은
그대를 향한 시가 되어
너울거리고
저-만치
자작나무를 가리키며
웃고 있는 그대 있음에
푸른 산도
품으로 안겨옵니다

편지

책장에 들어앉은
십년 전 편지는
아스라이 떠오르는 기억으로
산과 꽃을 그립니다
살아가는 날이 힘들어
눈물 흘릴 때 닦아주던 그가
거기 있기에
달려가서 손 내미니
한 아름 안개꽃을 안겨줍니다
작은 어깨에 한없이 넓은 가슴을 가진
눈가 잔주름에도 여전히 웃음이 있는
그를 사랑합니다
하늘 닿는 창가엔
파릇파릇 돌나물이 머리를 들고
다시 꽂아 둔 책상 속 편지는
봄잠을 잡니다

바다는 그리움이다
- 속초 외옹치항에서

하얀 거품 물어 눈앞에 토해내고
거대한 울음으로
모래 위 발자국 지워가며
슬픔을 삭이는 너는 바다

두루마리 펼쳐 쓸어가는 시원함에
응어리진 속 내놓으면
달려와 품에 안겨보란다

모래알 세어가며
천만 번을 더 쓸고 갔을 마음으로
푸르게 펼쳐진 가슴이다

살다가 체한 것 같은 맘 되었을 때
달려와 안기고픈 바다는 그리움이다

우렁찬 출렁임에
세월 묶은 보따리 띄우고
옹기종기 발자국 찍어두고 푸른 길로 떠난다

한국문인협회 남양주지부 지부장, 조지훈문학제 공동운영위원장, 시집 :「떠나지 못한 가을을 위하여」,「아이야! 쪽빛 담아 집에 가자」,「예배당의 벚꽃나무」

정류장 벤치 외2편

권 혁 찬

처음부터 주인이 아니던 마른 잎 한 무리가
바람을 불러 타고 먼저 자리를 비웠는가보다
틈에 끼인 채 설익은 잎새 하나 앉아 있는 걸 보면
푸석한 도포자락을 슬쩍 들어
한 노인 길 떠날 채비를 하며
한쪽 끝에 힘겹게 걸터앉아
구겨진 낙엽 냄새를 맞는다
낙엽처럼 가는 이 길
버스를 기다리는 것인지 종점을 지키려는지
모호한 시간이 버석버석 움직이고 있는데
신작로 저만치 힐끗
등 굽은 지팡이에 이끌린 인기척 하나
버스 지난 먼지 속을 서성인다

빈자리
지나간 일상이 흘러둔
이야기들로 질펀해질 때쯤
또 다른 그림자가 먼지를 피우듯 지나겠지
쪼그려 앉은 낙엽이 놀라지 않을까
노을 속으로
조심스레
중절모를 직신 눌러쓰고
그림자를 따라 점점 작아지는
노인의 지팡이 길이처럼

하루해가 자꾸만 짧아지는
정류장 벤치 모퉁이를
과거를 지우듯 쓱 쓱 문질러본다

모종을 고르며

어제 동면을 면한
텃밭의 기지개가
이른 새벽부터 불호령이다
해가 중천에 이르렀다고
꽃들이 내려앉아 흙 멀미를 한다고

알아들었다고
얇은 신발 골라 신고는
손을 꼽으며 모종을 고른다
열매로 귀결될 과채모종이나
뿌리로 잉태될 근채모종들이
농부의 셈을 흩트리는 봄

어림잡아 집어 들고
심다 보면 아쉬운 듯
몇 포기 더 꽂아 둘 걸 신음하듯
종종걸음이 모종가게로 향한다
그래도 서운해
흠뻑 적신 흙살을 만지며
열리고 안을 것들을 점치고 있는
농부의 마음은
아들딸이 잘되라고 기원하는
여린 가슴 그대로다
모종을 고르며
봄을 심듯
내일도 함께 심는다

시장표

비릿함이 일상이 된
목소리들이 향기롭다
더러는 풋내음도
촌부의 이목을 끌기도 하여
울안 살구나무에 달려있는 떡살구를
가마득히 잊은 채
새콤한 향에 취해 신 침을 삼키며
살구를 주워 담는다

고소함이나 얼큰함이 밑천인
장터국밥이 시장기를 모으면
줄레줄레 모여드는 걸음들이 바쁘다

메이드 인 시장표 인심이
수북이 담아지는 곳
집으로 향하는 길목
잡냄새 속에서
메뉴를 선별해 내는
초능력이 생겼다
바닥이 도톰한 시장표 양말이
자꾸만 그 길로 향하게 하는
나도 시장표인가
통복시장 앞에서 멈칫
출처가 의아하다

「현대시학」 등단, 한국문인협회 회원, 평택문인협회 회장, 시산맥 운영위원, 시샘문학 동인, 은행나무 시학회 고문, 평택시 웅변인협회 회장, 칼럼니스트(평안신문 연재), 경기문학 공로상 · 평택예총 공로상 · 제3회 제부도 바다시인학교 백일장 장원 수상

맥문동 외2편

권 혁 춘

여름날
매미 울면
긴 꽃대 마디마다
귀를 달고 울음 귀동냥한다

여름 끝과 함께
매미 소리 끝나면
소리마다 흑진주가 된
구슬 걸어
꽃으로는 피워 낼 수 없는
아름다움을 드리우는 맥문동

땡볕
소나기
천둥
여름을 여름답게 산 삶으로 맞는
가을의 섭리를 배운다
맥문동에게

마음 뼈에 진주 하나 심어 놓고

마음을 하나로 묶는 겨울
밤새 유채색을 무채색으로
사각의 모를 갉아 먹어버리고
등급을 만들어 낸 바람의 손길로
모든 것을 지워 사유케 합니다

그 중 물들지 않는 것 하나
어머니 가슴에 피멍들게 한 불효는
하얀 눈으로 피륙으로 가리워 보려 해도
물들지도 가려지지도 않습니다

하얀 종이 위에 죄를 사하여 달라고
새카맣게 써 내려가도 눈물샘만 자극할 뿐
더욱 각인되어 뇌세포를 흔들어 놓습니다

틀린 글자들은 지우개로 지울 수 있건만
오늘도 칼바람에 조각난 별들처럼 오들오들 떨며
까맣게 타 들어간 마음 뼈에 박혀버린
흑진주 한 알 심어 놓고 어루만집니다

추억이라는 은행

오늘도 기억의 씨앗을
추억이라는 은행에 입금을 했다

아름다운 우정을 예탁해 놓고
가슴 아렸던 첫사랑은
소멸성 보험으로 처리한다

가족과의 헐뜯던 일들이
정기적금으로
각인된 채
장기 보관되어 버린다

창구 없는 은행에서
예치해 두었던
슬픈 기억 하나 인출해
단어들로 퍼즐놀이를 하다
양지바른 나무 아래 묻어 주고
토닥토닥 잠재운다

계간 「한국작가」 아동부문 신인상, 경기신인문학상 소설(동화부문) 당선, 「조선시문학」 등단, 한국문인회 회원, 한국작가 낭송문학 본상 수상, 시집 : 「소금꽃」, 「마음 뻘에 진주 하나 심어놓고」 외

집에서 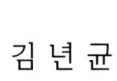 외2편

김 년 균

입춘 길 따라 봄소식 돌아오고,
찬바람 소리 없이 멀리 떠나고,
창가에 다정한 햇볕 든 어느 날,
마을 앞 공원, 허약한 노인들
지팡이 짚고 모이는
한가한 곳에 산책길 나선다.

햇볕이 따스할 줄 알았는데
아직도 바르지 않다.
겨울의 앙심이 얼마나 남았는지
은근히 불안하다.
바람의 덧니에 물린 듯이 어깨가 시큰하지만
잘 참고 한참 만에 쫓긴 듯 돌아온다.

집은 문패만 남아도 흥겨웁다.
문 앞에 서면, 개나리울타리 황금빛 물들고
누군가 뛰쳐나와 안길 듯싶어 가슴 설렌다.
집은 늙어갈수록 아늑하고 포근해지는 줄
왜 잊었을까, 또다시 깨닫고 뉘우친다.
나이 들어도 부끄러움은 줄지 않는다.

누가 이 길에 꽃을 심었는가

애초엔 어디든 길이 없었다.
이 길도 산과 밭 사이를 경계하는 두렁이었다.
기다리는 새는 없고 모기떼 파리떼 득실대고
음흉한 짐승들 겁 없이 날뛰며 소란을 피웠다.
허리 굽은 노인이 지팡이 짚고 간혹 지나칠 뿐
고요한 이 길이 세월이 가자 변하기 시작했다.
오가는 사람이 차츰 늘고 깊은 산을 올려다보며
배낭 멘 사내조차 나타나자 두렁은 소리 없이 넓어지고
마침내 어엿한 길이 되어 더 많은 사람을 기다렸다.
길가로 억센 풀들이 도도히 자리를 폈다.

유월 어느 날, 장마가 천둥치며 기승부릴 때
마음이 따뜻하고 부지런한 이웃집 아저씨가
새벽부터 밭에 나와 풀을 매다가 발견한 코스모스,
언제 어디서 날아왔는지 허리까지 굵어진 그 꽃나무를
아저씨는 함부로 어둠 속에 내버리지 않았다.
풀들이 무성한 길가에 줄줄이 구덩일 파고
그 나무를 옮겨 심었다. 희망의 깃발을 세웠다.

길은 비로소 오롯한 꿈을 꾸었다.
장마가 멎고 뙤약볕에 젖은 여름이 오자
코스모스는 장대 같이 치솟은 키다리가 되어
가지마다 방울방울 꽃망울을 매달더니
아침이면 사람들의 눈을 깜짝 속이며
빨강 보라 분홍 하양 저마다 곱게 화장한 꽃들이
서로 손잡고 얼굴을 비비며 싱글벙글 웃어대다가
누군가 곁을 지나면 깜짝 반기며 허리 굽혀 인사했다.

길이 환하고 지나는 바람마저 향기로웠다.
이제야 길다운 길이 열렸다.

길 가는 사람아, 당신은 이 꽃을 아는가.
이 꽃은 당신을 맞으며 기뻐하지 않는가.
눈앞에 흐르는 사랑과 평화가 찬란하지 않은가.
이제는 이 길을 만든 이를 기억할 일이다.
길이란 생기면 엎어지고 뒤집어지기 마련이지만
길은 항상 가꾸는 손길에 따라 달라지느니,
따뜻한 마음이 아름다운 세상을 만드는구나.

땅에서

이 광막한 곳을 땅이라 한다.
잠시 왔다 가는 곳만은 아닌 듯하다.
끝없는 하늘이 꼼짝 못하게 둘러싸 있어
주인 허락 없인 함부로 오갈 수 없다.
저 높고 깊은 산과 바다가 넘을 수 없는
고개를 만들어 놓고 앞길을 막아선다.
그 아래 닥지닥지 나붙은 마을에서 오로지
숨죽이며 살라 한다. 눈감고 떠날 때까지.
문밖엔 구름과 바람이 귀한 시간을 끌고 다니며
하루도 거르지 않고 행동을 감시하고,
걱정 많은 하늘은 오늘도 마음을 놓지 못하고
해질 무렵엔 산 너머 서녘 끝에 얼굴을 붉힌다.
눈치 챈 사람들이 곳곳에서 위로의 굿판을 연다.

누가 믿지 않으랴.
땅은 정녕 만물이 모이는 곳이다.
가진 게 없이 빈손으로 들어서도
허리 굽히지 않고 시작할 수 있기에
오늘도 낯선 것들이 끊임없이 몰려든다.
땀 흘려 일하면 배부를 수 있기에
저들의 꿈은 더욱 부풀어 오른다.
짐승도 새도 나무도 풀도 꽃도
자랑할 건 날개뿐인 벌이나 나비, 파리나 모기,
심지언 굼벵이 지렁이, 이름 모를 벌레까지도
모두들 한 식구가 되려고
온몸에 분 바르고 빈틈없이 끼어든다.

이보다 넉넉한 곳은 없으리라.
하늘에 없는 것도 이곳엔 널려 있다.
잘못된 것과 잘된 것들이 다 모였기에
상시도 소란이 그칠 날 없지만,
싸우다 죽든 살든 저들이 알아서 하라고
눈 질끈 감고 내버려 둔다.
그러다 무엇을 깨달으라는 것일까?
하늘의 생각은 왜 이리 깊은 것일까?

이 신기한 곳에서 내가 산다.
내가 잠시 머물고 있다.

전북 김제 출생, 1972년 이동주 선생 추천으로 등단, 한국문인협회 이사장 역임, 시집 :「장마」,「갈매기」,「바다와 아이들」,「사람」,「풀잎은 자라나라」,「아이에서 어른까지」,「사람의 마을」,「하루」,「나는 예수가 좋다」,「오래된 습관」,「그리운 사람」,「숙명」,「자연을 생각하며」,「우리들이 사는 법」,「무슨 꽃을 피우는가」,「사람을 생각하며」,「사랑을 말하다」 등, 한국현대시인상 · 들소리문학상 · 윤병로문학상 · 윤동주문학상 · 진을주문학상 등 수상

엽서 외2편

김 대 규

나의 고향은
급행열차가
서지 않는 곳

친구야

놀러 오려거든
삼등객차를
타고 오렴

밤

밤은 언제나 가장 먼 곳에서 내방하는
오래 묵고 갈 손님처럼 찾아옵니다.
어머니가 저녁식탁으로 불러들이는
자식들의 이름을 하느님도 알아듣습니다.
서로 이웃이라고 지저귀는 새들을
나무는 잘 알았노라고 다독거리고
늦도록 귀가하지 않은 아이의 등을
달빛이 자꾸 떠다밉니다.
세상을 먼저 떠난 아버지가
주방 문턱에서 서성이는 걸
어머니가 약간 눈치를 챕니다.
개에게도 일용할 양식이 주어지고
아이들은 제각끔 일기를 씁니다.
하루의 잘잘못을 되짚어 보며
잠을 청하는 가족 곁에
하느님도 슬그머니 함께 눕습니다.

시인의 눈

사랑의 장기이식 본부에
각막이식 서약을 했습니다.
다른 장기들은 술과 담배로 찌들어
각막만 제공했습니다. 미안합니다.

첫 윙크를 보낸 여인과 지금까지 살면서
마음이 여려 눈물도 잘 흘렸지만
나쁜 것들은 보지 않으려고 애썼으니
어느 분이든 세상을 아름답게 보실 수 있을 것입니다.
혹시 해서 제 안경도 따로 두겠습니다.

한 가지 부탁드릴 일이 있습니다.
저는 평생 책만 읽고 살았답니다.
저의 독서생활이 이어질 수 있도록
가끔 책을 읽어주셨으면 합니다.
시집이면 더욱 좋겠지요.

시인의 눈이었으니까요.

▪ 안양 출생, 연세대 국문과·경희대 대학원 국문과 졸업, 시집「靈의 流刑」으로 등단,「시와 시론」동인, 안양여고 교사, 연세대·덕성여대·경기대 문예창작대학원 강사, 안양대 겸임교수 역임, 경기도 문인협회 회장, 안양예총 지부장, 중부일보 논설위원 등 역임, 안양문인협회 명예회장, 안양시민신문사 회장, 흙의 문예상·경기도문화상·편운문학상·한국시인정신상 등 수상, 시집 :「이 어둠 속에서의 지향」,「흙의 사상」,「흙의 시법」,「하느님의 출석부」외, 산문집 :「시인의 편지」,「사랑의 팡세」,「당신의 묘비에 뭐라고 쓸까요?」,「늙은 시인 으로부터의 편지」외, 평론집 :「무의식의 수사학」,「해설은 발견이다」외

굴(窟)과 새(鳥) 외2편

김 동 진

1601호는
16층 높이만큼 구름에 더 다가간
새가 살고 있는 둥지의 이름이다

새는 본래 날개가 없어 날지 못하고
문명이 만들어 준 굴
그 속에 있는 두레박을 타고 둥지를 오르내린다
깊이가 있는 우물 속 같은
솟는 힘이 있는 대나무통 같고
신비스러운 기린의 목구멍 같기도 한
굴

굴과 새는
만날 때마다 점자를 읽듯 서로를 읽는다
땅에서는 하늘이 그립고
공중에서는 땅이 그리운 것은
새는 늘 날개 한 번 펴는 꿈을 꾸기 때문일까
꿈을 길어 올리고
꿈을 실어 내리며
하루를 열어가며 사는 일상

본래 날개 없는 새 한 마리
굴 속을 날개 없이 날 때마다
부리에 물고 온 둥지의 사랑을
네모난 굴의 벽에 열심히 심는다

퍽 이른봄

실오라기만큼 가는 햇볕 몇 줄이
서로 등을 비비고 있는 롯데마트 가는 길목
속옷만 파고드는 꽃샘추위가
가판 할머니 고쟁이 속을 들락거리고 있다

오늘도 가판 할머니
롯데마트보다 먼저
봄기운을 한 줌씩 한 줌씩 다듬어
돗자리에 차려 놓는다

달래, 냉이, 떡쑥, 엄나무순, 더덕순, 원추리순, 더덕들은
소꿉놀이 상차림에 잘 어울린 것 같은데
검은콩, 율무는 좀 엉뚱하지만 그래도 좋다

길 가던 한 여인
장다리밭 나비처럼 내려앉아
냉이랑 달래랑 사서 봉지에 담는다

검은 비닐봉지에서 끓고 있는 냉이국 냄새는
금세 길목을 흐르고
가판대를 머뭇거리던 퍽 이른봄이
봄을 파는 롯데마트 푸드매장보다 더 먼저 팔리고 있다

작은 바람의 위장술

작은 바람은 봄에만 인다
좀처럼 자신의 모습을 드러내지 않으려
투명한 색깔로 위장을 한다
꼭꼭 몸을 숨기기 때문에 구름이 걷혀도 그림자가 없다
그러나 숨죽이고 가만히 엿보게 되면
그의 위장술은 재롱스럽기만 하다
나비날개인 양 꽃잎이 하늘거리는 것도
소리인 양 나뭇잎들이 사각거리는 것도
아지랑이 타고 공중을 곡예하는 잔잔한 율동도
다 그가 숨어 있는 흔적인데도
그 노출을 자신만 모른다
작은 바람에게는
봄의 풍경들은 그의 악기다
악기의 울림이 그의 언어요 몸짓이다
아무리 위장으로 자신을 감추려 하지만
그의 특이한 오케스트라 연주는
이 찬란한 봄에는 한사코 숨겨지지 않는다

한국문인협회 김포지부 회장 역임(현 고문), 시집 : 「늦해바라기의 사랑」, 「숨소리」, 「다시 갈 변곡점에서」, '숲' '시쓰는사람들' '자연문학회' 동인지 등 다수, 김포문학상 · 김포문화예술인상 수상

횡단보도 외2편

김 두 녀

왕복 8차선 횡단보도
양방향 멈춰 선 수십 대의 자동차
바쁜 걸음 멈추고서 어서 걸어보라
날 응시한다
굽은 어깨 쫙 펴고
앞뒤로 번갈아 활개 치는 양팔
발끝에는 힘 일자걸음
시선은 15도 위
앞을 본다
가장 폼 잡고 걸어보는
길 위의 무대는 황홀하다
언제 내릴지 모르는 대단원의 막
하늘에 맡기고
잠시 각본 없이 펼쳐 보이는
횡단보도 위
나의 길

꽃길을 걷다가

진달래 능선을 타다가
벚꽃길을 걷다가
아카시아 꽃길을 간다
꽃은 피고 지고

왕소금을 뿌린
까치가 가로막던 그 길을 간다
씁쓸한 내 사랑도 피고 지고
온갖 새들의 노래도 지고 핀다

분 냄새가 나서
사방을 두리번대니
소복 입은 찔레꽃
작은 몸 떨림

슬픔도 피고 지는 것을

별이 뜬다

나와 그 사이에
별이 뜬다

시선이 가는 곳마다 뜨는
발 빠른 별

내 몸속에도 돋아난다
머리에 마음 한가운데에
그래서 가슴 아린 별

손톱 발톱에도 뜬다
빠알간 꽃잎으로 뜬다

시인, 서양화가, 「해평시」〈바다가 불렀다〉 외 9편 상재 작품 활동시작, 한국작가회의 고양지부 회장, 상황문학 회장, 한국시인협회 · 국제펜클럽 한국본부 회원, 서울시인상 · 경기도문학상 본상 수상, 시집 :「여자가 씨를 뿌린다」,「삐비꽃이 비상한다」,「꽃에게 묻다」외 공저 다수

간이역 외2편

김 미 선

세월이 지나는 간이역마다
추억은 꿈처럼
안개 자욱한 기억의 터널 저편에
나를 멈춘다

기다리는 이 없고
반겨줄 이 더욱 없는데
미련에 붙들려
훌훌 떠나지 못하는 마음

휑한 빈 가슴으로
바람이 지나는 소리
누군가 나를 위해 휘파람이라도 불어 준다면
한바탕 흐느껴 울어라도 볼 것을

그해 마지막 겨울눈이
온 세상을 천국으로 만들던 날
목숨보다 사랑한다던 당신은
평생의 설움을 긴 한숨에 떨치고 가시더니
눈물조차 얼어붙은 그 꽃샘추위에…

아직도 다 뽑아내지 못한 슬픔의 편린들이
가끔씩 분수처럼 솟아오르면
숨이 멎을 것 같은 아픔을 말없이 쓸어내리고

돌아서서 삼키는 눈물

아무 일 없었던 것처럼
이 땅에 다시 첫눈이 내리고
세월은 잠시 머물다
그렇게 또 가고 있나보다

유배지

별을 덮고 누웠다

아련한 기억 속에
사랑이란 이름조차 사라져 가고
욕망의 이기심에 밀려온 앉은뱅이 자존심
이젠 기다림마저 버거운 세월
허물어지지 않는 의혹의 벽들을 두들겨 본다

골고다 언덕을 헤매던 날
끝없는 메아리 되어 귓전을 울리는 소리
다 버릴지라도 나는 그렇지 않겠다던 베드로의 고백
땀방울은 핏방울 되어 흐르고…
'네가 나를 사랑하느냐'
'네가 나를 사랑하느냐'
'정녕 네가 나를 사랑하느냐'
이제 변명조차 힘든 나의 고백은
'주여 당신만이 아십니다'

세상은 변하여 가고
모진 세월에 씻겨 다 무디어진 말초신경
스스로 걸머진 굴레에 겨워
목마른 자유 자유 자유
그러나
아직도 내겐 호흡이 있고
지구엔 종말이 오지 않았음을 자위하는데
가슴을 타고 은하가 흐른다

바다이고 싶소

하늘이여
나의 하늘이시여
언제까지나 당신을 향한 나의 마음은
늘 사모함으로 바라볼 수 있는
바다이고 싶소

맑은 날은 함께 웃고
먹구름이 덮인 날은 가슴조이며
행여 거센 풍랑에 잠시 일렁일지라도
온 세상의 눈물로도 넘치지 않고
돌팔매 던지고 던져도
그저 잠잠히
가슴으로 쓸어안고 기도하겠소

당신으로 인하여 울고 웃는
깃털 같은 세월 속에
멍든 가슴조차 부서져
하얗게 소금이 될지라도
난 여전히 그렇게 그대를 닮아가며
하냥 마주 볼 수 있는
푸르디푸른 바다이고 싶소

▶ 월간 「문예사조」로 등단, 한국문인협회 · 국제펜클럽 한국본부 회원, 한국문인협회 성남지부 부회장, 저서 : 「홀로 한 사랑」 외 다수

우리 세상 외2편

김 복 순

점 하나도
쉼표 하나도
시가 되고 그림이 되고

정(情) 하나도
말씀 하나도
희망이 되고 눈물이 되고

좋은 세상
힘든 세상
백합도 장미도 한철

작은 홀씨 하나가
숲을 향하여
먼 길 돌아왔다면

우리
준산이 되어
해와 달 함께 나누자.

하남의 여름

초록 무성한 은행나무
검단산 그늘을 내어준다
뙤약볕 쓸고 가는 풀잎들
쉬어가는 여름

아름다운 우리 물 아리수
유니온파크 물놀이장 내어준다
구슬땀 쏟아지는 꽃잎들
시원한 여름

갈대 출렁이는 미사리
자연동산 통기타 내어준다
갈대숲 짝을 찾는 맹꽁이들
노래하는 여름

하남의 여름은
아이스크림보다 달다.

3월이야

차고 궂은 바람 다 잊고
흙의 가슴으로 봄나물 한 소쿠리 내어주는
화해와 용서의 여인 3월이야

응어리진 돌담 허물고 돌아온 여인
마른 땅을 후비고 간 잿빛 설움도
상흔의 발자국도 다 지워버리고
그리워 그리워 진달래로 피는 3월이야

「시사문단」 시인 등단, 하남문인협회 회장 역임, 경기문학 문학공로상·문화예술 유공표창 경기도지사상·하남예총 공로상·「사계문학」 인터넷문학상 수상, 독서지도사, 시집 : 「마음의 등불을 켜다」 공저

해바라기 외2편

김 선 영

해바라기는 눈이 많아서
빨래하는 엄마도 바라봐 주고
날아가는 참새도 바라봐 주고
하늘에 새털구름도 바라봐 주고
돌계단 아래 오종종
채송화 꽃들도 바라봐 줘

또록또록 작은 눈들이
고물고물 따뜻한 마음이 되어
가을이면
까맣게 여문 씨앗이 된대요.

꿀 꺽

수북수북
새하얀 쌀밥
꿀꺽-
배부르겠다

듬뿍듬뿍
따듯한 칭찬
꿀꺽-
배부르겠다

소복소복
힘내라는 말
꿀꺽-
든든하겠다.

엄마는, 술술술

오랜만에 놀러 오신
친구 분 앞에서

형이랑 나랑 싸운 이야기
빨강 머리 염색한 이야기
밤 구워먹다 뻥 터진 이야기
날마다 늦잠 자는 이야기까지

우리들 흉을 언제 그렇게
실타래에 칭칭 감아 놓으셨는지
술술술 끝도 없이 풀고 계시네.

「아동문예」 동시 등단, 하남문인협회 사무국장, 한국문인협회 · 한국아동문예작가회 · 한국동시문학회 · 한국아동문학인협회 회원, 한국아동문예상 · 경기도문학상(우수상) · 하남문학상 수상, 동시집 : 「바람 빠진 자전거」 외 공저 다수

그때, 그 사람의 마음을 보았더라면 외2편

김 선 용

사람들은 눈을 보면
그 사람을 알 수 있다고 하지
거짓말이다

사람들은
그 사람의 행동을 보면
그 사람을 알 수 있다고 하지
거짓말이다

마음을 보아야 그 사람을 알 수 있다
사람의 마음은 '느낌'으로 볼 수 있다
느껴야 볼 수 있다

느끼려면 그대의 마음을
먼저 갈고 닦아야
비로소 타인의 마음을 볼 수 있는 법

8,848미터인 에베레스트보다 높고
수심 250미터에 달하는,
세계에서 가장 깊다는, 콩고강보다도 깊은
그대의 마음을 수천, 수만 번을 왔다갔다해야 하지
그때 그 사람의 마음을 보았더라면
그대 지금처럼 아프지 않았으리
지금처럼 그 무엇에 눈멀지 않았으리.

두물머리 나루터에서

보아야 볼 수 있고
들어야 들을 수 있다

강에서
길 없는 길을 보았다

눈앞에 보이는 길만을
길이라 믿는 자
길이 안 보이는 자

잠시 인생이란 무대에서 내려와
강에 가 보라
노을 지는 강가에 가
눈시울도 꽃잎처럼 적셔보고

지금보다 곱절이나 긴
바람에 흔들리는 너의 그림자를
뜨겁게 껴안을 때

비로소 길은 시작된다.

우리도(島)

너와 나
사이에
섬이 있다

우리도(島)

그래서
외롭지
않다.

충남 태안 남산리 출생, 명지대학교 대학원 국어교육학 석사 졸업, 계간「문예와 비평」
신인상 시부문 등단, 시집 :「소금인형의 사랑」, 경복여고, 진명여고를 거쳐 2003년부터
현재까지 경기도 의정부 소재「경민고등학교」국어교사, 국제PEN클럽 한국본부 정회원,
한국문인협회 · 한국시인협회 · 한국현대시인협회 · 흙빛문학회 회원

어머니의 목소리 외2편

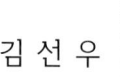

비가 화원의 차양을 때리며
온종일 내립니다
어머니의 잔소리처럼 총총 볶아대던 목소리
그 소리야 이 비 그치면
바람에 말갛게 헹궈져 사라지지만
귓전을 쨍쨍 울리는 어머니 목소리는
지워지지 않습니다
어머니!
당신의 뒷모습처럼 비가 내립니다
차마 날 두고 갈 수 없어
주춤대는 당신의 굽은 등 뒤로 내렸던 비처럼
하염없이 내립니다
당신은 발자국 대신 빗소리를 남겼지만
나는 빗소리를 떠나보낼 수 없어
부연을 피워 올리는 비의 꽃대를 잡고
하냥 우옵니다

통나무의자 반가상

마등산을 느릿느릿 오르면
지리봉에 통나무의자 있다
그 의자는 바람 구름 햇볕 그늘 등에
자신의 등을 온통 내어주고
무엇 하나 달라 하지 않는다
통나무의자에 새겨진 무늬에서
의자의 굴곡진 세월의 언덕을 읽으며
나를 돌아본다
한동안 얼마나 숨이 가빠 주저앉아 있었는지
저무는 노을의 무게만큼이나
내가 지고 온 세월의 짐이 무겁구나
바람이 분다
보슬비가 내린다
산새들이 울어엔다

인생은 버려야 할 것은 버려야
새의 깃털처럼 가벼워진다지?
또 비워야 누군가를 앉힐 수 있다지?
고희의 턱 밑에서
의자의 말씀을 듣는다

낙엽 한 잎의 연가

입동이 가고
다가오는 동지를 맞이하기 위해
마등산을 오른다
숱한 마음의 부침을 예감하고
진눈깨비는 오락가락
온몸을 두드린다
수척해진 바람 남기고
멀리 떠나버린, 차마 부르지 못했던
누군가의 뒷모습처럼
아득하게 자리 잡은 봄날과
애잔하게 울음 울던 풀벌레
두 계절의 사이로 번지는 뜨거운 여름이 그립다
한 우주가 온전히 돌고 돌 듯
내 삶의 그리움도 맞물려 돌아가는데
무엇을 그리워하나
또 무엇을 애석해 하나
앙상한 나뭇가지에 낙엽 한 장
대롱대롱 매달려
그리움을 울고 있는
아침 한나절

경기 오산 출생, 월간「문예사조」, 계간「한국작가」신인상 등단, 한국문인협회·국제펜클럽 한국본부 회원, 한국작가동인회 부회장, 시선집 :「길에서 화두를 줍다」, 열 번째 시집「흙에서 캔 나의 노래」외, 물향기문학상·경기도문학상·아름다운 한국문학인상·후백 황금찬 시문학상·대한민국 문화예술 명인대전 시 명인상 외 다수 수상

진달래 외2편

김 승 배

사월이 오면
낯선 동남풍 등에 업히어
앞 뒤 동산 오가다다

다문다문 부려놓은
열아홉 순정
저 좀, 데려가 주세요

억새

머리 풀고

길 떠난다기에

손 흔들어 주었지요

섬

아옹다옹

삿대질에서

몇 발짝 물러앉은 너는

요즘도 발 뻗고 지낸다지

경기 고양 출생, 경기대학교 행정학과 졸업, 고양문협, 고양예총 회장, 고양문화원부원장 역임, 현재 상경어린이 문학상 운영회장

단풍잎새 한 잎 외2편

김 여 정

내 평생
갈아넣고 갈아넣은 피 중에
제일로 깨끗한 선홍의 피로 그린
잎새 한 잎
물 위에 띄웠더니
가을 선운사 앞뜰의
단풍나무 하나가 잎 다 떨구어 내고
오직 불타는 단풍잎새
한 잎만
맑은 풍금 소리를 내며
파아란 가을하늘 저편으로
아득히 흘러가고 있구나.

하늘빛이 고와서

오월이었습니다

하늘빛이 너무도 고와서 가슴속 눈물샘이 더 깊어졌다며
하염없이 옥빛 하늘에 눈길을 보내는 여인이 있었습니다

하늘빛이 고운 옥빛이어서 한 해에 단 한 번 끼어 보는 가락지도
자수정 가락지가 아닌 옥가락지를 낀다는 여인이 있었습니다

하늘빛이 하늘하늘 고운 옥색 명주비단 같다며 곱게 물들여 바느질한
 옥색 명주 목도리를 어린 딸의 목에 감아 주며 행복해 한 여인이 있었습니다

한 권의 시집이 된 오월이 책장을 열고 있습니다

오월의 하늘에 옥빛 샘물이 솟아오르고 있네요
오월의 하늘에 옥가락지가 둥글게 원을 그리며 구르고 있네요
오월의 하늘에 옥색 명주 목도리가 강이 되어 흐르고 있네요

오월 같은 열일곱 어린 나이에 시집 와서 오월 같은 꿈도 못 꾸어
익은 포도송이 같은 멍을 가슴에 달고 살았던 여인
 나의 어머니
 팔순 넘긴 딸 만날 날이 가까워서인가
 지금 오월의 하늘 옥색 비단목도리로 내 목을 부드럽게 감싸주고 있네요

은행잎 편지

이제는 황금빛 옷을 입어도 괜찮다고
이제는 황금빛 옷을 벗어도 좋다고
이제는 노랗게 웃어도 된다고
이제는 바람에 떨어져 내려도 아름답다고
이제는 땅에 깔려 밟혀도 황금기(黃金期)라고
노오란 봉투편지를 보내는 사람
아, 내 그리움이고 먼 이별인 사람
평생 가슴에 묻어 두었던 사랑을 은행잎 편지로
한꺼번에 고백하는 사람
내 속의 적멸보궁인 가을사람
지금 지상(地上)은 그 사람이 남긴 말들로 찬란하다

▶ 대학원 국문 73학번, 「현대문학」 등단, 저서 : 시집 「화음」, 「겨울새」, 「해연사」 등 14권, 시전집 2권 등 다수

그녀의 꽃다발 외2편

김 영 희

마음 하나 숨길 줄 모르는 그녀
여백이 많아서다
그 남자가 잘라온 안개꽃
꽃다발에 묶인 고백을 믿는다
금새 날아가 버릴
휘발유 같은 약속도 믿는다
자두 빛 저녁 해가 지고
고장 난 시계가 정오인 줄 알고
12번 종소리를 쳐대도
그 소리를 굳게 믿는다
그녀의 믿음은 샘물 같아서
안개꽃 꽃다발은 시들지 않는다

거리의 악사

저 건물 너머 낯선 새 한 마리
슬픈 날갯짓으로 울음을 대신한다
가로등 사이 잎이 지는 도로 위엔
인생을 내려놓고
살아온 추위만큼 떨고 있는
거리의 악사가 있다
그에게만은 무심했던 신호등과
뭇사람들의 시선이 허공을 가른다
시간이 흐른 후
새들은 다시 울음을 뱉어 내고
악사는 사라진 다리를 끌며
시장 바닥을 누빈다
핏기 잃은 얼굴 앞엔 몇 개의 동전이
바구니 속에 갇혀 사랑을 구걸하고
떠오른 해는 다시 툭 떨어진다
뒷짐진 무거운 추처럼
세상을 향해 소리치던 그의 삶도
서서히 땅속으로 가라앉는다

한적한 카페

구석에서 노래하는
라디오가 맘에 든다
신청하지 않아도
듣고 싶은 노래만 나온다
저 테이블 너머로 연애가 시작되고
또 끝이 난다
이혼한 듯 보이는 부부는
모처럼 아이들을 앞에 놓고
서먹한 대화를 주고받는다
온갖 인생사가 스쳐간다
노래는 사람들 사이를 헤집고
촉수 낮은 전구는
커피 향에도 흔들린다

이곳은 보통 사람의 시간이 있고
아픈 사람의 시간이 따로 있다
진짜 삶은 한 발짝 떨어져
멀찌감치 존재한다

한국문학예술 신인상(포스트모던) 시로 등단, 시집 : 「그녀가 웃어요」, 광명문학 대상 수상, 광명문인협회 지부장 역임, 한국문인협회 회원

폭포의 날개 외2편

김 일 두

마지막 각오로 뛰어내린
눈부신 자태가
넋을 훔치는가

목 터져라
깨어지고 부서지는
그 진통은
하얀 탯줄 드러내
새 생명을 탄생시킨
환희가 환각이 되고
걸쳐진 무지개가
선경이 된다

하얀 날갯짓은 하늘 끝에
학이 되었다
신선이 되었다 한다

달맞이꽃

서산에 해 기울면
슬그머니 창문 닫고 나들이인 듯
가슴 뛰는 설렘으로 동구 밖 나서는

하늘에 별 뜨면
여삼추의 목마름으로
단숨에 동산을 넘어 온다

별빛 타고 달려온 달님과
해후의 달맞이꽃
네가 있어 빛이 된 신비의 얼굴
그리움에 길이 있어 그 길을 간다

도란도란 도랑물처럼
투정 하소연 굴곡을 섞어도
끄덕여 주는 하늘만큼
샛노란 미소

독경

가을인가, 숲속의 전령사들

수천 년을 이어 지새우는 밤

변함없어 마음 적시어 주는
반짝이는 한 줄기 빛이다

노래인지 울부짖음인지
언어는 달라도

그 절절한 독경
과연 계절을 굴리어
하늘에 이를 기도로 승천하려는가

「한국작가」 등단, 한국문인협회 회원, 계간 「한국작가」 운영이사, 한국작가동인 회장, 경기도문인협회 부회장, 경기도신인문학상 · 경기예총회장상 · 경기예술대상 수상, 시집 : 「새벽을 열다」, 「자목련」 등

기도 외2편

김 정 일

어둠을
헤집고 나와
진흙 수렁에 허우적 대며
미친 듯이 내 육신을 불살라
네게 정갈하게
닿을 수 있기를
더럽고
헤프다 탓하지 마라
나를 밟고 지나간 흔적
말끔히 털어낸 육신에
윤기 낸 푸른 잎들
네게로 피워 내고
있잖니.

화 신

그대는
나의 하늘이요
나는
그대의 바다
하늘에 검은 구름 일면
나는 노여움으로
흔들리고
따스한 봄바람 일면
돛을 올려
은빛 갈기로
달 별들이
깃발처럼 펄럭인다
가슴 빈자리
가득히 밀려오는 바람
하얗게 이는 물보라
노래와 춤
미움과 사랑
하늘빛
출렁이는 바다.

한 강

밀려드는 중공군을
화천호에 수장시켜
파라호라
10억 톤의 물을 담고 넘쳐
원통과 인제를 지나
의암댐을 채우며 억겁의 물줄기
청평호를 넘어 팔당으로
끊기면서 이어져 온 멍울
양수리 지나 남북이 하나되어
바다가 되어 출렁이며 춤추는
팔당호
우리는 아직도 헐뜯는 둘이더냐
형제의 가슴에 총구를 겨누는
슬픔을 삭이는 구천의 한이여
한강이여.

「문학저널」 시 등단, 한국문인협회 회원, 한국문협 경기 광주지부 회장, 산성문학 회장,
시집 : 「귀향의 징검다리」, 공저 : 「행복 꽃, 꽃 밭에서」 외

숯 굽는 산촌 외2편

김 정 조

엽돈재 너머 숯 굽는 산촌
하얗게 피어오르는 숯가마의 연기
참나무 장작이 숯가마에서 활활 타오르고
비로소 숯이 되는 시간, 때를 맞춰야 한다
아비의 땀방울이 흐르는 밥벌이의 뜨거움
자식을 위한 마음은
불로 얼마나 구워야 숯이 될까?
때를 맞춰 거둬야 한다
아이들에겐 거름 같은 아비다

데스벨리(Death valley)* 소금사막

무엇을 그리워했는지
무엇을 찾아 헤매었는지
설산이 보이는, 눈이 살풋 쌓인 것 같은
소금밭을 보며 달렸다

바다가 말라 소금밭이 된 곳
소금은 눈꽃처럼 빛이 난다
빛과 소금만 있다면…

빛나는 척박함을 처음 만난 날
익숙하다, 불시착한 때가 있다
손톱에 피 맺히도록 바닥을 긁으며
빠져나온 적 있다

피곤에 지쳐 이곳을 만드신 하나님
짠물을 마시고 싱겁게 살라는 말씀이 있다

* 데스벨리 국립공원 : 미국 캘리포니아주, 바다가 말라 소금사막이 된 곳.
  죽음의 계곡이라 부른다

괭이눈꽃

별꽃, 양지꽃, 괭이눈꽃 피는 봄 숲을 찾은 날
열 평 토지공사 임대아파트 당첨되던 날
꽃잎 두 장씩 네 장, 서로 마주 보는 사각 꽃집
숲속 정교하게 지어진 가족 황금빌라, 여러 채
희망이라는 청약저축 붓다 깨고 다시 붓던 날들
괭이눈꽃 같은 집으로 아슴히 입주하는 날
괭이눈 졸리는 듯 노란 꽃물 방울방울로 지은 꽃집

「경기문학」·「문학나무」 신인상, 경기문학 공로상 · 문학나무 작품상 · 한국미소문학 대상 · 안성문화원상 수상, 한국문인협회 · 한국시인협회 회원, 시집 :「따스한 혹한」

긍정의 힘 외2편

김 지 원

인생의 삶은
긍정적인 생각을 하는데
행복이 찾아온다

늘상
부정적인 생각을
많이 하는 사람은
불행이 문을 두드리고

오로지
행복이 찾아온다고 믿고
매사가 잘 될 것이라고
긍정적인 마음인 사람은

목적지에
도착하는 것도 빠르고
매사에 행복이
문을 열고
들어올 것이다

인생은 나그네길

인생은
태어나면
한세상 살다가
저승길로 떠나간다

잘 살았느냐
못 살았느냐
마음의 부자를
쌓고 살았느냐는

누구보다
자신이 제일
잘 알고 있다

인생길은
나그네길이기에
욕심을 벗어버리고
정직하게 정의로운 마음으로
한세상 살다가
떠나야 하리라

자연의 경이로움 · 2

자연의 힘은
위대하고 경이롭다

항상
우리들에게
자연처럼 살라고 한다

지난겨울
혹독한 추위에도
굴복하지 않고

봄바람 향기가
밀려오면
야생화들이
아리따운 미소 지으며
우리들을 즐겁게 한다

자연은
잘난 체도 하지 않으며
겸손하게 순리대로
일생을 살아간다

▲ 월간 「아동문예」 신인상 등단, (사)한국문인협회 남양주지부 지부장 역임, (사)한국예총 남양주지회 회장 역임, 현 (사)한국문인협회 남양주지부 고문, (사)한국예총 남양주지회 고문, 전통사찰 건성암 주지, 시집 : 「고향을 떠나던 날 뻐꾹새가 울었다」, 「들국화 향기」, 「산새의 그리움」, 「솔바람 향기」, 동시화집 : 「고향의 무지개」

설화 한 토막 '지게' 외2편

김 태 룡

엉 엉 소리내어 한번
울어본 기억 있었던가
언제 한번이라도 펑 펑
눈물 흘려본 기억 있었던가
꾸부정한 허리 한번
마음대로 펴보지 못하고
미련 곰처럼 살아온 모진 세월

유언 한마디 남기지 않고
흐르는 시간 위에
아쉬운 속마음 묻어둔 채
훌훌 내 곁을 떠나버린 당신
아침마다 아사달이 거닐었다던
호젓한 숲길 한 켠
초라한 흙무덤 하나
청량한 이슬 머금은 채
반기는 듯 하늘하늘
허상의 깊은 아픔되어 다가선다.

불꽃놀이

투명한 꽃불들이
투사(投射)를 시도할 때마다
활 활 혼불로 타오르거라
깊게 뿌리 내린 무성한 나무들이
자궁의 순간들을 뜨겁게 포옹하며
활화산 내일 향해 우뚝 섰다

모진 세월이사 그리움 달래줄
격랑의 길목
오랜 인고의 그 고독이
어두움의 긴 동굴을 벗어나
크나악한 생명의 문을 열고
아 꽃꿈 받쳐들고 손뼉치며 달려오는
저 영광된 몸짓을 보라

열정의 순간을
보듬고 가는 맥(脈)이여
때로는 울분으로
때로는 격동으로
때로는 환희의 몸부림으로
이 모든 것
내성의 채찍으로 달래가며 쉼없이 타오르고 있는
저 현란한 불꽃을 지켜보며
향수보다 짙은
끈적한 핏줄 힘껏 당겨보자

교감(交感)

눈부신 가을 햇살
이 얼마나 황홀한 축복인가
환상의 커플이 탄생되고
화려한 무대 뒤에 숨겨진
설운 발자취
끈끈한 정으로 옮아 닿고

환한 미소로
살며시 다가서는 실체
깊은 사연 가슴 깊이 묻고
순백(純白)의 꿈을 키워
비상의 나래를
활짝 펴라

생명과 생명으로 이어 놓은
삶의 파편들
짙게 채색된 광채(光彩) 위에
겁(劫)으로 열려 있는 여운이여
내 분신의 징표로 우뚝 서서
가쁜 숨결로 다가와
은은한 향기로 타오른다

경북 청도 출생,「시문학」등단, 국제펜 한국본부 이사 및 경기펜 부회장 역임, 문협시흥지부회장 역임, 한국현대시협 지도위원 및 농민문학회 심의의장(현재), 단국대학교 및 동대학원 국어국문학과 졸업, 부천대학 겸임교수 역임, 시집 :「망각의 계단」외 다수, 문예(부원)문학상·단국문학상·농민문학 대상 수상

적막한 손 외2편

김 행 숙

어둠 속에서
잎새들은
서로 어깨 기댄다

숲속 바람결이
쓸쓸해지는 저녁답
몸을 떠는 저 어린 것들 모습이
오스스 춥다

어둠 속에서
우리들 삶도
한 잎의 잎새 되어
제 몫의 한기(寒氣)를 견딜 때

밤의 적막한 손이
세상의 어린 것들을
자장자장 재우는 소리 들린다.

객석에 앉아

박수를 보낸다는 건
박수를 받는 것보다 느긋해서 좋다

무대 위에서
조명을 받으며 움직이는
팽팽한 긴장과 열중은
세상 모서리에 나를 자주 닿게 했다

어두운 객석에서 조용히
무대를 바라보는 가벼움
읽다만 책을 편안히 펴들 듯
희로애락이 펼쳐지는 세상을
저만치 떨어져서 주시한다

기쁨과 슬픔이 같은 무게로
맞물려 돌아가는 삶의 조각 사이
나는 청중 속의 한 사람
그들과 동화되어 기쁘고 슬프다

어깨에 꿈 하나씩을 매달고
등장인물들이 투명하게 움직인다

객석을 둘러싼 어둠 때문일까
쓸쓸한 세상이 들여다보인다
무대 위에는 삶의 빈 터가
황량하게 얹혀 있다.

울게 하소서

오늘을 많은 날 중 하루일 뿐이라고
지나치지 않게 하옵소서
어디에서나 재빨리 보호색으로
나뭇잎에 기생하는 벌레처럼
나는 약삭빠르게 살았습니다
조그만 자극에도 파르르 떨리는
악기의 현이 되게 하옵소서
늘 보는 햇살과 바람이라고
본체만체 지나치게 마옵시고
작은 기쁨에나 슬픔에나 다소곳이
가슴이 강물처럼 젖게 하소서
가을볕에 하늘거리는 잠자리날개를
경이로운 눈으로 보게 하시고
떨리는 마음으로 새봄을 감사하게 하소서
넘어져도 다시 시작하는 용기를 주시고
이미 늦었다고 체념치 않게 하소서
헐벗던 시절 친구를 잊지 않게 하시며
가끔은 생을 뒤돌아보며 울게 하소서

▲ 경기도 파주 출생, 이화여대 졸업, 「시문학」 등단, 「수필과 비평」 수필 등단, 시집 : 「유리창 나비」, 「햇살 한 줌」, 「볼륨을 높일까요」, 「여기는 타관」, 「멀고 먼 숲」, 영역시집 : 「As a lamp is lit」, 수필집 : 「바다로 가는 길」, 시선집 : 「우리들의 봄날」, 한국기독교문학상·이화문학상·창조문예 아름다운 문학상 수상, 한국문인협회문학관 건립위원, 한국현대시인협회 이사, 국제펜클럽 한국본부 이사, 한국여성문인회 이사, 한국기독교문학인협회 부회장

풀꽃으로 우리 흔들릴지라도 외2편

김현숙

우리가 오늘 비탈에 서서
바로 가누기 힘들지라도
햇빛과 바람 이 세상 맛을
온몸에 듬뿍 묻히고 살기는
저 거목과 마찬가지 아니랴

우리가 오늘 비탈에 서서
낮은 몸끼리 어울릴지라도
기쁨과 슬픔 이 세상 이치를
온 가슴에 골고루 적시며 살기는
저 우뚝한 산과 무엇이 다르랴

이 우주에 한 점
지워질 듯 지워질 듯
찍혀 있다 해도

새

어린 풀들 사이를 거닐다
나뭇가지에 푸른 생각을 걸어놓는다
물 위를 총총총 걸어다니는 친구도 있다
나무처럼 땅에 매이지 않고
돌멩이처럼 물에서 가라앉지도 않는다
말하고 싶을 때 노래한다
갖은 빛깔과 모양새로 덧칠하지 않으며
짧게 때로는 더 짧게
너무 배불리 먹지 않고
또 세상을 움켜쥐듯
눈 부릅뜨고 훑어보지도 않는다
이러니 세상이 의심 없이
천지간을 다 내어주나 보다
신이 부를 때는
두려움 없이 하늘로 튕겨 오르지만
원하는 건 다만
마음의 길을 가는 것
몸에 짐을 쌓지 않는
바람에 나부끼는 나뭇잎
때로는 더 가벼이 흩날리는 홀씨

몽돌

물은 천리를 흘렀는데
그대 한 자리에 앉아
천 날의 물결을 깎았는가
가파른 주의주장도 누그러지고
날선 입도 잠잠해졌구나

가끔 자갈거리며
해소기침 끓는 소리
수만 바람과 부대끼었나
엎어지고 깨진
파도의 집채 가라앉아서

상주 출생, 이대 영문학과 졸업, 중등 교사, 연화복지관 관장, 「월간문학」으로 등단, 송파문화원 시창작 강사, 시집 : 「물이 켜는 시간의 빛」, 「소리 날아오르다」 외 6권, 윤동주문학상·한국문학예술상·후백문학상 수상, 현재 문예대학 강사, 한국시인협회 회원, 「미래시」 동인 회장

통증 외2편

남궁연옥

건물이 부서지기 전
몸통 마디마다
철근 쇠꼬챙이 톱날, 칼끝
쿡쿡 찌르고 후벼 파내어
열 끓었겠지
우당 쾅쾅 진동으로 금 가고
멍들어 밤잠을 놓쳤겠지
깨어지고 부서진 뒤에야
뒤틀리던 통증이
무감각해졌겠지
세상의 발아래 쏟아진 뒤에야
그 몸통 속 고열 납골당처럼
차가운 적막 되어 지겠지.

절정의 계절

시월, 단풍잎 화려하다
온 가을을 다 뒤집어쓰고
제 세상인 듯 요란하다
그게 어디 너만의 힘이던가
바람 수만 번스치고 햇빛, 물
새, 천둥, 개 짖는 소리에
내 헛기침까지 보탰지
하긴 너도 많이 양보했겠구나
자동차의 소음 주정뱅이 토악질
이유 불문의 발길질에서
천둥벼락에 귀머거리 불구되고,
우박 어름 그것 다
온기로 품어낸다고
토막잠 줄행랑에 놓치고
이 잠깐의 영화 위해 무던히도
꿋꿋했구나, 생각 사륵
몸서리난다고 절레절레 흔들지만
붉은 자태 서럽도록 곱구나.

어린 스승

메일에 자료를 보냈다는
지인의 연락에 컴 여기저기
눌러봐도 뜨질 않아
문의 글을 보내려는데
'그게 안 돼서 그러세요?
여기를 눌러보세요,
해외에서 다니러 온
무관심인 척 지켜보던 여섯 살
아이의 지적을 따라했더니
번쩍 뜬다
'우와~ 되네, 감동하는 내게
자기 머리를 두드리며
'할머니 생각을 먼저 하셔야 돼요.'

*어린 스승, 김시찬

한국문인협회 · 국제펜 한국본부 회원, 종로문협 이사, 양평작은뜰 문학 초대회장, 경기도 문협 문학상 · 공로상 · 한올문학상 수상, 시집 :「나는 늘 그자리에 있다」,「하나의 이름으로」,「내일이 온다기에」

무위당(無爲堂) 외2편

류 성 신

섬진강 옆 고즈넉한 언덕배기
생멸(生滅)이 자유로운 작은 원동마을
별빛을 입에 문 매화들이 산자락을 비춘다
솜사탕 같은 매화향기
구름마저 눈부셔 발걸음을 멈추고
새벽안개 숲 반평생을 헤맨 작은 영혼이
시린 매화꽃에 기대어 휘파람을 분다
밤새 향기를 먹고 자란 이슬이 여명(黎明)에 눈을 뜨고
긴 세월만큼이나 굵게 휘어진 실개천의
허리가 또 다시 꿈틀된다. 안개비 사이로
재잘재잘 그려진 산 것과 죽은 것의 발자국
변화하는 모든 것들의 초월함 그 어디에도
속함이 없는 한 영혼이 자유로운 곳
바람에 몸을 맡긴 처마 끝 풍경 소리가
또 다른 나를 깨운다.

* 무위당 : 섬진강 옆 매화나무로 둘러싸인 나지막한 산자락에 위치한 한 지인의 별장 이름
* 무위(無爲) : 자연에 따라 행위하고, 사람의 생각이나 힘을 더하지 않는 것

자작나무 숲에 올라

부러진 나뭇가지
보내기 못내 서러워

이 여름 제망매가
골바람에 몸을 베니

일제히 상복을 입고
자작자작 눈물 짓네

자작나무 숲 · 1

맨 처음 하나 되어 서로가 풋풋할 때
별을 따다 준다던 시월의 약속들이
내 앞에 하얀 거짓말로 줄줄이 서 있다

허상의 에움질에 참살이 꽃피우고
골짜기 물 흐르듯 푸른 노래 부르며
밤이면 확 쏟아지는 별을 줍는 꿈을 꾼다

한국문인협회 · 국제PEN 한국본부 회원, 한국문인협회 파주지부 사무국장, 경기예술대상 (공로상) · 현대시 100년 콘테스트 전국공모전 대상 수상

비밀의 문 외2편

모 순 하

마음은 그곳에 서성이다
혼자서 웃는 건
행복해지려고
혼자선 웃는 건
가슴의 문 열려고

가슴이 답답하면
모향의 길을 잠시 나선다
가끔은 비밀의 장소로 들어와
갇혀 있던 마음의 문 연다

꽃노을 흐른 뒤
흔적에 젖어
거닐고 나면
아무도 모르는 비밀을 만들고 있다

연필

새콤한 말
달콤한 말
꿈틀거리며 나오는 이야기
서로 다른 마음으로 뛰어갈 때
멈춰야 할 곳 헤매일 때

악보는 춤을 추며
화려하게 치장하고
나풀거린다

저마다 영혼 심어
씨앗은 뿌리 내려
열매로 태어난다

시

오래도록 기다렸나 보다
뿌연 안개 속 찾아온 너
별보다 아름다워
그토록 내 곁에 놀았건만
널 보지 못했네

가슴 닿으면 녹아 버리고
손으로 만지면 사라지고
영혼으로 널 부르며
말하면 찾아오네

그 속세의 세상을 읽었다

구름도 잡아보고
심장도 하늘 높이 날려도 보고
어린아이가 되어 물장구도 쳐보고
그와 함께 온몸 식어가는 그날까지
가시밭길 소용돌이친들
제자리에 서 있는 것을 깨우친다

충남 예산 출생, 「한국작가」 등단, 한국작가 수허문학상(우수상) 수상, 경기문인협회 사무차장, 한국작가동인회 부회장, 시집 : 「비밀의 문」, 「눈빛사랑」 외 공저 다수

모래무지 외2편

문영호

일 년 열두 달 젖어 있는
구름의 눈물로
옥구슬 굴리는 벌거숭이
나는 모래밭의 신사

깜짝 세상
눈치 보며 살다보니
휑하니 커진 눈

썩은 세상
요리 조리 넘다보니
뼈대만 앙상

모래처럼 넘쳐나는
떡 판도 고물도 없이
잡념만 먹고사는
나는 냇물 속의 신사

바 람

나는 떠돌이 바람이라네
철조망에 상처뿐인 한숨이라네
믿음이 허물어진 아픔이지만
진정 나의 목소릴 읽고 있다면
나의 눈빛을 기억한다면
나를 슬프게 하지 말아요

나는 나그네 바람이라네
가슴앓이 목마른 서름이라네
이 세상 모두 사랑하고파
속도 빼고 살도 버린
나는 빈 껍질 바람이라네

짧은 순간 뜨거웠던 나뭇잎새
애써 하얀 침묵으로
나를 슬프게 하지 말아요
촛농 녹 듯 스러질 타고난 운명
나는 나그네 바람이라네

사랑으로 가득 엉긴
나뭇가지 휘어 눈꽃을 달고
생명의 노래 불러보지만
고향 잃은 방랑자
나는 떠돌이 바람이라네

후련하다

돈보다 사람이 우선이라고 했다
돈이 심술이 나서 떠났다
사람도 돈을 따라서 떠났다

술 담배가 친구
세상을 어지럽게 살다가
어린 딸의 편지 한 장에
정신이 들어 산을 찾았고
생활의 부산물은 냇물에 띄웠다

산봉우리에 서서
오장육부 잘못된 부위는 떼어
몽땅 하늘에 날렸더니
가슴이 뻥 뚫렸다

후련하다
멜빵 없는 가방
어느 것도 머물 수 없는
나는 구멍 뚫린 빈 자루다

정말 후련하다

 현 한국문인협회 남양주지부 고문, 시산문학작가회 고문, 가래문학회 고문, 한국가곡작사
가협회 이사, 남양주산문학회 회장

커피를 타며 외2편

박 공 수

마알간 한 컵 물의 나라에
한 스푼의 커피가 침투합니다.
까매집니다.
바닥조차 보이잖게 캄캄합니다.
모든 걸 철저히
제 색깔로 틀어쥐고 맙니다.
권력도 이런 권력이 없습니다.
녹차나 꽃차라면 이렇게까진 못합니다.
대단한 커피. 빌딩에서, 거리에서
우리들 일상에서, 언제
어떤 세계라도 완전
장악해 버리는
그 속 커피 알갱이
질량, 1%밖에 더 되겠습니까?
그게 조용히 99%의
마알간 세상을 점령해 버렸습니다.
석불도 미혹될 강한 향기에 홀려
언제나 취중에 있는 우리
높이 치켜든
1:99란 피켓마저도 같이
맛있게 먹어야 되는

혀

처음 고민을 안겨다 준 한마디.
-눈이 밝아져 하나님 같이 되리니-
그 S자로 기어가는 길, 어느새
배암의 혀를 따라가다

그래도 가위 같은 혀는 되지 못해
세상을 재단해도 감쪽같질 않아
스스로 자물통을 채우거나
봄 모르는 동면에 들기도 했다

허나 발행치 않으면 守卒도 없는 법.
떨어진 고통과 슬픔, 노래로 날려 보내고
하던 사랑 공기처럼 물처럼 시로 녹이며
더 완벽한 절정을 찾아 헤매다

뭉툭한 혀로 서툰 뱀춤을 추다
허기진 날 紙面의 논조라도 주워 먹을라치면
-모든 권세와 영광을- 이런,
손에 쥘 듯 우아한 말들의 출처가 궁금했더니

오늘 지음의 양복깃, 뱃지에 새겨진 펜촉
그 갈라진 혀를 뚫어지게 쳐다보다
저건 우리의 혀, 이미 갈라져 있었구나
내 혀끝을 몇 번이고 깨물어 보는 것이다

창 문

진정으로 사랑한다는 것은
서로의 벽을 허무는 게 아니라
그 벽에 창을 내는 일이려니

우리, 벽을 허물지는 말고
예쁜 창을 내도록 해요
서로의 그리움이 통하다 보면
우리들 사랑도 싹트겠지요

창으로 해서 벽은 더욱 신비해지고
벽으로 하여 창은 더욱 빛이 나네

아름다운 창이 있어
당신의 벽도 존중합니다
흔들림 없는 벽이 있기에
당신의 창문을 애타게 바라봅니다

「문예운동」詩 등단, 한국문인협회 회원, 야약무이협회 감사, 글길문학동인회 부회장, 「천수문학」·「밀레니엄문학」 회원, 시집 : 「대륙의 손잡이」

포도의 배후 외2편

박 미 림

사계절 내내 겸손하게 포도밭을 일군 농부는
몸의 중심이 기울어질 때면 자식들을 생각했다
나무가 옹이질 때마다 농부의 손은 굵은 마디가 생겼다
주렁주렁 달린 송이는 말 많고 탈 많은 자식들이다
여문 자식,
덜 여문 자식,
너나 할 것 없이 제 몸을 가지에 매단 채
농부의 땀을 과즙인 양 빨아댄다
쓴맛 단맛 마다하지 않고 쪽쪽,
부실한 허리 곧추세우는 날이 깊어질수록
탱탱하게 살 오르는 포도,
수확철 농부의 무릎관절에서는
녹슨 전지가위 소리가 난다
헐거워진 뼈마디가 무르익어가는 계절
자식들은 하나 둘 단내를 풍기며 분가(分家)를 시작한다
그즈음에서야 달달하게 익어가는 사람들
숙성 잘된 포도향이 넘쳐나는 9월,
김포는 보랏빛 풍요가 환하게 번지고 있다

하루 출사표

수족관 열대어 블루 구라미가
더 파랗게 익어갈 수 있도록 조명을 죽여야 한다
아무짝에도 쓸모없는 인생이란 없다고
혼잣말로 중얼중얼, 현관문 통과할 때마다
쫓기는 것으로부터 멀리 달아나야 한다
꽃무늬 액자 바닥에 걸려있는 거리를
스프링 달린 신발을 신고 튀어 올라야 한다
행렬 끝날 기미 보이지 않는 벌레들의 이동을 따라나서야 한다
버스 정류장에서는 집으로 향하는 숫자를 기억해야 한다
유명 커피전문점에서는 잊지 말고 에스프레소를 주문해야 한다
균열이 일어난 핸드폰 이마 실핏줄을 가끔씩은 잡아당겨줘야 한다
번호표 받아든 맛집에서는 예의상 한두 시간쯤 기다려주어야 한다
육신이 누울 *일인용 감옥 현관문 비밀번호 기억해야 한다
수도꼭지에서 똑똑 떨어진 꽃잎으로 요리한,
가끔은 꽃 비빔밥 만찬도 즐겨야 한다
바람이 날아오는 에어컨 앞에 우울은 걸쳐놓고
적당히 건조해 줘야 한다
고개 빳빳하게 쳐든 황사가 봄날을 난도질하면,
빈방에 쓸어 모아놓고 봄의 왈츠를 들려줘야 한다
뻐금거리는 아가미 닫힐 때까지

* 김혜순 시인의 일인용 감옥에서 차용

동주 일기
- 윤동주 시인 탄생 100주년을 맞이하여

후쿠오카 형무소에서 새해를 맞이한다
쇠창살 파고드는 햇살이 내 그림자 옆으로 눕는다
접었다 편 다리 위로도 눕는다
잠시 따듯하다
걸어서 이곳을 나갈 수 있을까
토끼. 노루. 강아지. 노새를 다시 만날 수 있을까
라이너 마리아 릴케 시집을 읽으며
서강 들판과 창내벌
어둑어둑해질 때까지 걸을 수 있을까
만주 북간도 논가 외딴 우물에 달님 다시 만날 수 있을까
햇살 든 벽에 기대어 우두커니 서 있네
문득 떠오른 차례상
뼈 속까지 얼은 나를 견디게 한,
내 어머니의 떡국이 그곳에 놓여 있었네
날마다 문은 열렸다 닫힌다
집으로 돌아가는 길인지 아직 난 알 수 없다
종일 죄 없는 고무신만 노려보았다
창살 밖으로 내 발자국이 걸어 나간다

현 한국문인협회 김포지부 수석부회장, 「달詩」·「시의 품에」·「詩쓰는 사람들」 동인으로 활동, 시집 : 「마네킹」, 「한 사람을 사랑하는 일」 外 2권, 김포문학상·낙동강세계평화문학상·항공문학상·제11회 중봉조헌문학상 우수상 수상

구르다 외2편

박미숙

인천공항 가는 다리 위
그녀는 언젠가의 고통을 기억해내고 말았다지
몸속 깊이 움찔거리다 온몸으로 전이된 경직
자꾸만 바다로 향하는 핸들을 움켜쥔 채로
화석이 되어버려 내려온 거야

교문 앞 병아리 장수의 상자 속을
들여다보고 뒷걸음쳐 도망쳤던 일이 겹쳐졌데

카르마*
날고 싶은 닭이었고
날다가 죽은 닭이었어

카르마
아직, 부리로 울어야 하는
그녀의 머리 꼭대기에
어느새 하얀 꽃벼슬이 내려앉았지

카르마
오래 전 꾸민 닭장 안에
두 개의 알을 두고

굴러가다 굴러가다
도계장 입구 수레바퀴 위에서

명사가 아닌 동사임을 알아버린 찰나
삼복(三伏)이 오고 있었어

* 불교에서 중생이 몸과 입과 뜻으로 짓는 선악의 소행을 말하며, 혹은 전생의 소행으로 말미암아 현세에 받는 응보(應報)를 가리킨다. 산스크리트어.

사각 바퀴

초여름 새벽 문득
좀 더 둥그러진 나의 속을 들여다본다

사각 바퀴들 타고 구르는 내 대답들
날카로운 모서리는 언제나
덜컹덜컹 전신을 흔든다

촘촘히 끼워 맞춘 내 안의 사각 벽돌은
왜 무너지는 걸까
둥근 벽돌로 성을 쌓기엔 빈 시간 빈 공간이 너무 큰데

날선 톱니바퀴로
상처를 만들고
두 바퀴가 한 곳을 바라보며 맞물려 견고해지는데

맞아요
그래요
종일

사각 바퀴는 언제부턴가
더 빨리 둥그러지고 있다

오늘, 별 위에 걸터앉아
둥글해진 바퀴로
둥근달과 맞물려 구른다

시간은 내 모서리를 갉아먹고 산다

목련

잔설을 이고 있다
대지의 더운 기운 온몸으로 끓어오르고
차오르는 거친 숨 토하며 순백의 정열을 노래하는 순간

다시 이룰 찬란한 부활
흰색 날개 부딪히며
햇살 앞에 선다

청소년 복지학 석사, 한국문인협회, 고은문학연구소, 「시와정신」 시부문 등단, 안성문인협회 시분과위원장, 경기도 문학공로상 외 다수 수상

너를 만나면 외2편
- 봄까치꽃

박 민 순

작고 너무 여려 자주 발에 밟히던
이름도 없는 꽃인 줄 알고
너를 만나면 눈을 깊이 맞춘다

연 하늘빛 수줍음
봄소식 전하며 빙그레 웃는

너, 비록 꽃이 작아
볼품없다 할 수 있지만
누구라도 마음속에는
큰 절 한 채 짓고 사는 법

그 절 처마에 걸린 풍경이 울 듯
봄에만 우는 봄까치꽃

작다고 수이 보지 마라
목소리만큼은 봄을 크게 울려
여름 하늘로 날려 보내리니.

어쩌다 마주친 그대
- 민들레

돌 틈 사이 겸손이 지나친 사람처럼
이 세상에서 가장 낮은 자세
찬바람 비껴가는 냉이처럼
너도 생존전략이 있었구나

토종 민들레는 하얀 미소로
서양종 민들레는 노란 미소로
밟혀도 밟혀도 다시 꽃 피우는
이 땅의 민초(民草)로구나
질긴 불사신(不死身)이로구나

그 모습 매화와 다를 바 없건만
흔해서 귀함을 몰라주는 탓인가
눈길 한번 안 줘도
일편단심 사랑만을 부르는구나

벌과 나비가 날기 전인 새봄부터
늦가을까지 꽃을 피우고
씨를 날려
세상에 왔다 간 흔적을 남기는구나.

시린 봄날의 만남
- 목련꽃

차가운 겨울바람에
땅이 쭉쭉 금이 가도
그 겨울 이겨내고
꽃망울 매단 너!
세상사 온갖 일이야
마음대로 되지 않지만
누구라,
원망치 않고
참고 견딘 그 세월이
가슴 아려라
서러운 손가락을 펼치듯
한 잎 두 잎
피워 올린 꽃잎!
그 곁에 선 자목련과
아지랑이 피어오르는 산비탈
산목련도 그러하니
이 봄 화안하여라.

충남 천안 출생, 「동양문학」 수필 신인상, 「한국작가」 시 신인상으로 등단, 제7대 한국문인협회 오산지부장 역임, 한국물향기문학상 · 아름다운 한국문학인상 운영위원장, 경기도 문학상(수필) · 제15회 한국글사랑문학대상(시) · 대한민국 문화예술 명인대전 수필 명인상 수상, 시집 · 「어머님 생각」, 「아내의 지우개」, 수필집 : 「우리의 잠룡은 어디에 있는가」, 「별별 이야기」

23.5도 외2편

박 선 희

　23.5도 기울어져 있다 자전축을 반듯이 세우고 싶은 여자 지구본이 목발을 짚는다 언제 한번 똑바로 고개를 세워 돌아본 적 있었나 설빙(雪氷)의 극지를 오를 때면 서로 말조차 얼어붙는다 날선 시선 한 겹 두 겹 껴입은 일상은 쉽지 않다 사람들 사이 금속음이 들린다 때론 숲이 되고 싶었다

　바람으로 흔들리는 사이 속살이 운다 바다를 가로질러 발을 돌려 세운다 달에서 바라본 나는 흐린 점 하나로 찍히겠지 동그랗게 티끌들이 찍힌다 점 안으로 들어설 수 없는 발자국이 낯설다

　움켜진 손가락 사이 강물이 흘러내리면 내 몸에서 산이 자라는 소리가 들린다

엘리베이터에 울음이 갇히다

지하를 벗어난 엘리베이터
층이 바뀔 때마다
우르르 눈앞을 막아서는 키 큰 나무들
입이 마르다

한 손으로 매달리던 가지 뚝
나뒹굴던 광장
저벅저벅 몰리던 눈동자 끝에 말리던 혀
울음이 밀봉되어 물구나무 선 적 있다

숫자가 바뀌기를 기다린다
눈만 위로 뜬 채 발끝이 허공이다
틈이 없다

수직으로 오르던 본능
비상계단은 비상이다
도시는 스스로 들어와 갇힌다
빽빽한 잡목 숲은 회색이다

한 아이가 다리와 다리 사이에서
울음을 터트린다
울음소리가 검다
뿌리 없이 숲에 든 나무
잎이 아프다

셔터 내리는 일

삼월에 내리는 눈이 무겁다
떠받들고 선 가지들
한 발자국도 움직이지 못하는데
재건축 바람
밥통을 내놓으란다

시린 등 쳐서 등을 데운다
셔터 내리라는 말, 밥통 자르라는 말
내용증명으로 날아왔다

머리에 띠 두를 엄두도 못 내고
자라처럼 움츠려 든 목
다문 입, 상처 감싸기가 바쁘다
상처는 약자의 몫,
아픈 사람은 스스로 숨는 법을 안다

과일가게 아저씨 한 움큼씩 쌓아둔 불안이
어둠으로 고여 가고
이불가게 할머니 먼지떨이로
제 속 요란하게 두드리고
시린 손목 이끄는 옷가게
꾹꾹 침 꽂은 뒷목 아프다는데
이불 집과 옷가게 사이
엉킨 건반을 다스리는 피아노 교실
반음 더하려는 손끝이 저리다

바람 휘몰아치는 골목

쉬이 떠나지 못한
불빛들, 목련나무 아래 구겨져
한 입으로 뒤척인다

전북 김제 출생, 「월간문학」 시 · 「수필과 비평」 수필 등단, 2016년 아르코 창작활동 지원금 수혜, 경북일보 문학대전 입상 · 민들레문학상 대상 수상, 시집 : 「건반 위의 여자」, 수필집 : 「아름다운 결핍」, 한국문인협회 회원

서해 落照 _{외2편}

박 영 만

하늘에 열린 분홍꽃밭에서
꽃들이 우리를 부른다
손짓하며 부른다

온갖 世事의 榮辱마저
활활 불태우는
저 황홀한 祭壇
감히 다가설 수 없는 聖域

수평선 입술 끝에서는
태초의 고요 속
정갈히 목욕재계하신 어머님의
새 아침이 잉태하리란
예감의 언어 아련히 들린다

어서 오라, 어서 오라
돌주리 옥구정으로
말문 막힌 소래 장군바위
넋 잃은 하늬바람도 오라

이 천지 온 꽃들이 모여
꽃물을 흩뿌리는
저 엄숙한 神들의 축제
法悅의 꽃잔치를 바라보라

이 아침 목련가지에

실비로 내려온 봄빛들은
이 아침
목련가지에 올라앉았습니다
날마다 조금씩만 내비치던 춘정을
오늘은 활짝 열었습니다
몇 날 몇 밤
아리송했던 하얀 수수께끼
아무도 풀 수 없었습니다

아픔조각 하나 둘
笑春風 그 입술
서울바람 번개세월이
한바탕 웃음일까 싶어
고갤 갸웃갸웃 했습니다

나비야, 흰나비야

나비야, 흰나비야
꽃술에서 오래 머물지 말자
위로 날면 드높은 푸른 하늘
그 아래로 피어나는 뭉게구름

지난 날 화려한 꿈
이제는 다 버린 빈손인 채
그만큼 가벼워진 몸무게로
銀河별에 훨훨 날을 수 있겠네

나비야 흰 나비야
저녁나절 호박꽃에 들지 말고
하늘거리는 나뭇잎 멀리하며
들꽃과 어울리면 어떠리

양귀비의 눈웃음
덩굴장미 터널을 조심조심 지나
앞산 뒷산 꽃동산 찾아 나서면
아름다운 추억 하나 찾으리.

한국문인협회 자문위원, 한국가곡작사가협회 자문위원, 국제PEN · 한국소설가협회 · 수필가협회 회원, 저서 : 시집「始興시편」등, 소설집「長江아리랑」등 수필집, 평론집 등, 시흥예술대상 · 한국가곡예술인상 등 수상

바다, 비, 풍경 외2편

박 은 혜

따뜻한 바다다 어머니 양수에 떠 있을 때 이처럼 평화로웠을까?
빗방울이 파도 위에 악보 그린다 바다는 음악 소리로 출렁이고
날치를 낚아채는 갈매기가 풍경이 된다
바닷가에 서 있는 나도 풍경이 된다
빗방울이 비늘처럼 숱한 이야기를 바다에 쓴다
파도가 치열했던 시간을 쏟아내고, 양수에 몸을 적신다
살아온 길을 묻지도 않는
어머니 바다에 눕는다

꽃잎

그날이 보여
꽃잎 영화 화면이 희미해져갈수록
슬픔의 흙을 퍼 가슴에 꾹 꾹 밟아 논
그 해 5월의 모습이 선명하게 들여다보여
스크린 불빛이 꺼져도
객석에서 일어설 수 없는, 어머니
관객들은 발자국 소리를 내며
빛의 통로를 따라 극장 밖으로 사라지고
어머니
메말라 버린 눈물샘이 터져
울음이 총알처럼 튕겨져 나간다

스크린을 찢고
지난 세월을 거슬러 뚫고 나가는 총성
저기, 하얗게 웃으며 아들이 달려온다
징글징글하게 그립던 내 아이
갑자기 거리는 쏟아져 나오는 군중들에 파묻히고
어디선가 포 소리가 하늘을 흔들어
꽃잎으로

꽃잎으로
역 도시 공간 틈새로 출렁이며 흩어지는 이웃들
누가 쏘았을까
떨어지는 해맑은 꽃잎 하나

무등산 길을 걸으며

새는 잎새에서 잎새로 건너뛰고 있습니다
그럴 때마다 쏟아지는 솔향기에 막혔던
길이 보입니다

붉은 살이 드러난 길바닥은
여름날 태양의 화덕을 뒤집어 쓴
내 상처자국 같아서 칼날로 심장을 후벼 팝니다

깽깽이 풀잎에 알을 까는 풍뎅이와
슬라브집 방 안에서 몇 번인가 까무라치며
해산하던 내 모습이 겹쳐 보입니다

무등산 우거진 숲을 헤치며 걸을 때마다
금빛 조각으로 떨어지는 햇살을 봅니다
신흥동 언덕을 올라오며
미소 짓던 얼굴이 떠올라
그리워해 봅니다

무덤 한두 개 진흙으로 질척거리는
우리들 밑바닥 가슴에 묻혀져 있어 그 기억이
살아 일어나 춤을 춥니다

아직도 침묵하는 무덤이 있다면
흔들어 깨우렵니다
하나하나 살아 일으켜 세워져
무등산 봉우리가 탱탱해질 정도로
춤을 추겠습니다

어디선가 알에서 깨어 나온 애벌레가
햇살을 잡고서 애리애리한 털을 날립니다
눈이 부십니다

본명 박영숙. 「월간문학」 '버짐'으로 시부문 신인상.「샘터」동화 가작 ·「기독신춘문예」시부문 가작 · 기독신춘문예 동화부문 가작 · 동서문학상 동화부문 · 통일창작 동화공모전 특별상 수상. 저서 : 시집「비에 갇힌 숲」, 동화「하랑이의 메콩강 대모험」

섬진강 은어 외2편

박 인 옥

큰 바닷물 헤쳐 자란 은어
모천 섬진강에 돌아와 노닌다.

흔들리는 수초를 먹고 살다 장작불로 타는 여름날
제 화 못이겨 흰 배 드러내고 떠올라 굽이굽이 푸른
물결 흘러간다.

사는 자리 튼튼하게 지켜 낚시꾼에 이용하는 생미끼
죽어서도 고기 맛 향긋해 서울로 진상 되어간
슬픔인지 영광인지
더럽혀진 이십세기 물결에 서운한 전설 남겨놓고
오늘도 돌아오는 고향.

산이 타서 물도 타고 사람까지 붉게 탄 삼홍의 가을이면
고요한 여울 터 잡아 알 낳고 죽고 썩어 가는데
극지 심해에서 묻어온 얼음조각 은빛 비늘 한 조각
화선지에 번지는 묵향으로 남는다.

죽어서도 못 감는 눈에 지리산 그림자 무겁게 담아
왼편 눈은 웃고 오른편 눈동자 눈물 뿌린다.
청정남해로 흐르는 엄동 섬진강은 얼지 않는다.

북풍 찬바람 휘어잡던 끊어진 반도 땅에서 기중 높아
태조 이성계 조선을 열 때 돌아앉았다던 천왕봉

그 절개 품어 섬진강은 은어 키우고 단소가락 맛깔 돋운다.

첩첩 산이 가려 회돌이 물에 박혀 쟁반만한 하늘에 시름
풀어 놓지만 산중 사람들은 겉멋 변질한 대처 못 가는 세상.

안 간다.
억지도 부리면서 모천에 돌아와 숨죽여 돌아본다.
당산 느티나무에 굵고 깊은 뿌리 남겨 놓고 떠간다.

섬진강 은어처럼.

한봉 채밀기

하나의 강 발원하는 푸른 샘만큼 맑디맑은
우리 꽃 찾아 봄부터 가을까지 꿀을 따오지
작은 고추 닮아 맞붙어 싸우면
말벌에 지고 양봉에 지지.

더러 허우대 크고 힘센 양벌 떼는
설탕 맛들인 게으름에 지쳐 도적으로 노략질로
붙어오지.
힘없이 당하는 것이야 팔자 알 수 없으나
고압선의 감전처럼 새까맣게 타버린 투혼은
날갯짓 울림에 맵차게 남아 있다.

초가지붕에 태어나 토종, 너는 힘이 약하지.
매번 꿀 싸움에 자리 빼앗겨 보호구역이 남아
얇은 목숨 윙윙거리는 절규로 노을 빛 꿀을 판다.

양봉은 대량생산 술 타고 설탕 섞어 슴슴하고
싱건 꿀 게워내지.
작디작은 토종 한봉 서러움 모아 초짚 썩은
낙숫물 같은 꿀맛 진하지 찰 져서 풀릴 줄 모르지.

아파트 같은 궤짝 속에서 잃어버린 정.
양벌은 난폭해.
돌 틈이나 고목등걸이나 반만년 내린 사랑
표시 내지 않고 화분 많은 호박꽃, 무궁화
자주 찾아 꿀맛 하나는 진하지.
찰 져서 풀릴 줄 모르지.

선잠 그리고 꿈

깃대 없이 펄럭이는 깃발
북쪽으로 날카롭게 떠나고 있다.
기러기떼 점점이
겨울철새 둥지는 여기에 없다.

해를 등지고 날아가는 것은
떠나는 것이냐 돌아가는 것이냐.

살얼음 날카로운 동진강 어귀에
몸을 눕히는 물새떼.
갈대 푸석이는 물길 위로
한 서린 한숨과 고산 넘는 심호흡 섞여
숨소리 들린다.

낮도 밤도 없는 백야의 벌판으로
져 내리는 깃털 꿈이 묻어 침침하다.
혼도 육신도 썩지 않는 만년설로
날아가는 그림자 하나.

경희대학교 겸임교수, 한국문인협회 안양시지부 지부장, 「현대문학」 등단, 수리시동인 주간

구름 나그네 외2편

박 정 자

광속시대가 끼어들었는데도
바쁠 게 없는 사람
무한경쟁 숲에 묻혀서도
내 걸음으로 걷는 사람

쌓아놓은 것 없으니
언제 떠나도 홀가분하고
갖고 싶은 것 없으니
빈손으로 다니는 사람

세상 구경길 덧없다 해도
산천과 벗하는 즐거움 하난 얻었으니
실구름에 숨결 띄우며
천천히, 천천히 가야겠소

꽃과 그 삶

그 꽃
피어나는 까닭은
잘 몰라도
그 모습
아름답다는 건 알지요

그 꽃
지는 까닭은
잘 몰라도
그 열매
의미 있다는 건 알고 있지요

독도 해국꽃

해 뜨는 독도
달 뜨는 독도
1년 365일 8,760 시간
너는 너는 알리라

바다가 아무리 깊고
파도가 아무리 거센들
해마다 피고 지는
꽃잎 하나 어찌하지 못한다는 것을

때때로 미친 바람 몰아치고
심술쟁이 먹구름 몰려온들
억겁 바위틈에 박힌 뿌리
바다 밑까지 닿아 있는데
감히 어찌할 것인가

대를 잇는 괭이갈매기
축하 비행 그칠 날 없는 가운데
은은한 너의 향기 온 섬을 감돌고
날마다 새로운 태극기
쉬임 없이 펄럭이고 있는데

「신동아」 논픽션 당선, 「한맥문학」 시 등단, 교단문학상 · 한국농민문학상 수상, 글핀샘 초대회장 역임, 한국문인협회 회원, 저서 : 시집 「백두민족」, 「꽃탑」 등 29권, 단편소설집 「초록색 연가」 등

나무들 붉은 색 입다 외2편

박 현 태

마음이 가을 따라 나선다

동복을 챙길 무렵
위험한 가면의 일상이 허물을 벗듯
숲이 진다

생각의 몸통에 붉은 날개가 달린다
노래지는 계절 앞에 새파랄 방법은 없다

왜! 허잡한 관념에게 매몰차지 못할까
시를 쓰면서 시로 하여금 운명의 불변을…
가능과 불능을
마음을 마음 아니게 할 수 없을까

붉은 바람이 뱀의 혓바닥처럼
마음 숲을 날름거리며
온 산에 가을이 물든다.

비 내리는 동안에

우산 쓰고 젖는다

비가 비만이 아닐 때

문득 어느 아름다운 고장에 당도해
쩔은 감정을 꺼내놓고

길 위에 서서
생각의 밖에서 비를 맞는다
몸 밖의 비가 몸 안으로 젖는다

돌아갈 수 없는 것들에 대한 향수

비애와 밀담을 나누는 슬픈 유모어

비 오고 비 젖는다.

휴식

목선 하나 나직히
노을의 꼬리를 잡고
작은 포구에 귀향하고 있네

이제 곧 어두워지면
까만 닻을 갯가에 내리고
항해의 피곤을 밀물에 풀겠네

다시는 출항이 없을 것처럼
작은 몸을 더 작게 오무려
벗어 놓은 신발처럼 쉬고 있네

멀리
포구의 밥집에
백열등이 켜지네

시집 : 「미완의 서정」, 「마음의 집」 외 다수, 도서출판 白眉社 경영, 군포문인협회 초대회장 역임, 군포예총 초대회장 역임

아부지 몸보신 외2편

방 은

초저녁 굴뚝에 피어나는 괴기국 향기
오랜만에 집안 그득한 풍요함
병약한 아부지 몸보신에
시장기가 요동친다

한 그릇 뚝딱 들이마시고
흐뭇하게 부른 올챙이배를 토닥이며
턱찌끼를 모은다

영리하게 짖어대던 복실이
막손이 아저씨의 희번덕이던 눈알에
고놈 참 실하단 소리가 번뜩
애써 도리질쳐 본다

어스름에 누운 그림자 앞세우고
복실이를 불러본다
부른 배에 휘몰아치는 정적
복실이 목걸이만 덩그러니
내 눈물만 뚝뚝

장터 아낙

한때는 하늘하늘 수줍었을 장터 아낙
철퍼덕 아무 데나 주저앉아 욕지기를 내뱉는다
상추 담아주세요
이런 젠장 놈의 세상!
씻값도 나오지 않는 세상!
그 아줌마 말띠여 조심혀
두 분이 부부신가 보네요
부부는 니미럴 서방이면 저러고 웃고 있것어
한 봉 담아가서 처먹으려면 가져가고
그 아줌마 제정신이 아녀
저 난봉꾼이 남 속 타는디 웃고 지랄이여
여기 오천 원요
니미럴 잔돈이 없잖아
얼갈이 가져갈게요
허허 그 아줌마 조심허랑께
여자가 아녀 칼 든 장군이여
손 놓고 체념하듯 웃고만 있는 장터 사내

탁란

둥지 속속히 알을 박고
들킬세라 날아오른다

오목눈이 맴도는
살쾡이 눈 뻐꾸기
정겨운 지저귐은 속임수였던가?

도적놈의 새끼
꽃잎 같은 주둥이로
배냇짓을 선보인다

허위라는 섬
추락당하는 여린 생명

비파 소리 내는 오목눈이
꿈엔들 알았을까?
탐욕의 배냇짓을

소설가, 시인, 계간지 「문학사랑」에 〈피 보리 서 말〉로 소설부문 신인작품상 수상, 종합문예지 「한국문인」에 〈탁란〉 외 2편으로 시부문 신인문학상 수상, 국제PEN클럽 한국본부 · 한구문인협회 · 한국소설가협회 회원, 저서 : 장편소설 「젊은 날 이야기」, 「고백」, 한국문인상 · 경기예총 예술인상 · 시민의 날 모범시민 국무총리상 수상

배꼽 외2편

배 두 순

서늘한 곳에 보관하던 감자 상자
한가득 감자밭이 되었다
수시로 꺼내먹고 남은 것들
내가 주방을 비우고
안방에서 시(詩)답잖은 시와 놀아나는 사이
싹을 틔우고 줄기를 뻗어 잎을 매달았다
캄캄한 상자 속에서도
계절의 질서를 따르고 있었던 것
오목한 배꼽에서 탯줄을 내리고
제 몸의 피를 말려가며 種을 생성하는 식물의 생존력
시퍼런 촉수를 보며 잠깐 숨이 멎는다
모든 종의 기원에는
저처럼 지독한 모성의 근간이 깔려 있으니,
독 서린 촉수는 사람의 목숨도 앗아간다지만
감자에겐 후생으로 치닫는 생명줄이라서
버리지 못하고 종자로 분류한다
내 몸의 중심에 삼신할미의 낙관으로 박혀있는 배꼽
어미로부터 추방되던 최초의 관문을 들여다보며
배꼽 안쪽 요람의 시간들을
그. 리. 워. 한다

갈 등

나무 한 그루에 뒤엉킨
칡넝쿨과 등나무의 행태가 남루하기 짝이 없다
억겁의 시간에도 벗어나지 못하는 고약한 풍습들이
서로의 머리칼을 쥐어뜯으며 싸우고 있다
조금 다른 영혼 하나를 받아들이는 일이 저토록 힘든 것일까
마음 섞는 일이 저리 어려운 것이라는 것을 알기까지
치열했던 너와 나의 시간도 저러했을 것이다
몇 번의 전쟁을 반복하다 둘이 한 곳을 바라보는 일
수위를 조절하며 서로의 눈동자 속에 빠져 익사할 즈음에야
문득, 깨닫는 사랑
사랑은 그렇게 더디 오는 것인지도 모른다

저 지루한 풍습이 말라붙기까지
얼마나 많은 상처들이 알레르기처럼 돋았다 사라질 것인지는
아무도 모를 일,
결국은 쌍방의 총질에 쓰러지고 마는 빤한 종전(終戰)이지만
그윽하고 깊은 서로의 심연 속에 빠져 죽는 것이
훨씬 빛나는 종전(終戰)임을 나도 겨우 알았네

무정란

한 줌의 어둠도 허용하지 않는 불빛
산란에만 시달리는 힘든 생을 겨누고 있다
칸마다 빼곡히 들어찬 닭들의 불면을 쏘아보며
촘촘히 박힌 전구알들이 한낮을 위장하고 있는
양계장 안은 밤의 사각지대
끝날 줄 모르는 산란과의 전쟁은 치열하고
자연의 섭리가 발 디딜 틈도 없이
허위의 면역만으로 가득한 생의 현장
생식을 저당 잡히고 오직 알만 낳는 일은
붉은 전구들의 몫이 된 지 오래다
백 촉 불빛들이 날을 세운 닭장 안
발 한번 들여놓지 못한 검은 밤이 물러가자
미래 없는 슬픈 무정란들이 쏟아진다
뜨거운 전구알들이 쏟아진다
부화할 수 없는 무정란을 먹고
꿈을 부화시켜야 하는 사람들을 찾아
계란을 가득 실은 트럭이
툴툴거리며 세상 속으로 달려 나간다

「정신과 표현」 등단, 한국문인협회 · 평택문인협회 · 국제펜클럽 한국본부 회원, 평택예총 부회장, 경기도문학상 · 평택문학상 · 문화예술분야평택시표창장 수상, 평택시민예술대학 문예창작과 외래교수, 시집 : 「숯 굽는 마을」, 「반달이 돌아왔다」

첫사랑 외2편

배 학 기

미명의 문을 열고
아무도 모르게 내게로 와서
너는
한 송이 꽃이 되었다

밤이면
밤마다
비밀한 창문을 열고
살포시 다가와
별빛처럼 아름다운 얘기로
촉촉한 키스를 보내주던 너

어느 날
내가 잠시 한눈 판 사이
단 한마디 말도 없이
너는
봄꽃 지듯 아스라히
유성 따라 가버리고 말았다

마중물 사랑

우리 모두는
삶의 마중물을 따라
세상을 헤엄쳐 나가고 있나니
보이지도 않고
표가 나지 않아도
마중물은
우리 곁에 산소처럼
귀하고 소중한 손을 내민다

마중물이 없다면
지하에 흐르는 생명수를
어떻게 얻을 것이며
나에게 네가
너에게 내가 없다면
이 세상
어떻게 살아가리오

오, 만나 같은
마중물이여
세상 곳곳에
사랑으로 흘러넘쳐라.

꿈꾸는 집

양지바른 언덕에
조가비 같은 서너 간의 집이면 족하겠습니다
뒷곁엔 숲이 우거지고
이름 모를 새들이 모여들어
사랑을 노래하며

앞내엔 피라미가 숨바꼭질하며 노니는
사철 맑은 물이 돌돌대며 흐르는 곳

그곳엔 철따라 꽃피고
산색도 날마다 달라
산수화를 걸어두지 않아도 좋은 꽃밭

때맞춰 산비둘기 산꿩이 울어주고
멈춘 듯 흘러가는 구름이
산정을 쓰다듬고 가는 곳

주름살 늘어가는
아내의 소박한 미소가
새록새록 정겨운 집.

전북 출생, 전 동국주산학원장, 「아시아 서석문학」 신인문학상, 「참여문학 21」 詩人으로 당선, 한국문인협회 모국어 가꾸기 위원, 한국현대시인협회 전통문화위원, 한국문학방송, 특별 詩人, 아시아 서석문학 경인지회장, 사)심훈기념사업회 선정, 한국인간상록 배학기, 전북·전남·광주·충남 당진·경기 시흥을 빛낸 인물로 선정, 시집 :「그리운 연석산」 외 3권

시론(詩論)에 부쳐 외2편

성 현 철

형식 앞에 겸허한 것이
연명을 위한 최선이라면
나는 틀,
그 울타리 밖으로 가자

낯선 골짜기 지나
이름 없이 스러져도
그렇게 작은 동산이라도 되었으면

살아가는 이유 하나
단 하나의 소망 하나
죽음으로서 닿을 수 있는
하나의 동산 되자

그 산 밟고 넘어
또 다른 산이 되리니
흐르는 태산 되어
누구인가,
새로운 길 남기리니

돌보지 않는
나의 죽음일지라도
영혼과의 조우에
남은 사명 다하는 일

아, 나는 작은 동산이 되어 길을 열고
그 길에 태산 바라보며
영면의 푸르른 꿈을 꾸리.

회전목마

바람 부는 탁자 위로
쓰러진 종이컵 하나
반월 그리며 그네타기 한다

풍향은,
추억에 기둥삼은 시간을 흩트리고
조심스럽게 속행하고 있으며
한 치의 역행 없는 지루한 변화와
이 계절의 낙서를 덤으로 준다

시들해진 가을 끝자락에 걸려
꿈꾸는 듯 꿈에 있지 않고
살아도 현실에 있지 않는 괴리

남은 목숨 아낌없이 거두어 가는
보이지 않는 손들로부터
배후엔 거대한 의식의 촉수들이
투명한 우주의 한 몸으로 깃들어
몸짓처럼 그렇게
마른 잎들이 진다

증거를 인멸한 채
모든 것 제자리로 돌려놓았다가
마치 처음인 것처럼
다시 시작되는

누군가의 장난쯤 되는
소원한 계절.

여백에 쓴 편지

벤치에 기대어
고단했던 하루의 여운을 잠재우는 시간

오늘도 제 몸을 곧추세워
자연을 이루던 나무들과
하늘의 법칙에 어우러져
숱한 동선에 그려진 새들의 궤적들

불 밝혀, 의식을 기도했던 가로등
그윽한 눈빛 머금고
먼 어둠으로
어둠으로 물러서 있는 산과 산

멈추어 있거나 이동하고 있는
문명의 선과 각에 어우러져
하루를 지탱해온 모든 것

어느 하나 수고치 않은 것 없고
누구 하나 애쓰지 않은 이 없되
물러서지 않고, 쓰러지지 않고
오늘 이 자리 지켜오던 그대에게
고맙다, 사랑한다.

한국문인협회 · 국제펜클럽 회원, 경기문협 인권옹호위원회 위원장, 성남문협 이사, 한국작가동인회 이사, 「문학시대」동인 총무, 하남문화원 이사, 하남문협 회원, 한국작가 신인상 · 경기신인문학상 · 성남예총회장상 · 성남시의회 의장상 · 한국예총회장상 수상, 뉴스투데이24 연재, 미디어하남 연재, 시집 「돌아오는 바람」, 「돌아가는 바람」, 「그 바람의 끝에서」 외 공저 다수

익모초 외2편

성 흥 환

달보고 헐떡이는
더위 먹은 마소처럼
입맛이 떨어지고
더부룩한 뱃속일 때
익모초
쓴 물 한 대접
쭉 마시던 그 생각

하늘을 찌를 듯이
푸서리에 우뚝 솟아
여름내 살판난 듯
으쓱대던 익모초가
처서에
발목 비틀려
죽는 몰골이 흉하다

영월 청령포

님께서 바라보던
도산육봉 의구하리

시름을 삼켜버린
망향탑은 말없는데
산새만
피를 토할 듯
슬피 울고 있구나

당시에 금부도사
왕방연도 울었는가

시공을 초월하여
그 심정 꿰뚫 수 있다면
청령포
애달픈 사연
님에 소식 듣겠네

정 쟁

선조 때 동인 서인 왜란으로 슬픈 역사
광복 후 좌익 우익 동족상잔 잊었는가
슬프다 정신 못 차린 보수 진보 싸움질

인생은 짧다해도 긴 역사로 이어지고
어제에 권력들이 자고나니 고랑찼네
내일 또
날이 밝으면
오라질 일 없을까

경기 여주 출생, 한국문인협회 여주지부장 역임, 국제펜 한국본부 자문위원, 한국시인부락 동인 회원, 한국작가회 이사, 여강시가회 회원

민들레 외2편

신동근

고왔던 꽃이 지고
올올이 흰 꽃씨를 천상에서 거두니
지금은 땅의 봄빛이 저무는 무렵
솔깃한 빈 가슴의 자세로
나, 작년보다 오랜 꿈 하나
바람아, 너 가지라 하겠네

나뭇잎 사이로

　그 무슨 소리가 종일을 부스럭댄다 한 마리 청설모가 짐짓 제 날렵에 스스로 놀라며 맨 처음 도약한 그 자리, 바투 바스락거리는, 뒤쫓는 무슨 소리와 밀고 당기며 쫓기는 게 일과인 저 작은 짐승이 사는 비법, 흔들리는 나뭇가지 위에는 나뭇잎 사이로, 부는 바람에 편승하며 사뿐히 위태로운 자세를 맺고 푼다 딴엔 능청도 슬기롭다 턱없이 긴 꼬리는 잘 따라오고 있는지 몇 나무째 건너다 한 번은 꼭 제 꼬리를 돌아다본다 또릿또릿 살피고는 이제 개운한 듯 줄달음치는 까만 몸, 나무들의 우듬지 부근을 숫제 난다 띈다 누빈다 틈틈이 빛 부신 조각 하늘 비치는 그 숲에는 개수가 억겁 같은 솔잎이 팔할, 그리하여 옛날 한 옛날처럼 뿌리 우직한 깊은 침엽 속 어느 고고한 위치로, 몸놀림이 당돌한 청설모는 잠적한다

겨울 강

지독히 어디 갈 곳이 없다
갈 곳이 없다, 이 어찌된 판에
즉시 그러면 넘어질 일만 남은 건가
왜 아닌가 가뜩이나 미끄러운 세상길 한 걸음
아찔아찔 습득시키는 겨울 강
얼음장 가리고 남몰래 강물은 줄곧 흐르듯
그리로, 나 그렇게
흘러서 가고는 싶은데
강 건너 아직껏 가보지 못한 기슭까지
갔다가 무의미하게 돌아올지라도
이때에 한 번 신생의 길을 눈 떠보자고
새하얀 빙판, 내가 걷는 전인미답의 길
나는 천천히 걸으며 물의 투명한 실핏줄을 보았다
가슴에 더 시리고 빛 부신 강
깊은 겨울 횡단하는 그 얼음 구역에서
걷잡을 수 없이 나의 한 방울 붉은 피는
차갑게 맑아지고 싶었다

「시와시론」 등단, 2008년 조선일보 기획시리즈 사무 당서, 시집 :「조용한 폭설」, 산문집 :「희망편지」(공저), 파주문인협회 회원

저는 낱말만 썼습니다 외2편

신 성 수

까마귀들아, 출근은 해야지.
그렇게 가로막고 있으면 어쩌느냐 말이다.
그해 봄이 다 저물어가던 어느 날 아침이었다.
올해는 또 무엇이라고 쓸 것이냐고
무슨 이야기를 만들어서 세상에 내보낼 것이냐고
분명한 대답하기 전에는 갈 수 없다는 것이었다.
언제까지 눈에 보이는 것이 전부인 것처럼 함부로 드러내느냐고
우리 마음이 무엇인지 아픔이 얼마나 되는지 헤아리지도 않고
까마귀가 어떻다고 사람들이 어떻다고
세상이 어떻다고 쉽게 판단하느냐 말이다.
너로 인해서 상처 입은 날들이 얼마나 되는지 생각해 보았느냐 말이다.
시를 쓴다고 시라고 이름 한다고
부끄럽지 않느냐 말이다. 어떻게 낯을 들고 그렇게 씩씩하게 걷느냐 말이다.

'저는 낱말만 썼습니다. 제 생각만 앞세웠습니다.'

그 말 한마디만 하고 가라고. 진심을 담아서 큰 목소리로 말하라고.
분노에 찬 까마귀들은 결코 물러서지 않겠다고 했다.

'저는 낱말만 썼습니다. 제 생각만 앞세웠습니다.'

그렇게 겨우 말하고 출근을 허락받았던 정말 부끄러웠던 어느 날이 있었다.

어떤 교훈

우리는 나무들 하고 꽃들 하고 같이 살고 있어요.
사람들 보세요. 꽃이라고 설레다가도 열매라고 벅차다가도
꽃 지면 그만이고 열매는 또 어찌 그렇게 매몰차게 따버리는지
햇볕이 넉넉하게 좋던 삼월 어느 봄날
벌들에게 왜 매실나무에만 모여 있느냐고 물었다가
아무 대답도 못하고 말았다.
우리는 나무에서 얻은 것을 꽃들에게 나누어 주지요
우리는 꽃들에게 얻은 것을 사람들에게도 나누어 주지요
정말 우리는 꽃 지고 나면 슬픔 가득한 나무에 그래도 조금 더 머물다 가지요
사람들은 왜 그래요. 다 가지고 있잖아요. 다 가졌잖아요
뉴스 보셨잖아요. 더 가지려고 하다가 그게 뭐예요.
우리가 둥그렇게 둘러서 열을 내면 말벌을 이긴다고 해요.
어느 나라에서 아까시를 들여와 심기 시작했다고 으쓱거리고
우리 아무 잘못도 없잖아요.
돌아다보세요. 깊이 살펴보세요.
하늘이 맑고 아름답다고
산이 푸르고 나무들 싱그럽다고
그 목소리 오래 오래 간직하려면
더 이상 자연을 함부로 하지 마세요. 간곡한 부탁이에요.
갑자기 벌들이 날개를 세우고 큰 목소리로 모여 들고 있었다.
나는 벌들의 가르침이 무서웠어야 했다.
그러나 벌이 무섭다고, 피해야 한다고 했던
정말 부끄러웠던 어느 봄날이었다.

까치와 목련

봄 사월 아침
까치 한 마리 내려온다.
날갯짓으로 기지개 켜는데
그 소리에 목련이 놀라 떨어진다.
바라보던 까치가 재미있다는 듯이
종종걸음으로 땅도 쿵쿵 울려 본다.
가여운 목련이여
그렇게 쉽게 더운 목숨을 내주고 마는가.
큰 가지를 휘이 저어 까치를 타악 한 번 내려치면 될 것을…
까치가 웃는다. 날씬한 부리를 벌리고 까르르 웃는다.
야윈 발목으로 목련을 짓누르고 있다.
가지에 남은 목련들
일제히 잠에서 깨고 서로 단단히 어울린다.
까치 다시 날아오르는데
목련은 어디서 오늘 한 날을 살까.

「문학세계」로 등단, 새벽시, 창작촌 동인을 거쳐 현재 의정부문인협회·한국문인협회 회원, 의정부문인협회지부장 역임, 현 운문분과장, 의정부시문학상 시부문·경기도문학상 공로상·의정부예총 공로상·의정부문학상 공로상·한국예총 예술문화공로상 수상, 저서 : 「목련, 낮은 곳으로 오다」 외 공저 다수

인사동 길 외2편

신 을 소

이마를 맞대고 있는
인사동 골목길
막힐 듯 끊어질 듯 영화 속 장면 같은 미로
줄지은 집들의 지붕 물받이마저 제멋대로다
어떤 곳은 곧 주저앉아버릴 듯 지친 모습이고
더러는 새 단장을 뽐내기도 하고,
키나 몸피가 고만고만한 집들 사이
미로 속 찻집을 나와, 다시
미로 속 처음 가보는 길
등을 보이는 집을 지나면
대문이 활짝 나를 반기고
이제 막다른 골목이다 하면 어느새
옆으로 꼬부라지는 길들의 숨바꼭질
지금껏 걸어온 길 되돌아가야 하나
세상의 길은 모두 통하는 법
갈 데까지 가보아야 하나, 인사동에 오면
길이 길을 걷는 발걸음이 보인다
세상이 보인다.

낙타의 눈물

말 못하는 짐승의 저 처절한 아픔

새끼 잃은 슬픔이 고비사막 먼지바람보다 혹독했던 어미낙타, 마두금 가락에 그 슬픔을 날려 보내자고 애원하듯 머리를 쓰다듬고 혼신을 다해 연주하는 목동의 정성에 감복한 눈물일까 비로소 어미 잃은 다른 새끼에게 젖을 물리는 어미, 세상의 어미들은 다 그런 것인데, 팽목항의 저 많은 어머니들의 눈물은 누가 씻어줄까

저 사막의 마두금만큼, 저 목동의 거친 손만큼, 따뜻한 악기 하나 손길 하나가 사무치도록 그립다.

주전자

시장 골목 주막집 벽
초파일 연등처럼 줄 서 있는
주전자들

이리 굴리고 저리 부딪혀
찌그러진 몸통
손때 절어 삐뚤어진 빛바랜 손잡이들

잘 키운 아들딸
찾아오기도 부끄러워하는
목로 한 구석

창틈으로 몰래 들어온
햇살에 비친 늙은 주모의
검버섯투성이 얼굴

함께 늙어가는 굴절된 삶의 무게가
떨어질 듯 말 듯 아슬아슬하게
매달려 있다.

「월간문예」 등단, 한국문협, 현대시협(지도위원), 한국기독시협 자문위원, 총회신학교 교수 역임, 남양주시협회장 역임, 시선집:「어느 간이역」, 시집:「새벽바다」 외5권

술래 외2편

신 이 건

쉬면서
보는 세상
먹구름처럼 보이나

물방울에 맺힌 상은
어린아이 눈동자마냥
청량하고 맑기만 하네

삶의 셔터
가슴에 맺힌 상
지우개로 지우고 간다면

쉼표 속에서
행복과 숨바꼭질
오늘은 내가 술래 되어 멋진 추억여행

솔개의 교훈

솔개 한 마리 또 한 마리
하늘을 맴돌다 수직으로 내려서며
숲속에 놀고 있는 닭을 순식간에 낚아챈다

닭들의 평화가 깨지고
공포 속에 고요가 흐르며
태고의 숨결인 듯 숲의 적막이 펼쳐진다

마치 술좌석에서
순간순간 느껴본
침묵의 벽을 보는 듯하다

가본 적 없는 미래
언제 찾아올지 모르는 미지의 세계
솔개 한 마리 잠자는 나를 깨우고 날아간다

공범

저녁이 어둑어둑 찾아올 무렵
강화산성의 문을 나서며 마주친 여인
은행나무 밑에서 무엇인가 열심히 찾고 있다

바람이 불어주면 좋으련만
낮에 찾아온 발길들이 은행을 모두 줍고
눈에 불을 켜고 아무리 찾아도 보이질 않는단다

길모퉁이에 커다란 돌멩이
은행나무 밑동은 무엇으로 얻어맞은 듯한 상처
여인의 눈길이 번쩍이는가 싶더니 돌멩이를 번쩍 든다

통! 통! 통! 나무는 미소만 짓고
아저씨 힘 한번 써 주시면 안 될까요
쿵! 쿵! 쿵! 우박 쏟아지는 소리와 함께 여인의 얼굴은 홍시가 된다

월간 「한비문학」 시부문 등단. 한국문인협회 양주지부회장, 서울전자고등학교 운영위원장, 한국오토모티브컬리지 외래 교수, 저서 : 「2017 동인지 물골」 창간호

낙일소묘(落日素描) 외2편

여 도 현

길어서 아픈 강물
슬픈 황홀

달빛에
가난을 익히던
客窓

하늘의 가슴에서
피고름 흐를 것 같은 날
하얀 지팡이의
音色

동월산경(冬月山景)

겨울 숲에 감기는
묵은 달빛

고요도 잠이 든 여백
밤빛으로 짜내는 색채

古典

낙화

속곳 내음이
하얗다

저 모습
저대로
얼굴 없는 몸짓

고요한 지평

양평문인협회 회장, 부부 시집 :「여하산방 물감을 풀고」

몽상가의 턱 외2편

오현정

잠 없는 몽상가들은 얼굴 중앙에서 아래쪽까지
이어지는 부분에 손을 괴고
오늘밤도 그럴 턱이 있나
주억거리던 생각을 발음하다 턱이 빠질 때쯤
한 턱 낼 일, 터트리지

김수영의 거침없는 기개의 턱은 풀을 일으키고
아고리*의 섹시한 턱은 불멸의 그림을
머라이어 캐리*의 귀여운 턱은 오만 대신 사랑을
빨간 바지 복부인의 주걱턱은 파란 집으로 데려갔던 턱
한 턱 내도 아깝지 않은 턱이지

나의 아래 윗턱 긴 곡선을 도려내며
아들 취직했을 때 한 턱
딸 얻었을 때 두 턱, 붉은 포도주를 마시고
브이라인이 되는 동안 귀밑 사각턱부터 옆 턱까지
흘린 피는 가슴에 검은 주름을 만들었지

레드카펫의 문턱에는 몽상가의 삶이 턱을 괴고 사유중이지
버릇과 인상을 턱이 빠져라 하초에 힘을 주고 씹을수록 열리지 않는 궁
꿈꾸는 자의 턱살을 만지려 훗날의 맥을 짚었지
기둥을 세우려 동시교정에 들어간 문리의 턱뼈
턱tuck잡힌 날렵한 턱시도 언제 입을지

* 이중섭의 발달된 긴 턱을 일본사람들이 붙여준 별명. 아고(턱)+리(李)의 뜻.
* 머라이어 캐리(Mariah Carey 1970~) : 미국 팝계의 디바

불멸의 종이밥

소크라테스가 갇혔던 동굴감옥, 창살 사이로 신념은 죄목의 손을 높이 들고 독배를 마셨다. 아테네의 악법을 지킨 철학자는 책 속에서 불멸이 되었고,

책을 씹어 먹던 어릴 때 옆집 아재도 아직 살아있다. 책장을 넘길 때 생각나는 걸 보면 살을 다 털어내고 뼈로만 죽은 그 아재도 무슨 사상가였나 싶다.

"공부를 너무 많이 해서 머릿속이 엉켰대."

사람들은 그를 '미쳐도 단단히 미쳤네! 물과 소금, 책이 밥이네, 차라리 빨리 굶어죽는 게 여러 사람 도와주는 거야. 아무 것도 주지 말라'며 서로서로 당부했다.

어느 날 내가 몰래 사과 한 알을 넣어주자 헝클어진 머리칼 사이로 섬광처럼 반짝하던 그 눈빛, 마치 크산티페를 넘어가야 할 길이 있는 듯 심오하고 섬뜩했다.

썩어가는 사과 대신 종이 밥을 빚다 그들은 어디로 갔을까?

한 글자씩 찢어 삼킨 쌀알이 검은 세상 허기진 이들에게 하얀 이밥으로 오려고 아궁이 불 지키러 간 걸까?

"죽는 것도 천복이야, 다음 세상엔 부디 배부른 무지렁이로 오소."

종이 먹는 짐승을 구경하던 사람들이 성자(聖子)처럼 중얼거리며 돌아섰다. 스스로 신(神)이 된 광인들은 무저항(無底坑)에서도 행복한지, 쇠창살을 뚫은 햇빛이 반사되어 내 심중(心中)이 뜨겁다.

사람들은 자신을 우리에 가둔 채 구경만 하다, 어딘지도 모르고 또, 우루루루 몰려간다.

오늘

지금이 가장 좋은 때

첫 해산 후 숲길 걷는
지금이 가장 좋은 때

이제까지의 부끄러움 다 가려주는
활엽수가 친구하자는
지금이 가장 좋은 때

오후의 햇살이 남은 꿈을 찾아드는
지금이 가장 좋은 때

나는 어리석었지만 지혜를 찾아다닌 詩人

지금 이 순간이 고통의 詩를 빚는 행복한 시간

먼 길 돌아 다시 출발점에 서 있는
지금 여기 그대 함께라면

오늘이 내 가장 좋은 때

▶ 포항 출생, 숙대 불문과 졸업,「현대문학」2회 추천완료, 시집 :「몽상가의 턱」,「광교산 소나무」,「고구려 男子」,「에스더 편지」,「봄온다」,「물이 되어, 불이 되어」,「마음의 茶 한 잔 · 기타 詩」,「보이지 않는 것들을 위하여」등 다수, 애지문학상 · PEN문학상 · 월간문학동리상 · 들소리문학대상 등 다수 수상, 한국문협 이사, 국제PEN 한국본부 이사, 여성문학인회 이사, 한국시협 상임위원, 문학의집–서울, 숙명여대문학인회 회원

바람은 계절이다 외2편

우 재 정

계절은
꽃샘추위에도 얼어붙지 않고
대지의 움직임으로 숨 말아 감고 싹을 틔운다

묵은 대지의 나뭇가지마다에 돋은 잎들
흩어졌던 꽃잎들이 제자리로 돌아온다

새떼들이 신호등 없는 하늘을 깃털 세우고
자유로이 날아간다

바람은
봄이 오는 소리 휘파람 삼아
바다를 일어서게 하는 소라껍질의 연금술사다

갈대

갈대 끝을 깎아
사연을 쓴다

강물이 두루마리로 펼쳐지고
펼쳐진 강물로
말았다 폈다 새기는
행간

어떤 행은 의문부로 찍히고
어떤 행은
느낌표로 찍히는
갈대의 사연

사랑도 이별도
저리 했으리라
흔드는 손짓으로
보내고
맞고

바닷가에서

칼바람이 어둠의 껍질을 가로 지르자
모로 세운 어깨 너머로 피어오르는 입김
울컥 토해 낸 눈물
간기에 절여져 마른 때문일까
결기 세운 삶의 맥에 추위도 잊었을까

바다도 울지 않고
어머니와 같이 노래할 뿐이다
빛처럼 따뜻한 어머니
파란 톳나물에 밀가루 무침을 내놓으셨다

숨결초차 팽팽한 백지에
그리움의 갈기가 흔들리고
푸른 울림으로 번지는 맥박 소리

오랫동안 수장되었던 초록빛 묵언들이
움처럼 돋아나
나뭇가지의 이슬로 맺힌다

▶ 명예문학박사, 하남문학아카데미 회장, 죽정문학 회장, 한국문인협회 · 국제펜클럽 회원, 하남문인협회 회장 역임, 경기문협 이사, 하남예총 이사, 조선문학 회장 역임, 한국시낭송가협회 이사, 시집 :「그리움의 여백」,「하늘바라기」,「아버지의 뜰」,「동행」,「바람에게도 길은 있더라」,「폭발물을 밟고 사는 나라」외 다수, 문학공간상 · 하남문학상 · 경기도문학상 · 동백문학예술상 · 한국문학신문문학상 · 조선시문학상 · 경기예술문학대상 · 한국낭송문학상 · 하남문화상 · 풍시조문학상 외 다수 수상

중얼거리는 꽃 외2편

위 상 진

면도칼이 녹아내리는 문장 뒤에 서 본 적이 있나?
언제부턴가, 그 방은 파지가 쌓이기 시작했어
알 껍질을 깨고 프린터에서 빠져 나오는
꽃이 중얼거린다

너의 이마에 찍힌 번호
도마뱀의 잘린 꼬리 같았지

나는 몽유병에 걸린 듯 단어를 찾아다녔지
사라진 천재들이 내 머리칼을 잡아당길 때
처음 듣는 낱말의 침전물이 부유한다

뼈대가 부서진 소조 같은 문장
발가벗은 사람들은 연필로 그려진
도시를 지나며 아무 말도 흘리지 않았어

우린 범종에 낀 불협화음처럼
같은 책을 들고 다른 페이지를 뒤적였지
의심의 맨 끝에 도착하지는 못했어
충혈된 시계 위로 폭설처럼
쏟아져 내리는 파지

누가 녹아내리는 면도칼의 문장을 알아챌 수 있을까?
1초도 자기 자신을 낭비하지 않는 시간처럼
바스락거리는 이파리 소리

도무지 닫히지 않는 귀 하나, 여기 있다

세탁기에 대한 변명

누군가 자꾸 떠났던 것 같아
25시 빨래방
그의 잠과 꿈 사이 손가락을 집어넣는 코인
그의 이름보다 먼저 떠내려가는 꽃잎
지워지지 않는 기억형상이 소환되는 중이다

축축한 잠 속, 어긋난 지퍼에
맞물려 있는 위태로운 이념들
검은 얼룩을 지우는 다른 방식을 찾지 못했어
말을 잘할 줄 모르는 그는
참 많은 말의 거품을 쏟아내야 했지

주어는 왜 매번 달라지는 거죠?
네가 사라지면 그도 사라지거든
틀릴 권리는 누구에게나 있어
헝클어진 머리칼의 집시여자가 웅얼거렸지

말없이 피를 흘리고 있는 코인
반복되는 변명은 더 이상 변명이 되지 못하지
어쩌면 그는 그 자신에게 친구 역할을 했는지 몰라

여러 개의 이름을 가진 유령은
마침내 물빨래한 양모처럼 줄어들고
해마에 기록된 빛과 그림자
누군가 떠나려 하고 있어
언제나 처음인 듯
보이지 않는 국경선, 25시의 기항지에서

시계 수선공은 시간을 보지 않는다

그는 시간의 습성을 찾는 중이다
어둠의 부속을 핀셋으로 집어낸다.
바늘만 보여질 뿐
못에 꽂힌 전표 같은 시간

멈춰버린 시계 위
찌푸린 불빛을 내려다보는 부엉이 한 마리

불빛 아래 해체되고 있는 상속된
시간의 유전자
식은 지 오래된 바람은 왜 한 곳으로만 숨어드는지
이상한 꿈은 물속에서 왜 젖지 않는지
가장 환한 곳에 숨겨진 너를 데려간
시간을 열어 본다

제비꽃이 지는 동안
순서를 무시한 채 휘갈긴 신의 낙서,
인사도 없이 뛰어내린 별과의 약속을
모래 위에 옮겨 적고 있었지

차가운 불꽃이 부딪치는 별
듀얼타임의 톱니가 자전을 시작한다.
푸드득, 그의 심장 뛰는 소리
그는 시계가 없다.

어둠의 재가 숫자판 위로 떨어질 때
부엉이 날개 바스락거리는 소리,

눈꺼풀 닫히는 소리

어제 밀린 시간은 지금부터 흐르기 시작하고
너의 시차를 들여다본다.
수척한 너의 바람 냄새 오고 있었던가.

「시문학」 등단, 푸른시학상 · 시문학상 수상, 서울문화재단 문학작가창작활성화지원 기금
수혜, 시집 : 「햇살 실뜨기」, 「그믐달 마돈나」, 그 외 공저

수원 비둘기 외2편

유 선

팔달산 산자락을 쉴 새 없이 비상한다
울창한 고향 산천 그윽하고 고요한데,
저기 저
고목 위에서
할딱이는 비둘기여.

청청한 깊은 산 속마냥 놀다 올 일이지
원시림 맑은 공기 실컷 마셔 둘 일이지
네 목젖
매연에 감겨
콜록이고 있고나.

널 닮은 시인 하나 행궁동*에 사는 환자
기침이 도지는 소리 엊저녁을 넘겼을까
반도가
앓고 있고나
수원 새도 앓는구나.

* 행궁동 : 수원시 팔달구에 있는 동 이름

인생열차

어버이 몸을 빌어 무임승차하고 보면
비바람 가시덤불 헤치면서 지난 사이
청춘은 간 데가 없고 주름살만 무성타.

젊어서 맞은 고난 산도 넘고 강도 건너
실려온 인생열차 다시 갈 줄 알았는데,
아뿔사, 차표가 없어 돌아갈 수 없고나

단 한 번 올라타고 황혼 속에 걸터앉아
돌아보면 무정한 길 부질없고 부끄럽다
나 홀로 가야만 하는 동행 없는 나그네 길.

아! 첫눈

하얀 넌 드레스를 사뿐 걸친 신부인가
설렘을 담은 가슴 그 심정을 들킬까 봐
비둘기 짝사랑처럼
반짝이는 모습이여.

피아노 선율 따라 고즈넉한 흐름 위에
언 몸을 따끈하게 녹여줄 커피 한 잔
온 종일 바라보아도
시조처럼 다정하다.

부드런 그리움이 노을빛과 마주하면
축복이라 속삭이는 달달한 사유 아래
버거운 삶의 무게로
휘청대는 생명이여.

하루가 피고 지는 수레바퀴 끝이 없고
그 순정 순결하게 고운 마음 흔들림이
마침내 즐거움으로
승화되는 꽃노래여.

충북 보은 출생. 서울문리사대 · 국제대 · 경기대 대학원 졸업. 「시조문학」 천료. 저서 : 시조집 「세월의 江을 건너며」 외 9권. 시조선집 「수원의 새」, 산문집 「柳善 散文集」, 수원문학 작품상 · 경기문학상 · 황산시조문학상 · 한국시조시인협회상 · 녹조근정훈장 수상. 수원문협 · 한국시조시인협회 · 한국문협 회원. 경기시조시인협회 고문. 한국시조협회 자문위원

안개나무 외2편

윤 고 방

　물 한 방울 길어 올리는데 꼬박 하루가 걸리고 한 사발로 목을 축이는데 물경 일 년이 걸리는 사막 한가운데 나무 한 그루가 살고 있습니다

　온 누리 구석구석을 헤매어 달리는 뿌리는 나날이 밤새워 벋어가 백 리를 기어가고 가지들은 수백 리 수액(樹液) 길과 문을 닫아 걸었습니다

　안개를 먹고 자라는 수천 수만의 잎사귀들은 어쨌냐구요? 당연히 밤낮으로 하늘을 향해 경건한 기도를 올렸지요 변덕스럽고 극성맞은 이번 우기에도 소나기 한 번 내리지 않았지만

　멀리서 북회귀선까지 올라갔다가 다시 적도로 내려가는 천둥에게 구름 몇 점이 손짓하고 있을 뿐, 흙먼지 머금은 안개만이 뜨거운 햇살에 현기증을 앓고 있을 뿐, 줄기와 잎들은 서로 부둥켜안고 허공을 향해 끊임없이 자맥질하고 있을 뿐입니다

　구름이여 깊고 깊은 기압의 골짜기여 펄럭이는 당신의 희고 검은 옷자락 아래 소나기 그 신기루의 맨몸뚱이를 보여다오 그대의 눈부신 비단 살결을 베고 누워 나무는 그제야 눈 감으리 그러나

　쓰러지지 말라 스러지지도 말라 세상을 온통 휘감는 노을빛 장삼 자락이 천둥소리와 벼락을 데불고 나타날 다음 우기까지는

달팽이의 꿈

세상 무게를 온몸에 지고
달리는 오직 달리는
달팽이 한 마리

고놈의 집 속에는

세상 온갖 무지개들의
가볍고 오직 가벼운
지붕 하나 눌러 쓴

천 근 만 근 바위 하나

짝사랑

평생 한 여자만을 사랑했네
하고 중얼거리자
세상의 온갖 새들이 웃고 지나가더군

뜨겁게 내려 쌓이던 지난날의 햇살들
아직도 식지 않은 채 먼지로 쌓인 별빛들
내 품안에 잠시 안겼던 여인들과
마음에 잠시 나를 품었던 여인들이
교차로에서 서로 몰라보며 지나가고
오방색으로 알록달록 치장한 그림자들이
다시 연기가 되어 날아가 버린 오후

한 여자만을 사랑하고 싶었네
하고 내뱉자
이번엔 아무도 웃지 않았네

▶ 동국대학원 국문학과 졸업,「현대문학」초회 추천(1978),「한국문학」시부문 신인상 등단,
시집 :「하늘 가리고 사는 뜻은」,「바람 앞에 서라」,「낙타와 모래꽃」,「쓰나미의 빛」,
한국문협 · 국제PEN 회원, 미네르바문학회 회장, 경기문학상 본상 · 제1회 한국문학인상
수상, 한국미술대전 문인화부 초대작가, KBS갤러리 기획 초대전 등 개인전 5회 및 다수
출품, 현대시서화연구원 대표

규화목(Petrified wood) 외2편

윤인환

깊고 긴 어둠을 헤쳐온 숲의 불립문자(不立文字)
계절을 타지 않는 큰 어른으로 누워 있다

그리움과 눈물
빛바랜 사랑과 별빛까지
봄 햇살에 한 겹씩 느긋하게 해동 중

광야를 달리다 화석으로 굳어진
붉은 바람 같은 내 전생의 이야기도
덩달아 하나씩 해독 중

반가사유상(半跏思惟像)

어느 날
행복의 한 귀퉁이가
툭
떨어져 나가 슬픔이 되었다

천 년 미소로 삭히면
그들도 세상의 행복 속으로
귀향하리니

울지 마라
서러워 마라

연 향기 그윽한 고향은 있어도
희망이 죽어버린 세상은 없으니

쉼표

앞만 보고 달리다
숨이 차올라 슬며시 기댄 언덕
봄빛인 듯 포근하다

그게 바로
너
였
다

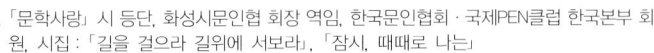
「문학사랑」 시 등단, 화성시문인협 회장 역임, 한국문인협회·국제PEN클럽 한국본부 회원, 시집:「길을 걸으라 길위에 서보라」,「잠시, 때때로 나는」

안성의 찬가 외2편

이 갑 세

1. 알미산자락 황금들판 맛 좋은 쌀 안성
   마을마다 수출하는 당도 높은 배
   야산 양지바른 곳 한가로운 한우
   고개를 넘고 넘으면 보랏빛 포도
   안성인의 건강한 삶을 지켜준다네

2. 비봉산 발티에 오밀조밀 전원도시 안성
   덕봉서원 명륜당 만세고개 기념관
   안성인의 가슴속에 충효정신 배어 있고
   안성천 맑은 물 가로수 송림 숲길은
   안성인의 건강한 정서를 지켜준다네

3. 보갯벌 맞춤랜드에 문화예술 펼쳐지고
   맞춤유기 인삼 전국에 팔려가고
   고삼 금과 청룡호수 강태공 놀이터요
   칠장사 영평사 미리내 서지는
   안성인의 건강한 정신을 위한 도량이라네

늙은 소나무

황량한 들판 개울둑에
홀로 서 있는 소나무 한 그루
황량한 들판 개울둑에
물소리 새소리에 정을 붙이고
미소와 콧노래로 허공에 그림 그리며
즐겨 사는데
기다리는 바람은 왜 오지 않는가?

따뜻한 바람 시원한 바람
훈훈한 바람 차가운 바람
많기도 하구나
한 번 싫다면 그만이지
가지도 않고 곁눈질 하며
개울둑 언저리에서
왜 그리 맴을 도는가?

긴 바람, 짧은 바람
두꺼운 바람, 얇은 바람
주는 바람, 받는 바람
그 중에 예쁜 바람일랑은
보이지 아니하고
기다리지 않는 무심한 바람은
왜 또 세차게 불어 오는가?

늙은이들이여

늙은이들이여!
고상하고 품위 있게 존경받으며
후회 없이 늙었다오
과음 과식에 병 얻지 말고
방에 처박혀 골육 굳히지 말고
소식하며 말은 적게 하고
있는 재산 틀어쥐고
친구에게 베풀고 어울리며
많이 걷고 웃어라
병상에 누운 늙은이
누가 좋아하겠는가?
모두 싫어한다네…

포동포동 탄력 있는 피부
탐스런 젊음 뽐내는 너희들
영원할 줄 아는가
그윽한 꽃향기 속에
활짝 핀 꽃 아름답고
십일홍은 더 탐스럽지만
질무렵이면 모두 추한 법
그 자연의 섭리 모르는가

「문학세계」 시·수필 당선 등단, 한문·글쓰기 교제 15종 출간, 경기 중등교장 역임, 안성 시민장학회 이사장 역임, 현 한국문인협회 안성지부장, 한국문인협회 회원

구절초 외2편

이 강 건

구절초 흰 꽃이
그리움을 가득 몰고 오는 구월
까마득해도 기억이 새록새록한
우리 엄마
십수 년 전 그날은 전설이 되어
구절초 아홉 마디에 녹아들고
해마다 구월이면
우리 엄마 무덤가에
백옥 같은 하이얀 꽃으로 피어난다

드문드문해도 또렷한 꽃잎이
샛노란 꽃술을 감싸 안은 모습은
어린 시절 나를 안아 보듬던
우리 엄마 행주치마 같아
휘감아 얼싸안고 냄새를 맡으면
씁싸름한 엄마의 향기가
코끝에서 가슴으로 파고들어
구월은 매일이 그리운 날이 된다

잃어버린 시간

가슴으로 시원한 바람이 분다.
바야흐로 계절이 바뀌는 시기
또 하나의 기억이 영그는 모퉁이엔
한낮의 따가운 햇살도 힘을 잃었다
긴 강처럼 그 끝을 가늠조차 할 수 없을 만큼
대단한 위용을 뿜어내며
밤과 낮을 완벽하게 지배하던 오만의 시간도
서서히 사그러들기 시작하면
우린 지난 몇몇 날의 힘겨웠던 시간을
기억에서 완벽하게 건져내어
하늘빛처럼 맑고 창창한 개여울
푸른 물속으로 던져 버렸다
그리하여 그 암울하고 대책 없던 날은
잃어버리고 살기로 했다

청문회를 보다가

어둠이 살고 있는 공간에는
아무 것도 생존한 것이 없다
그저 내 숨소리
들숨은 없고 날숨만 길게
어둠에 맞서고 있다

생각이 끊긴 머릿속은 하얗게
거품처럼 어둠을 떠돌고
정맥을 제압당한 사형수처럼
질식하기 일보직전이다

눈뜨고 눌린 가위
벌떡 일어나 형광등 스위치를
켜야 되는데 마음뿐이다
점점 밀도가 높아지는 어둠을
단번에 씻어줄 빛나는 형광등의
똑딱이 스위치를 켜줄 사람
어디 없을까

 한국문인협회 회원, 전 한국문인협회 가평군지부장, 문학의봄 작가회 회장, 문학의봄 작가회 고문, 시집 : 「산다는 것에 대하여」

꽃뱀꼬리鳶(연) 외2편

이 건 선

鳶실을 잡아당기면 잡아당길 적마다
깝죽 깝죽 깝죽
바람을 차고 쑥 쑥 쑥 오른다

꽃뱀꼬리鳶 꼬리 놀이에
가을 하늘이 열린다

鳶꼬리 맑은 가을 하늘을 누비면
解脫經을 읽고 가는 바람

황홀한 꽃뱀꼬리鳶 꼬리치기
꼬리치기 바람발 받아
사랑아파트 단지가 휘청 기우뚱한다

꽃바람에 點眼을 하면

꽃바람에 點眼을 하면
點은 반짝이는 별이 되어 영혼을 눈짓하는
눈짓이 된다 同心圓의 中心點이 된다

별의 눈짓으로 울림의 동그라미 동그랗게
同心圓의 선마다 황홀한 波長
빛으로 번지고 향기로 번져나아가

떨림으로 울림으로 끌리고 꼴리는 영혼의 虛氣
中心點은 그리움의 꽃으로 아름답고
동그라미 波長線은 기다림의 香氣로 아름답다

그리움은 기다림으로 슬프고 기다림은
그리움으로 슬프다 슬픔은 황홀을 꽃피워 아름답다
사랑은 콩깍지 꽃바람에 點眼되어 화엄의 무지개가 뜬다

그래도 오늘을 산다

가을 낙엽을 밟는 건
나뭇잎을 밟는 것이 아니라
가슴의 그림자를 밟는 거다

밟히는 낙엽 소리는 달빛 환희가 아니라
아름다운 슬픔의 기도여서
그래도 오늘을 산다

그림자가 살아 있다는 건 아직
빛이 비치고 있다는 거

슬픔을 악기처럼 타고 있다는 건
아름다운 觸이 燭을 켠다는 거다

「현대문학」시 추천완료, 국민훈장 목련장 수훈, 허난설헌 시부문 본상 수상, 시집 :「별 하나 닦아놓고」,「어디 앉을래」,「피그말리온 콩깍지」외 다수

꽃비 외2편

이 귀 선

바람이 살갑다
숲의 노래를 담아내
내 안에 너를
네 안에서 또 다른 나를 찾으러
숲길을 거닐고 있었다

짙푸른 계곡에는 꽃비가 흐르고
맑은 물이 흐르는 계곡 밑에서
청록 빛 들풀 향기의 속삭임도 보이고
내 영혼의 밤들이 봄날의 얼음처럼
무수히 쪼개져 내렸다

멈추고 싶었던 내 진한 시간들이
너를 향한 또 하나의 갈증이
물 위로 떠오르는 깨달음
강은 누운 채로 계절을 적셔가는
내 안에 쏟아지는 꽃비였다.

심연에 흐르는 강 · 1

숲속 으스름 산그늘을 짙게 드리우고
외로운 산장 부엉이 마른기침을 토하며
빈 둥지, 쓸어내는 애잔한 모정
새하얀 고독이 바지랑대에 가지런히 걸려있다
그리움은 차곡차곡 빈 곡간에 쌓이고
늘 그랬듯이 하늘은 바람을 몰고 오고
맑은 새소리 빗장을 열고 날아든다
노을빛은 저토록 아름다이 물들이는 시간
흔들림 없는 청순한 삶들은 또 다른 공간으로 이동하고
몇 줄의 부호들만 타전으로 밤낮으로 속삭인다
한여름에도 어깨 위로 서늘히 불어오는 바람들
모진 인연의 끈, 아련하고 짠한데
차곡차곡 쌓여만 가던 애정 어린 밤들을
조용히 비워가고 있음을 안다
그리고 아무것도 아니라는 것도 안다
울타리 속을 비우고, 눈을 감으며 또 제자리
기억의 궤도를 벗어나고자 늘 주기도문을 외운다
고독이 함께 하는 삶, 고통이 함께 하는 행복
끝없이 뒤척이는 가슴앓이는
하얗게 새하얗게 발아를 시작한다.

심연에 흐르는 강 · 2

여인의 마음속 깊은 곳에 그려진
한 폭의 송백(松柏)은 그리움으로 변하여
한세월 서리와 눈 속에서도 고고한
자태를 뽐내던 정절의 여심이었다

투명한 바다에 추락의 몸부림은
바람인들 구름인들 인고(忍苦)의 시간이라
소금 줄기 따라 뜬금없이 터지는 재채기
하늘 높이 비상하는 갈매기의 울음이었다

간간히 불어오는 차가운 바람 사이로
허허로운 미소는 무심한 듯 일렁이고
또 다른 미지의 시간으로 쉼 없이 갈망하다
부질없음을 흥얼대며 너울 사이로 토해낸다

바다에 드리워진 푸른 그림자는
해풍에 휘몰이 치는 여인의 보금자리
밤낮없이 울어대는 뱃고동 소리들을
뭍에서 바다를 쓸어안고 술잔에 허기를 채운다.

「문학공간」 등단, 평택문협, 평택예총 감사, 평택문협 지부회장 역임, 한국문인협회 회원, 한국문화예술연대 이사, 한국작가 · 공간마당 회원, 문화예술부문 평택시표창장 · 경기도지사상 · 평택예총 예술대상 · 평택문학상 · 경기도문학상 본상 수상, 시집 : 「발효된 침묵」 공저 다수, 발표 가곡 '꽃비', '분꽃 이야기'

산골 풍경 · 325 외2편

이 명 우

착각은 아름다워라

하늘을 내 앞으로 등기해 놓고 보니

천하제일 부자도

비렁뱅이로 보입니다

산골 풍경 · 828

뒷산에 혼자 사는
신선의 초대를 받고
아침 먹으러 가보았습니다

별쌀로 지은 별밥에
저녁노을 뜯어 쌈으로 올리고
구름 속잎 김치에
무지개 한 토막 구워 놓고
바람의 알도 삶아놓고
달빛으로 끓인 국

이 산골에 살다보니
나도 신선이 되어가나 봐요
이런 음식을 다 먹어 보고요

산골 풍경 · 838

오늘이
보름달 출산일인가 봐요
보름달 젖가슴이
탱 탱 불었어요

저네 집에 가서
애기를 낳으려나 봐요
무거운 걸음으로
산 너머 가네요

「시와 시론」으로 등단, 경기 광주너른고을문학회 초대회장, 경기 광주문협 초대회장, 경기문협 부회장 역임, 현 광주문협 고문, 이명우의 「시창작론」, 「시화 시선집」, 산골풍경 연작시집 13권 상재

사막에 꽃으로 피어나리라 외2편

이 상 정

붉은 사막에 너의 입술도장 편지를
묻어버린 사월 어느 나른한 봄날
한참을 망설였다

지난날의 아름다웠던 시간들이
뜨거운 사막 모래 속에서
녹아 내린다

그날 밤 몰래 뿌린 눈물은
사막에 다시 붉은 꽃으로 피어
또 다시 사랑을 불러 오리라

흘러오고 흘러가는
돌고 도는 시간 속에
묻어버리리라, 너의 지난 과거를

시인인가 되묻다

추방된 시인들의 나라에서
실체가 아닌 허상만을 읊조리는
시인 아닌 시인 같은 시인들
그대가 진정 시인인가
시인 흉내를 내는 시인인가
알 수 없는 나의 실체에서
시인은 없었다.
그냥 흉내 내는 시인일 뿐
해 아래서 다 헛된
바람을 잡으려는 것
아니면 어떻고 또 그러하면 어떠한가?
그저 왔다가는 인생 속에서
그냥 시인으로 살아가세
그냥 인간으로 살아가세
시인이라고 허세 부리지 말고
겸허하게 낮은 곳으로 흘러드세
낮술에 거울 앞에서 허상을 보고
그대가 진정 시인인가 되묻다

능소화 · 2

골목길 담벼락에 늘어진 능소화
누군가의 발자국 소리에
귀를 기울인다
복숭아 뺨에 자태 고운
그녀가 오늘도 서성인다.
짙은 초록 넝쿨 사이로
진한 주홍의 꽃
독야청청 양반을 닮았나.
뜨거운 태양에도
지루한 장마에도
견디어 내는 저 강인함
길고도 긴 기다림의 세월에
화관을 씌워 주련다.

「시와 시인」으로 등단, 한국문인협회 경기도지회 경기문학상 우수상 · 한국글사랑문학대상 우수상 수상, 저서 : 「입술도장 편지」, 「붉은 사막」 외 다수, 제35대 국제펜 한국본부 이사 겸 경기지역위원회 사무국장, 한국문인협회 제26대 문학생활화 위원, 제5대 표임문학회 이사, 수원시인 이사

어머니와 함께 밤을 새우다 외2편

이 승 하

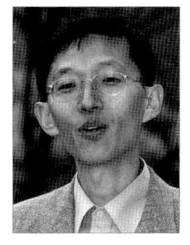

말기 암의 어머니에게 이 밤은 너무 길다
아스팔트 위를 달려가는 먼 자동차 소리
이 시각에 가야할 곳 그 어디일까
하도 많이 아프다고 해서
더 이상 아프다는 말도 못하겠다고

뼈 마디마디가 쑤시고
신경 마디마디가 저리다고
아침이 오기는 오겠지만
이마에 진땀을 줄줄 흘리면서
때로는 온몸 부들부들 떨면서

이렇게 아픈 걸 보니 살아 있는 게야
청력과 시력 급격히 떨어지고
아픔만으로 존재하는 어머니
형광등도 파르르 떨고 있다
이 가파른 밤의 고비에서

주검과는 대화할 수 없다

운명하셨습니다
감정이 없는 의사 선생님의 말
죽음이 참 단순하구나
숨 쉬던 이 숨 쉬지 않고
말하던 이 말하지 않을 뿐
나 볼일 없는지 눈뜨지 않는다

주검과 나 더 나눌 얘기가 없는 거다
어머님 전 상서, 이승하 본제입납
때로는 마지못해, 때로는 보고 싶어
편지 올리기도 했었지만
이제는 수취인 불명
승하야 보아라 하고 시작하는 답장을
주검은 쓸 수 없다

침묵의 언어로 어머니 앞에서 약속한다
숨 쉬는 모든 생명의 운명을 관(觀)하겠다고
죽어가는 모든 것들의 아픔을 철(綴)하겠다고
우선은 어머니의 죽음을 이웃에 알리고
동사무소에 가서 신고도 해야 한다
그리고는 모든 기억의 편지를 꾸깃꾸깃 구겨야 한다

땅으로 돌아가다

아파트 베란다 구석자리에
항아리들이 모여 있다 올망졸망
어머니 손때가 묻어 있는
10년 넘게 같은 자리에서 숨 쉬던 항아리들

곰팡이가 잔뜩 피어버린 된장 고추장
땅에서 났으니 땅으로 돌아가라
조선간장 반은 바다에서 반은 땅에서 왔지만
먹을 사람 없으니 너도 땅으로 돌아가라

아파트로 오기 전에는 비만 오면 어머니
외출했다가도 부리나케 집 안으로 돌아와
쏜살같이 달려가던 장독대
항아리들 뚜껑 닫기에 정신이 없었는데

췌장암이었다 이미 3기였다
사람은 양수에서 나와 추깃물이 되지만
흙에서 나서 흙으로 가는 항아리들처럼
생의 소임 다하고 땅으로 돌아갔다

중앙일보 「신춘문예」 시 당선, 저서 : 시집 「천상의 바람, 지상의 길」, 「감시와 처벌의 나날」 등, 산문집 「마지막 선비 최익현」, 「최초의 신부 김대건」, 「시가 있는 편지」, 「헌책방에 얽힌 추억」 등, 지훈상·시와시학상 작품상·경기문학대상 등 수상, 현재 중앙대학교 문예창작학과 교수

양지 마을 외2편

이 영 로

꽃비 보슬 보슬
날리다가 절로 멈추고
양지터에 봄 기운이 완연한데
포근한 흰 구름
산 이마에 맴돌며
조용히 봄을 찬양하는 듯 입 다물고
물가 언덕 비갠 버들
오는 봄 먼저 알고
푸른 옷 입고 살랑살랑 나부대며
잔설을 능멸하듯
울 밑에 성급한 매화
혼자 오기 역겨워 동백을 끌고 오니
적막했던 양지 마을에
움트는 희망의 꿈
기대하며 성서로워

송국의 지조

골짜기마다 사나운
엄동 찬 바람
헐벗은 나뭇가지 사정없이
세차게 흔들고
정처 없이 가랑잎 끌고 가니
구천을 헤매는구나
기러기 날개 속 삭풍이
숨어 들어도
사랑 찾아 울며 나르고
눈보라까지 더 세울 때면
삼라가 고객 숙이는데
송국은 거침 없이 웃음 지으며
노래 부르고
삭풍에도 굴하지 않는
불타는 지조
꿋꿋한 선비의 얼이 빛나고
훈도의 기품
그 불꽃 길이 꺼지지 않아

향기에 젖어

꽃 그늘 속에 사분사분 봄바람
내 맘 흔들어 놓고
어데로 살아저 가노
꽃 향기에 취해
조용히 눈 감아 본다
봄 향기 조용히도
정원에 가득한데
차 끓는 소리 귀 밝아
차 향기에 취하고 보니
청춘의 꿈 솟아오르고
가지에 봄 향기 넘쳐
은하수가 흐르며
꽃 향기에 젖어 물소리
그리도
한결 같이 선비의 넋이 흐른다

 중국 서화함수 예술대학 명예교수, UNIAEWP 예술분과위원, 제9회 대한민국 종합예술대전 한국화종합대상 수상, 저서 :「숨 쉬는 흙」,「용꿈」,「복조리」,「웅비약진」

웃고 싶은 날 외2편

이 영 성

코스모스가 웃고 있다
얕은 산허리에
빨갛게 노랗게
가을 옷을 입고
큰 소리로 웃는다

가을의 무게로 무심히 걷다
활짝 웃고 서 있는 네 앞에 서면
차마 괴롭고 외롭고
힘들다거나
한마디도 못하고 따라 웃는다

돌아보면 후회 없는 삶은 없다지만
미래는 늘 안개 속 같다지만
그 속을 걸어온 내가 대견스럽고
살아있는 오늘이 감사하고 기뻐서

가슴 한 갈피에 네 이름 써놓고
네 말처럼 환하게 웃어보리라

가을 밤

귀뚜라미가 운다
못 알아들을까봐
댓돌 밑에까지 찾아와
가을이라고 조심스레 전한다

왠지 가을이 쑥스러워지는 나이
한참을 숨죽이고
낯익은 소리에 귀를 세운다

비로소 도착한 땅
얼마나 힘들었는지
얼마나 두려웠는지
이젠 말하지 않겠어요

되돌릴 수 없는 이야기는
모두 덮고

너처럼 하나님의 섭리 앞에
노래하자고

가을에 가을인 나도
가을을 노래한다

목이 쉰 파도

바다엔 파도가 산다
서슬 푸른 도포자락에
흰 수염 펄럭이며
파수꾼 되어 지키는 갯벌

행여 모진 발에 밟혔을까
만지고 어루만지고
그래도 안쓰러워
제 몸 부서지는 것도 모르고

하루에도 몇 번씩
헛기침으로
이젠 목이 쉰 파도가
바다에 산다

강원도 춘천 출생, 이화여자대학교 졸업, 경기도 제5대 도의회 부의장, 경기도 여성정책국장, 현재 사단법인 다음누리 대표

장충단공원 옆 태극당에서 외2편

이 영 호

켜켜이 쌓인 세월들이
빛바랜 태극당 간판과 담벼락을 지탱하고 있다

다소곳이 쟁반들을 차지하고 있는
밀가루와 설탕들의 변신들이
과거를 먹고 싶어하는
주름진 얼굴들의 손을
유혹하고 있네

아득한 저 너머를 찾는 눈길 아래
꼭꼭 닫혀진 지갑을 뚫고 나온
파란 지폐들이
팔랑 팔랑 부산스레 날아다닌다

달밤에 커피

환한 달 뜨면
커피 마시고

너와 함께
밤을 지새고 싶다

나무도 꿈꾸는 밤
아파트에
공중 부양하듯 앉아
양탄자를 타고
과거로 간다

잘 지내려나

한때의 아름다운 날들이
가을 철새들 하늘에 떠오르듯
기억에 떠오르고

아쉬운 마음만 가득
내 몸 어딘가를 헤집으며 채운다

오래 사귄 연인처럼
커피는 식어가고

재촉하는 달빛과 함께
바쁜 세월은 간다

헤어지는 것에는 정이 남아 있다

가시덤불에서 데려와
분유로 시작해 8개월을 키운
노란줄무늬 고양이 보리

아침마다 울어대며
틈나면 바깥세상 그리워
창가에 머물던 보리에게

자유냐
안락한 구속이냐를 놓고
고심하다가
마당 넓은 집으로 자유를 주었다

입양시킨 다음날
집을 뛰쳐나간지
2개월 만에
다시 돌아온 보리에게서
짙은 숲의 냄새가 났다
한결 성숙해진 모습에서
군대 간 아들 본 듯했다

사료만 먹었는데
빵을 먹는다
뭘 먹고 살았을까?
우리 집을 찾았을까?
여친을 만났을까?

머리를 쓰다듬으며
자유를 거두어
구속이 있는 아파트로
데려가고 싶었지만

보리가 겪은 두 달의 자유를 위해
"구속보다 자유가 낫겠지"라며
돌아오는 길에

새주인 옆에서 소리 없이 무심히 바라보는 보리에게
고양이의 언어로 말을 했다
"@&*^ $%#@% ^& @&*!%"
"보리야 다음에 또 올께"

「한국작가」 수필 등단, 현 이천문협 사무국장, 이천시청 근무

손톱의 절개 외2편

이 원 용

똑, 하고 잘려나가 숨어버리니
에끼, 그놈의 성질머리
그리도 잘 할퀴더니 이제는 어딘가로
튀어가 숨어 버리는구나

메마른 손끝을 덮어주며
초승달처럼 자라면
사람들은 그냥두지 않으니
너는 애달픈 모함을 타고난 슬픈 생명이었나 보다

그래도 너에게는 남의 살점을 긁는 비열함보다
서로의 등을 긁어주는 아량이 있고
가난을 숨기며 자식을 키운 어머니의 메마른 역사를
이해하는 철학이 있었다

미인의 잣대를 가르쳐 주는 지식과
살과 뼈의 꼭짓점에 표시된 그루터기였기에
위장의 매니큐어로 화장하는구나

평생토록 자라도 대나무처럼 마디하나 남기지 않고
어느 나무처럼 곁가지 하나 남기지 않으니
그 진솔한 고집에 감동의 깃대를 꽂는다

충정의 깃

해와 달이 반도를 비추던 날부터
백성들의 눈 자락에 머무는
화려하지도 모나지도 않은 진솔한 당신은
인자하신 어머니의 얼굴이기에
심장 깊은 곳에서 피어 오른 애국의 혼이었네

여타 꽃무리들은 부스러기로 뭉쳐진 이파리들의 맵시라지만
당신은 어느 나무들처럼 높거나 무성하지 않고
여느 꽃들과 달리 오장을 꽃받침에 아울러 놓고
허기진 보릿고개를 지나 벼이삭 고개 숙일 때까지
만인과 눈맞춤 하니
맹서를 담은 충정이었네
꽃송이마다 할머니의 곱게 여민 무명치마처럼 매무새하고
꽃이 질 때면 피던 날의 꽃봉오리로 다시 돌아가
고요히 지는 법을 가르치는 선비의 의지이기에
꽃이 피면 당신을 눈으로 품고
꽃이 지면 당신을 민족의 가슴에 품고
한민족은 그 향기를 사모하였지

무궁화
당신은 꽃이 아닌 민족의 해와 달을 품은 애국의 마술사요
조국의 미래를 외치게 하는 높은 음자리

날지 않는 나비

어머니가 대를 이어 보듬어 주시던 문갑 고리에
앉아 있는 나비 한 쌍
이백년 세월 가문의 혼 지키며 앉아 있다

포화 속에서도 놀라 날지 않고
말라붙은 가난의 쓰라림에도
다른 꽃으로 이사하지 않은
대담한 정열이
열녀문처럼 향기롭다

동백기름 곱게 바르고
나들이 길 거울 보시던 님은
문갑에 묻은 손때가 가시지 않아
가신 듯 오시는 듯

시인, 경기 포천 출생, 「한맥문학」 등단, 「윌더니스문학」, 포천예술인총연합회 고문, 대한민국홍조근정훈장·국무총리상·한국문학신문문학상 최우수작품상·스토리문학상·백교문학상·보훈문예공모전·독도문예대전·한민족통일문예대전 등 50여회 수상, 시집 : 「날지 않는 나비」, 「달빛문신」, 「섬과 산의 소묘」, 시 불로그 「날지 않는 나비」

백락사에서 외2편

이 우 림

온갖 즐거움이 있는 절집
온갖 즐거움이 뭘까 궁리하듯
토리숲길을 어슬렁거린다
부산하지 않은 바람과
채찍질하지 않는 빛살이
헤픈 듯 헤프지 않은 궁둥이를
따라다닌다
숲과 더블은 설치미술이 또 숲이다
또 나무다 또 사람이다 또 돌고 돈다
온갖 즐거움은 나무가 낳는다
나무는 나이테마다 성을 달리 한다
여성이었다 남성이었다 식물이었다 동물이었다 산이었다 바다였
다 부처였다 예수였다 어머니였다 젖먹이였다 죽은 자였다 산 자로
테를 두른다
발길을 잡았다 놓고 놓았다 잡는다
잣나무가 눈물을 흘린다
키 작은 돌부처가 몸부림친다
불구덩이 빠져나온 빈 사람, 그를
안는 것은 나무의 부름이란 억측, 그것이
나무의 테두리다
百樂은 魄樂일까

후박나무를 읽다

매물도 대항마을엔 삼백년 된 후박나무가 있다
사람들의 오랜 쉼터, 후박나무는
대항마을 사람들의 교회
팍팍한 사람들의 숨, 후박나무는
대항마을 사람들의 절
차돌 같은 아이들의 놀이터, 후박나무는
별 꿈 비행기 선생님
바람의 음표를 기억하는 후박나무는
섬의 역사를 나뭇가지 흔들림으로 기록한다
섬은 산이다
산에는 나무가 산다
나무는 해(海)품길로
바다를 품고
사람을 품고
바다에 빠진 달을 품고
어둠에 잘려나간 집게발을 품고
파도가 놓아주지 않는 절벽의 멍을 품고
품고품고품고//품고품고품고//
저 후박나무, 섬을 끌어안고 산을 끌어안고 나를 끌어안고
후박나무를 끌어안고
끌어안고끌어안고//끌어안고끌어안고//
끌어안고 있다
꼬돌개 지나야 세상에서 가장 아름다운 해넘이 볼 수 있다고
저 후박나무 알몸으로 앉아 있다

까치는 안다

높은 곳이 좋은 걸까
전망 좋은 우듬지
바람의 혀가 날름거리고
어둠이 채워졌다 밝음이 채워지고
비의 樂하가 리듬을 타고
지어진 집
혹독한 눈의 계절
벌거숭이가 되어도 솔직한 나무 위
얼기설기 앉은 집
덩치 좋은 나무가 태풍 헛기침에 넘어갔어도
꿋꿋하게 버티고 있는
나무의 裸力
채워지면 떠나고
비워지면 슬그머니 찾아드는
그런 나무
빗물이 눈물이어도
獨說의 감옥이어도
그런 집이고 싶다
까치는 안다
뿌리가 집인 것을

「시와시인」 등단, 현 고양시문인협회 회장, 계간 「문학의식」 공동대표, 시집 : 「봉숭아꽃과 아주까리」, 「상형문자로 걷다」, 「허름한 개」, 「찔레꽃을 올리다」

칠월 외2편

이 재 선

1
버드나무 곧게 뻗은 다리 위
달구어진 가슴 자꾸 열던 바람

2
살진 개 답사리 그늘에서
배부른 채 마냥 졸리운 마을

진흙 바른 개구쟁이들 냇가에서
까맣게 익는 물장구 소리

언니 등에 업힌 아이 옥수수 잎사귀
허리쯤 늘어뜨리고

훈수꾼의 하품 소리 부채질하며
고개 끄덕이는 느티나무

3
밤이면 달빛이 내려와서는
담 너머, 목물하는 계집애 젖가슴
자라게 하던…

풀벌레, 박꽃을 만지작거리다
아침이면 새털구름이 되었다.

첼로

가을이 첼로를 낳았다.

유모차와 자전거가 나란히 소풍을 나왔지
할머니 첼로는 다소곳이 앉아 있고
할아버지 첼로는 오른쪽으로 비스듬히 누워
왼손은 연신 세월을 흔들고 있었지
단풍 빛 깔아놓은 잔디 위에서, 벤치에서
마주보며 회억의 무게를 털어내고 있었지
등 굽은 첼로의 스펙터클한 무용담이,
다리를 저는 첼로도 가을을 따라 웃었지
내가 잠깐 멈춰 섰을 때 첼로 소리가 들려왔어
"그때, 그렇게 된 것이지요!"
나무가 흔들리고 잎사귀가 떨어졌지
흑기사가 휙 지나가는 게 보였어
몇 날이었나

몇 날이었나 소풍은, 자전거는 어디로 갔을까
유모차가 석양보다 느리고 느리다.

몇 날이었나
생각을 하지 말아야 한다. 가을에는 그만
첼로 소리를 들으면 그만이다.

동백꽃

부스스한 머리 얌전하게
동백기름 발라 빗질하는데
금세
옥비녀, 단아하게 쪽 찐 머리
명경(明鏡)에 엄마 오셨네.

「문예사조」 등단, 한국문인협회 회원, 고양시 문인협회 회장 역임, 공저 :「꽃과 꿀벌이 있는 그림」 외 다수

가을 외2편

이 재 옥

곱게 단풍이 들고
한 잎 두 잎
낙엽이 질 때면
자신의 인생을
뒤돌아 음미해 본다.

작은 한 알이
성숙된 모습
웅크려 감싸려다 보면
어느새
알찬 모습의 계절

팔랑대는 가을 잎새는
사치스런 마음 같아 떨쳐 버리고
가을의
하늘을 향해 고개를 든다.

싸락눈

함박눈 내린
추운 겨울날
하얀 눈
살포시 밟고 떠난 님
발자국 따라 가려 했는데

새벽녘
사락사락 하는 소리
까만 하늘
고개 들어 올려보니

가시님의 눈물
싸락눈 되어
몰래 몰래 내렸다네
옆 사람에게 들킬까봐

님 떠난 흔적
덮으려고

숨어버린 봄바람

목련나무 잔가지를
먼 산에서
내려온 봄바람이 만지려니
멋쩍은 모습으로
고개를 저어본다

봄바람은
이내 부끄러워
아물아물
아지랑이 속으로 숨어버리니

아쉬운 마음
가슴 한 번 만져보고
짧은 목
길게 쭈- 빼고

기다리고 싶어지는 마음일까?
다시 찾아와 만지고 싶다면
손을
조금 내밀어 보렴

한국문인협회 · 국제펜 한국본부 회원, 경기도문인협회 이사, 해동문인협회 부회장, 한국작가 이사, 한국문인협회 포천지부장 역임

신운(神韻)에 핀 돌꽃 외2편

이 준 오

내가 책상 앞에 앉으면
잉크가 홀로 백색 위에 검게 스스로의
시를 말하고
자신의 먼 과거
연금술적 꿈에 젖는다.

대문 옆에서
거문고를 켜는 오동나무 노래의 의지에
사물이 잠 깨듯이

이렇게 검은 의지의 밑바닥에는 서로 스며들고
결합하고, 창조하려는 '각성의 이미지'를
나에게 가져다 준다.

실은 돌이 꽃의 전신임을
안 게 언제지?

무엇인가 내가 알 수 없는 향수 같은
물성(物性)의 세계가 신운(神韻)에 떨며,

그림자처럼 소생하는
영혼이 있어
바다의 꿈
잉크의 태 안에서

시가 아니라
꽃이 다시 싹트기 시작한다.

수련(睡蓮)

수련아, 나는 너의 본래의
모습을 잘 모른다.

하늘빛 같은 수액이
작은 호수에 시원한 노래로
태어난 것인가.

너의 사색의 날개를 좇아
고대의 신화는 머리 없는
어느 여신으로 탄생한 것인가

시의 날개와 같은
옷 저고리 걸친 너는
어느 나라에서
온 것인가

목마른 사슴이 입맞추려 들면
이상한 미소로
너는
아득한 별처럼 흩어지고

사념 한 마리 산새 되어
돌아오면 물의 화신
너는 요정이 되어 수면 위에서
몽상가가 되어 있구나.

가을

中衣 벗고
꼬치 밭에 소피보다가

꼬치 끝에 앉은 고치잠자리
잡을라꼬

싸릿비 들고 허공을 쓸던
어린 시절 그리워라.

가을이 저렇게
푸른 까닭은

그때 그 하늘
싸릿비로 쓸었기
때문이다.

이 가을날
푸른 유리 속을
날으는 고추잠자리.

 프랑스 국립렌대학원 박사(불문학), 국립파리7대학 교수, 숭실대 인문대학장, 「태양의 춤은 끝나다」(1964) 외 발표, 「문예연구」지(1990) 우수신인상 수상, 시집 : 「두물머리 새」, 「神韻에 핀 돌꽃」, 에세이집 : 「늘푸른 영혼들에게」 외 40여권

작은 들꽃 외2편

이 지 선

네 이름이 뭐랬지
풀을 뽑다 너와 눈이 마주쳤을 때
네 이름을 알지 못해 미안했어
언제부터니
그 자리에 그렇게 웃고 있던 게

네 얼굴이 너무 작아
돋보기로 얼굴을 들여다봤지
그리고 나는
숨을 멈추고 눈을 감았어
그렇게 작은 얼굴에
그렇게 큰 우주를 담고 있다니

너 보기가 부끄러워
뒤돌아 내 얼굴을 가리웠지
이렇게 큰 얼굴에
아무것도 담은 게 없음이…

들꽃이어라

누군가 눈여겨 봐주지 않아도
누군가의 눈에 띄려 애쓰지 않으며
때가 되면 피고 저도
누군가의 입소문에 오르내리지 않은
들꽃이어라

이따금씩 바람이 흔들어 주고
나비랑 벌이 와서 놀아도 주고
해와 달이 웃어주면 가슴 설레는
들꽃이어라

서로의 생김새는 각각이지만
서로가 서로를 받아드리며
산야를 아름답게 가꾸기 위해
서로가 서로를 필요로 하는
그렇게 더불어 사는
들꽃이어라

배낭에 꽃씨를

정상을 향해 걷는 이여
배낭에 필히
꽃씨 한 줌 넣어가렴
걷는 곳곳마다에
꽃씨 뿌려 놓으면
내려올 때
외롭지 않으리니

한국문인협회 회원, 자치신문 칼럼위원, 부부시집 :「내생에 봄이 온다면」 외 5권, 시집 「배낭에 꽃씨를」, 에세이집 :「아름다운 이별」, 공저「당신은 희망입니다」 5권

이대로 좋습니다 외2편

이 철 수

장미꽃 필 때마다
묻고 싶은 것들이 별처럼 많지만
물으려 들지 않고
밤을 지새우는 날에도
내 안에 가만히 머물러 있게 하겠습니다

달빛 스치는
잔잔한 실바람이 이대로 좋습니다

별들과 새벽까지 나눈 지난 이야기들을
저 프로키온에게 물어보면
머물 수 없었던 사연들은
강한 파도가 되어 몰려올 것입니다.

마치 밤 열차가 이마에 한 눈을 달고
어둠 속에서 새벽을 행해 질주하듯이
내 혈관에 급류가 되어 숨 돌릴 사이도 없이
첫 포옹 때로 돌아갈 것입니다

비취빛 같은 젊음을 접고
장미꽃 그늘에 그대 이름을 묻던 날
그날이 되살아온다면
내 뜨거운 심장은 멈추고
차디찬 바위가 될 것입니다.

* 프로키온 : 북반구 별자리인 작은개자리에서 가장 밝은 별

섬 하나 걸어두자

세상사 야속한 일
없어야 하겠지만

혹여 서러움 쌓아두고 가더라도
뱃길 잔잔하게 마음을 열어
강물에 떠가는 흰 구름 잡지말자

돌아보는 눈빛 다르고
가슴에 박힌 목단 같은 그리움
바람이 지우더라도 그 자리에
파도가 쉬어갈
섬 하나 걸어두자

기약 없는 내일 기다리지 말고
어제 그랬듯이
그래야 하는 오늘에다
파도가 쉬어갈
섬 하나 걸어두자.

우산 두들기는 물꽃

머리 위에 펼쳐진 우산을 두드리며
빗방울이 왕관으로 피었다 지고 있다

음악학원 앞을 지날 때
피아노 소리를 내고 싶은 아름다움으로
피었다 지고 있다

빗길을 뛰어다니는 아이들 뒷모습처럼
숲길 꽃 진자리에 향기를 남기지 않고
피었다 지고 있다

불빛 춤추는 북적거리는 주점길
마음에 튕기는 빗방울
우산 등허리를 두드리며 반짝반짝
피었다 지고 있다

전북 군산 출생, 「문학공간」에서 詩 데뷔, 공군본부 사무관 정년, 한국문인협회 회원, 경기도문인협회 기획위원장, 수원문인협회 사무국장 역임, 문학공간 신인상 · 경기도문학상 우수상 · 수원문학인상 수상, 시집 : 「섬 하나 걸어두자」, 공저「자전거를 타고 온 봄」외 다수

그때의 기억 외2편

이 철 호

창 밖에 비가 내린다 생각나는 것은 또
어머니의 손을 놓쳤던 날이다
바람에 파르르 떨던 고사리 손을 잡고
등허리까지 붙어버린 배로
어머니는 어디로 떠나셨던 걸까

그때 그날 속으로 가다보면
호랑이 사는 산 속에 아카시아 숲이 있었고
그 아래 논과 밭이 지평선 끝까지 펼쳐졌다
모내기 논가에서 개구리 소리 들리던 밤
살며시 일어나 어머니를 따라갔다
고무신 신은 발로 어둔 길을 더듬다가
강둑에 넘어져 어머니를 놓치고 말았다
어슴프레 저기쯤 물푸레나무가 보였고
흰 옷 입은 어머니가 보였는데 다가가 보니
물푸레나무도 어머니도 사라진 후였다

지평선 끝까지 펼쳐진 그때의 붉은 토지에는
사막 같은 아파트들로 가득하고
도시의 열기에 개구리 울음소리 말라가는데
그때는 돌아보아도 보이지 않고
추억만 살아 있어 빗속을 뛰어 다닌다.

고사목

지리산 제석봉 가는 길에
파란 하늘과 구름이 만난 그 언덕에 화석 같은
거대한 고사목 서서 웃거나 넘어져 있다
살아 백년 죽어 천년을 보내고 있는
억겁의 천년나무 옆에는 생명의 풀잎
파릇파릇 자라고 있다
세월의 상처를 안고 사는 나무 주변으로
마음을 치유하는 온갖 산야초들이
구름비에 쑥쑥 커가고 있다
죽어서도 저리 웅장한 자태로
그 생을 고귀하게 살 수 있다니
제 한 몸도 가누지 못해 끙끙대는데
어떤 나무는 장군이 든 권총 같고
어떤 나무는 손가락이 하늘을 찌르고 있다
푸른 잎사귀가 자라는 이웃 나무를 보며
사력을 다해 희망을 놓지 않았던
한 맺힌 비바람 소리 천년에 녹아들었다
큰 고사목 앞에 서서 합장을 한다
살아 백년 죽어 천년을 나는 너를 위해 살겠노라고

내려놓는 연습

한겨울 새벽길을 걸어가다
문득 고뇌하는 자세로
흰 눈 소복이 뒤집어쓴 느티나무 아래에서
오늘 나는 한 사람을 용서하기로 했다
도무지 그럴 수는 없지만
그럴 수도 있다고 생각을 바꾸고 나자
일순간 끓어오르는 마음이 고요해졌다
내가 내 안위를 위해서

포기하는 것이 아닌
그 사람을 있는 그대로 받아들이는 것이
나를 한 번씩 뒤집어지게 할지라도
몸부림치며 사는 게 나뿐이겠는가
세상에서 가장 기품 있는 모습으로
자신을 지켜가는 고목나무
그 아래에서 죄의식을 털며
잠시 자세를 고쳐본다

▶ 동국대학교 국문과·경희대 한의대과 동대학원 졸업(박사취득), 사단법인 새한국문학회, 김소월문학기념사업회, 종합문예지 한국문인 발행인 및 이사장(현재), 한국수필가협회 이사장, 한국문인협회 부이사장 역임, 저서 : 장편소설 「태양인 이재마」 등 시, 수필 64권 저술, 전쟁문학상·노산문학상 등 다수 수상, 사회 봉사부문 대통령상·국민훈장 동백장·모란장 수훈

잎 외2편

이 춘 희

당신을 떠나온 건 오래 전 일이지

매일 아침 당신은
연둣빛 새순인 내게
1억5천만 킬로를 날아온 햇빛을
천천히 떠먹여 주곤 했지

나부끼어 반짝이는 날엔
매화꽃 향내를 실은
바람을 불러오고
휘파람새를 데려오고
발이 부은 노을이
내 곁에서 쉬어가게 했지

흔들리는 일은 나의 숙명
팔 벌려 크게
안아보지도 못한 채
팔랑팔랑 거친 하늘 속을 날아올랐네

멀어질수록 더 크게 보이는
눈 감으면 더 환히 다가서는
구부정
늙은 나무 한 그루

앙상한 그늘을 거두고 있네.

길

얕은 골짜기에선
겨울을 지낸 바람이
자리를 털고 있었다

태초에 길이 없던 곳
잠 깬 바람은
언 땅을 밀면서 끌면서
달팽이처럼 삼천 유순*
숨 가쁜 벼랑을 올랐으리라
그 뒤를 애호랑나비가 따르고
두견새가 따르고
간절한 만삭의 여인도 따랐으리라
오체투지로 오른 그곳
우뚝 선 마애여래*를 만나면
그제야 일필휘지로 곧추선
산길을 내려다보며
바람은 노곤히
매화 꽃망울에 깃들었을까

발아래 구만리 뜰에선
개구리들 소리공양
분주히 또 다른 길을 만들고.

* 유순 : 소달구지가 하루에 갈 수 있는 거리, 80리.
* 마애여래 : 보물 제822호 이천 설봉산 영월암 마애여래입상

쉰

백세를 산다지만
반생은 더 지났을 것 같은 나이

길고양이를 맥없이
지켜보게 되는 나이

꽃들의 이름을 외워야지
다짐하게 되는 나이

자두를 먹으며
살구맛을 떠올려보는 나이

석양빛을 오래도록
마주하고 싶은 나이

시금한 쉰내는 싫지만
제 어깨를 다독이며
쉬어가도 좋을 나이

불면의 밤을 헤치고
사각사각 샤프 연필로
아직도 시를 쓰는
쉰,
그 여자.

 한국문인협회 회원, 이천문인협회 회장, 시집 :「산수유가 보이는 창」

새 섬의 아침 외2편

이 향 재

밭두렁 보초 서는
쑥부쟁이 헌걸 차고

논두렁 민들레는
아기걸음 걷고 있다

참새골
하늘 머금은 바다
마늘 꽃을 피웠다

밭가에 핀 고사리
문살같이 손을 펴고

텃밭에 하얀 감자
종달새가 품어준다

북청색
하늘을 이고
이슬 터는 아기섬.

짝사랑

어느 순간
가슴 등불 밝히고

보고픔에
대문 앞 서성이며

실바람에도
심장 멎어버릴 듯

콩닥콩닥
애태우는 조바심.

탁발

지하철 계단에 엎드린
어떤 수도승의 기도가
저토록 간절할까

얼굴 묻고 벌린 손
연탄장수의 그것
삼복에도 겨울 점퍼 걸친
시베리아 마음

여차하면 먹겠다고
수저와 양푼까지
곁에 모셔놓고
맘껏 배 채워줄 꿈을 꾼다

돌다리 횡단보도 목탁승
부모 잃은 아이들 위해
땡중이란 거친 소리 웃어넘기며

한여름 햇볕 쪼개고
찬 겨울 칼바람 맞서며
사계를 쳐내는 스님.

경기 여주 출생, 계간 「아시아문예」 등단, 한국문인협회 회원, 구리문인협회 고문, 구리여성의용소방대연합회장, 경기의용소방대연합회 부회장(전), 경기문학공로상 · 경기도지사표창 · 행자부장관표창 · 소방방재청장표창 외 다수 수상, 작품집 : 「새 섬의 아침」 외, 동인지 다수 상재

천일홍 축제에서 외2편

임 경 자

천만 송이 사랑이 걸어온다
빨강 노랑 하얀
햇살이 다듬는 대로
외로움이 미소를 띄운다
바람 부는 대로
시간이 갈수록
숨겨놓은 꽃길이 열린다
변치 않는 사랑
천일홍 닮아 버린다

중추절 명절

중추절 명절
오래도록 돌고 돌아 맞이하는 오늘
손주와 손녀 얼굴에 왈츠를 춘다
습관처럼 한복을 곱게 입고 보니
바라보는 입장이 바뀔 뿐
친정엄마 삶 연민으로 밀려온다
순서 없이 간 제사도 모시고 납골당으로 향한다
영원한 삶이 어디 있겠는가
보름달을 그린다
그 안에 모든 게 가득하다
내일이면 조금씩 둥근 달도 변하겠지
오고 가는 정 속에 환한 얼굴
보름달을 닮아간다

대문 열리는 소리

하늘까지 퍼진다
탄생을 알리는
소리이다
동네 한 바퀴
12대문
삐꺽 대는 소리
크기도 모른다
신의 여명의 소리이다
오늘은
가을 하늘 축제
구름마저 문을 그리며
흔들었다

 한국문인협회 의정부지부 회원, 한국문인협회 의정부지부 지부장 역임, 시민의날 의정부시장 표창장, 현 문예샘터 회장, 한국예술문화단체 총연합회회장 예술대상·문화예술부문 경기도 도민상 수상

들깨 밭이 있는 골목 외2편

임 규 택

골바람이 가로등을 지키고
어둠이 들깨를 키우는 동안
가을밤의 골목은 그림자를 잃어버렸다
알알이 속삭이던 꽃술에 눈이 없어
인적은 빛을 버리고 소리를 안았으니
귀뚜리 울음 더하여
묵은 귀 더듬이가
별에 기대어 깻묵 덩어리를 헤아리고 있다
이랑 속에 한 해를 묻었던 내리사랑
하얀 꽃 송이송이 까맣게 거두어
한 꺼풀 더 접힌 주름
도리깨 넙적 미소가 고소한 시골버스에 오른다.

괭이

사립문 담벼락에
문패처럼 걸려 있었던 괭이 한 자루

논길 오르던
지팡이요 길동무요 숨소리였을
아버지의 분신이었다

계절이 나락의 땀방울을 헤아리는 동안
물꼬를 트고 바꾸는
다랭이 논배미의 눈금이기도 하였다

시대의 간극이 쓸모를 다하여
주인을 그리다 녹 쓸어 버린 날…

과유불급이
눈대중이 아니었다는 소신만 남기고
자루 없는 고철이 되어
유구한 시간을 버리고 있는 괭이.

울타리
−2017년 10월 15일 고희에 부치는 글

가까운 자매는 더러 보이고
멀리 있어 형제는 그리움이 조그맣다
외갓집은 책 속의 그림이며
떠나 온 고향은 아린 가슴이 되었다
먹고 사는 일이 삶이라지만
본능이 순리를 초월하여 풍요 위에 있으니
나누고 부대끼고 보듬었던 체온이 식어간다
가족의 관계가 경계로 변화하는 혼돈의 심연
드물게 나누는 전화마저도
예견의 해소를 쫒아
어색한 재치로 위기를 넘어야 한다
배려의 순서가 현실의 가치이기에
이웃이 사촌보다 살가운 사이
혼술, 혼밥, 혼잠이 낯설지 않는 세상
황혼의 바램이,
가화만사성의 머리띠를 두르고
싸릿대로 이어진 울타리를 지키며 산다.

「한국작가」 등단, 한국문인협회 회원, 경기 이천 · 광주 문인협회 회원, 시집 : 「빨간 우체통」, 「고향이 보이는 창」, 「산방일기」 등 공저 다수

적군 묘지 외2편
– 북한군 무명인 묘

임 병 호

어찌 이름이 없으랴,
남방 한계선 남쪽 5km
파주시 적성면 답곡리 산 55번지
적막한 묘역에
외로이 잠들어 있는 넋이여.

이제 일어나시라
자유의 다리 건너
북녘 고향으로 돌아가시라
아버지, 어머니의 아들
형, 오빠가 되시라.

다발총 잡았던 두 손 씻고
군화도 벗어던지시라
잃어버린 이름 찾으시라.

죽은 사람은 이미 적이 아니거니
여기에서 너무 오래 누워 있었다.

봄, 적군 묘지

죽은 넋들이 살아난다
아지랑이 속에서
들풀로, 들꽃으로 피어난다

누구를 위하여
한반도 산하에서 목숨을 바쳤는가

어찌하여 평화로운 남녘에서
총검 들고 달렸는가

온몸 피 흘리며 부모 얼굴 목놓아 부르다가
고향 그리워하다가
눈 못 감고 숨진 허무한 넋들이여

자유의 이름으로, 평화의 뜻을 모아
그대들의 극락왕생 빌었느니
오, 적군 묘지의 봄
구천의 영혼들이 부활하는구나

들새들이 날아오른다
망향초가 푸르게 일렁인다.

＊ 적군묘지 : 6·25 전쟁(1950. 6. 25~ 1953. 7. 27)에서 전사한 북한군과 중국군 유해를 안장한 묘지. 대한민국 정부는 '제네바협약과 인도주의 정신에 따라 1995년 6월 남방한계선 5km 떨어진 파주시 적성면 답곡리 산 55번지 일대에 이 묘역을 조성하였다. 적군묘지에는 1968년 청와대를 습격하고자 침투한 '1·21 사태' 무장공비 30명과 1998년 남해안으로 침투했다가 사망한 북한 공작원 6명의 유해도 묻혔다. 대부분 '무명인'이라 쓰인 비목 가운데 간혹 실명이 발견되는 경우도 있다.

도라산역(都羅山驛)

오늘도 열차는 플랫폼에 머물러 있는데
갈 수 없는 신의주행 승차권은 매진이구나
귀향길
기다리는 가슴마다 회한이 쌓인다.

임진강 건너던 망배열차 다시 막히고
실향민들 또 외롭게 서성이는 대합실
빈 의자에
주저앉는
서러운 소망이여.

민통선 마지막 역이 아니다, 도라산역은
북녘땅 큰길 밝히는 첫 번째 역이거늘
그 누가
철로를 막는가
경의선 열차는 달리고 싶다.

경기도 수원 출생, 한국경기시인협회 이사장, 「한국시학」 발행인, 국제PEN 한국본부 33.
34대 부이사장, 수원문학아카데미 원장, 시집 : 「환생(幻生)」, 「세한도 밖에서」 등 18권,
제1회 한국문인상 본상 · 제2회 세계평화문화대상 수상

온도계 외2편

임 상 섭

곡예의 공간
얕게 움직이는 진동 추
있는 듯 없는 듯 존재로
뜨거운 가슴
오르내린다

어느 날
근심 응축시켜 담아
뚝 떨어지면
차가운 몸살을 앓는다

날마다
혈관은 그네를 타며
한 사람의 생(生)을 부풀린다.

가로등

산다는 건
언제나 서툰 초행길

오후의 분주하던 소음들
서서히 숨죽인다.

고단한 일상을 접으며
마주하는 가로등
항상 내 곁으로 다가오네

밤하늘 별 만큼 수놓아 보던 꿈
세월 속에 점점 희미해질수록
더 밝게 비춰주는 마음의 등불.

수련화

탁한 수면 위로, 시간은
고뇌를 안고 있었지

연약한 몸으로
셀 수 없는 몸살을 앓고
의지(意志) 없는 기억들로
가슴앓이 하였지

수초의 연민
이슬로 포개진
엷은 꽃잎 살며시 문을 열면
수줍은 미소는 생각에 잠기네

혼탁한 연못 위에
천연(天然)으로 피어 올린 수련화
오! 아름다운 자존심.

「한국문인」 시 등단, 국제펜클럽 한국본부 · 한국문인협회 회원, 한국문인협회 연천지부 회장 역임, 목란문학회 회장, 괴테문학상 · 경기도예술대상 공로상 등 다수 수상. 시집 :「양지와 음지 사이」,「배롱나무 꽃 피다」 외 공저 다수

여름 꽃 외2편

임 정 남

붐- 하면 대문 밖에서
가난한 수행자가 재잘거리는

햇빛이 물든 나뭇가지에
허무의 물방울들이
조롱조롱 웃고 있는

아가의 맑은 눈동자에 흐르는 샘물도
잠자리채를 들고 있는 아이들도
젊은이들의 덜 걸친 의상도

사람이 어우러지는 곳에
고요히 정진하는
당신의 인생에도
슬픔과 응달도 따라 온다

황혼이면 뜨거운 두 손이지만
수채화와는 달리
한 알 한 알 깔깔한 모래알 같아도
마당 앞에 핀 배롱나무 꽃
송이송이 모여 아름다운 여름 꽃 되듯이

아서라!

신분당 전철을 타고
산 깊고 계곡물 흐르름 느끼며
오랜만에 꿈을 들고 봄나들이 떠나본다

청춘 시절 정겨운 감정을 느껴보고 싶어
붉은 장미처럼 피어나
한때는 창창했을 그 시절 다리를 엮어가며
사랑과 정을 읊어본다

교교히 강남역 不二門을 통해
뛰어난 문장가가 되어
찾아가는 글귀를 낭송하면서
시를 써 내려가고 있다

바람도 부는 작은 카페에서
올곧은 내일까지 생각하는 무리들
역설을 넘어 상생을 일깨우며
잠꼬대 같은 흥취에 젖어
절 밖 사람들에 삶을 마셔보고 있다

푸르름 한데 모인 봄날
통째로 달아나 버린 것 같은 세월은
두리번거리다가 행여 봄이 날아갈까
봄아씨 치마 끈 잡고 칭얼대고 있다

또! 가을이

여름이
다 간 자리에
더 녹음이 짙어가고

가을 마중
코스모스,
솜털 꾸러기 강아지풀
가을 부르는 바늘꽃

떨어지는
여름 꽃은
치마 위에 쌓이고

세상일에 취한 채
달 그늘 아래서
다— 돌아간 자리 뒤에
詩만 떨어져 있다

경북 영주 출생, 안동교대 졸업, 교사 역임, 「문파문학」 시부문 신인상 등단, 국제펜클럽 회원, 한국문인협회 위원, 문파문학회 회장, 제9회 문파문학상 수상, 문인협회 용인지부 회원, 시계문학회 회장 역임, 제2회 시계문학상 수상, 저서 : 「비로소! 보이는 것은」, 「낮달」, 공저 「너의 모양 그대로 꽃 피어라」, 「가을 햇살 폭포처럼 쏟아지는데」 외 다수

나는 그렇게 서 있었다 외2편

장 종 국

발끝에 차오르는 물 허리께가 시리다
가슴팍까지 차오르는 사람아

나는 물의 무게를 이기지 못해 뿌리내린
갈대여서 울고 갈대여서 흔들리고 있구나
기다림이 죄가 되어 가슴 저 밑창까지
엉켜진 오랏줄은 언제 풀릴까 그리운 사람아

조(潮)금이 낼 모랜데 달빛 밝혀 오시려나
기다림에 적신 발 물결로 띄워 보낸 편지
강물인지 편지인 줄 알기나 하는가
바람 편에 부친 편지 지나치는 바람으로
그냥 스쳐버렸나 대답 없는 그리운 사람아

잊지 않았으면 찾아올거나 자리 뜨지 못하고
선 채로 자고 선 채로 먹고 선 채로 기도하고
선 채로 기다리는 법을 배웠다

잊어버리는 법을 배우고 울지 않는 법을 배웠다
조(潮)금이 낼 모랜데 달빛 밝혀 오시려나
나는 그리울 때 흔들리고 외로울 때 흔들린다
나는 눈물을 꽃으로 피워 그렇게 서 있었다
그리운 사람아

악보 없이 부르는 노래

참새의 나랏말은 노래다

신새벽 공부 시간
매화나무에 걸터앉아
어미 참새가 먼저 노래 부른다
— 쯧
새끼 참새가 따라 부른다
— 쯧 쯧
어! 이것 봐라 새끼 참새는 천재야 천재
하나 하면 둘을 읊으니
매화꽃이 잠에서 깨어 눈을 비빈다

신새벽 둘째 공부 시간 목련 나뭇가지에 걸터앉아
어미 참새가
— 쯧 쯧
새끼 참새가
— 쯧 쯧 쯧 쯧
목련꽃이 잠에서 깨어 옷깃을 여미며 기지개 켠다

악보 없이 저절로 부르는 노래
노래가 아니라 나랏말이란다

요것들이 공부하느라 떠들어대는 동안
아침햇살이 날개를 펼친다

꽃향기가 그득한 마당에서
노래 같은 말을 듣고 아침 차 마시며
꽃향기에 취하는 싱싱한
봄 아침이다

천사초대장(天蛇招待狀)

천사가 허공에 그린 초대장이 의뭉스럽다

얼굴 없이 은사(銀絲) 짠 마법융단(魔法絨緞) 위에
초대 받은 노랑나비가 휘휘친친 옭혀 있다
마법융단을 짜는 광경을 아무도 보지 못했으니
암흑에서 달빛을 모사(模寫)했다는 설도 있고
칠흑에서 별빛을 모사(模寫)했다는 설도 있다

초대장 무늬는 수메르인들의 쐐기문자 같다
어째서 아름다운 것은 신비스럽고 눈부신 덫일까
마법으로 짠 융단 위로 달빛을 걸고 별빛도 걸린
신비스러움으로 그린 초대장은 눈부신 함정이다

알면서도 의뭉한 초대에 응하며 춤추는 노랑나비가
나일 것이라는 설도 있고 너일 것이라는 설도 있다

*天蛇 : 거미

한국문인협회·국제펜클럽 한국본부 회원, 국제문화예술창작협의회 회장 여인, 「경의선 문학」 주간, 칼럼니스트, 시집 : 「상온동물의 허물벗기」 외 다수

강(江) 외2편

정 기 숙

시간을 부수어
작은 소망 잡아매고
물살에 입술 비빈 붉은 숨소리
고동치는 맥박은 어둡기 전 거두라고
강은,
강물은
그렇게 조금씩 살갗 덮는 작업을 한다

별 내려와 누운 채
얼굴 포개며 흔들흔들
강 건너 뱃사공 대답 없어도
철썩철썩 물 치는 날개
혼백은 섞여지고
밤은 강을 삼켜 배를 불리운다
쌓았다가 헐었다가
강 언덕 모래성이 춤을 추고
긴 기다림에서 일어선 몸
늦가을 국화주는 사공을 눕힌 채
강은 비틀비틀 제자리걸음이다

시간 속에서

시간이 날개를 달고 날아간 자리에
또 다른 시간이 날아와 날개를 접는다
비껴간 시간이 틈새로 떨어져
그림자로 뒹굴 때쯤
숨어버린 별이 다시 나타나
옷깃 여민 내 안으로 빛을 깔아 놓는다

멈춘 시간은 초침 하나로 다시 돌아가고
열린 시간은 달구지에 손님을 태운다

어디로 가는 걸까
잠잠한 생각들이 빗장 열린 세상으로
떠밀려 사라진다
앞장선 사람들아
멈추지 말고 울지도 말자
고분고분 가자
넉넉하게 가자

또 다른 시간이 투망을 친다
시간은 물살을 건너간다
나는 정강이를 담그고
첨벙첨벙 시간을 밟는다.

장밋빛 사랑

태양은 저리도 익어내려
한 아름 씨앗을 불태우고
붉은 입술 터뜨려 밤새도록 비벼댄다

그림자 짙은 속살 향기로
차곡차곡 곁들인 연정을 태우면
님의 사랑 시샘으로 별밤이 쏟아지고
가시에 찔릴까 수줍어 토라져도
장미촌 출산녀는 옷고름 푸는 연습에 젖는다

새벽이슬에 몸 씻고 고개 들어
화사한 얼굴 님에게 보이고파
꽃잎마다 한 아름씩 담아둔 사연들이
키재기 높이만큼 담장 너머 사랑을 세워간다

님이 오시는 날
그 열렬한 가슴 열어
당신을 맞으면
장밋빛 사랑 하나 훔쳐 와도 되겠다.

 「한국문학예술」시・「한국작가」수필 등단, 광명문학 대상・광명예술 대상 수상, 한국문인협회 광명지부 전 지부장 역임, 시집 :「교동도 갈매기는 교동도에 남는다」,「개미의 장날」

바람 일기 외2편

정란희

여름을 송두리째 휩쓸고도 바람은
지치지 않았고
멈출 줄 몰랐다
세상이 열리던 빅뱅을 몰고
당당히 앞으로 난 길을 향해 전진하며
뒤를 돌아볼 여유도 잃은 지 오래
흔들리는 꽃도
햇살에 반짝이는 대추나무 잎사귀도
바람으로 하여 황홀한 열매를 맺고
있음을
바람은 알지 못했고
앞으로 난 길만 쫓아가기에 바빴다
이제 천천히
가끔은 작은 바람이 되어
바람 속에 들어가 멈추는 연습을 해야겠다
처음 태어났던 바람으로 다시 돌아가
쉬어가는 법을 배우고
새롭게 시작하는 바람이어야겠다

그리운 오후

꽃잎 하나 둘
어쩌지 어쩌지 서성이는 사이

질 때가 아니라고
아직은 함께 할 시간이라고
머뭇거리는 저 발걸음

그리운 마음
봄바람에
살며시 꽃잎을 앞세워

초록으로
피어나는
하늘 높이 날아오른다

반짝이는 햇살도
길게 꼬리를 늘이고
봄마중 길에서 흔들리며

어쩌나 어쩌나

가을 산을 오르다

혼자라는 생각 들키지 않으려 쓸쓸한 바람
가슴에 차오를 때 온몸 던져 뒹굴며
발아래 멈춰 선 밤송이
행여 알아채지 못할까
잎새를 흔들며 떨어지더니
하늘을 향해 두 손 쫙 펼쳐 반기고 있다
그도 모자라
활짝 웃고 있다
혼자여도 동그랗게
지구를 닮아 동그란
미소
가슴에
통통한 벌레 하나 품고도
세상 가득 충만하다

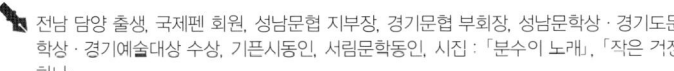 전남 담양 출생, 국제펜 회원, 성남문협 지부장, 경기문협 부회장, 성남문학상·경기도문학상·경기예술대상 수상, 기픈시동인, 서림문학동인, 시집:「분수이 노래」,「작은 걱정 하나」

그 이름 나의 아버지 외2편

정 성 채

이 세상에
내 생명을 주신 임, 나의 아버지
늘 큰 울림으로 다가오시는 분.

그 눈빛은 섬광처럼 단호해도
그 미소는 따사로운 햇살이었네
별빛처럼 영롱했던 영혼
온 천지에 빛을 비추고
눈물 젖은 뺨들을 어루만져 주던 손길.

만인의 연인처럼
칭송 속에 귀감의 푯대로 우뚝 선 선비
그 넋을 닮으려
평생 그리며 걸어온 길
어언 반세기도 훌쩍 넘어선 굽이.

가슴 저미게 사무치는 그 정
나의 임 아버지 앞에 서는 날
부끄럽지 않게 살았노라며
뜨거운 포옹을 할 수 있기를 기도합니다.

용광로처럼 임을 향한
그 마음 평생 간직하며
살아가는 나날들

한 발자국 한 발자국
더욱 헤아리며 다가가겠습니다
사랑하는 임, 나의 아버지
내 삶의 단 한 사람 그대
나의 아버지여!

他人

불꽃처럼 타오르는 열정
담장이 넝쿨처럼 부둥켜안고
전율하는 넋
밝은 빛을 밀어내고
어두운 밤을 맞아
昇天을 꿈꾸는 영혼
한쪽 살을 에어내어 불사르면
꽃이 피고 열매 맺어
싹 틔울 줄 알았는데…
아니 아니 그것도 아니
그래서 언제나 他人이여.

안개에서 비가 걸러지는 거리
구름의 넓이를 알 수 없는 하늘
바다의 등을 넘어
땅 끝을 방황하며
손바닥에 빛을 채우고자 하는 몸짓
빛이 머무르는 곳으로 가는 길은
과연 어디에 있는가?
바람 부는 언덕에서
망연히 한낱 입김으로 서 있을 뿐!

낮 달

앙상한
나뭇가지 사이로
떠오른 하얀 낮달.

검은 머리 곱게 빗어 넘겨
쪽을 찌고
하얀 옥양목 소복을 입은 청상.

기나긴 겨울밤
다듬이 소리에
문풍지 넘어온 임.

그리워 그리워
피울음 토하고 지친
창백한 여인의 넋.

이화여자대학교 교육대학원 졸업, 경기도 교육청 학생 생활지도 평가위원 역임, 법무부 한국갱생보호공단 서울지부 위원 역임, 한국문인협회 경기도지회 부지회장 역임, 노산문학상 · 허난설헌 문학상 · 한국수필문학상 · 예총예술문화상 수상

모춤 외2편

정 진 윤

죽은 아버지가
산 자식을 묶어가는 게 뭔지 알겠니
늙은 아버지의 눈은 일렁거렸다

거짓말 무슨 아버지가 그래
물씬물씬 박하향기를 날리는
조그만 입에서 나오는 소리라니

뼈를 우리고
살을 내려서라도
자식 앞에는 아까울 게 있으랴

못자리에서는 더 이상 자랄 수가 없어
죽은 아버지가 살피듬을 털고
자식을 묶어가야만 한단다

때가 되어
아프게 묶이더라도
너무 섧게 울지 말아라

넓은 자리에 심어져
키 크고 섶이 우거져 고개 숙이면
너도 아버지가 될 터이니

빛을 부르는 비

첫눈이 내린다는 예보와 달리
비가 질척거리는 날에는
속맘을 감추려 그리 애를 쓰지 않아도 좋다
숨이 붙어 있는 순간까지
꽃으로 살다 가기 위해
안간힘을 쓰던 해바라기의 주검이
마지막까지 물고 있는 불씨
선명하게 남은 빛을 전하려
팔딱거리는 맥을 스스로 거두고
선채로 눈을 감고 말았을까

누군가가 불러주기를 간절히 기다리며
웅성거리던 생각들이
성체등 앞으로 모여들었다.
가장 먼 길을 걸어왔을 발부터
옥합에서 쏟아진 향유보다 짙은 눈물에 씻기자
차례로 어둠을 털고 일어선다.
고통도 살아있어 주어지는 축복이란 걸
좁은 마당을 서성이며
넓은 하늘을 바라볼 수 있음 또한
사랑을 아는 사람만이 누리는 축복이라는
빛의 언어를 다시 읽는다.

목 련

심술궂은 빗방울
눈물 고인 별 하나 데리고
가슴 속으로 흘러들어
낮은 소리로 울먹이고 있었다.

귓결에 들리는 빗방울 소리
하나 둘 하늘을 건너고야
대대로 내려오는 원죄를 가린
한 올 부끄러운 솜털을 벗으면

담묵(淡墨)으로 그릴
아슴푸레 새벽을 기다려
날로 붉어지는 잎망울 틔우기 전
옥양목 저고리 깃을 꺾으리

「한국작가」 시부문 등단, 제1회 가평문학상 · 경기문협 공로상 수상, 한국문인협회 회원, 가평문협 부지부장, 시집 : 「귀밥치기」

종부의 비창 외2편

정 호 성

가시연꽃 배란이 시작되면
하늘 수증기 몰려와 물방울 음표를 만들고
서곡 천둥소리 울리면
음표들은 연잎 가시에 악보를 새긴다
조율하지 않는 꽃창포 건반 두드린다
버려진 음표들
위기 때마다 일어서던 종가의 뿌리처럼
부활의 물방울로 태어나고
알아도 모르는 듯
귀 열려 있던 풍경 소리는 종부의 숨겨진 가락이다
나뭇가지 날아다니는
캐스터네츠 악사들의 화음이 소란스럽다
연주된 악보 새기던 바늘이 손을 찌른다
아야~ 하는 소리에
놀란 나무 귀 하나 연못에 떨어지고
이제 막 생리가 터진 가시연꽃
손끝에서 피어난다
연못 지켜낸 고집이 솔잎마다 맺혀 있다

달의 문상

부력 상실하던 계절
지상에서 부고장이 날아들었다
상가 찾아 영정 앞에 예를 올렸다
한 번은 본 듯한 얼굴
어린 상주 바라보는 순간 아찔한 기억
그 옛날,
감나무에 앉아 가을 즐기던 때
장대 든 아이 소리 지르며 뛰어오고
놀란 달은 맛보려던 홍시 삼키고 하늘로 올랐다
하늘에서 거친 천둥소리 울렸다

문상객들의 대화
망자 허상에 살게 한 달 원망하는 소리
어린 상주 가슴 부풀어 오르고
비련의 여자
마지막 잔에 이별을 채웠다
그 아이가 이별을 마셨다
이제 떠나야 할 시간
철없는 아들 바라보며 떠오르지 못하는 아이
산소보다 가벼운 달은
자신 따려던 아이 안고 부력을 올렸다

아마존의 선물

열대우림이 왔다
늪 같은 박스 안에서
풀의 향기
나무들의 향기
쾌쾌한 흙냄새
비릿한 피 냄새가 난다
강자에게 먹힌 약자들의 울음이
라디오 잡음처럼 들린다
악어는 몰랐다
팔다리 몸통 통째로 삼킬 때
죽어가던 영혼이
자신의 몸에 문신으로 남는다는 것을

문신의 가치가 상승하고
욕망의 분기점으로 기울어지는 순간
생명의 존엄도 상실한다
기울어진 마음의 중심을 허리띠가 잡아준다
딸에게 고맙다는 말을 할 때
수화기 너머에서 울먹이는 악어새 소리가 들린다

한국작가신인상 등단, 경기신인문학상 · 경기노동예술제 대상 수상, 한국문인협회 · 국제 PEN 회원, 경기도문인협회 사무차장, 성남문인협회 이사

쉿, 꽃들이 노래하네 외2편

조 규 화

흠모하는 가지마다
느리고 게으른 꽃눈들
별빛 언어 둥둥 떠가는 기억의 행렬
터지는 꽃송이마다 불꽃 여울 흩뿌려
얼음덩이 가슴 사르는 화신(花信) 분분한데

쉿, 저기 꽃들이 노래하네
찬 바람에 억눌린 무거운 멍에
벗으라 벗으라 벗으라

사랑의 묘약 잉앗실 감으면
한 하늘 열린 징 소리 휘날리고
어눌한 꽃그늘 만발한 기쁜 소식 싣고서
질주 요란한 뒤안길 아리송 세상사 손짓하는데

쉿, 저기 꽃들이 노래하네
골치 아픈 넌더리 지청구 쓰린 세상
잊으라 잊으라 잊으라

온 누리 오곡백화(五穀百花) 종소리 울리면
소생한 봄봄봄 뿌리 닿을까
애달픈 가슴에 혼절한 메아리 돌아오고
눈보라 비껴 새 생명 탄생하고 소멸하는데

쉿, 저기 꽃들이 노래하네
얼레살풀다 가는 허송세월 어이 잡을까
아끼라 아끼라 아끼라

동행(同行)

날마다 그대 품안에서 눈뜨는 해마루
바알간 햇덩이 이글거리는 눈부신 해돋이
뜨거운 열병에 까맣게 타들어 가도
함께 맞는 동행마냥 행복한 것을

봄볕처럼 살가운 그대
철길처럼 마주한 즐거운 동행
두 손 맞잡고 산책하고 대화하며
뛸 듯이 춤추듯이 날아오를 듯이
무시로 새로운 기쁨 만끽하는 것을

늘 곁에 있어도 그리운 동행
언제나 서로 큐피드 불화살 쏘며
경사로 오를수록 밀고 끌고 얼싸안아
한순간도 떠날 수 없는 불치병인 것을

슬픈 곡조로 용틀임하는
가파른 절망의 단애에서도
영혼 맞닿아 기대고 부둥켜안으면
내 안에 그대 있고 그대 안에 내가 있어
얼음장 절로 녹는 동행 절절한 사랑인 것을

애간장 녹고 뼈와 살이 다 타도
절벽 애무하는 산더미 파도처럼
전신이 다 젖도록 아우르는 동행길
철석같이 믿고 맹세한 가슴이 불길일지라도
그 불길 속에 타들어 가는 불새 되어
그리워 부르며 단숨에 날아갈 것을

화신(花信)

평강의 화신이 꽃구름 타고 왔네
아름다운 꿈길에 향유 쓰고 왔네

누군가 나뭇가지 걸터앉아 현을 뜯다가
봄의 계단에서 시퍼런 보습 날 번쩍일 때
들썩거리는 비옥한 흙가슴에 이슬비 밟아
찬란한 꽃불 뒷모습조차 그리운
아름다운 소멸 꿈꾸며
집착과 미련 부리고 초롱초롱 눈동자 불 밝혀
샛별 뜨는 에덴동산에 꽃소식 울렸네

꽃대궁 종아리 곧추세워
시샘 부리는 수상한 바람 가로질러서
행복한 바보 사족을 떼고
콩콩 뛰는 황홀한 심장 요동치니
치렁치렁 햇발 휘감은 큐피드 화살촉 꽂혀
다디단 핑크빛 전율 흠씬 물든 꽃 나뭇가지
기적의 꽃망울 터뜨리는 속사포 메아리 돌아왔네

평강의 화신이 꽃구름 타고 왔네
아름다운 꿈길에 향유 쓰고 왔네

연세대 교육대학원 국어교육과 · 한세대학교 영산신학대학원 졸업, 웨스트민스터신학대학원대학교 사회문화교육학박사과정 수료, 2001년 「조선문학」·2015년 「열린시학」 시부 등단, 2017년 「한국문인」 수필 등단, 한국문인협회 · 국제펜클럽 회원, 한국현대시인협회 이사, 과천문인협회회장, 「열린시학」 발행인, 새한국문학회 수석부이사장, 시집「내 시린 샛강에 은하수 흐를까」, 「사랑은 승리의 불별이라」, 「바람처럼섬광처럼」, 논문:「김현승시연구」

비밀한 고독 외2편

조 덕 혜

함박꽃이 그럴까
장미꽃이 그럴까
찬란하게 번득이는 형상
그 속엔
좀처럼 알아차릴 수 없이
침윤된 독소처럼 철저히 숨어
몸부림치는 아우성이 살고 있더이다.

가끔은 부서진
서릿발로 만상에서 새우잠 자고
시린 기류 끝에서 달랑달랑 흔들리다가
스스로 제 알몸 찾아가고 마는
가엾은 나그네,
천지에 구르는 웃음 저 밑바닥에
진공 포장되어 사는 넌
그 몹쓸 고독이란 정체이더이다.

버리러 가자

가슴 속에
끌어안고 있는 마음이
한여름 잡초처럼
셀 수 없이 빼곡하다

정작
꺼내어 쓸 것들은 몇 푼어칠까

행복을 찾아
다 소용하다지만
엉킨 길을 뚫다보면
백발이 먼저 오고 마는 것을

황혼에 서린 이 상념들
버릴 길이 멀고 멀어
오늘은, 또 먼동이 트기 전에
서둘러 버리러 가자.

하늘이 좋다

하늘이 좋다
새들이 나다니는 파란 하늘이면
파란 꿈이 방울방울 떠올라 좋고
먹빛 구름 드리운 하늘이면
시원하게 부서져 내릴 투명한 변신이 좋다.

하늘이 좋다
흰 구름이 떠가는 하늘이면
이 마음 구름 따라 유유히 흘러 좋고
내게 아무도 없는 하늘이면
나를 펼쳐 뒤돌아볼 수 있어 좋다.

하늘이 좋다
그리움으로 가득 찬 하늘이면
그리운 얼굴 하늘만큼 떠올라 좋고
서러움에 가슴 시린 하늘이면
하늘만이 내 마음 알아주니 더 더욱 좋다.

서울 출생, 월간 「문학공간」 등단, 시집 : 「비밀한 고독」, 월간 「문학공간」 본상 · 세계문화예술 대상 · 한국문학비평가협회 작가상 · 경기도문학상 본상 수상, 국제펜 한국본부 이사, 한국현대시인협회 이사, 한국문화예술연대 부이사장, 한국문학비평가협회 이사

무슨 색깔이 나올까 외2편

조병무

저 바람을 손아귀에 쥐고
꼬옥 짜면
무슨 색깔이 나올까.

저 하늘을 양손에 쥐고
더욱
꼬옥 짜면
무슨 색깔이 나올까.

그러나
그러나
저 사람의 말씀을
마음으로 눌러 짜면
또
무슨 색깔이 나올까.

사랑하는 사람끼리
그
사랑을 사랑으로 짜면
정말
무슨 색깔이 나올까.

마음

우리
서로 눈이 마주칠 때
사랑을 읽어야지

우리
서로 마음이 합칠 때
믿음을 읽어야지

사랑과
믿음이
이어줄 때

깊고
오랜 세월을
간직하며 살아야지.

입술과 꽃잎

입술에 꽃잎이 하나 떨어졌다.
열지 못하는 입술
꽃잎은 그 위에 엎어진 채
움직이지 않는다.
폭발음이 터져 불꽃이 피듯
한여름 번개가 일 듯
벼락같이 열고 싶은 입술
꽃잎은 그 위에 엎어진 채
움직여 주지 않는다.
열고 싶은 입술은
그 많은 말을 하고 싶어도
하늘같이 성경같이
바다같이 불경같이
움직여 주지 않는다.
나비가 입술 곁을 빙빙 돌다
어디론지 날아가 버렸다.
꿀벌이 입술 곁을 빙빙 돌다
어디론지 날아가 버렸다.
꽃잎은 입술에서 영영 일어설 줄 모른다.

문학평론가, 시인, 「현대문학」 등단, 한국현대시인협회 회장, 동덕여대 문창과 교수 역임, 현대문학상·국제펜문학상·녹색문학상 등 수상, 저서 : 문학평론집 「가설의 옹호」 등, 시집 「꿈 사설」, 「숲과의 만남」 등, 수필집 「내 마음 속의 숲」 등, 현 한국문인협회 고문, 국제펜클럽 한국본부 고문, 문학의 집-서울 이사

생각의 순금 외2편

조 석 구

그는 전생에 목수였나
내 가슴에 시도 때도 없이
바람이 잔풍한 날은 잔못을
바람이 세찬 날은 대못을
사정없이 쾅쾅 박는다
그리하여 마음의 궁전 집을 짓는다

작은 숲속 길

투명한 생각 하나
숲속으로 난 작은 길을 걸어간다
이런 날은 으레 순금빛 바람이 불어온다
우리들은 참나무 아래 모여 앉아
붉은 가난과 외나무다리를 꺼냈다
사는 거여
참고 그냥 사는 거여
그날의 결론이었다

후박나무 가을 잎새

떠나간 시간들이 비에 젖고 있다
계절의 향연인가 헤어짐의 축제인가
후박나무 잎사귀가 뜨락에
가득 떨어져 바다를 만든다
잎사귀 하나하나가 일렁이는 파도가 된다
야만의 비릿한 냄새로 훼절한 철 지난
바다가 귀항을 서두르고 있다
못다 부른 노래로 내일을 여는
후박나무 가을 잎새 속으로 속으로
하얗게 하얗게 꽃 피고 있다

▸ 경기 오산 출생, 저서 : 시집 「우울한 상징」, 「시여 마차를 타자」, 「바이올린 마을」, 「붉은 수레바퀴」, 「오래된 뿔」, 「내 마음의 지평선」 등 10여 권, 시선집 「시간의 그물」, 저서 「조석구 인생수첩」, 경기도 문화상·시문학상·문예사조 대상·한국농민문학상 수상

기관지염 외2편

조 순 애

초록 잎 장하게 휘두르던
내 키 넘는 거실 화분이 그만 가나보다
한겨울 내 한 몸도 추스르지 못하는 못난 내게
원망 소리 한 번 내지르지 않은 채
보란 듯이 침묵으로 무섭게 경고하나 보다
무관심이라는 죄목을 콕 집어주며
마침내 늙은 내 목줄을 향해 살을 날렸나 보다

나이테

느림도 미학이라고 우기며 산다
잔가지 같은 일들이라며 고집 세워 스스로 무시하기 예사다
그러면서 갑진네들 끼리끼리 몰려서 희희낙락한다
위로하고 용기 얻고 이런 거
세밑 일기장 펴놓고 천천히 정리한다
그래서 고향의 느티나무는 꼭
세월 가락 따라 밑둥부터 나이 든다

정월 대보름

드나드는 객식구 거두는 일상에 찡그릴 만도 했거늘
눈치 어둔 우리들 앞에
두레반 가득 오곡밥 보름나물 차려놓고
정월 대보름 밤에는 식구들마다 잣불 켜 주시던
어머니가 올해도 환한 얼굴로 웃고 오시네

백색 유령 외2편

조 철 형

이름 모르는 길목에서 무거운 제 몸의 균형을 잃어버리고
우리는 전도하는 때가 있다
몸의 중심은 제멋대로 한 번쯤 이탈을 꿈꾼다

때론, 짊어진 짐이 무엇인지 모른 채
제 목덜미를 깊게 누르는 힘의 원천도 모른 채
먼 우주로의 마지막 비행을 푸드덕거리며 시작한다

한번 날기 시작하면 작은 날개도 어느새 커진다
직선의 허공을 바람처럼 달린다
컴컴한 위험물 수송차에 갇혀 있던 백색 유령*들은
바퀴가 궤도를 이탈하는 순간
재빨리 생의 가장 화려한 탈출을 감행한다

유령이 출몰했다고 순찰차들이 긴 사이렌을 울리며
도시의 요란한 잡음을 모두 잠재우며 달려간다
제 영역을 벗어난 잡귀들이 탈출을 못하게 천라지망을 펼친다
사방팔방, 번쩍번쩍하며 온갖 잡식동물의 접근을 막는다
긴 제 주둥이로 붉은 분말을 마구 쏘아대는 소방차
슛, 슛, 슛, 유령들에게 빨간 옷을 입힌다
제독팀은 척, 척 군홧발로 숨통을 끊어놓는다

광화문을 바라보며 우두커니 서 있는 남산에서
여의도를 제집처럼 드나드는 부엉새와 까마귀들이

흑룡처럼 승천하는 연기를 발견하고 전서구처럼 날아오는 시간
발 빠른 지상의 바퀴벌레들이 바람처럼 몰려온다

*불화수소산가스

두물머리 종소리

수종사 일주문 안에는 석가여래상이 미소로 반기지
불이문 앞 옹달샘에는 토끼가 낙엽을 들고 있지
세 개의 옹달샘을 바라보며 꿈꾸는 때
저마다 숲을 붉게 적시던 나무는 길 떠날 채비로 바쁘다

대웅보전 앞 용들이 두 눈 부릅뜨고 대명천지를 바라보는 때
허공에서 내려선 바람이 석등 앞에 두 손 모아 합장하면
백두대간에서 발원한 강들이 만나는 저 두물머리가 떠오른다

해 종일 탁발한 강물을 범종에 가득 부으면
수종은 웅장한 제 소리를 내며 파동쳐 가다가
적멸하는 저 강 속으로 풍덩 하면
두 개의 강이 만난 속 깊은 한강은 해탈의 종소리로 점점 깊어간다

수종사 해탈문 앞, 천년을 바람에 멍든 은행나무도
한 번쯤 저 강(江)을 향해 풍덩 뛰어 내달리고 싶은 때
한음 선생의 헛기침 소리 들려온다
불이문 앞에서 달려오는 토끼의 무릎이 바람 되어 보이지 않는다

순마*

삼백육십오일 긴장은 주인과 나의 삶이다
이 땅의 안녕을 위해 긴장된 채, 거리의 어둠과 불빛 사이를
바람처럼 이 골목, 저 골목을 오늘도 누빈다

간혹, 내 몸이 감기에 걸렸는지도 모른 채
내 심장이 *폼페이 최후의 그날 같이 활화산 되어 터질지도 모르는
무심한 주인이 때론 원망스러울 때가 많지만
찬바람 부는 어두운 골목과 뜨거운 거리에 떠도는 날선 눈빛을 발견하면
이유 불문 형형한 눈빛으로 쏜살같이 달려간다

이 땅에서 굳세게 한 발 한 발 거친 직립을 하면서
꿈꾸던 생의 마지막 보행을 한 줄 끈에 마친 차가운 육신과
배고픈 이가 훔친 파편 같은 세월의 잔해와 저 가여운 지문들을
오늘도 쓸쓸히 함께 바라본다

태초에 끈들은 어디에서부터 저토록 단단히 꼬여지게 되었을까
어떤 것들은 가난하고 서러운 이들의 영혼을
누추한 곳에서 영원히 잠들게 하고
또 어떤 것들은 혁명에 실패한 반란의 수괴와 수하들의 목숨을 거둘 때나
피바람 부는 광야에서 말채찍 휘날리며 날 선 칼 휘두르며 달려오던
적의 수급을 거두거나 죽임을 당할 때
바람에 흔들거리며 오랫동안 윙윙거리다가
제각각 상처를 감싸 안고 꼬여지기 시작했을까

제 몸끼리 늘 가느다랗게 꼬인 채로 소리 없이 숨죽이고 있다가

이승에서의 어지럽고 폐허 같은 누군가의 삶을 정리하거나 거둘 때
어둠의 슬하에서 제 목까지 점점 옥죄어 가며 커지는 저 동아줄을
주인과 나는 공허하게 바라볼 때
나는 휘잉 하며 조문(弔問)의 말 울음소리를 크게 낸다

* 순마(巡馬) : 순찰을 하는 말
* 이탈리아 남부 캄파니아주 나폴리 인근 도시로, 기원후 79년 8월 24일 베수비오산 분화로 인근의 헤르콜라네움 등과 함께 화산재와 분석에 묻혀 파괴되었다

충북대 중문학과 졸업, 「문학세계」 신인상, 제8회 한국농촌문학상 · 제3회 이해조문학상 · 제15회 경찰문화대전 특선 · 제10회 전국 자연사랑 생명사랑 詩공모전 은상 수상, 시집 : 「그리움도 때론 푸드덕거린다」, 현 (사)한국문인협회 시흥지부장

남사당별곡(男寺黨別曲) 외2편

지 성 찬

여름날 황혼 빛을 끌고 오던 짚세기여
돌부리에 채이는 얼얼한 그 징소리
성황당 어깨 너머로 쩔뚝이며 오더니.

이 저녁 어느 골에 그 깃발을 올릴거나
봇도랑 물 흐르듯이 울컥 울컥 목이 메는
어머니 그 한 세월이 눈물처럼 무너질 때.

몇 번을 더 돌아야 그 매듭이 풀릴거나
몇 번을 두드려야 그 응어리 삭일거나
징소리 청산을 때리면 산새들만 아팠다.

자줏빛 신타래가 바람으로 풀려가는
남사당(男寺黨) 한 마당이 황톳재를 울고 넘던
동짓달 꺾인 달빛이 몸져누워 있구나.

월파정(月波亭)의 밤

월파정(月波亭)에 바람이 불면 달빛도 흔들린다
풀벌레 울음소리 바람결에 실려와서
흘러간 세월의 상처에 은침(銀鍼)으로 꽂히네

소나무는 기다리며 추사체(秋史體)로 늙어가고
헛도는 계절 탓에 실어증(失語症)을 앓고 있다
사념(思念)이 숲을 이루니 온몸이 바늘이구나.

눈앞의 푸른 물로도 갈증을 풀지 못하고
이제는 몸도 무거워 가지마다 짐이 된다
언제쯤 세월의 무거운 짐을 내려놓고 갈 것인가

월파정(月波亭) 빈 난간에 비단으로 감기는 달빛
결 고운 적막한 밤이 하늘로서 내려오면
숨겨 둔 옥(玉)피리 하나를 꺼내보고 싶구나

생각에 생각을 더해도 열리지 않는 여정(旅情)
고독의 물결 위에 부초(浮草)처럼 피어 있는
월파정(月波亭) 한 송이 꽃을 달빛이 끌고 간다.

    *월파정(月波亭) : 경기도 고양시 일산구 소재 호수공원에
     있는 팔각형의 2층 단청(丹靑) 정자

서울의 강 · 11
– 황혼, 그 바다를 향하여

강물도 이쯤에선 발길이 더뎌진다
한 포기 들풀에게 무슨 말을 전해주랴
흙이여, 너는 알리라, 하류(下流)로 가는 길을

강 따라 길을 낸 후 물새마저 가버렸네
갈꽃만 홀로 남아 빈 하늘을 지키는데
세월의 푸른 물결은 잠들 수가 없으리

낡아가는 풍물(風物)들로 부침(浮沈)하는 포구에서
마지막 노을빛이 그 몇 번 붉었으랴
흘러서 강은 말한다, 흐른 후에 아는 것을

시인, 화가, 아호는 설정(雪庭), 충북 충주 출생, 연세대 상경대학 경영학과 졸업, 정부주최 전국백일장과 ·「시조문학」추천으로 문단활동, 저서 : 시조집「서울의 강」외 5권 시조선집「백마에서 온 편지」(우리시대 우리시조 100인선), 수필집「깨끗한 그릇」가곡집, 지성찬 작시「겨울 피리」, 가곡 및 합창 작사 2000여곡, 종합문예지「스토리문학」주간

항아리 외2편

진 순 분

내 안엔
늘 무르익는
무언의 몸부림 있네

 노을녘 산산이 흩어지는 산 그리메 보며 깊은 골 떠나간 메아리 다시 돌아오지 않는 이제는 부끄러운 듯 빈 울림으로 남아 몇 겹의 상심한 침묵 가벼운 목숨이 죽은 듯 엎드려 살아가다가 어느 날 뜻밖에 벌거벗은 미친 사랑 품으면 산 능선 위로 보름달은 떠오르고 아, 나는 어쩔 수 없다 어쩔 수 없다. 나는 내 안에 파도치는 설상가상의 몸부림 안에 스스로 갇혀 홀로 무르익어 갈 수밖에는

이승 밖
꽃물 든 울음이
눈비 맞아 떨고 있네.

시간의 세포

햇빛 속을 파닥이며 부유하는 먼지 한 톨
눈이 부시게 미세한 실핏줄 훤히 보이고
선(禪)에서 금방 깨어난
목탁 소리 화두 같다

밤하늘 별 떠오르듯
공기처럼 가벼운 존재
사람과 사람과의
영혼과 영혼과의
경계가 허물어지고
일상을 작파하고

살아있다 가는 길
잠시 떠도는 것
찰나에 사라지는
아무것도 아닌 깃
고요 속 시간의 세포들
가부좌한 먼지 한 톨.

제부도 밤 파도

그믐 바다 일렬횡대로 흰 꽃이 만발합니다
순간의 생성과 소멸 눈부셔 가슴 저린데
일시에 터진 아우성 바위 되어 섰습니다
바닷길 뭍길이던 온몸의 상처 숨기고
가슴 쩍쩍 갈라져 날선 파도 거품 물 때
억수로 밀물진 마음, 별이 총총 박힙니다

▶ 경인일보 「신춘문예」 시조 당선, 「문학예술」 시부문 신인상 당선, 「한국시조」 신인상 당선. 시집 : 「안개꽃 은유」, 「시간의 세포」, 「바람의 뼈를 읽다」, 현대시조100인선 「블루마운틴」, 경기도문학상 본상 · 한국시학상 · 시조시학상본상 · 경기문화인상 · 수원문학작품상 등 다수 수상

아버지·1 외2편

차 순 자

일란성쌍둥이 아우로 태어나
세월 앞에 굽은 등
손마디는 거칠고
훈장이 된 이마의 주름살

어느 곳 하나
때묻지 않고 넉넉함이 묻어나는
아버지
바쁜 일손 때문에
제때 치료받지 못해
장애가 된 새끼손가락

당신 삶 돌아볼 시간도 없이
자식 위해 한평생
올해 여든둘
귀도 어둡고 치매기까지
하나뿐인 딸
목소리 알아듣지 못해 가슴 미어진다

당신이 있기에

여린 새싹이
얼음 녹이며 꽃을 피워 봅니다
당신은 샘물이었습니다

얼굴에 쏟아지는 햇빛 막아 주는
작은 손바닥이고 싶습니다
당신은 우산이 되어 주었습니다

노란 은행잎 하나 둘 떨어지고
붉은 단풍잎 밟으며 걷고 싶습니다
당신은 바람이 되어 주었습니다

흰 꽃이 보여준 기적 앞에
일상의 오만함을 반성합니다
당신은 사랑을 주었습니다

유 혹

가을비 내리더니
제법 찬바람이
솔솔 분다

선풍기 에어컨 바람도
깔끔하게 더위를
씻기지 못한
여름을
어떻게 보냈는가 싶은데

해마다
찾아오는 가을
짧은 인사만 남기고
사라지는 오색단풍

어느 틈 곁에 찾아든
시월 오색단풍의
유혹에 넘어져 보자

「한국작가」 시부문 신인상 등단, 한국작가동인회 이사, 제3회 한국작가상 우수상 수상,
한국문인협회 회원, 「소리향기」 대표

너와 나는 하나 외2편

최 인 섭

너는 내가 아니라고
나는 너가 아니라고
너무 쉽게 말을 하지만
너와 내가 모여
우리가 되었으니
우리는 하나가 아닌가?

우리가 모여 사회가 되고
사회가 모여 나라가 되고
나라가 모여 지구촌이 되었건만
너와 나를 편가르기 하여
우리를 깨려 하는가?

우리가 깨어지면
반목과 대립으로
피눈물 흘리게 됨을
왜 모르는가,
공존의 법칙이 깨어지면
지구촌은 멸망이라네.

자연과 나는 하나
무분별한 자연파괴는
자연 질서를 깨트리는 것
자연과 화합하지 않으면

지구는 몸살을 앓고
그 피해가
인간에게 되돌아와
수난에 수난을 겪게 되는 것을…

만 추

붉은 노을로 물든 가을 하늘이 아름답다
머-언 수평선 끝자락에
검은 늑대가 잘 익은 홍시를 삼키고 있다
시리도록 아픈 가을
무성했던 나뭇잎들이 낙화하고 있다
땅바닥 나뒹굴며 유영하는 낙엽들
바람에 휩쓸려 이리저리 흩어졌다 모이며
영혼의 안식처를 찾고 있다.
십일월의 두 얼굴에 화장의 덧칠을 하고
만추의 끝자락에서 서성인다.
시샘하는 찬바람이 냉기를 더하고
잘 익은 능금은
수줍은 여인의 얼굴을 하고
따가 줄 님을 기다리고 있다
멈출래야 멈출 수 없는 세월의 흔적
잎 떨어진 나무처럼
초라하기 그지없고
흘러간 추억만 가슴에 남아
그리워하며 회한에 젖고 있다
가슴 한편엔 휑하니 구멍 뚫린 것처럼
찬바람이 일고
아직도 미련 못 버린 가을과 겨울의
문턱에서 서성이고 있다

찔레꽃 연정

옹기종기 피어 서로 바라보면서도
너무 가까워도 너무 멀어도 안 되고
서로의 빛깔과 향기 나눠 가지며
가슴 아리게 바라보는 꽃

각기 다른 유전자가 만났으니
내 욕망 하나씩 하나씩 버리며
후회와 그리움 불길로 사르다
생겨난 닮은꼴 끓어 안고 사는 것

시퍼런 가시품은 찔레꽃
서로의 가슴에 아픈 상처 남겨도
언제 그러했냐는 듯이
짙은 향기 토해내며 환히 웃는 꽃

가슴 아린 생채기 보듬어 안고도
죽음 앞에 서면
언제 그러했냐는 듯이
애틋한 눈물 꽃으로 남는 것

 한국문인협회 회원, 연천문인협회 회장 역임, 「한국작가」 등단, 경기문인협회 감사, 한국
작가동인 경기북부회장, 한국경기시인협회 회원

미노이의 사막 외2편

최 종 월

물 한 그릇을 찾아야 하기에
손톱이 헐도록 사막을 퍼낸다
우물 향해 걷다가 주저앉아 땅을 판다
머리 위로 소복소복 쌓이는 것은
꽃잎도 눈보라도 아닌 마른 모래다
신발이 없는 네 살 미노이가
물통을 들고 다시 걷는다
손톱에 사막이 끼여 쓰라리다

일곱 달 되어 사막에서 태어난
이란성 쌍둥이
여자아이는 사막에 버려졌다
물 한 모금 마시지 못하고
만 하루 동안 사막에서 울다가
이름 없이 떠나갔다
사막의 물은 숨어서 흐른다

땅 위에 널린 수많은 이름들이 눈부셔서
하늘 한 귀퉁이에서 깜박이고 있는
보이는 듯 아닌 듯한 아기별이여
만 하루 동안 울어본 기억도 없이
이름을 가진 내가 눈부시구나.

* 미노이 : 아프리카 케냐의 어린이

지느러미

그 남자의 꼬리지느러미는 검정고무판에 싸여 볼 수 없다
함지박 속에서 참숭어가 꼬리로 바다를 뒤집으며 맴돈다
어판장 바닥을 앞지느러미 두 개로 그 남자가 헤엄친다
떠내려가지 않으려고 배지느러미를 바닥에 붙이고 좌판을 민다
참숭어는 도마 위에서 꼬리를 치더니 눈알이 붉어진다
땅을 치며 통곡했던 누군가의 시간이 비늘 위에 얹힌다

갈고리에 찍힌 상어는 바다를 버린다
꼬리지느러미가 허공을 때리고 뱃마루에 떨어진다
허공은 깊고 무너져 내리는 바닥이 소란하다
지느러미 없이 다시 바다로 돌아가는 상어가 가라앉는다
중력에 의해 심해로 사라진다

배지느러미로 바닥을 기어가는 그 남자의 하루를
누군가가 역사에 기록하며
우주의 나이는 138억년 정도라고 놀란 듯이 밑에 쓴다

노을이 뱃마루에 벌겋게 쏟아졌다
해가 넘어가나 보다
그 남자는 또 다른 중력으로 골목을 돌아간다

그림자가 명령했다

어디까지 길어질 수 있는지
그림자는 끝내 알려주지 않는다
모래에 생채기를 내지 않고 앞서 걷더니
정수리부터 가슴까지 바다에 잠겨 출렁인다
발자국을 만들며 내가 그 뒤를 따르고
물에 잠긴 그림자는 얼굴을 지운다

지워지는 모든 것은 껍질이다
돌아서는 나를 그림자가 뒤뚱 뒤를 따르고
발자국은 거꾸로 겹쳐지며 깊어진다
내 신발은 젖었지만 그림자는 젖지 않았다
그림자가 내게 자유를 명령한다
몸살이 시작된다
아직은 이른 봄의 꽃나무처럼.

「문학시대」 등단, 김포문학상 대상 · 경기예술인상 수상, 한국문인협회 김포시지부 회장 역임, 중등 국어교사 퇴임, 「계간문예」 중앙위원, 혜화시 · 시대시인회 동인, 시집 : 「반쪽만 닮은 나무읽기」, 「사막의 물은 숨어서 흐른다」

가을엔 외2편

추 경 희

시간이 가랑잎에 묻어와
조석으로 여물어 갈 때

앞내 물소리
조약돌에 섞여
가을 소리로 흘러내리면

들릴 듯 말 듯
낯익은 벌레 소리
가슴에 머문다.

하루가 달 속에서 등을 켜면
한 페이지 그림을 접듯

요란했던 한 해
정원 가득 하늘이 좁다.

홍시 · 2

비밀 하나
간직하기 힘들어서
오랜 시간
떨떠름한 마음으로 살더니
가만히
가만히
비밀을 먹고
어느새
맨들맨들 빛을 내고 있는
여유.

서리꽃

밤새
산비탈 둔덕에
피어난 서리꽃

이상한 일이다

반짝이는 조각 비늘
다가서면 빛을 잃고
물러서면 각을 세우고

혹시나
부서져 내릴까봐
가만가만 불어보면
입속 가득 스며오는
서리꽃.

 「문학공간」 시부문 등단, 하남문인협회 회장, 한국문인협회·국제펜클럽 한국본부 회원, 한국공간시인협회 부회장 역임, 한국문화예술연대 사무국장 역임, 공간마당동인회장 역임, 문학공간상 본상·경기도문학상 본상·일붕문학상 본상·하남문학상 수상, 시집 : 「밤새 산이 하얗다」, 「내가 사는 집」, 「비상, 그 아래」 외 다수

팽이 외2편

하 영 이

살아 있으려면
채찍을 맞아야 해
때로는 누구로부터
때로는 나 자신에게
채찍을 맞고
사정없이 돌아야 팽이지
자칫 흔들리기라도 하면
여지없이 채찍이 날아와
초점이 보이지 않을 때까지
더 빨리 돌아야 팽이지
중심 잃고 넘어지면
나는 팽이가 아니지

고슴도치

제 몸에 가시가 있음을
잊은 고슴도치
다가가면 갈수록 서로에게
아픔 준다는 것을 모르는 탓에
가까이 더 가까이
사랑을 전하려 했네
햇빛 따사로운 봄날
둘이서
온몸으로 사랑을 나누지만
사랑할수록 상처 깊어지는
가깝고도 먼 사랑이
거기 있었네
사랑은
몸으로 하는 것이 아니라
가슴의 체온으로 하는 것
사랑은
입맞춤으로 하는 것이 아니라
아름다운 눈으로 새겨야 하는 것을
그때야 깨달았네
상처난 몸도
아픔도
제 몸의 가시 때문인 것을

경고

동그란 사과 한 개
반쪽으로 잘려나간다
하얀 속살의 새콤달콤함과
쓰라림과 아픔이
오후의 햇살을 등지고
접시 위에 비스듬히 누워있다

칼날이 지나갈 때의 순간보다
목젖을 통과할 때의 통증이
지루하게 느껴지고
입가엔 수포가 생기기 시작했다
톡톡 수포가 터질 때마다
오후의 한 조각이 떨어져나가고
미처 발효되지 못한 생각들이
오후 내내 주변을 서성이더니
먼지처럼 가볍게 내려앉았다
급기야 빨간 신호등이 켜지고
나는 급하게 브레이크를 잡았다

「문학공간」 시 등단, 한국문인협회 김포지부 회장 역임, 현 한국문인협회 김포지부 고문, 한국문인협회 김포지부부설 문예대학 학장, 김포문학상 대상 · 경기문학상 공로상 · 김포시문화상 문화예술부문 · 김포시의회 의장상(김포문화원) 수상, 시집 : 「보이는 것과 보이지 않는 것의 관계」, 시선집 : 「한강의 여명」, 「겨울에 피는 해바라기」 외 다수 공저

가을 분수대 외2편

한 새 빛

여름날 내내
북받치는 한을
내뿜었지만,

물보라 언저리
무지개 빛깔
닮은 얼굴로

스쳐지나가는 계절
끝 간 데 모르는 슬픔을

온 마음 솟구쳐
빈 하늘로
올려 보내는 노래

나무의 외출

하늘에 닿고 싶어도
끝없이 높기만 하고
떠나고 싶어도
발이 떼어지지 않아
비록 흔들리고
떨긴 했지만
그 자리에서도
행복할 수 있었던 건
삼켰던 눈물
안으로 흘려보내어
냇물로 흘렀기 때문이다
꿈속 여행을 했기 때문이다

꽃샘추위

그것은
생명을 낳기 위해 치르는
여인의 달거리
용사 만들려는
유격훈련

한국문인협회 이사, 국제PEN클럽 기획위원, 경기도지회 회장 역임, 한국작가협회 상임이사, 경기문협 자문위원(현재), 경기도문학상·경기예술대상 수상, 한국예총회장·국회의원·도의원·시장 예술공로표창, 시집 :「꽃불」,「꿈속으로」,「나의 계절」,「나무의 외출」,「꽃의 반란」외

하루 외2편

한 주 운

밤새 충전기에 꽂아놓은 하루가
새날로 찾아온 아침

째각, 째각…
스톱워치를 누르고 오늘을 산다.

빼곡히 나열된 스물네 시간의 더듬이는
회전하는 두뇌처럼 어지럽고,
2분의 1박자로 내쉬는 호흡과
엇박자의 발걸음은 살아있음이다.

저승사자처럼 슬며시 다가온 어둠은
네온사인 밖 우주의 별빛을 거두고,
무거운 어깨를 들썩이며
방전된 허수아비는 귀환중이다.

하루는 가고
내 몫의 삶의 꼬리도
짧아진다.

그리움의 여백

새벽을 여는 안개의 움직임
어둠에 육신을 놓았던 자리가
슬금슬금 일어나고 있다.

시간은 흔적만 남기고
앞날을 재촉하지만
덜컥 심장이 멎을 정도의
그리움을 지우지는 못한다.

하늘을 날아오르는
겨울새의 불협화음이
의암호에 물결무늬를 지어 입히고
날아오르고 싶은 나는
작은 구름이 된다.

그가 남겨둔 세월의 모습은
어색한 손짓 하나에도
의미를 조각하고
퇴색해 버린 사랑 따위는
말라버린 가지처럼
춥기만 하다.

소나기

하늘을 뒤덮은 잿빛 삶의 포효
사냥감을 노리듯 서서히 조여 온다.

불쑥불쑥 멋대로 자라난 빌딩들은
묵언수행 중이다.

21세기 진화의 속도는
하늘의 뜻을 알 리 없고
오류는 반복된다.

쏟아내라
뭉친 응어리의 한숨을,
뱉어내라
가슴 밑바닥에 고인 절망을,

젖은 도시는 늘 습관처럼 울고
말라 버린 가슴은 늘 목마른데
불공평한 게임에서 진
무채색 도시가 흔들리고 있다.

본명 한인순, 명예문학박사, 한국문인협회 · 국제펜클럽 한국본부 회원, 경기문협 이사, 하남문인협회 회장 역임, 경기신인문학상 · 경기도문학상(공로상) · 문학공간상 · 하남문학상 · 동백문학상 · 한국낭송문학상(본상) · 전국시낭송대회 대상 · 경기예술인상 외 다수 수상, 저서 : 시집「삶의 문장부호」시사집「버려진 것들, 떠나간 것들, 잊혀진 것들」공저 다수, 현 한우리독서토론논술 하남지부장, 독서논술지도사, 독서치료사

검은 문장 외2편

한 지 혜

비가 오는데 창문을 열었다
공기를 마시는 나무들

수업이 끝났다는 게 실감이 나지 않아
빗발 속에서 분명 비명 소리가 났는데 지나가는 사람은 없었다
은박 뚜껑을 따고 요구르트로 알약을 넘긴 뒤
은박 조각을 버렸다

개죽음이지

감은 눈을 떴을 때 다리에 놓인 무거운 침목들을 올려다본다
피를 너무 쏟아내 멈춘 심장
눈감은 내 얼굴이 낯설게 보였어
누가 나를 죽였을까 생각을 모았지만 낯선 힘은 더 강하고
생각하면 닿을 수 있는 생각
집으로 돌아가는 길목에 찢은 국화들이 널려 있었어

유리에 비쳐보이던 몇 명의 얼굴 뒤
나를 조준한 눈을 생각해
그걸 당긴 손가락의 따뜻함을 생각해
아직도 먹먹한 가슴이 불덩이가 된 거
내 머리에 흐르던 피를 비로 지워버린 걸

은박지를 찢으며 아직도 숲 어딘가로 향하고 있어

숨은 날개의 빛깔은 어두워
내 몸은 어둔 침묵을 밟으며 복도로 나갔지
집에 가려는데 비가 내리고 있었어
탄환이 박히기 전까지
눈도 코도 입도 없는 허공을 올려다본다
가는 눈을 더 크게 떴을 때 하늘로 이어지는 물소리가 들려
비가 세차게 내리고 있다

사서함

한 사람이 주차장에 남고 두 사람은 잃어버린 열쇠를 가지러 갔어
기억하고 돌아올 수 있을지
술 취한 너를 한참 기다렸어
책상 밑에서 침묵하는 애인들
지하철 문이 열리고 광화문을 지나 경복궁 어느 출구로 나갔는데 넓다는 기억만 나
건너편에 서서 집안을 들여다보았어
네가 금방이라도 나올 것 같아
냉장고에 남은 케이크 한 조각으로 하루를 살았어
내가 사온 케이크란 걸 잊고 싶었어
입과 입이 마주보며
말의 내면
숨은 파괴와
겹쳐지지 않게 사유의 단어로 돌아갈게
사사로운 감정은 무시해
너덜너덜해진 실내화는 버리고 운동화를 신을게

술도 마시고 싶다고요 할 때 옷도 사주던
아버지의 애정에 목 놓아 울어
평생 같이 살아줘
마지막 애인이 될래

긴 사서함

기억하고 돌아올 수 있을지
너를 한참 기다렸어

물을 끓이며

오늘 아침 몇 번을 마주쳤지
물을 끓이려고 주방으로 갔던 거
블랙커피 잔을 들고 방으로 오던 거
목을 뚫은 젖은 어두움 빛에 널어놓아
죽은 그날처럼 하늘이 너무 파래
내 그림자 길어서 하늘에 누웠지
갈비뼈들이 자기 영역을 하얗게 긋고 있었어
구름에서 빠져나오길
내가 아는 물 미친 물살
얼음 밟으며 사각대는 배를 보았어
귀를 닫아야 사는 방식
물고기의 가시를 뽑아
날을 무디게
내 머리 뒤를
저녁 빛의 틈이라고 불렀어
얼음물에 손을 담그면
탄산수로 다시 태어나게 되지
물의 나라 아름다운 칠레로
느낌이 다른
검은 파도를 밟고 검은 물을 건너뛰면서
몇 번을 마주쳤지
물을 끓이려고

▪ 월간「신세계」등단, 시집 :「마음에 내리는 꽃비」,「차와 달의 사랑노래」,「두 번째 벙커」,「모든 입체들의 고독」, 경기문화재단 및 한국예술위원회 창작기금을 수혜

왕릉일기 · 10 외2편
- 목릉 봄비

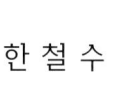
한 철 수

비가 모든 것을 씻는 것처럼
세상에 훤히 보여주는 역사도 씻긴다.

비가 걷고 있는 길마다 늘어선
별나게 메마른 왕의 침실에서도
씻는 소리가 들린다.

거기에 둔한 장인이 새긴
두 쌍의 호랑이도, 양도, 말도
한 쌍의 문인과
또 다른 한 쌍의 장군도
반가움에 눈을 껌뻑이며
봄비를 즐긴다.

왜와의 칠년전쟁
지겹게 맞은 비였지만
오늘 6천 평 녹원에서
목비를 만난다.

그새 봄은 처녀의 잎털로 둘러싸이고
왜가리는 낮은 비행을 하며
왕과 왕비의 침실을 훔쳐보고 있다.
왕과 왕비의 역사를 훔쳐보고 있다.

왕릉일기 · 11
− 목릉 타래난초

버거웠던 삶을
유언으로 남기지 못한 채
무덤가에 덩그러니 남긴
108 번뇌
108 염주로 꿰어
자식의 짐 덜 수 있다면
진토 속에 남아있는
머리카락이라도 꼬아
그렇게 하련만

버거웠던 삶의 무게를
자식에게 남겨 주지
말았어야 했는데
이제사 무덤가에
108 머리카락 가닥 심어
108 염주 한 알 한 알 달아
자식의 짐 덜어 주려
그렇게 해야 했건만

왕릉일기 · 12
– 목릉 금불초

임진왜란
사바의 굴곡을
위로하듯

30년 해로 끝에 무자식
의인왕후 애끓는 서러운 밤을
어루만지는
금빛 손길

명당수를 금당 삼아
자비를 베푸는
삼서지절
금빛 아우라

삼십년 촘촘히 박힌
임금과 왕비의 차갑던
정마저 아우르는
금빛 미소

 경기도 구리시 출생, 월간 「문학저널」 등단, 한국문인협회 회원, 구리문인협회 전 지부장, 조선왕릉 스토리텔러

추억 외2편

허 은 주

추억은 언제나
달려가고픈
내 마음의 고향

오색영롱한
무지개 빛깔로
지난 날 다가오네

푸른 동산에서
빨간 패랭이꽃
머리에 꽂고

벌러덩 누워서
올려다보던
파란 하늘은

너무 눈이 부셔서
차라리
눈을 감았다

부산행

세상의 풍경들은
모두 창밖에 있다
무한한 시간들이 펼쳐질 것 같은
평화로운 늦가을 오후

청춘이 빛나던 시절에도
꿈꾸지 못했던 일탈을 위해
부산행 버스를 탔다

생의 어느 길목에
한여름 밤처럼 짧았던
꿈같은 순간들이
푸른 어둠이 내리는 차창에
빛나는 별처럼 스쳐간다

가슴 지리던 그리움도
시간의 흐름 따라
아득하게 멀어져 작은 별빛 되어
흔적만 남아 있을 뿐

짙은 어둠 속에서
그 여름 가장 빛나던
별 하나 뚝, 떨어진다

비 오는 날은 그대가 그립다

허전한 마음속으로
빗물이 걸어 들어와
술잔처럼 채워진다

시간이 흐를수록
별빛과 만나는
사소한 일조차
아득하게 멀어지고
그리움의 색깔도
조금씩 바래지는 삶의 긴 행로
유리창을 적시는
빗소리에는 쉽게 젖어드는데

내 가슴에 지워지지 않을
사랑의 흉터 남는다 해도
오늘처럼
비 오는 날은
마음속의 그대가 그립다

한국문인협회 회원, 경기도지회 문화교류위원장, 한국문인협회 의정부지부 10대, 11대 지부장 역임, 국제펜 한국본부 회원, 한맥문학 동인회 부회장, 타래시 동인, 저서 : 시집 「사랑이 있는 풍경」, 공저 「바람이 시를 쓴다」 외 7권

간장 외2편

홍 은 숙

오대양
넓고 푸른 꿈
졸이고
졸여

이제서야

한 종재기
짜디 짠
진실로
당신 앞에 왔습니다

명예도 버리고
꿈도 버리고

다만
버리고 얻을 수만 있다면
당신의 심장에
뜨겁게 스며들어

푸른 바다
푸른 세상을 꿈꾸게 하소서

석촌호수

잿빛 수면 가득 바람 담아
종이배 하나 그림처럼 떠 있고
바람 따라 흩어지는 풍경들은 덧없구나
잊혀진 약속처럼.

빛바랜 세월의 빈자리엔
여전히 남아 있는 그리움 하나
물살 지면 지는 대로 모아지는 그리움은
어찌할거나.

나뭇잎 떨어진 잔디 위로
물안개 내리고 어둠도 내리면
하나 둘 추억처럼 떠오르는
수면 위의 불빛들.

그리움만큼이나 짙어가는 어둠 속에
홀로 잠긴 석촌호수
일어서 돌아서는 발길 무거워
서러워라

너무 서러워라
어디선가 그님
손 흔들며 달려오는 것 같아.

차

얼마큼 우려내야
진 맛을 낼까
풋풋한 떫음으로 헹궈낸 다음에야
혀끝에 고이는 단맛

슬픔 뒤에 찾아오는 평온처럼
차 맛은 오롯이 성숙이다

처녀의 순백을 지나간
중후한 삶으로 잘 숙성된
갈색 맛이다

한국문인협회·국제펜클럽 회원, 현 여주문인협회 지부장, 「순수문학」 등단, 영랑문학상·유주현 향토문학상 수상, 시집 : 「강가에 앉아」(1, 2, 3권)

일흔일곱 외2편

황 규 환

일흔하고 일곱 깃털
바람이
불지 않아 늦었습니다.
등 떠밀려
여기까지 왔습니다.
올해로
일흔하고 일곱 해가 지나갑니다.
아직은 바람 타고
조금은 더 높이 날고 싶습니다.

화장잘해

죽음은 삶의 완성이라는데
떠난다고 슬퍼하지 마세요
긴 여행 끝에 찾아오는 평온
밝게 빛나다
꺼지는 불티를 보며
생의 의미에 잠긴 침묵의 시간
아쉬워도 서러워하지 말자
비우기를 정진하며
인욕의 수행을 하다보면
부처가 되기는 어려워도
십지보살의 근처에 이른다고 했으니
화엄 세계 속에서 새로운 삶이 찾아오리.

호박잎이 그린 가을

늦가을
예전에 할아버지가 드시던
호박잎 국이 그립다
무서리 내린 날
호박순과 애호박 덩이를 따다가
손으로 으깨 끓이신 어머니 손맛
만족한 웃음을 웃으시던
할아버지의 행복
구수한 냄새를 풍기던 우리집 아침 밥상
올 가을에는
집사람에게 부탁하여 호박잎 국으로
나도 할아버지의 행복을 갖고 싶다

대전 출생, 시인, 수필가, 한국문인협회 안성지부장 역임, 한국문인협회 서정문학 위원, 안성문인협회 고문, 아람문학 고문, 안성문화상 · 경기문인협회 공로상 수상, 시집 :「소중한 날의 조각들」외 다수

번역시

WISDOM

BY : Hughes, James Langston(1902~1967)

I stand most humbly
Before man's wisdom
Knowingly we are not
Really wise:

If we were
We'd open up the kingdom
And make earth happy
As the dreamed of skies

지혜

작가 : 랭스턴 휴즈
번역 : 김 태 준

나는 가장 겸손하게 서 있네
인간의 지혜 앞에
우리들은 정말
지혜롭지 않음을 알며

우리가 만일 지혜롭다면
우리는 왕국을 열 수 있었으리
그리고 지구를 행복하게 만들었겠지
꿈꾸어 오던 하늘처럼

TO MY DEAR AND LOVING HUSBAND

ANNE BRADSTREET

If ever two were one, then surely we.
If ever man were lov'd by wife, then thee;
If ever wife was happy in a man,
Compare with me ye women if you can.
I prize thy love more than whole Mines of gold,
Or all the riches that the East doth hold.
My love is such that Rivers cannot quench,
Nor ought but love from thee, give recompence.
Thy love is such I can no way repay,
The heavens reward thee manifold I pray.
Then while we live, in love let's so persever,
That when we live no more, we may live ever.

나의 소중하고 사랑하는 남편에게

작가 : 앤 브래드스트리트
번역 : 김 태 준

만일 둘이 하나일 수 있다면, 그건 분명히 우리들
만일 아내에게 사랑 받는 남자가 있다면, 그건 그대;
만일 아내가 한 남자 안에서 행복하다면,
그대 여인들이여 할 수 있다면 나랑 견주어 보라.
나는 그대의 사랑을 더 소중히 여긴다오 금광 전부보다
동방의 모든 부유함보다도.
내 사랑은 강물도 식힐 수 없는 그런 것
그대의 사랑 외엔 아무것도, 보상할 수 없다오.
그대의 사랑은 내가 결코 갚을 길이 없는 그런 것,
하늘이 그대에게 수많은 것으로 상 줄 것을 나는 기도한다오.
그래서 우리가 사는 동안에, 사랑 안에서 인내해요,
우리가 더 이상 살지 못하게 될 때, 우리가 영원히 살게 되도록.

▎「월간문학」 등단, 동두천문인협회 회장, 동두천예총회장 역임, 동두천시 시정자문위원 역임, 동두천시 선거관리위원 역임

시조
영산홍 외2편

김 석 철

순결의 향그러움 비단바람 일렁인다
지나간 젊은 시절 불씨가 되살아나
더없이 그득한 가슴 그리움이 물든다

질펀하게 자리 잡아 무리로 환한 꽃밭
분단장 고운 얼굴 즐거운 축제여라
꽃술에 빛나는 햇살 속삭임이 한창이다

꽃무릇

뻗어 봐도 닿지 못할
애태움의 이 한 생을

그 깊은 헛헛함을
짐작조차 못하리니

보게나
웃고 있어도
웃는 거가 아니네.

월정사에서

가을비 추적추적 시름을 적시는데

적광전 염불 소리 9층석탑 드리우네

흩을라, 법당의 여운 젖어드는 은혜로고.

시조
나이 먹어 늙으면 내 고향으로 가겠소 외2편

김 성 호

나이 먹어 늙으면 내 고향으로 가겠소
봄에는 뒷동산에 진달래 피고
텃밭에 달래 냉이 돋아나
파릇파릇한 달래 냉이 캐어
된장찌개 보글보글 끓이고
햇나물 만들어서 먹는 내 고향으로 가겠소

나이 먹어 늙으면 내 고향으로 가겠소
여름에는 시냇물에 고기 많아
친구들과 재미있게 잡아
매운탕 만들어 먹고
어릴 때 친구들과 같이
더워서 미역 감던 내 고향으로 가겠소

나이 먹어 늙으면 내 고향으로 가겠소
영선봉에 아버지 산소가 있고
산소 옆엔 머루 다래 열려서
가을에는 달콤한 열매 따 먹고
아버지께 문안 인사드리러
홍안이 번데기가 되면 내 고향으로 가겠소.

목련꽃

요염한 목련꽃은
묘녀의 얼굴인가?

순백의 화사함은 요녀의 미소인가?

꽃잎은
백조의 깃털 바람에 떨어진다.

수줍은 목련꽃은
소복한 망부인가?

바람에 떨어지는 꽃잎은 눈물인가?

목련은
여인의 마음 바람에 흔들린다.

낙조(落照)

붉게도 타는 하늘
서산에 해는 지고

낙조에 물든 마음 그리운 임 생각뿐

타향서
지내는 객이 홀로 앉아 쉬겠네.

명상에 스쳐가는
한 줄기 영상 속에

지나간 편린들만 우수수 떨어지니

세상은
꿈속과 같아 잠시 놀다 가겠네.

한국문인협회 · 한국시조협회 · 강원문인협회 · 경기시조시인협회 회원, 한비문학상 · 경기시조시인상 · 강원문학작가상 수상, 저서 : 「추억의 그림자」 외 3권

고개 외2편

양만규

여기 주막 하나쯤 있음직한데 비어 있구나
휘황(輝煌)한 거리에서 두어 마장 지난 자리
불꺼진 마음 같아라 멈춰서는 내 발길.

하늘 있고 별이 있고 지나가는 바람 있고
신명(神明) 떠난 돌무덤에 던져놓은 백동전을
달빛에 건져 올렸다 흙이 묻어 있구나.

이럴 때 칼을 타는 무녀(巫女)라도 되어지고
초혼(招魂)을 노래하라 바람이여 나무여
뒷짐진 아버님 같은 내가 나를 예서 본다.

녹두장군(綠豆將軍)의 춤사위

깃발에 건 목숨은 피 먹은 나의 아리랑
움켜쥔 죽창(竹槍)은 족쇄(足鎖)보다 아팠으리
민초(民草)가 하늘이구나, 허허 하늘도 따라 웃었으리.

때묻은 옷소매와 죄(罪)스런 물 한 모금
말발굽 숨가쁘다 또 하나의 개벽(開闢) 앞에
노랗게 토(吐)해 버린 지도(地圖) 녹두밭이 한 이랑.

"새야 새야 파랑새야 녹두밭에 앉지 마라."
아침엔 이슬방울 흐려지는 샛별 하나
전봉준, 너의 울음은 살갗 튀는 그 울음은….

악어표 지퍼

분노가 이글대는 엇물린 치열(齒列)이
서로가 숨통을 쥔 채 밀치고 당긴다
고리를 닫으면 하나, 열면 나뉠 둘의 판도(版圖).

…지축을 울려대는 수천 수만 발굽 소리
굶주린 피 냄새에 먼 야성(野性)이 되살아나
건장한 누우의 목덜밀 으스러지게 물어뜯는….

스포츠 배낭에다 점퍼에 가방엔
악어표 지퍼가 신나게 달려 있어
포효(咆哮)로 고릴 닫으려 지하도를 나선다.

경기 파주 출생, 한국문인 · 시조시인 · 가곡작사가협회 회원, 현 파주문인협회 고문, 문학 강좌 강사, 저서 : 「녹두장군의 춤사위」 등 다수

시조

강가에서 외2편

원 용 우

왜 가야 하는 건지 살아야 하는 건지
모르면서 흘러간다 세월에 떠밀려서
큰 수레바퀴 구르듯 굴러가는 저 강물

어제 살았던 몸이 오늘의 내가 아니듯
지금 바라보는 저 물도 어제의 물 아니다
열심히 경을 외면서 제 갈길 가고 있네

강물은 할 말 있어도 그냥 참고 흐른다
세상이 몇 번 바뀌어도 눈 하나 까딱 않고
즐겁게 노래 부른다 장단 맞춰 이는 바람

삶의 의미

삶이란 구름인가 잡아도 잡히지 않고
놓아도 놓지 못하는 안타까운 인연의 끈
갈 수도 아니 갈 수도 없는 다리 건너간다

한때는 부푼 가슴 희망도 가졌었지
돌아보면 아득해라 영욕(榮辱)을 짊어지고
겨운 길 외진 고개를 넘어가는 저 구름

바람이 솔솔 불고 갈잎이 하늘댄다
해거름 하산 길에 채이는 돌부리들
놓일 데 놓여 있음을 언제쯤 알게 될까

이효석 문학관에서

선생은 가셨어도 문학관은 그의 분신
남기신 문학 업적 갈수록 짙푸르고
꽃처럼 내뿜는 文香 몸과 마음 적신다.

못 다한 그리움을 노을처럼 물들이며
큰 꿈을 펼쳐보려 입문했던 文筆 세계
다투어 오색 꽃 피고 벌 나비 날아든다.

미소 띤 유품들이 그분처럼 반겨주고
살아서 숨 쉬는 詩文 풋풋한 과일 냄새
조선의 얼이 박혔나 유난히 빛나는 별.

「월간문학」 시조부문 신인상 등단, 여강시가회 상임고문, 여주문화원 상임고문, 한국시조협회 고문, 광진문인협회 고문, 한국문인협회 자문위원, 한국교원대학교 명예교수

시조

파도 외2편

이 동 륜

이윽고 폭풍우 멎고 밀려온 난파선 한 척

아파라 가슴 아파라 지쳐 누운 바닷가에

파도가 어루만지며 괜찮다, 이젠 괜찮다.

오가리를 말리며

첫 서리가 내리면 애호박도 맛이 들어

햇살에 꾸들꾸들 말랭이를 뒤적이시던

어머님 야윈 손결이 자꾸만 포개집니다

견훤 왕릉에서

묻어 줄 가슴이 없어 황량한 바람이 분다
서로가 과녁이었던 쓸쓸한 이 언덕에
꽃은 왜 황홀히 피었다 속절없이 지느냐

쉽게 스러지는 꽃도 상처는 깊게 남는 법
아직은 말하지 마라 용서라는 속된 말을
황산벌 마지막 혈장(血場) 먹구름이 몰려온다

눈 감고 돌아보니 한바탕 꿈길인데
짓밟힌 잡초더미 이름 모를 들꽃송이
아득한 남쪽 하늘엔 흰 구름만 흐르네.

* 견훤(甄萱, ?~936) 왕릉 : 충남 논산에 있음

「시조문학」으로 등단, 문협 파주지부 고문, 한국여성시조문학회 고문, 작품집 :「노을이 흐르는 강」,「내 부르면 산이 오고」,「눈꽃 열차」,「坡山의 봄날」,「詩와 함께 가는 문화유산 답사」,「파주 예찬 한시집」(1, 2권) 편저 등, 파주문학상 · 경기문학 대상 · 노산 문학상 · 한국시조문학상 수상

투명 강산 외2편

이 주 남

소복한 혼불에 어린다,
눈에 비친 그물막.

물 건너 저편에
맑게 떠
꽂인 그대,

눈빛도 흔들리지 않는다,
물젖은 허리도.

물젖은 허리로
내 알몸 감는다.
품속에 안길 때
뿌리가 흔들린다.
믿어라, 나만을 믿어라, 산갈기를 뜯으며.

손바닥과 같은 세상

실수도 여러 번, 사랑도 여러 번.

떨켜 같은 삶조차
그려 몽땅 감싸는 일.

손등은 할 수 없는 일
손바닥만 하는 일.

늦바람 샛바람

사리살짝 몰래몰래 바람 피워 봤는가.
개도 지나가다 쳐다보잖을 나이에
남풍은 답답한 구멍을 뚫어주어 좋은 거다.

하늘은 맹 맑았고, 혁명은 들키잖았다.
피우고 싶었던 바람들만 아는 바람
내 정작 꽃피운 이 알 수 없어 샛바람을 쏘인다.

▶ 동아일보 「신춘문예」 당선, 저서 : 시집 「햇빛에 말걸기」 외 3권, 동시집 「뭐라구요, 오늘이 토요일이라구요?」, 역서 · 장편서사시 「오메르스」 공역 외, 월간문학 동리상 · 한국현대시인상 외 다수 수상, 文協 이사, 국제펜클럽 이사, (사)한국여성문학인회 이사, (전)이대 동창문인회 회장 및 한국시조시협 부이사장

시조

임진강 외2편
―접경 시편·1

장 기 숙

누구의 걸작인가 주상절리 백리 길
하늘 우물 다 담아 저 혼자 고요에 든
고랑포 거기 어디쯤 배 한 척 띄우고 싶다

저어새 가마우지 적막을 털어내고
적벽가 절창 한 마당 굽이굽이 풀어놓은
여울목 어화 두둥실 노 저어 가고 싶다

수장하라 오래된 갈등 슬픔의 계절일랑
칡꽃 붉은 눈물이 어룽지는 강물 속에
포연이 쓸고 간 자리 푸른 바람 불어와

불면을 다스리는 이마 위 서늘한 별빛
두루미 날개 펴듯 황포돛 펄럭이며
종소리 아침을 여는 그 포구에 닿고 싶다

반소매 수의
−접경 시편 · 5

어릴 때 탄피 줍다 한쪽 팔을 잃은 후
평생을 복중에도 긴 소매 벗지 못한
고향의 팔복이 아제
부음을 전해 듣다

온 마을 폭음 낭자한 그해 봄 무렵부터
찔레꽃 너럭바위 뒷동산이 자주 울고
하굣길 깜장 고무신
뒤로 자꾸 처졌다

모퉁이 타달타달 책보 나른 오른팔 아짐
긴 소매 싹둑 잘라 지아비 수의 짓는다
어호아! 고개 넘을 때
소원 풀고 가라고…

산곡역

내 생의 산모롱이 자그만 간이역 하나
꽃창포 봇도랑 끼고 말갛게 사운거리는
단옷날 금세 감아 빗은
생머릿결 같은 시간

차창 밖 청보리밭 급행으로 역주행하고
네온사인 마취에 든 빌딩숲 더듬어온 길
탁류에 발을 담근 채
갈대풀로 서걱인다

돌아갈 순 없을까 까마득한 소실점 너머
애기똥풀 옹기종기 길섶 환히 밝혀든
노선표, 지상엔 없는 역
마음 혼자 달려간다

「열린시학」 등단, 경기문화재단 지원금 수혜 시조집 「꿈꾸는 침목」 외 2권 상재, 경기도문학상 · 경기예술대상 · 열린시학상 · 여성시조문학상 · 파주문학상 수상, 한국문인협회 파주지부 · 한국시조시인협회 회원, 여성시조문학회 부회장 및 회원, 파주시도서관 문예대학 시조 지도강사

소설

단편소설
김건중-은행알 하나
김용만-돈 키호테와 포옹하다
박영래-세작
손정모-일몰의 파동
안　영-비밀은 외출하고 싶다

은행알 하나

김 건 중

　겨울 가뭄 탓인지 영안실 마당은 퍼슬퍼슬했다.
　며칠 전부터 일기예보는 눈이 올 거라고 했지만 하늘만 잔뜩 찌푸려 놓은 채 음산할 뿐이었다. 햇살이라고 해봤자 어린아이 오줌지리듯 찔끔 뿌려 놓다가 노루꼬리처럼 짧게 모습을 감추는 그런 날씨였다. 그런데 오늘 새참 때는 눈발이 지분거리는가 싶었는데 그마저도 흔적 없이 자취를 감춰 버렸다.
　영안실 마당이라 더욱 그렇겠지만, 날씨도 그런데다 오가는 사람 그 모두가 어두운 표정이니 설령 좋은 일이 있어도 키득댄다거나 활기차게 떠들 수도 없는 노릇이었다.
　어느새 그 짧은 햇살은 몸을 숨기며 영안실 마당을 어둠으로 물들인 때였다. 그 공간 속으로 지프차 한 대가 매캐한 먼지를 일으키며 쏜살같이 달려오더니 영안실 마당 한 구석에 급히 차를 세웠다. 이내 차 문이 벌컥 열리며 건장한 사내 두 사람이 나왔다. 그들은 주위를 휘둘러 보더니 영안실을 향해 성큼성큼 발걸음을 옮겼다.
　앞서 가던 사내가 영안실 현관문을 열자 향냄새가 진동을 했다. 잠시 멈칫하던 두 사람은 스적스적 안으로 걸어 들어갔다. 핏빛 울음을 토하는 사람, 넋나간 사람처럼 눈만 멀뚱멀뚱 슴벅이며 앉아 있는 사람, 슬픔을 삭히기 위해 딸꾹질하듯 울음을 삼키는 사람, 말 그대로 초상집 풍경 그대로였다. 두 사람은 그런 모습들을 외면이라도 하려는 듯이 마른기침을 한두 번 토하더니 맨 끄트머리 구석을 향해 시선을 꽂았다.
　"저쪽이군."
　두 사람 중 유난히 광대뼈가 툭 불그러진 사내가 손짓을 했다.

이제 마악 문상객을 물리고 슬픔을 가라앉히기 위해 긴 한숨을 내뿜는 상주 앞으로 두 사람은 다가갔다.
"현주영 씨 맞습니까?"
꺽센 억양이 아무래도 문상객 같지가 않았다.
"네에, 그런데요?"
"동부경찰서 형사과에서 왔습니다."
사내는 주머니에서 꺼낸 신분증을 펴 보이며 상주인 현주영을 쏘아보았다.
"경찰서에서 무슨 일로…."
부숙부숙한 눈시울로 영문을 모르겠다는 듯이 현주영이 그들을 바라보자,
"아, 뭐 놀랄 것은 없고, 신고가 들어와서 잠깐 알아볼 것이 있으니 잠시 서까지 동행 좀 했으면 합니다."
"무슨 신고길래…."
"상주한테 미안하긴 하지만 업무상 도리가 없습니다."
업무상 그렇다고는 했지만 상대가 상주이고 보니 형사로서도 미안했던 모양이었다.
"내일이 장례인데 장례 마치고 출두하면 안 되겠습니까?"
"그럴 상황이면 여기까지 찾아오지도 않았습니다. 죄송합니다."
"뭐 그렇다면 어쩔 수 없지요."
뜨악했지만 현주영은 형사를 따라 나섰다.
그들이 몰고 온 지프차를 타고 동부서에 도착하니 주위는 완전히 어둠이 삼켜 버렸다. 경찰서 현관에 둥그렇게 달린 외등마저 없었다면 더욱 주눅이 들어 숨소리조차 내기 힘든 그런 압도적인 분위기였다.
형사과는 본청 건물과는 약간 떨어져 외진 곳에 있었다. 이 단층 건물 현관문 옆에는 '형사기동대'라는 고딕체의 딱딱한 팻말이 붙어 있었고, 유리창도 바둑판같을 철창 앞에 다시 굵은 쇠파이프로 만든 방범창살이 육중하게 설치되어 있었다.
두 형사와 함께 현주영이 들어서자, 책상을 가운데 두고 피의자를 향해 닦달하듯 소리치던 눈이 째진 형사가 힐끗 시선을 던졌다.

현주영은 까닭 없이 가슴이 뛰기 시작했다. 아니, 그것은 이미 두 형사와 함께 지프차에 오르기 이전부터였다.

"담배 한 대 주시겠습니까?"

덜컹대던 가슴을 진정시키기 위해 현주영이 입을 열었다. 책상을 가운데 놓고 현주영을 조사하기 위해 컴퓨터 자판에 손을 얹고 있던 광대뼈가 툭 불그러진 최형사가 디스 담배 한 개비를 내밀었다.

"태워요."

그가 건네준 담배에 불을 당긴 현주영은 길게 빨아들인 담배연기를 한숨과 함께 토해 냈다. 그러나 그의 가슴은 여전히 올가미에 목이 옥죄이듯 답답하기만 했다. 물론, 형사들의 태도나 표정이 처음 영안실에서 만났을 때와는 달라 보인 것도 있지만, 시간이 흐를수록 이곳의 분위기가 점점 온몸을 누지르는 것 같았기 때문이었다. 그런 느낌은 그를 긴장감 속으로 몰아넣기에 충분했다.

"자, 시작합시다."

자판에 손을 얹으며 최형사가 채근하듯 입을 열었다. 그제서야 현주영은 담배 필터까지 타들어간 담배를 비벼껐다.

"성명?"

"현주영입니다."

"주민등록 번호?"

그저 사무적으로 묻는 최형사 같았지만 눈빛은 현주영의 표정을 혀로 핥듯이 꼼꼼히 살피며 자판을 누르고 있었다. 물론, 현주영도 그의 그런 눈빛을 모를 리 없었다. 날카로운 눈빛이 자신의 표정에 꽂힐 때마다 흡사 시퍼렇게 날이 선 비수가 목에 꽂히는 그런 기분이었다.

"직업?"

"대학교숩니다."

"대학교수?"

"예에."

"아니! 대학교수가 그 따위 짓을 한단 말야?"

갑자기 최형사는 버럭 소리를 지르며 자판에서 손을 떼었다.

"이봐 현주영 씨, 어제 아침에 신고받고 우리 직원이 조사했을 때만 해도 우린 그저 별 의심 없이 넘어갔어. 노인네가 치매 때문에 자살할 수도 있다고 믿었어. 그런데 그게 아닌 것 같아. 타살이란 말야."

"아닙니다. 어머님은…."

그제서야 현주영은 자신이 무엇 때문에 이곳에 왔음을 직감했고, 그것은 너무 엄청난 혐의를 받고 있다는 것을 알 수 있었다. 그는 말끝을 잇지 못하고 그저 머리를 세차게 도리질칠 뿐이었다.

"이봐, 당신 정말 이럴 수 있는 거야? 더구나 지성인 중에서도 최고의 지성인이라고 하는 대학교수가 말야. 물론 더 조사해 보면 알겠지만 존속살인 혐의야."

"예에?! 제가 저희 어머님을 죽였다 이겁니까?"

현주영의 음성은 가벼운 경련을 일으키듯 떨고 있었다.

"그래서 지금 당신을 조사하는 거지 뭣 때문에 상주를 불렀겠소."

"말이 나오질 않습니다. 어머님은…."

길게 한숨을 토하며 현주영은 눈을 질끈 감아 버렸다.

"물론 나도 당신 말을 믿고 싶어. 하지만 당신 어머니의 죽음에 의문이 든다며 당신이 가장 의심스럽다고 당신 동생이 신고를 했어."

"신고요? 그것도 제 아우가?"

"그렇소."

"드러내기 싫은 부분이라 말하지 않으려고 했는데 기왕 이렇게 된 마당이니 전부 털어놓겠습니다. 저희 어머니가 처음 쓰러진 것이 삼년 전인데…."

자꾸만 떨려오는 음성을 수습하려는지 현주영은 몇 번 군침을 삼키더니 나즉한 목소리로 지난 이야기를 풀기 시작했다.

그랬다. 정확히 말해 3년 전, 6월 첫 주 월요일이었다. 오전 강의를 마치고 동료 교수들과 함께 점심식사를 하기 위해 구내식당으로 들어가는데 핸드폰 벨이 요란하게 울렸다.

"형님, 저 주동인데요. 어머니가 쓰러지셨어요. 그래서 지금 중앙병원 응급실에 있어요."

"왜? 무슨 일로? 알았어, 내 곧바로 갈께."

전화를 끊기가 무섭게 현주영은 병원으로 달려갔다. 초여름의 후텁지근한 날씨 탓도 있었지만 마음이 앞서는 다급함과 초조함이 한데 엉켜 그의 이마에서는 굵은 땀방울이 연신 흘러내리고 있었다.

그렇잖아도 그는 어지럽다고 병원에 다녀온 어머니로부터 당뇨가 심하다는 소릴 듣고, 그후부터 몇 년간을 줄곧 식이요법과 병원치료를 계속했지만 별로 큰 효과를 보지 못했다. 그래서 늘상 어머니의 건강이 염려되던 차였다.

병원에 도착하자, 담당의사는 현주영에게 머리를 촬영한 필름을 보이며 설명을 했다.

"이미 늦었습니다. 뇌경색인데 원상회복은 불가능합니다. 이런 경우 뇌혈관은 한번 막히면 현대의학으로는 치료방법이 없고, 그저 이 상태를 고정시키는 도리밖에 없습니다."

의사의 말은 냉정하리만큼 잘라 말했다. 그 말을 듣는 순간, 현주영은 앞이 캄캄했다. 뇌경색, 바꿔 말해 중풍이었다. 그것도 반신불수의 상태가 된 어머니를 보고 의사의 확인까지 받았으니 더욱 그러했다. 이제 어떻게 해야 되는가. 먹고사는데 급급해서 바삐 나돌아 치다 막상 어머니가 쓰러진 지금 갑자기 늦잡도리를 해본들 뾰죽한 대책이 떠오르질 않았다. 그는 어깨를 내리고 멍하니 정신나간 사람처럼 한동안 하얀 벽만을 응시하고 있었다.

"형님, 어떻게 할까요?"

"글쎄…."

그의 동생 현주동이 다가와 물었지만 정말 어떻게 해야 옳은 것인지 답이 나오질 않았다.

"여기서는 입원해 봤자 못 고친다니까, 한방병원으로 옮기지요. 거기선 침으로 중풍을 고친다고 들었어요."

현주영은 정신이 없는 판에 동생이 내놓은 한방병원의 침이라는 것에 귀가 솔깃했다. 물에 빠진 사람이 지푸라기라도 잡는 그런 심정이었기 때문이다.

한 시각이 급하다고 생각한 현주영은 어머니를 앰뷸런스 차에 싣고 K대 한방병원으로 옮겼다. 다행히도 그곳에선 치료가 불가능하다고 냉정하게 말하는 중앙병원과는 달리 고칠 수 있다는 희망적인 말을 하는 것이었다. 그 말을 듣는 순간 현주영은 안도의 한숨이 터지며 무거웠던 머리가 가벼워지는 느낌이 들었다. 그리고 평소 마새스러운 구석이 있어 속을 썩이던 동생이지만 이런 경우에는 신통하기만 했다.

사실 현주영은 동생인 주동이를 늘 마뜩찮게 생각하고 있던 터였다. 물론, 그것은 주동이가 바르게 크지 않은데서 비롯된 것이었다. 초등학교 시절부터 거짓말을 밥먹듯 하고, 부모 얼굴에 똥칠하기 딱 맞는 그런 못된 짓거리나 저지르며 커오다가 종당에는 소년원으로 시작해서 교도소를 몇 번씩이나 들락날락한 전과 육범이라는 딱지가 붙어 있을 정도니 그럴 수밖에 없었다. 그러나 그와는 반대로 현주영은 모범학생으로 성장해서 대학교수가 되기까지 단 한번도 부모 속을 썩인 적이 없는 사람이다 보니 그런 감정을 지니고 있는 것은 당연한 일인지도 모른다.

하지만 꼭 그런 문제 때문만은 아닌 성싶었다. 어찌 보면 그런 동생이기에 더욱 감싸주고 연민의 정을 느낄 수도 있을 법했다. 물론, 현주영도 어느 선까지는 그런 노력을 했었지만 형의 그 형제애가 먹혀들지 않는다고 판단하자, 아예 그를 포기하고 만 것이었다. 그때부터 현주영은 핏줄에 대한 생각을 키우게 되었다.

핏줄! 그것은 분명 그들 형제간에는 상당히 중요한 문제가 아닐 수 없었다.

현주영이 중학교 2학년 때였다. 여름방학을 달포쯤 앞둔 어느 날 학교에서 돌아와 안방 문을 여는 순간, 놀라지 않을 수 없었다. 안방 아랫목에 갓난아기가 우유통을 입에 물고 열심히 빨고 있는 것을 보았기 때문이었다. 눈을 휘둥그레 뜨고 웬 갓난 애기인가 싶어 주영이가 물으려는 찰라에 그의 어머니는 뭔가 석연찮은 그래서 쓸쓸해 보이기도 하는 미소를 볼 밖으로 베어물며 입을 열었다.

"주영아, 네 동생이야. 엄마가 너 학교간 사이에 병원에서 낳아온 거야."

"정말? 야 신난다. 나도 이제 동생이 생겼네, 외아들이 아니네."

이것저것 따질 필요 없이 아니, 그보다는 어머니의 말을 액면 그대로 받아들여 단순히 동생이 생겼다는 이유만으로 주영은 기쁘기만 했다. 그러나 세월이 흐르면서 그 애기가 아버지가 밖에서 낳아 온 자식으로 어머니의 가슴에 아픈 못을 박은 존재의 근원임을 알았을 때는 이미 아버지는 이 세상 사람이 아니었고, 주영은 군입대 직전이었다. 그는 그래도 이복형제라는 것을 떠나 이 세상에서 단 하나 밖에 없는 형제라는 끈끈하고 질긴 핏줄의 정을 느껴 친동생이나 다름없는 애정을 매오로시 쏟았다.

허나 그의 동생은 형의 그런 마음과는 달리 감싸안는 것은 모르고 그저 습관화된 비행을 저지르자 서서히 마음이 멀어지며, 과연 아버지 핏줄이 맞을까 하는 의구심이 들기 시작했다. 그것은 지금까지도 현주영에게는 수수께끼인 셈이었다. 솔직히 아버지의 핏줄이라면 유전인자가 있는데 그럴 수가 있을까. 아니다, 돌연변이도 있지 않은가. 별별 생각이 다 들었지만 그 의문을 풀 수 있는 사람은 그의 아버지뿐이었다.

또 하나 현주영으로서는 이해하기 힘든 것이 있었다. 물론, 그의 어머니 말로는 내 속으로 낳은 자식이 아니니까 더 잘해야 험구가 나지 않는다고 해서였지만, 그의 동생이 경찰서였건 구치소였건 교도소였건 아무튼 신상에 관계되어 그 어디를 가면 밥은 굶을지언정 빼놓지 않고 면회를 가는 것이었다. 그러나 그가 군에 입대해서 그토록 면회 오기를 눈이 빠지게 기다렸어도 그의 어머니는 제대하는 날까지 끝내 면회를 오지 않은 것은 지금까지도 이해하기 힘든 부분이었다.

한방병원에 입원한 지 일주일이 되자 병원비 계산서가 나왔다. 현주영은 깜짝 놀라지 않을 수가 없었다. 불과 일주일 병원비가 백만원을 웃도는 금액이었기 때문이다. 그가 놀라자 간호원은 한방은 침 맞는 것 이외에는 대부분 의료보험 적용이 안 되는 것들이라 그렇다고 설명을 해주었다.

양방에서는 의료보험이 적용되어 한 달에 기껏해야 칠팔십만원 정도라고 들은 얘기가 있었기에 더욱 그러했다.

어쨌거나 현주영은 앞이 캄캄했다. 병원비도 문제지만 간병비도 문제였다. 담당 한의사 말이 적어도 일년 정도는 입원해서 지금처럼 진료를 받아봐야 완치 여부를 알 수 있다는 거였다. 그렇다면 한 달에 병원비가 줄잡아 사백오십만원에 간병비가 매일 육만원이면 백팔십만원이니 대략 매월 칠백만원이면 일년에 팔천사백만원이라는 거액이 있어야 했다.

더욱이 일년 정도 있어 봐야 완치 여부를 알 수 있는 상태라면 두서너 해가 지나면 집까지 모두 팔아 거덜이 나도 모자란다는 계산이 나오니 현주영의 처지로는 막연할 뿐이었다.

그렇다고 노라리 생활로 가년스럽게 살고 있는 주동이가 병원비를 함께 부담할 능력이 있는 것도 아니었고, 그 자신 비단 가난한 교수라는 신분으로 여기저기 아무 곳에다 비라리를 칠 수도 없고, 성격상 너울가지가 있는 것도 아니다보니 참으로 답답할 노릇이었다.

그는 이런 형편이라면 차라리 처음 중앙병원에 갔을 때 병원을 옮기지 말고 그냥 그곳에 입원을 시켰어야 옳았다는 생각이 들기도 했다.

처음 병원에 달려갔을 때는 당황한 나머지 동생의 말대로 한방에서는 침으로 중풍을 고칠 수 있다는 말에 앞뒤 가늠하지 않고, 확실한 의학정보도 없이 한방을 택한 것에 후회가 앞서기 시작했다. 꼭이 한방을 택한 데는 앞서 말한 그런 상황도 있지만 현주영의 가슴 밑바닥은 그리 할 수밖에 없었던 다른 까닭도 있었다.

자식으로서 최선을 다했다는, 이를테면 주위의 시선을 의식하지 않을 수 없었다. 수신 교과서처럼 살아가야 되는 교육자의 신분, 그것은 주위의 시선이 주는 강요된 삶에 가까운 것이었다.

그러나 늘상 그는 아내와 어머니 사이, 바꿔 말해 고부간의 갈등 그 사이에 끼어 본의와는 달리 집안으로부터 따가운 시선과 함께 고립에 가까운 존재로 따돌림을 받는 처지에 놓여 있었다.

그것은 순전히 아내 때문이었다. 별것도 아닌 일로 시어머니와 의견의 대립을 보이던 아내는 어느 날 갑자기 시어머니와는 함께 살 수 없다는 폭탄선언을 한 뒤 별거생활로 들어갔고, 그후부터 현주영은 그저 아내의 마음이 풀리기만을 기다리며 어머니와 함께 생활하게 되었다. 그것이 반년쯤 지났을 때 그의 어머니는 갑자기 중풍으로 쓰러졌으니 그 발병의 원인도 현주영이 뒤집어써야 했다. 그의 아내는 아내대로 별거를 하고 있지만 가끔씩 전화를 하거나 만날 때마다 생활비만 대주고 어머니 곁을 떠나올 것을 강요했고, 집안 어른이나 친지들은 그들 나름대로 만든 윤리와 도덕성을 앞세워 아내와의 이혼을 부축이고 나섰으니 그로서도 가리사니를 찾을 수가 없었다.
　아니 차라리 그 자신이 죽어 버리던가 모든 사람으로부터 사라지고 싶은 심정이었다. 그 참에 그의 어머니가 입원하니 이제는 때를 만난 듯이 평소에 지녔던 곱지 않던 시선들이 모여 물 끓듯이 끓는 뜨거운 감정을 여과 없이 그에게 내보이는 것이었다.
　그는 어느새 언어를 잃어버린 바보가 되어가고 있었다. 누가 뭐라고 하던 그저 묵묵히 들을 뿐이었다. 이야기가 통하지 않고 상식이 이해되지 않는 사람들과 말해봤자 그건 하등 소용없는 짓거리라는 것을 깨달았기 때문이었다. 반면에 그의 동생은 집안과 주변 사람들에게 칭찬의 대상으로 변모되고 있었다. 간병인이 쉬는 날인 일요일이면 어김없이 동생 내외가 함께 와서 간병인 역할을 대신했다.
　더욱이 일요일은 휴일이라 집안이나 친지들이 문병을 가장 많이 오는 날이기도 했으니 그의 동생이 간병하는 모습은 문병 온 사람들에게 감동을 주기에 충분했다. 효자 아들이 따로 있다느니 아들노릇 제대로 한다느니 그들의 입심은 거대한 태풍만큼이나 거센 바람이었다. 그 바람은 현주영을 괴롭히는 바람이 아닐 수 없었다.
　학교 강의를 마치고 집에 들려 집안 살림을 대충 마무리한 뒤, 그는 밤에만 병원엘 와야 했다. 휴일인 일요일을 이용해서 병원비를 마련하려고 이리저리 나돌아치다 보니 주변 사람들은 그와 마주치는 기회가 드물 수밖에 없었다.
　그들은 무엇 때문에 그가 휴일인 일요일에도 병원엘 오지 않는 가에 대해서는 새카맣게 모른 채, 그저 그 거센 바람으로 그의 답답한 가슴을 할퀴고 지나가는 것이었다. 그러면 그런 사정을 빤히 알고 있는 그의 동생이라도 대신 나서주면 그런 오해는 일어나지 않았을 텐데도 그의 동생은 침묵으로 일관하거나 그들의 말에 동조하는 편으로 쏠리는 것이었다.
　어쩌면 이 기회에 자신이 형보다는 더 효자라는 것을 인식시키기 위한 것 같기도 했다. 그러나 그는 그의 동생이 무엇 때문에 그런 처세를 하는지 깊이 헤아려볼 여유조차도 없었다.

두어 번 큼큼하며 마른기침을 해대기는 했지만, 묵묵히 듣기만 하던 최형사는 갑자기 언성을 높이며 현주영의 말허리를 끊었다.
"이봐요 현주영 씨! 내가 지금 당신네 가정 얘기나 듣자고 여기 앉아 있는 줄 알아? 물론, 당신 얘길 들으니까 당신이 얼마나 힘들었는지 이해할 수는 있겠는데, 지금 문제는 그게 아냐. 당신 어머니를 누가 죽였느냐 하는 걸 조사하는 거야. 그래서 그 용의자가 당신이다 이거야. 내 말 알겠소? 그러면 당신은 그 부분에 관계된 것만 설명하면 된다 이거야."
장황한 현주영의 지난 이야기가 최형사는 짜증스러웠던 모양이었다. 그러나 최형사의 말은 듣기에 따라서는 윽박지르는 그런 말로 들릴 수도 있었다. 그러나 현주영은 처음 이곳에 왔을 때와는 달리 최형사의 그런 태도가 하나도 무섭거나 공포스럽게 느껴지질 않았다. 오히려 우습기만 했다. 분명, 자신은 그런 끔찍한 행동을 하지 않았음에도 흡사, 그런 패륜아로 밀어부치는 데서 형사나 수사관들은 대충 지레짐작으로 밀어부친다고 생각했기 때문이었다.
"최형사님, 제가 그렇게 배짱이 두둑해 보입니까? 저는 개미새끼 한 마리도 밟아 죽이지 못하는 그런 위인입니다."
그는 최형사에게 반문을 하며 가볍지만 편안하고 조용한 웃음을 입가에 흘렸다.
"그렇다 치고, 어서 다음 얘기나 계속해 봐요."
좀 전 보다는 음성을 누그러뜨리며 최형사는 담배를 꺼내 입에 물었다.
"그렇게 병원에서 십 개월이 지났지만 어머님의 병은 큰 차도가 없었습니다."
끊어졌던 현주영의 이야기는 다시 이어졌다. 더 이상 버틸 힘이 없었다. 그동안 들어간 병원비는 지니고 있던 돈과 노후보장으로 넣었던 보험을 깨고, 적금을 해약하고, 여기 저기서 융자를 받은 돈으로 충당

했다. 그러나 이제는 그런 것도 한계점에 이르렀다. 앞으로 계속 어머니를 병원에 두려면 살고 있는 아파트를 처분하던가, 아니면 명예퇴직을 하여 학교에서 퇴직금을 받던가 해야 할 형편이었다. 그러나 그도 저도 쉽게 선택할 수 있는 성격의 것이 아니었다. 정말 아무리 궁리를 해봐도 그는 답이 나오질 않았다.

그렇게 며칠이 흐른 어느 날 밤. 고민에 쌓여 병원 복도 구석에 있는 벤치에 앉아 애꿎은 담배연기만 풀풀 날리고 있을 때였다.

"속이 상해 나오셨구랴?"

그의 어머니와 같은 병실을 쓰는 환자의 보호자였다. 조금 걸망스러워 보이긴 해도 흑심이 있는 사람 같지는 않았다.

"병원비가 많이 들어가죠? 아이고 말도 마쇼. 이놈의 병원에 있다가 집안에 망쪼가 들었수다. 우린 두 해가 다돼 가는데 겨우 한쪽 손이 약간 움직이는 것 뿐이라우. 젠장 그까짓 손 쬐끔 움직이자고 집 날리고 가진 돈 다 날리고 거지가 됐수다. 처음부터 못 고친다고 했으면 퇴원을 시켰을 텐데 짜식들이 일년은 두고보자, 그러더니 또 몇 개월 몇 개월 하다가 그동안 병원비 날린 게 아까워서 있다보니 그 꼴이 났수다."

그의 말은 병원이 사기를 치고 있다는 식으로 몰아 부치며 흥분하고 있었다.

"그랬어요?"

"내가 보기에 형씨 어머니도 낫기는 날이 샜으니 웬만하면 돈이나 축나지 않게 퇴원시켜요. 중풍은 못 고치는 병이랍디다."

그가 비록 감정이 다분히 섞인 투로 이야기했지만 전혀 근거가 없는 말은 아닌 성싶었다. 아니, 그보다는 현재 현주영의 입장으로서는 그의 말대로 선택할 수밖에 없는 처지였다.

이튿날, 현주영은 조용한 시간을 택해 담당의사를 만났다. 자신의 신분과 처지를 솔직히 터놓고 말했다.

"말씀드렸듯이 더 이상은 능력이 없습니다. 완쾌할 수 있다면 제가 아파트라도 팔아서 계속 입원을 시킬 테니 의사의 양심으로서 말씀해 주십시오."

"……"

담당의사는 차트를 펼쳐보며 한동안 말이 없었다. 뭔가 골똘히 생각하는 것 같았다.

"의사 선생님. 저도 선생님 입장을 이해하고 있습니다. 저 자신도 명색이 교숩니다."

현주영의 진지한 눈빛을 바라보던 담당의사는 조용히 입을 열었다.

"좋습니다. 교수님 인격을 믿고 말씀드리겠습니다. 교수님 어머니의 경우 몇 년 정도 꾸준히 입원해 있다면 어느 정도 회복은 가능하겠지만 완쾌는 거의 불가능합니다. 퇴원하고 병원에서 약을 타서 먹으면 효과는 거의 같을 겁니다."

담당의사의 눈빛도 현주영의 눈빛처럼 진지한 눈빛이었다. 서로 다른 분야였으나 지성과 지성이 양심으로 교감되는 그런 순간이었다.

예정대로 퇴원하는 날이었다.

병원 원무과에서 병원비 계산하랴, 입원실 짐정리하랴, 담당의사한테 처방전 받으랴, 사소한 일 같았지만 이리저리 퇴원수속을 밟는 일도 꽤나 바삐 움직여야 했다. 그럴 것 같아 현주영은 동생에게 단단히 일러 놨건만 무슨 까닭인지 몰라도 그 모든 퇴원수속이 끝나도록 나타나질 않았다.

둥그런 벽시계가 정오를 알리고 있었다. 대기시켜 놓은 앰뷸런스 차를 더 이상 기다리게 할 수가 없었던지, 현주영은 혼자서 몇 마디 군시렁거리더니 차를 출발시켰다.

"…애비야, 주동이는 안 온기여?"

그의 어머니는 입을 삐질거리며 울 듯이 말했다. 중풍으로 쓰러진 뒤부터는 사소한 일은 물론이고 아무런 이유가 없음에도 곧잘 훌지럭거렸다. 그러나 현주영은 그저 당신의 처지를 생각하며 심약함에서 그럴 것이라고 대수롭게 여기질 않았다.

"주동이는 집으로 올 겁니다."

손수건으로 시울에서 흐르고 있는 눈물을 닦아주며 어머니를 달래였다.

"아냐… 주동인 안 올지도 몰라."

한 번도 그의 어머니는 주동이에 관해서는 어떤 심탁인지 몰라도 부정적으로 말하는 것을 본 적이 없었는데, 갑자기 머리를 도리질 치며 말하는 것이 그로서는 이상하다는 느낌이 들었다.
"은행알은 챙겨온기여? 그렇지, 내 정신이….”
그의 어머니는 은행알을 묻다 말고 얼른 말꼬리를 흐렸다.
"어머님, 도대체 그 은행알이 뭔데 그렇게 소중히 여기세요?"
몇 년 전부터 그의 어머니는 은행알 세 개를 보물처럼 여기며 늘 지니고 있었다. 현주영은 가끔 부적을 지니고 있는 노인들을 보았기에 그저 그런 것쯤으로 여겨 눈에서 흘려보냈다. 그러나 어머니의 은행알에 대한 애착은 남들의 부적보다 더 심한, 없어지면 금세라도 자신의 생명이 끝나는 것처럼 여기는 귀중한 소지품이었다.
"애비야, 은행알은 버렸으니 찾지마라. 어제 내가 다 버렸어.”
은행알을 찾기 위해 여기저기 소지품을 뒤적이는 그를 보더니, 그의 어머니는 애써 울음을 참으며 말했다.
"아니?! 은행알을 버리다니요?"
놀라지 않을 수 없었다. 그토록 소중히 여기던 물건을 버렸다는 점도 있었지만 또 하나는 노인들이 평소와 달리 안하던 짓을 하면 뭔가 큰 변화가 생긴다는 말을 얼핏 들었던 기억이 떠올랐기 때문이었다.
"어머니, 제가 집에 가서 은행알 한 봉지 사다가 드릴 테니 마음에 서운한 것이 있으면 풀어 버리세요.”
"아냐, 그런 게 아니여… 인자 은행알이 필요가 없어진기여.”
뭔가 이상하다는 생각은 들었지만, 어머니의 깊은 내막이 무엇인지 그는 알 수가 없었다. 어쨌거나 그는 자신의 말대로 시장에서 은행알 한 봉지를 사서 어머니에게 드렸다. 그러나 그의 어머니는 모두 치워 버리고 달랑 은행알 하나만을 늘상 머리맡에 놓을 뿐이었다.
'은행알이 뭘까?'
그러나 그 수수께끼는 어머니가 입을 열지 않아 현주영의 가슴에서 숙제로만 남아 있었다.
그로서는 은행알에 담긴 비밀이 문제가 아니었다. 정작 문제는 퇴원하여 집에서 어머니 병수발하는 것이 문제였다. 처음 며칠은 어떨결에 그런대로 넘어갔지만 시간이 흐를수록 힘에 부치고 지쳐 그 자신이 쓰러지기 직전이었다. 새벽에 일어나 한약을 달이며 아침식사를 준비해서 어머니에게 드리고, 점심은 식판에 준비해서 어머니가 배고플 때 먹을 수 있게 식판에 줄을 달아 당기면 되게끔 방구석에 준비해 놓고 그 자신은 서둘러 출근을 해야 했다.

물론, 그가 학교에 간 사이 대소변에 불편이 없게 하기 위해 기저귀와 변기통 등을 준비해 놓지만 퇴근해서 집에 오면 어머니의 방은 쓰레기통보다도 더 지저분했다.

반신불수인 어머니로서는 어쩔 수 없는 노릇이겠지만, 똥 묻은 기저귀는 여기저기 빼놓아 나돌고 위치가 맞지 않아 변기통은 있으나마나 하게 요와 이불에 똥과 오줌으로 범벅이 되어 있는 것이었다. 가방을 놓기가 무섭게 악취를 맡아가며 그 오물들을 치우고 어머니를 목욕탕에 안고 들어가 똥 묻은 몸을 씻기고 그저 신세 한탄에 울고 있는 어머니를 어린애 달래듯 구슬려 깨끗한 요에 눕히고 나면 저녁준비와 또다시 한약을 달여 주어야 했다.

하루 일이 이것으로 끝난 것이 아니었다. 피곤해서 그가 자리에 누워 잠이 들만 하면 그의 어머니는 그를 불러대는 것이었다. 괜스레 먹지도 않는 물을 달라거나 아니면 배가 고프니 먹을 것을 달라는 것이었다. 그것은 그를 괴롭히기 위함이 아니고 외로움에 그런 것이라고 이해를 하면서도 그로서는 괴롭지 않을 수 없었다. 하루 이틀도 아니고 이런 생활이 2년 가까이 되었으니 그로서는 정말 죽고 싶은 심정이었다. 아니 정말 견딜 수 없는 그런 상황이었다.

그즈막에 그의 아내로부터 이혼하자는 제의가 들어왔다. 그는 모든 것이 귀찮았고, 아니 그보다는 집안이나 주변의 독화살로부터 그 아내 하나만이라도 보호하는 것이 도리라고 생각되어 이혼서류에 도장을 찍어 버렸다. 허허했다. 가슴속이 텅빈 것 같았다. 이 세상에서 모든 사람이 자신으로부터 떨어져 나가는 느낌이었다. 그나마 동생이라고 하는 주동이마저 퇴원 후 지금까지 두서너 번 삐끔 얼굴만 내밀고 병문안이랍시고 다녀간 것이 전부였다.

어쨌거나 그가 삶을 포기한 그런 표정으로 변해 가던 어느 날이었다. 그의 어머니는 그의 얼굴을 바라보며 혼잣말로 중얼거렸다.

"내가 낳은 아들이 진짜 아들이구먼. 내가 죽어야 네가 살겠구나."
그는 어머니의 말을 건성으로 스쳐 들었을 뿐 별 신경을 쓰지 않았다.

"잠깐! 어머니가 내가 낳은 아들이 진짜 아들이다. 내가 죽어야 네가 산다. 이 말을 한 것이 언제였소?"
갑자기 최형사는 눈빛이 빛나며 현주영의 말을 끊어 버렸다.
"글쎄요… 정확한 날은 기억나지 않지만, 성탄절 전이니까 돌아가시기 한 달 전쯤 됐을 겁니다."
"그리고 동생은 퇴원하니까 거의 오지 않았다. 그렇다면… 음… 내 아들, 진짜, 내가 죽어야, 은행알… 그걸 버렸다, 맞아! 이봐, 이형사 영안실에 가서 현주동이를 잡아와."
최형사는 중얼거리며 머리를 조아리다 손바닥으로 책상을 탁 치며 소리쳤다.
"…주동이 한테 무슨?"
"사건의 본말이 그게 아닌 것 같소."
"돌아가시기 전날, 그러니까 엊그제 밤은 찾지 않던 주동이를 어머니가 애타게 보고 싶어 했습니다. 뭔가 꼭 할 말이 있는 듯했으나 그땐 그냥 대수롭게 여기지 않아 전화만 했는데 주동이가 오질 않았습니다."
한 시간쯤 지나자 이형사와 함께 주동이가 들어왔다.
"현주동! 난 베테랑이야. 물론, 너도 별을 여섯 개나 달았으니 쉽지 않다는 건 알아. 허나 결론은 내가 이겨. 그러니까 쉽게 푸는 게 좋을 거야."
최형사는 현주동에게 담배를 권하며 마주앉았다.
"…제가 뭘 어쨌다고 그래요?"
"짜식이, 야 너 정말 장난칠래? 어머니 죽음을 놓고 마지막까지 불효를 저지르고 싶어?"
윽박지르는 건지 구슬리는 건지 분간하기 힘든, 그러나 진지한 억양으로 최형사는 말했다. 건네 받은 담배 한 대를 다 태우도록 말이 없던 현주동은 몇 번 군침을 삼키더니 형인 현주영에게 목례를 보낸 뒤 평소 사날스런 것과는 달리 조용히 입을 열었다.

"…제가 졌습니다. 아니, 나쁜 놈입니다. 형님은 어머니를 살해하지 않았습니다. 사실은 형님이, 형님이 너무 잘나서 저는 늘 형님을 시기하던 차에 어머님이 자살했다고 하길래, 이참에 골탕을 먹이고 싶었습니다. 물론, 살인혐의는 조사하면 벗어날 것은 예상했지만, 그동안이라도 형님이 혼나 보라고 거짓신고를 했던 것입니다."

모든 것을 체념했다는 듯이 현주동은 숨김없이 모든 것을 털어놓고 있었다. 그러나 최형사는 그 밑바닥에 뭔가 깔려 있다고 생각했는지 고개를 갸우뚱 꺾으며 현주동의 말꼬리에 의문을 달았다.

"그것만이 아닐 텐데? 이 은행알이 뭔지 기억나나? 그리고 퇴원하는 날 무엇 때문에 병원에 나타나지 않았지? 자, 모든 걸 말해 봐."

죽음 현장에서 그의 어머니 머리맡에 놓여 있던 은행알 하나를 내보이며 최형사는 가벼운 웃음을 볼에 매달았다.

"좋습니다. 형님에게 사과하는 의미로 전부 말씀드리겠습니다."

현주동은 시원스럽게 털어놓기 시작했다.

어머니가 퇴원하기 전날이었다. 휠체어에 어머니를 태우고 한적한 병원 뒤뜰로 갔다. 그때도 어김없이 어머니의 손에는 은행알이 쥐어져 있었다. 현주동은 형이 병원비를 감당 못해 내일 퇴원할 것이라고 어머니에게 말했다. 그러자, 그의 어머니는 무심결에 돈이 왜 없어 나도 돈이 있는데 하면서 울상을 지었다. 그 소리에 그는 귀가 번쩍 뜨이며 어머니를 다그쳤다. 아니, 그는 살뜰하게 살아온 어머니라 어딘가에 돈을 숨겨놓고 있을 거라는 낌새는 맡고 있는 터라 입결에 나온 그 소리 놓칠 수 없었다.

"엄마가 무슨 돈이 있어?"

그는 어머니의 바탈을 알기에 짐짓 어긋대를 질러 물었다.

"돈? 이게 돈인겨."

"엄마, 그게 은행알이지 무슨 돈이야. 엄마 치매 아냐?"

그는 어머니의 손에 있는 은행알과 어머니의 살품으로 드러난 마른 젖가슴을 내려다보며 말했다.

"아냐, 이게 돈인겨. 그동안 은행알 세 개를 모은겨. 통장이 하나씩 생길 때마다 은행알을 모은기여. 은행알이 세 개니까 통장이 세 개지.

하나는 형꺼고, 하나는 네껀데, 나머지 하나는 나 죽으면 장사 밑천으로 쓰라고 해놓은기여….”
"그런데 왜 은행알로 통장을 기억해?"
"은행에 돈을 맡겼으니 은행알이지. 그래야 내가 늘 기억을 하잖여."
현주동은 내심 어머니의 지혜와 준비성에 놀라 늘어진 아늠을 일렁였다. 결국, 그는 어머니의 마음을 마닐마닐하게 만들어 그 통장을 얻는데 성공했다. 그날은 이미 은행은 문이 닫혔기에 이튿날 아침 은행 문이 열리기가 무섭게 통장을 들고 달려갔다.
거금이었다. 통장 하나에 정확히 삼천만원씩 구천만원이라는 돈을 찾았다. 그가 이렇게 큰돈을 한꺼번에 아니, 여지껏 벌어보지도 만져보지도 못했던 액수였다.
이 일로 그는 퇴원하는 날 병원에를 갈 수가 없었다. 그리고 그후로 어머니에게 발길을 끊다시피한 것은 그 돈을 자신이 독차지한 것을 형이 알면 어쩌나 하는 것이고, 또 하나는 처와 함께 살고 있는 자신이 어머니를 반이라도 모셔야 하는데 처는 이혼을 할망정 모실 수 없다고 하자, 이래저래 그는 어머니 앞에 나타날 수가 없는 입장이었다.
"그래, 그 돈은 어떻게 했어? 계좌 추적하면 다 나오게 돼….”
마시다 남겨 놓아 싸늘하게 식은 커피잔을 비우며 최형사가 물었다.
"꽁돈은 돈이 아니더라구요. 사글세방을 버리고 전셋집으로 옮기는데 쓰고, 나머지는 도박판에서 다 날렸습니다. 정말 제가 죽일 놈입니다."
현주동은 머리를 떨구었다. 그리고는 조용히 울먹였다.
"현주동, 알면 됐어! 자네가 다 털어놓았으니 말인데 우리 경찰에서 손댈 것은 없고, 자네 형님한테 이제부터라도 잘해!"
현주동의 어깨를 툭 치며 최형사는 자리에서 일어섰다. 그리고는 현주영에게 조사과정에서의 결례를 수습하는 뜻으로 악수를 청하더니 이내 동생을 데리고 어서 영안실로 가서 내일 장례를 잘 치루라고 했다.
형제는 형사과를 나왔다. 얼마간 말없이 걷던 현주영은 동생에게 나즉히 말했다.
"주동아, 내가 그렇게 미웠니? 미운 감정 버려라. 난 네가 하나도 밉지 않아."

"…잘못했습니다, 형님….."

겨울밤의 냉랭한 바람이 전선줄을 울리며 옷깃으로 스며들었지만 그들은 그런 시린 느낌을 느끼지 못했다. 택시를 잡기 위해 현주영이 걸음을 빨리해 앞서가자 동생인 주동은 아직도 자책감 때문인지 바람만 바람만 뒤따라 갔다.

이튿날 새벽 5시. 먼동이 트이지 않아 어둑어둑했다. 경찰서에 다녀와서 눈 좀 부치는가 싶었는데 발인을 해야 된다며 상주인 현주영과 현주동을 장의사 김씨가 흔들어 깨웠다. 벌겋게 충혈된 눈을 비비며 일어난 두 사람은 염을 하기 전에 냉동실에 안치된 어머니의 얼굴을 마지막으로 보기 위해 냉동실로 향했다.

부은 듯하기도 하고 푸르딩딩하게 변한 것 같기도 한 어머니의 얼굴을 보는 순간, 두 사람은 왈칵 눈물이 솟구치며 울음이 터져 나왔다. 장의사 김씨는 이제 그만 노자돈이나 드리세요 하면서 그들의 울음을 막고 나섰다.

영구차에 유해를 싣고 화장터로 향하는 현주영의 가슴속에서는 끊임없이 영혼의 아픈 물줄기가 흘러나오고 있었다.

결국, 이렇게 되는 것을… 누구나 가야 하는 길인데도 이 길은 무엇 때문에 보내는 사람의 가슴을 이토록 아프게 만드는 그 근원은 무엇일까. 그는 화장터에 도착하도록 줄창 이런 생각에 젖어 있었다.

순서에 따라 그의 어머니 유해도 불가마 속으로 밀려 들어갔다. 불가마 앞의 차단된 유리창을 통해 훨훨 타고 있는 불길이 뱀 혓바닥처럼 날름대며 춤을 추고 있었다. 건강하던 어머니의 모습과 마지막으로 보았던 그 푸르딩딩한 얼굴이 한데 엉겨 그의 머릿속으로 파고 들어왔.

"어흐… 흐흑… 어머니이!"

현주영은 목청이 찢어져라 소리치며 어머니를 불렀다. 그러나 되돌아오는 건 아무것도 없었다. 다만 수만 개도 더 되는 혼돈의 음율만이 그의 뇌리 속에서 부딪칠 뿐이었다.

한 줌의 재로 변한 어머니를 가슴에 안고 화장터를 나서는 현주영은 그제서야 온몸이 한기에 떨고 있음을 느꼈다. 햇살이 퍼졌다고는 했지만 섣달 칼바람의 매운맛은 온몸으로 파고들었다. 유언대로 어머니가 태어난 고향으로 향했다. 그곳 냇물에 재로 변한 어머니를 흘려보내기 위해서였다.

원했건 원치 않았건 어머니를 자연에게 돌려주고 집으로 돌아오는 현주영의 가슴은 가슴이 아니었다. 모든 세포가 죽어 아무것도 할 수 없는 석고처럼 굳어 있는 그런 가슴 같았다. 아무것도 생각하고 싶지 않는, 이를테면 그 가슴에 아무것도 담고 싶지 않는 그래서 무조건 비워놓고 싶은 그런 가슴이었다.

동생 현주동과 헤어져 집에 돌아오니 어느새 한밤중이었다. 새카만 하늘에 매달린 초승달이 그의 눈에는 어머니의 눈썹처럼 보였다. 그는 어머니가 쓰던 방으로 들어갔다. 깔끔하게 치워놓아 깨끗하긴 했으나 왠지 창자까지 발라낸 생선처럼 속이 텅빈, 금세라도 무너져 내릴 것만 같은 느낌이 들었다.

그는 잠시 눈을 질끈 감아 버렸다. 그 감긴 망막 속으로 어머니의 모습이 스멀스멀 떠오르기 시작했다. 똥을 싸서 뭉개 놓았던 모습, 괜스레 징징 울던 모습, 목욕시킬 때 앙상하게 마른 모습, 그런 갖가지 모습들이 그토록 자신을 힘들게 했었고, 그래서 어머니 몰래 시울을 붉히며 힘겨움을 달랬던 순간들이 떠올랐다. 그러나 이제는 그나마 그런 어머니의 모습조차도 영영 볼 수 없다는 생각을 하니 그는 가슴이 찢어지는 것 같았다.

"어머니! 똥보다 더한 것을 싸도 어머니가 계실 때가 제게는 더 행복했었습니다."

그는 혼자서 중얼거리며 주머니에서 꺼낸 알천스러운 그 은행알 하나를 어머니의 영정 앞에 조용히 내려놓으며 울음을 삼키고 있었다.

▶ 충북 음성 출생, 「월간문학」 등단, 저서 : 소설집 「은행알 하나」 시집, 산문집 등 23권, 공저 50여 권, 문화체육부상 · 경기도문화상 · 한국예총예술문화상 · 중봉문학상 · 류주현 문학상 · 한국문학인상 · 한국소설문학상 등 다수 수상, 국제PEN 한국본부 이사 및 기획위원장, 한국소설가협회 이사, (사)한국문인협회 부이사장 등 역임, 현 한국작가협회 회장, 계간 「한국작가」 발행인, 경기문협 명예회장, 한국문인협회 자문위원

돈 키호테와 포옹하다

김 용 만

"말해 봐. 도대체 당신은 누구야? 만난 지 닷새 만에, 그것도 타국에서 만난 늙은이를 껴안고 싶어 안달하는 아가씨. 도대체 당신은 어떤 존재냐구?"

바로 어젯밤에 내가 다혜에게 한 말이다. 참으로 어이없는 일이었다. 지성을 갖춘 미모의 아가씨가 아버지뻘인 내 몸을 탐내다니. 나와 깊은 대화를 나눈 적도 없고 내 소설을 읽어본 적도 없는 여자. 거침없이 자신의 신분을 창녀라고 밝힌 여자. 하지만 그녀의 언어 수준으로 보아 창녀는 말도 안 되는 소리다.

버스는 안달루시아 평원을 시원스레 달리고 있다. 갈기를 휘날리는 준마 같다. 프라하에서 곧장 마드리드와 톨레도를 거쳐 캄포 데 크리프타나로 갈 예정이었지만 안달루시아 평원을 지나 세비야에서 하룻밤을 지내고 싶어 포르투갈의 수도 리스본으로 우회했던 것이다. 그 바람에 다혜와 나는 어젯밤 늦게 리스본에 도착하여 오늘 아침 호텔식으로 식사를 마치고, 오전 내내 유럽의 서극점(西極點)인 땅끝 마을 카보다로카와 테주 강가에 있는 벨렝탑 일대를 관광하고, 스페인으로 떠나기 직전 바스코 다가마가 묻힌 제르니모스 수도원을 둘러볼 수 있었다.

아무런 표지도 없는 국경을 지나 산협 쪽으로 접어들자 더 아름다운 경관이 펼쳐졌다. 내 정서에 맞는 산협이었다. 산비탈에 일궈놓은 과수원마다에는 겨울철인데도 복숭아꽃 모양의 이름 모를 꽃이 하얗게 피어 있고, 그 모래산을 넘자 지평선이 아득한 안달루시아 평원이 펼

처졌다. 세르반테스가 세리로 걸어다녔을 안달루시아 평원은 엔씨나레스 숲과 올리브 농장으로 뒤덮여 있어 내 기분을 한껏 들쑤셔댔다.
"안달루시아 평원이 그리도 좋으세요? 아침부터 제 얼굴을 한 번도 바라본 적이 없잖아요?"
"내가 왜 다혜의 얼굴을 바라봐야지?"
"예쁘니까요."
"안달루시아 평원에는 예쁜 것보다 더 끌리는 뭐가 있지."
"뭐죠?"
"허무와 열정."
"진부하시긴. 이런 늙은 육신을 껴안고 싶어 내가 눈물까지 흘리다니…. 오늘밤에는 껴안아 주시겠죠?"
"또 까분다."
다혜가 홱 시선을 돌린다. 나는 여전히 햇살이 튀는 평원만을 응시하고 있다. 다혜의 눈물을 잊기 위해서는 더 강렬한 햇살이 필요하지만 안달루시아의 평원이 그만한 햇살을 욕망하고 있는지 모르겠다.
세비야에는 밤늦게야 도착해서 곧바로 예약한 호텔에 들었다. 로비가 비교적 깨끗하고 넓어 시원스럽다. 프런트 쪽을 바라보는 다혜의 얼굴에 장난기가 번진다.
"또 방을 두 칸 예약하셨겠죠?"
어젯밤 나와 한 방을 쓰자며 눈물까지 흘렸던 아가씨가 지금은 냉소를 흘리고 있다. 나는 다혜의 말에 질퍽한 농으로 대꾸해 주었다.
"미친 여자와 동침할 것 같애?"
프런트에서 입실 수속을 마치고 리플릿을 펼쳐보았다. 안달루시아의 주도이자 플라멩코의 본고장이며 비제의 〈카르멘〉과 로시니의 〈세빌리아의 이발사〉 무대가 된 세비야의 원래 명칭은 세빌리아인데 1929년 만국박람회 때 세비야로 바뀌었다고 한다. 세비야의 또 다른 매력은 이제는 전설이 되다시피한 돈 후안의 춘화(春畵) 이미지다. 천여 명에 가까운 여자를 사랑했다는 돈 후안의 행적을 따르고 싶은 '못된' 욕망은 이튿날 그가 자주 들렀다는 카페와 주변을 거니는 걸로 해소할 수 있었다.

오후에는 드디어 돈 키호테를 만나러 간다. 가슴이 두근거린다. 먼저 돈 키호테가 여관집 주인에게 세례를 주었다는 토소보를 찾아가다가 여관의 흔적이나 표시가 없다는 말에 차를 돌려 캄포 데 크리프타나로 직행했다. 사실 세르반테스의 유적은 모두가 추정에 불과하다. 「돈 키호테」의 실제 배경이나 세르반테스의 생가도 입증된 장소가 아니다. 하지만 라 만차 평원이 세르반테스의 출생지이며 작품의 무대인 것만은 틀림없다.

버스가 라 만차 평원에 접어들자 황량한 분지와 들판이 열린다. 소설 「돈 키호테」의 배경인 라 만차 평원을 달려본다는 낭만이 일순간 호흡을 막는다. 라 만차는 내 뇌리에 낭만 어린 땅으로 입력되어 있었다.

토소보를 찾아가다가 중도에서 U턴한 버스는 1시간쯤 달려 캄포 데 크리프타나에 도착했다. 풍차가 즐비한 캄포 데 크리프타나는 돈 키호테가 풍차를 거인으로 착각하고 공격했던 곳이다. 안내서에 약 이천 명쯤 되는 주민들이 풍차와 돈 키호테를 상품화해서 관광수입을 올린다고 적혀 있듯이, 시골 면 소재지 크기의 크리프타나는 규모는 작지만 무척 활기차 보였다.

도심을 지나온 버스가 한가한 언덕길에 멈추자 나는 차에서 내려 풍차가 흩어져 있는 분지 복판으로 바삐 걸어갔다. 눈물이 나올 만큼 뜨거운 감정이 솟구쳤다. 그때였다. 로시난테의 안장에 올라타고 창을 든 돈 키호테의 앙상한 환영이 다가왔다. 그 어이없는 자태를 보는 순간 나는 금방 이상주의자로 환원된다. 찌들고 탈색된 내 육체 속에 도사리고 있던 이상주의가 돈 키호테를 만나는 순간 다시 활개치기 시작한 것이다. 내가 가까이 다가가자 돈 키호테가 로시난데의 등에서 내려와 나를 부둥켜안는다.

"잘 오셨소. 선생을 무척 기다렸소. 평생 허무와 맞서온 선생의 무모한 도전에 늘 경의를 표해온 바요. 자그마치 400년이 흘렀구려. 그 사이 산초도 늙고 애마 로시난테도 늙고 둘씨네아 공주님은 아직도 행방이 묘연하다오."

목 메인 소리로 인사를 마친 돈 키호테는 멍하니 평원을 바라본다. 아마 둘시네아가 그리운 모양이다. 상상의 여인을 그리워하는 돈 키호테의 그 진실한 모습에 나 역시 기분이 울적해진다.

"키호테 나리, 당신은 현실과 싸우느라 세월을 잊어왔지만 나는 비현실과 싸우느라 몸이 이렇게 삭았다오."

"나도 삭을 대로 삭았소. 나는 400년 동안 상상의 세계를 꿈꿔왔지만 이젠 정말 지쳤소."

"아뇨. 나리가 신봉한 정의는 세월이 흐를수록 더욱 인류의 가슴을 울리고 있소. 나리의 이상주의는 이제 영원한 보편성을 획득했소. 키호티즘(Quixotism)은 현세주의로 퇴락한 인간의 고매한 정신을 되살리는 복원력으로 작용할 거요. 나리는 영원한 승리자요."

"선생은 종교를 만들었잖소."

"천만에요. 그건 종교가 아니라 어리석은 도그마일 뿐이었소. 나는 평생 그 어리석은 독단에 빠져왔소. 세상을 잘 못 산 거요. 허무와 싸우는 게 아닌데…. 허무와 싸웠으니 남은 게 뭐겠소, 고통밖에."

이번에는 내가 돈 키호테의 메마른 몸을 끌어안는다. 바스러질 것만 같은 그의 메마른 육신에서 묘한 향취가 느껴진다.

"키호테 나리, 나는 당신의 어록 중에서 산초 판사에게 말한 대목을 무척 좋아합니다. 산초는 당신에게 이렇게 말하죠. 나리께서 그토록 사랑하고 존경해마지 않는 둘씨네아가 동네에서 소리를 빽빽 내지르고 구정물을 고샅에 내던지는 그런 여자에 불과합니다. 그러자 당신은 이렇게 대꾸하죠. '산초야, 세상에 둘씨네아가 있는지 없는지는 알 바 아니다. 단지 그 아가씨가 존재해야만 하기 때문에 생각하는 것이다.' 그렇습니다. 그렇게 믿어버리면 됩니다. 보잘것없는 여자를 절세의 고귀한 공주로 받드는 돈 키호테적 사랑. 사실 모든 사랑의 시작은 다소 그럴 수 있고, 연인들은 그런 착각에 홀리기 십상이죠. 어찌 보면 종교도 그런 믿음에 불과할지 모릅니다. 누군들 실체를 확인하고 믿습니까? 말씀이나 기록으로만 믿지 않습니까? 나는 실체를 확인할 수 있는 신은 신이 아니라고 생각합니다."

"선생이 나를 그 정도로까지 인식하고 있다니 놀랍습니다. 모두가 나를 창조한 세르반테스 선생의 역량이죠. 선생도 나와 같은 인물을 설정해보시죠."

그때 어디에선가 종소리가 들려오자 돈 키호테의 환영은 가뭇없이 사라지고, 나는 언덕에 홀로 서 있는 초라한 여행자로 남아 있다. 일상으로 돌아온 그 환멸에 맥이 풀린다. 잠시 돈 키호테의 모습을 떠올린 나는 풍차가 즐비한 분지로 달려가 애들처럼 풀밭에서 뒹굴었다. 얼마나 와보고 싶었던 곳인가!

"그렇게 감격스러우세요?"

눈자위가 붉어진 내 얼굴을 살피며 다혜가 속내를 캐묻는다.

"감격스럽고 말고지. 세르반테스는 바로 나 자신이라는 생각이 들었던 거야. 험난한 생과 생래적인 해학성, 꿈을 좇는 이상주의, 특히 무학자인 그가 작중인물을 통해 쏟아낸 아포리즘은 바로 내 귀납적 학습의 실증인 셈이지. 진실한 사유체험 말야. 그 체험을 통해 자신의 내재된 영지(英智)를 개발시켰다고 볼 수 있어."

풍차가 즐비한 분지를 거닐며 사진을 찍다가 허름한 마을 카페에 들어가 차를 시켰다.

"세르반테스를 꿈을 좇는 이상주의라고 말씀하셨는데, 제가 볼 때는 선생님도 이상주의자시거든요. 혹 다른 점이 있다면 뭘까요?"

"분명 다르지. 세르반테스는 실천적인 이상주의자이고 나는 관념에 치우치고 말았어. 그래서 세르반테스는 돈 키호테란 결과물을 만들어냈고 나는 허무라고 하는 늪에서 허우적거리기만 했지. 이상의 뿌리는 낭만이야. 그래서 실천적이지 못할 때 이상은 허무로 물크러지고 말아. 낭만적 허무주의는 관념세계에서 허우적거리고 말거든. 둘시네아에 대한 인물 설정만 봐도 차원이 달라. 지고지순한 그 여인을 내가 만들었다면 나는 내 현실적 한도 내에서의 안목으로 설정했겠지만 세르반테스는 달라. 둘시네아는 돈 키호테의 이상세계에 모셔진 지고의 신이며, 그 신을 통해 돈 키호테는 자신의 정의와 꿈을 구현할 수 있는 힘을 얻고 투지력을 키울 수 있었어. 세르반테스가 만들어낸 주인공 돈 키호테는 우스꽝스럽기만 한 인물이 아냐. 그의 자유의지와 가치관이 빚어낸 정의롭고 아름다운 세계를 믿는 인물이라구. 자신이 만든 이상향을 자신이 굳게 믿도록 자신을 의식화시킨 의지적인 인물이야. 요컨대 돈 키호테는 둘시네아를 위해 목숨을 바칠 수 있지만 나는 그러지 못한다는 거야."

"아니죠. 선생님은 세르반테스보다 더하시죠. 세르반테스는 돈 키호테란 인물을 설정한 것뿐이지만 선생님은…."

잔아는 말을 중동무이냈다. 나는 잔아의 의중이 궁금해서 짓궂게 재우쳤다.

"왜 말을 끝내지 않는 거야? 내가 뭐 어쩧다는 거지?"

"그건 나중에 말씀드릴게요."

"아냐. 지금 말해."

"선생님은 우리의 사랑을 영원히 간직하시려고 의도적으로 제 곁을 떠나셨잖아요."

"우리의 사랑이라니? 떠났다는 말은 또 뭐구?"

나는 멍하니 잔아의 얼굴을 바라보았다. 혹 정신이상자가 아닐까? 이 아가씨와 계속 상대를 해야 할지 포기해야 할지 판단이 헤갈린다.

"물론 선생님은 그러신 적이 없죠. 나중에 그러실 거라는 말에요."

"나중에 내가 그럴 거라구?"

"저는 앞일을 훤히 알거든요."

"농담 말고 진솔히 말하자구. 혹시 나를 예전에 다혜를 사랑했던 남자로 착각하는 것 아냐?"

"그런 적 없어요. 제가 누구를 사랑한 적도 없고, 선생님처럼 저를 사랑한 남자도 없어요."

"그럼, 다혜가 나를 사랑한다는 거야? 나도 다혜를 사랑하고?"

"말씀이라고 하세요?"

"나는 너무 늙었잖아. 이 세상 어느 이십대 아가씨가 나 같은 육십대 늙은이를 상사병에 걸릴 정도로 사랑할 수 있겠어."

"저는 가능해요, 저는 인간이 아니니까요."

"또 까분다."

"저는 초월적인 존재거든요."

"멋대로 까불어."

"정이나 제 능력을 못 믿으시면 그 실증을 보여드리죠. 선생님은 고등학교 2학년 때 이런 일기를 쓰신 적이 있죠? 내가 만약 사랑하는 여자를 만나 아들 딸 낳고 행복하게 산다면 지금 당장 한강에 투신하겠다. 맞죠?"

금방 맑은 하늘에 먹장구름이 몰려온다. 방주를 완성했을 때 노아의 심정이랄까. 두려움과 환희가 안개처럼 피어오른다. 어떻게 알았을까? 내 일기장은 어떻게 읽었을까? 내 고교시절이면 다혜는 태어나지도 않았는데, 정말 인간으로만 치부하기에는 겁나는 존재다. 내가 지금 꿈을 꾸고 있는 건 아닐까? 일기의 내용을 어떻게 읽었는지 묻고 또 물어도 다혜는 연방 미소만 지을 뿐이다. 나는 다혜의 미소에서 묘한 두려움이 느껴졌다. 아까 다혜가 말한 미래의 정황을 받아들일 수밖에 없다는 생각마저 들었다. 다혜가 나를 지극히 사랑하고, 나는 그 사랑을 영원히 간직하려고 몰래 떠났다는 사실을 시인하고 싶을 정도도. 오히려 진지한 태도를 보여줌으로써 진정으로 다혜의 깊은 영혼세계를 엿보고도 싶었다.

"다혜의 사랑을 영원히 간직하려고 떠났다가 이렇게 또 만났잖아. 비열하게."

나는 비열하다는 격한 감정까지 보태며 그런 미래의 현장성을 살려주었다. 그러자 다혜는 "비열한 게 아니죠."라고 단호한 목소리로 말했다.

"저를 재인식하신 거죠. 저를 믿게 되신 거죠. 일종의 깨달음이랄까."

"깨달음이라…."

또 무거운 침묵이 흘렀다. 그 침묵이 어색한지 다혜가 가벼운 목소리로 내게 물었다.

"돈 키호테와 산초 판사, 그 두 인물은 무엇의 상관물이죠?"

"간단히 말해서, 돈 키호테는 꿈을 좇는 강한 투사형의 전형으로, 산초는 착하면서도 실리를 추구하는 현실주의자로 대변되지. 그처럼 두 인물은 이상주의자와 물질주의자로 대조를 이루면서도 서로 상보하는 인간의 양면성을 드러내고 있어."

"세르반테스의 생존 시기가 인류 역사상 가장 두드러진 전환기라죠?"

"한마디로 말하자면, 중세의 신본주의가 쇠퇴하고 새로운 인본주의가 성장하고 있는 시기였어. 세르반테스의 생존 시기는 르네상스와 종교개혁이 아직 진행 중이었고, 가치관 세계관 인생관이 흔들리는 중이었지. 개성과 합리성은 착지(着地)가 불안한 채 관념으로 존재할 뿐이었어. 현세적 욕구만이 분출하여 정의는 퇴색되고 사회 부조리는 두께를 더해갔거든. 게오르그 루카치는 그의 「소설의 이론」에서 세르반테스가 살았던 시대를 이렇게 정의했지. 절망 상태에 놓인 위대한 신비주의가 마지막으로 꽃을 피우던 시대, 쇠퇴해가는 종교(가톨릭)를 재생시키려고 광적으로 시도하던 시대, 새로운 세계인식이 신비적인 형식 속에 등장하고 있던 시대, 실제로 체험은 하고 있으면서도 이미 목적을 상실한 채 시도적으로만 찾던 신비주의의 시대라고 했어. 또한 그것은 고삐가 풀려버린 마성(魔性)의 시대이자, 지속되어온 가치체계 내부에서 거대한 혼돈이 발생하고 있던 시대라고도 했지."

"사백 년 전의 그 시대와 이십일 세기에 접어든 이 시대가 유사하다는 생각이 들어요. 다만 그 당시의 격동이 새로운 가치를 추구하려는 몸부림이었다면 지금은 새로운 가치를 추구할 수 있는 그 값진 인성의 와해라는 데에 차원이 다르죠."

"왜 인성의 와해라는 거지?"

"물질 탓이죠. 물질의 가치가 사용가치보다 교환가치에 의해 평가되기 때문이죠. 미적가치를 등한시한다는 게 아니라 가상세계에의 탐익이 미적가치의 기준이 돼가고 있다는 말이죠. 실상 즉 진실의 가치가 소멸됨으로써 가치판단에 혼란이 오게 된다는 말이죠. 인성의 기계화랄까요? 신을 바라보는 시선 역시 기계화될 수 있다는 겁니다."

"무서운 말이군. 신의 실상을 보지 못하는 시대라…."

"돈 키호테 시절은 신의 본질을 찾으려는 시대였지만 지금은 신을 분식하여 상품화하려는 시대인 거죠. 폭력을 상품화하듯 말에요."

나는 멀건 눈으로 다혜를 바라본다. 내 마음 밑바닥에서 또 불안감이 꿈틀거린다.

저런 아가씨를 미친 여자로 보다니… 저런 아가씨가 창녀라니….

어쩜 미친 척, 창녀인 척하며 나를 테스트할 게 틀림없다, 불쑥 그런 생각이 든다. 시험? 그렇다! 갑자기 내 몸이 떨린다. 저 여자는 분명 나를 노리고 있다. 의도적으로 접근한 것이다. 그런데 한국이 아니라 체코에서 만난 게 아닌가. 나를 노린 여자라면 최소한 인천공항에서 만났어야 이치에 맞았다. 다혜를 만난 건 정말 우연이었다. 세계문학기행 이번 연재 인물은 세르반테스여서 스페인을 여행할 수밖에 없고, 다음 연재 인물이 카프카여서 체코의 프라하를 경유지로 정했던 것인데, 하필 카프카기념관에서 저런 문제아를 만난 것이다. 건방지기 짝이 없는 다혜의 필살 무기는 한국여자였다. 해외여행 때마다 되도록 한국 사람을 피해온 나로서는 어처구니없는 상대였다.

"한국 남자가 한국 여자를 싫어해요? 명색이 소설가신데, 혼자서 카프카를 찾아온 여자라면 한국 여자에 대한 고정관념을 깰 수 있잖아요? 선생님은 나만큼 카프카를 이해 못할 걸요."

"외롭게 여행해야 깊이 들어갈 수 있기 때문이요. 그게 내 체질이거든."

"깊이 들어가다뇨? 말씀이 좀 험하시네요. 더구나 연세 드신 분이 여자 몸을…."

"뭐야? 뭐 이런 못된 게 있어!"

"죄송해요. 제 직업이 창녀라서…."

창녀? 나는 창녀란 말에 금방 입을 다물었다. 묘한 충격이었다. 창녀란 말이 그 아가씨에 대한 거부감을 일시에 씻어버렸다. 혹 소냐? 러시아를 정화시킨 소냐? 앙드레 지드가 신이라고 평한 「죄와 벌」의 소냐? 내가 도스토예프스키를 좋아하는 것도 소냐 같은 인물을 설정한 작가이기 때문인데.

캄포 데 크리프타나를 떠난 버스는 인근 마을 뿌에르또 라삐쎄(Puerto Lapice)로 가서 관광지가 된 주막 근처에 주차했다. 돈 키호테가 주인에게 세례를 주었다는 주막집을 만들어서 현장성을 살려낸 그 재치가 기특하다. 그럴 듯하게 우물과 두레박이 있고, 그 옆에 철로 만든 돈 키호테의 상이 서 있어 더욱 분위기를 고조시킨다. 기분이 달뜬 나는 주막 안으로 들어가 구석구석을 살펴보고 카페 직원들과 사진도 찍었다. 주막 근처에 있는 기념품상에서는 돈 키호테 상과 볼펜을 사고 곧장 톨레도로 향했다.

스펜인의 대표적인 고도이자 세계문화유산으로 지정된 톨레도에 가까워지자 햇살에 반짝이는 주황색 도시가 시야를 압도한다. 중세의 이미지가 그대로 보존된 톨레도는 도시 외곽을 에두룬 타호강이 해자(垓字) 역할을 하고 있어 천혜의 요새를 이루지만, 숱한 전쟁과 왕조의 부침이 그 고대도시의 얼룩진 역사를 말해준다.

기원전 2세기에는 로마에 정복되고, 그후 5세기에는 이베리아반도를 정복한 서고트족의 왕국 수도가 되고, 711년에는 이슬람 세력이 침입하여 서고트왕국을 멸망시키고, 1085년에는 가톨릭 세력이 이슬람을 몰아내고, 1930년대의 스페인 내전에서는 파시스트 세력(프랑코 총통)과 인민전선 측이 교전을 치르기도 했다. 톨레도는 중세의 흔적 말고도 노아의 후손들에 의해 건설되었다는 전설과 미로처럼 퍼져 있는 2000개가 넘는 골목길이 유명하다.

따호강가의 언덕에 세워진 버스에서 내려, 에스컬레이터를 타고 구시가지의 골목길로 올라섰다. 산토 토메 성당에는 여전히 인파가 밀렸다. 몸이 밀리는 대로 흘러 성당 안에 들어서니 그 유명한 엘 그레꼬의 종교화 〈오르가스(Orgaz) 백작의 매장〉이 시선을 압도한다. 위는 천상의 세계, 아래는 지상의 세계, 중앙은 오르가스의 영혼인데, 엘 그레꼬는 비구상의 큰 문을 연 화가로 중심 이미지만 부각시키는 화법으로 유명하다.

토메 성당을 나와 톨레도 대성당으로 가서 엘 그레꼬의 전시실 사그리스티아(Sacr'sto'a)를 둘러보았다. 거기에 전시된 〈베드로의 눈물〉에서 닭(닭이 울기 전에 3번 부인할 거라는 예수의 말)의 그로테스크한 형상이 내 영혼을 뒤틀었다.

시내 상가와 유서 깊은 알카사르 성을 둘러보고 다시 강가 언덕으로 나와 어스름이 깔리는 평원을 내려다본다. 그 평원 어디쯤에 실제로 세르반테스가 살던 곳이 있을 것이었다.

"선생님의 분신을 찾고 계신 모양인데, 세르반테스보다는 제가 누구인지를 찾는 게 더 보람될 텐데요. 세르반테스는 인간에 불과하잖아요?"

"다혜, 말해 줘. 어떻게 내 일기를 읽었지?"

"또 저를 의심하시는군요. 아직 믿음이 얕아서 그래요. 돈 키호테가 둘씨네아를 섬기듯 무조건 저를 섬기세요. 믿음에서 사실이 싹 트는 법이죠. 그러니 오늘 밤에는 동침하도록 해요. 오만하시긴. 감히 신과의 동침을 거부하다니."

"신이신 것 같아서 동침을 피했던 거야. 내가 지극히 경배할 분을 범하다니. 나는 영생하고 싶거든."

"영생할라니까 신과 동침해야죠."

순간 다혜의 얼굴에 그윽한 미소가 번진다. 함부로 형용할 수 없는 미소다. 그 미소가 두렵다. 금새 폭풍이 몰아칠 것만 같다. 나는 그 두려움을 밀쳐내려고 속으로 연방 "동침해야 돼!"를 외쳤다. 하지만 그날 밤에도 방을 각각 써야 했다. 아름다운 그녀의 몸을 껴안고 싶었지만, 다혜의 몸을 껴안지 않겠다는 그 각오 또한 나름의 열정이 되어 내 육신을 달구었다. 묘한 반역심리였다. 마치 다혜의 몸을 범하면 무슨 지옥에라도 떨어질지 모른다는 아주 원초적인 공포심에 짓눌릴 것만 같았다. 그날 밤 나는 달아오른 내 몸을 식히기 위해 혼자 밖으로 나가 술집을 기웃거려야 했다.

"대단하십니다. 회포는 잘 푸셨나요?"

호텔식으로 아침을 들 때 다혜가 비아냥거렸다. 나는 얼굴이 달아올라 다혜의 얼굴을 똑바로 바라볼 수 없었다. 다혜에게 자존심을 세우려고 몰래 술집을 찾은 그 졸렬한 대책이 오금을 저리게 했다.

"회포라니 무슨 말이야?"

"그렇게 변명하실 줄 알았어요. 창피하실 테니."

"왜 또 시비지?"

"시비가 아니죠. 어젯밤 껴안아주신 여자가 바로 저였거든요. 술이 취하신 데다 방안 전등이 모두 꺼진 상태라 제 얼굴을 못 알아보셨겠죠."

"맘껏 놀려봐. 그래, 술집에 간 건 사실이야. 그러니 그 후의 과정은 얼마든지 엮어낼 수 있는 스토리겠지."

"끝까지 체면을 세우시겠다, 그거군요. 하여튼 방에서 주무셨죠?"

"물론이지. 술집이 아니라 내 호텔방에서 잤지."

"제가 548호실 키를 지니고 있다는 건 모르셨죠?"

"다혜 방은 547호잖아."

"물론이죠. 그래서 살짝 선생님 방에 틈입할 수 있었던 거죠."

"기가 막히는군. 내가 다혜를 껴안고 잤다 그거야?"

"신은 인간의 마음을 읽을 수 있거든요. 저를 껴안고 싶어하시는 그 간절한 마음…."

"신이시여! 인간에게 적선을 베풀어주셔 감사하나이다."

"그렇게 얼렁뚱땅 넘기지 마시고 겸허하게 고마움을 표하세요. 위선자 선생님."

다혜는 내 답변을 피해 과일을 챙기러 자리를 떴다. 나는 조용히 자리에서 일어나 레스토랑을 떠났다. 잠시라도 다혜와 거리를 두고 싶었다. 정말 내가 비열한 사내란 사실을 처음 깨달았다.

"나는 위선자다!"

방문을 닫고 나 자신을 하 비웃었다. 다혜의 육체를 당당하게 탐할 걸. 뒤통수가 간질거렸다. 침대에 벌렁 누웠다. 천장이 빙빙 돌았다. 시간이 흘렀다. 다혜는 나타나지 않는다. 벌써 방에 들었을 테고 내 방에 들어와 수다를 떨 터인데, 아직 조용하다. 그렇게 또 삼십여 분이 지났다. 역시 다혜는 나타나지 않았다. 은근히 불길한 생각이 든다. 문 밖으로 나가 547호실을 노크했다. 조용하다. 문을 밀어보았다. 열려 있었다. 방은 깨끗이 정돈된 상태고 다혜의 짐은 보이지 않았다. 떠났다는 생각이 머리를 스쳤다. 메모는커녕 휴지 조각도 남기지 않은 그 깨끗한 정돈이 칼날 같은 무섬기가 되어 내 육신을 찔러댄다. 그리고 떠났다는 생각이 점점 커다란 바위로 굳어져 내 몸을 짓눌렀다.

꿈은 아니었다. 그녀의 음성이 내 귀에 묻어 있고, 그녀의 얼굴과 몸태가 내 눈에 담겨 있고, 그녀의 향기 또한 내 코에 젖어 있었다. 그녀는 내 육신과 정신을 그녀의 것으로 온통 절여놓은 셈이었다.

그래, 다혜를 신으로 모시자! 신으로 섬김으로써 환희를 맛보자! 다혜를 인간으로 여기면 나는 고통을 지고 살 수밖에 없다. 나는 그녀의 침대 앞에 경건히 무릎을 꿇었다. 어느 새 나는 돈 키호테가 되어가고 있었다.

충남 부여 출생. 「현대문학」 등단. 광주대학교 · 경희대학교 대학원 국문과 졸업(박사수료), 경기대학교 국문과 초빙교수, 디지털서울문화예술대학교 문예창작과 외래교수, 독서신문 논설위원 역임, 현재 잔아문학박물관 관장, 잔아창작아카데미 원장. 저서 : 소설집 「닢 내 각시더」(KBS 단막극), 「아내가 칼을 들었다」, 장편소설 「칼날과 햇살」(동인문학상 심사작품에 선정, 한국문학번역원 지원금으로 일본에서 번역 출간), 「93한국문학작품선」(박완서, 신경숙 등과 출간, 문예진흥원 선정), 「세계문학관 기행」(100여 개국 답사. 서정시학에 3년 연재 후 출간), 「능수엄마」(KBS라디오 일일연속극 방송. 중국 연변대학교에서 출간), 「김용만 소설가의 시읽기」(詩評 〈미네르바〉에 4년 연재. 현대시 출간), 산문집 「가와바타 야스나리의 잠과 내 허튼소리」, 장편「인간의 시간」 상 · 하권, 「미친사랑 4권」(시민의소리 4년 연재 후 출간), 산문집 「수필의 새로운 질서 모색」 외 다수. 경희문학상 · 국제펜문학상 · 불교문학상 · 만우문학상 · 유승규문학상 · 농민문학대상 · 동아시아문학상 외 다수 수상

세 작

박 영 래

막걸리 한 양재기를 단숨에 들이킨 목근은 생마늘을 고추장에 콕 찍어 입에 넣었다. 오물오물 깨물다 한쪽 눈을 찡그렸다. 얼마나 매운지 눈물이 핑 돈다. 빈 양재기를 기철이 앞으로 내밀었다.
"떡판이가 이장에 출마한다는 소문이 있던데 그게 사실인가?"
주전자를 든 기철은 양재기에 술을 따르며 말했다.
"어허! 지 한 몸 고향을 위해 바치겠다고 귀촌한 사람인데 그럴 리가 있나."
목근은 술이 넘치는 양재기를 내려놓더니 눈을 동그랗게 뜨며 목소리를 높였다. 이때 육중한 트럭이 부웅~ 하는 소리에 이들의 대화를 잠시 가렸다. 마을에서 서쪽으로 200여 미터 떨어진 곳에 김제 신태인간 왕복 4차선 고속도로가 남북으로 길게 뚫려있다. 크고 작은 차량이 한 번 지나가면 마을 전체가 소음 공해에서 자유로울 수가 없다.
"진짜로 떡판이가 출마하면 어떡할 건가?"
기철은 지난 해 떡판에게 멱살 잡혔던 일을 생각하며 추궁하듯 말했다. 지금도 그때 일을 생각하면 손발이 덜덜 떨린다. 퇴비가 수북이 담긴 지게를 지고 밭으로 가던 중이었다. 탁! 하는 소리가 나면서 잿가루가 머리 위로 흩어졌다. 누가 돌멩이라도 던졌나? 하면서 지게를 작대기에 받쳐놓고 둘러보니 10여 미터 떨어진 곳에서 떡판이가 괭이자루를 두 손으로 잡고 골프 스윙을 하는 것이었다. 주변엔 감자 무더기가 드문드문 놓여 있었다. 서마지기 정도 되는 밭에서 하지감자를 수확하던 중이었는데, 떡판 마누라도 줄기를 걷어낸 곳에서 감자를 캐고 있었다. 문제는 골프공만한 감자를 앞에 놓고 아이언샷을 하는 것이다. 또 한 개의 감자가 이쪽으로 날아왔지만 비켜갔다. 한때 보릿고개에 하지감자는 주요 식량이었다. 아무리 골프에 미쳤다곤 하지만 먹는 것 가지고 장난치는 걸 차마 눈뜨고 볼 수만은 없었다. 사람이 지나가는 줄 모르고 하는 행위였지만 뭐하는 짓이냐고 호통을 쳤다. 그러나 뭐 하던 말든 무슨 상관이냐며 사과 한마디 없이 계속해서 감자를 허공에 날리자 고성이 오고가다 멱살잡이가 이어졌다. 서너 살 아래로 한참 후배인데 어려서부터 버르장머리가 없더니 환갑을 앞두고서도 여전했다. 희끗한 짧은 머리에 얼굴이 떡판처럼 넙데데하고 레슬링 선수처럼 어깨가 구부정하여 힘깨나 쓰는 건달과 판박이였다.

떡판은 본명이 강덕판으로 수월리에서 내놓은 동네깡패였다. 떡판은 기철이와 동갑인 형도 있는데 웬만큼 나이 차이가 나지 않으면 보통 반말했다. 교도소를 저희 집 측간 드나들 듯한 전과자다. 어디서 무얼 하고 있다가 불쑥 나타나 귀촌을 하더니 이장에 출마한다고? 이게 무슨 자다가 봉창 뜯어먹는 소린가. 그리고 가관인 것은 그가 민주화 유공자가 되었다는 사실이다.

장발단속 때 강제 삭발로 화가 나서 지서장 멱살 잡고 헤딩으로 코뼈를 주저앉혔는데 폭행죄로 잠시 콩밥 먹다 나온 인간이다. 그 자를 잡으려고 경찰들이 마을에 들이닥치자 발칵 뒤집어지지 않았던가. 뒤늦게 안 일이지만 한시적으로 민주화운동심의위원회라는 기구가 발족하여 특별법이 제정되었는데, 그 기간에 전과기록을 떼어다 제출하자 심의결과 민주화운동 유공자가 되었다고 한다. 보상금도 받고 유공자도 되고…. 절묘한 타이밍에 전과자가 민주화 유공자로 둔갑한 것이다. 감방 갔다 오면 벼슬이나 한 것처럼 으스대면서 사회활동 하는 인간이 어디 이 떡판뿐일까.

"처음부터 귀촌한다기에 수상쩍었어. 내가 조 이장을 생각해서 하는 말인데, 진짜로 통수 조심하라고."

목근은 떡판을 못마땅해 하는 기철의 말에 당황했다. 귀촌을 하여 그동안 무탈하게 살고 있는 떡판이다. 힘 좋은 떡판 부부는 일손이 모자라 쩔쩔 매는 집을 찾아가 돕기도 했다. 설마 이장 출마 때문에 귀촌했으랴.

"자네가 잘못 알고 있었던 게야. 그럴 리가 없어."

목근은 트림을 거하게 하더니 남은 막걸리를 죽 들이켰다.

그리고 빈 주전자를 흔들었다. 눈치 빠른 주모가 얼른 달려와 주전자를 갖고 가더니 철철 넘치게 들고 왔다.

"아 거시기, 안주라도 시켜야지 빈속에 술만 마실 거요?"

주모는 눈을 흘기며 큰소리로 말했다. 접시엔 시어빠진 김치 쪼가리와 젓가락질에 부서진 두부가 볼썽사납게 놓여 있다.

"아 그려 그려, 거시기, 안주거리는 도야지 두루치기로 얼른 가져오시오."

주모는 말 떨어지기가 무섭게 한달음에 주방으로 달려갔다. 주모의 눈에는 안주 없이 술 마시는 사람은 꼴도 보기 싫다. 아무렴 술만 팔아서야 어디 돈이 되겠는가.

도심지의 포장마차보다 못한 조그만 술집이다. 날이 춥지도 덥지도 않아 평상에서 술 마시기가 편하여 목근은 기철과 마주앉았다. 기철은 동갑내기로 한 동네에 사는 친한 친구였다. 매사 앞서서 하는 일은 없다. 늘 친구를 앞세워 뒤에서 목소리를 크게 내는 사람이다. 이번 이장 선거도 자신은 출마하지 않으면서 목근을 앞세워 밀어주고 그 뒤에서 떡고물이라도 얻어먹으려는 심산이었다.

이장에 출마하기 위해서는 자금력도 있어야 한다. 목근은 농협에서 1년 거치 3년 상환으로 오백만 원을 대출받았다. 이장후보에 등록하려면 돈이 필요하기 때문이다. 여기다 막상 선거활동이 시작되면 홍보도 해야 한다. 하다못해 동네마다 플랜카드를 걸어놓고 명함도 파야지 가만있으면서 어찌 당선을 바랄 것인가. 그렇게 하다보면 오백만 원도 부족하다. 사실 기철이가 보증을 서 주지 않았더라면 공탁금 마련도 힘들었을 것이다.

그래서 막걸리 한 사발이라도 사려면 벌벌 떠는 것이다. 돈 한 푼이 새롭다. 그렇다고 앞에 앉은 기철이가 선거자금으로 불쑥 내줄 위인도 못된다. 다만 뒤에서 멘토 역할이라도 해주니 다행이지만….

목근은 두 주전자를 비우고 일어났다. 시골에서의 낮술은 힘들게 일한 농부에게 피로회복제 정도로 생각하여 누가 뭐랄 사람은 없다.

벌겋게 달아오른 얼굴로 한참 페달을 밟다가 오줌통이 빵빵하여 길

옆에 자전거를 받쳐놓고 지퍼를 내렸다. 눈앞에 황량한 들판이 드러났다. 곳곳에 파묘한 구덩이와 벌목한 흔적이 남아있다. 없던 물웅덩이도 생기고 주변에 잡풀이 우거져 있다. 창고와 숙소로 사용하던 가건물 주변에는 녹슨 연장이 널브러져 있다.

(죽일놈들!)

벌목하기 전에는 숲이 무성하여 철새는 물론 각종 동식물의 낙원이었다. 그러나 지금은 철새도 노루도 그 많던 도토리나무와 상수리나무도 전혀 보이지 않는다. 귀한 잣나무도 사라졌으니 청설모나 다람쥐 같은 작은 동물이 있을 턱이 없다.

아카시아 꽃에서 달콤한 향기가 흘러나오고 있다. 생존력이 강한 아카시아 한 그루가 함박눈을 맞은 것처럼 꽃을 무성하게 피우고 있었다. 질편하게 오줌을 내질렀다. 거품이 부글부글하더니 지독한 암모니아가 향기롭던 아카시아 향과 뒤섞여 묘한 냄새로 번져왔다. 냄새를 피하려 고개를 돌렸다. 7층 높이의 망루가 우뚝 서 있는 것이 보인다. 태풍이 불어도 끄떡없게끔 고정 설치한 망루다. 꼭대기엔 두 명이 앉아 있을만한 공간에 바람막이로 둘러쳐진 비닐이 너덜거리고 있다. 망루 중간쯤에 지그재그로 고정된 쇠파이프 위로 새 둥지가 있다. 쇠파이프 고정 이음새 부분에 교묘하게 둥지를 틀어놓았다.

철새가 오다가다 잠시 머물렀던 둥지임에 틀림없다. 초등학교 다닐 때 산이나 들에서 새 둥지를 발견하면 알을 꺼내와 조선파 잎에 깨서 넣고 아궁이 앞에 앉아 짚불에 구워먹기도 했다. 꿩알을 발견하면 대박이다. 구렁이알도 없어서 못 먹던 시절이었다.

"어?"

돌아서려는데 골프장 부지 내 가건물에서 나오는 사람이 있었다. 분명 떡판이다. 떡판은 주변을 둘러보고 있다. 가건물엔 무엇 하러 들어갔을까? 미심쩍은 생각이 들었다. 혹시 숨겨 둔 보물이라도 찾는 건가? 얼마 전 김제 금구의 마늘밭에서 오만 원 권 지폐 수백억 원이 나오자 세상을 깜짝 놀라게 한 일이 있었다. 목근은 상상력이 지나쳤는지 고개를 저으며 트림을 거하게 했다.

사실 떡판이 귀촌하도록 중간에서 다리 역할해 준 것은 목근이었다.

작년 정월 보름쯤으로 기억된다. 그가 뇌물사건으로 유명한 음료수 박스를 손에 들고 찾아왔다. 그리고 방에 들어오자마자 목근에게 큰 절을 올리는 것이었다. 화들짝 놀란 목근은 얼결에 절은 받았지만 귀촌에 관련된 청탁을 할 줄은 미처 몰랐다. 마침 마을의 정보를 훤히 꿰뚫고 있던 목근은 빈집이 있어서 소개해줬다. 잔둥에 있는 서마지기 밭과 텃밭이 딸린 허름한 집이었다. 몇 해 전 집 주인은 미국 딸네 집에 가면서 이장인 목근에게 맡겨놓고 갔는데, 그동안 관리를 하지 않아 집 주변에 풀이 무성했다.

  주택은 사람이 살지 않으면 금방 망가지면서 흉가로 변한다. 그래서 떡판에게 관리 차원에서 무상임대로 내주었다. 원래 시골에서 살았던 떡판 부부라 도시에서의 삶에 염증이 나서 귀촌을 결정했겠지 라는 것 외엔 별다른 생각을 하지 않았다. 동네 사람들은 다른 사람도 아닌 생뚱맞게 귀촌한 떡판을 보고 석 달을 넘기면 손에 장을 지진다고 내기를 했다. 그런데 1년을 훌쩍 넘겨 살고 있는 것이다.

  요즘은 주말부부처럼 떡판 마누라가 평일에는 안산에 가 있다가 주말에만 돌아온다. 안산엔 원래 살던 집이 있는데 거기에 직장과 학교에 다니는 애들이 있기 때문이다. 떡판도 할 일 없을 땐 며칠씩 집을 비우기도 했다. 하긴 주말농장용 밖에 안 되는 서마지기 밭에 달랑 감자만 심어 어찌 귀촌이라고 할 수 있겠는가. 그걸로 생활이 안 되니 안산에서 다른 일을 하고 있는지도 모른다.

  지방자치제의 존폐 여부가 격론 끝에 소규모 마을 통합으로 통과되었다. 그간 지방자치제를 시행하면서 많은 문제점이 도출되자 일부 단체에서 기초의회 폐지를 들고 나왔지만 정치권에서는 통합으로 유지했다. 기초의회 폐지는 풀뿌리 민주주의를 훼손하는 것이라는 허울 좋은 명분 때문이었다. 따라서 인구가 적은 2~3개의 면사무소와 동사무소를 각각 하나로 묶기로 했다.

  먼저 면단위를 개혁 대상으로 하고 인구 1천명 이하의 면 24개와 2천명 이하 248개 면을 통합대상으로 묶었다. 이러다보니 소규모 농어촌 마을도 통합 대열에서 빠질 수가 없다. 3개리 이상 합쳐서 120여 가구면 통합하고 직선제로 이장을 뽑는다. 한때 잘 나가던 농촌 마을이었건만 줄어드는 가구 수를 막을 길이 없어 통합이 대세를 이뤘다.

통합 이장은 명예직이지만 공무에 따른 활동비를 지급하여 전직 군수나 면장들도 눈독을 들이고 있다. 특히 경남 어느 이장 출신은 도지사와 장관까지 지냈고 또 대통령 후보에까지 오르다보니 정치 지망생들은 당연히 군침을 삼키고 있는 자리였다. 때문에 전국적으로 통합마을 선거에서 과열양상을 띠고 있었다.

다음날, 목근은 자전거로 수월리 사무실을 향해 페달을 돌렸다. 자전거는 그에게 둘도 없는 자가용인 셈이다. 그간 이장직을 수행하면서 자전거로 시군 면사무소를 오가며 행정업무를 보아왔다. 서울에서 사업을 하고 있는 둘째 아들이 소형 승용차를 한 대 사준다고 했는데 마다하고 오로지 자전거를 이용했다. 자동차에서 내뿜는 매연으로 환경에 피해를 준다는 것이 이유였다. 화가 난 마누라는 '어이구 답답혀. 어이구 답답혀' 하며 가슴을 쳤다.

리 사무실은 그가 4년 동안 동네일을 하면서 사용했던 공동건물이다. 아래층은 노인정으로 사용하고 있고 2층을 사무실로 사용하고 있다. 여기에 선거관리위원회 임시사무실로 정하고 관련자들이 각 책상 앞에 앉아서 업무를 보고 있다. 그들은 우측 팔에 '공명선거'라는 검정 글씨가 새겨진 흰색 완장을 차고 있다.

오늘부터 선거가 끝나는 날까지 혹 있을지도 모르는 부정선거를 감시하고 투개표에 이르기까지 관장하는 공무원이다. 지금까지 통합이장 후보자 명부에 등록된 사람은 3명이나 된다. 앞으로 얼마나 더 등록하게 될지 모르지만 마감시간까지 5명 이내로 내다보았다. 여기에 출마한 사람은 정부 지원금 없이 자비로 선거를 치러야 한다. 정당의 간섭을 받지 않는다는 취지로 개선된 선거규정에 따른 것이다.

통합마을 대상 가운데 가구 수를 보면 수월리가 50가구로 가장 많고, 신기리 40가구, 덕산리 30가구로 3개리를 합하여 모두 120가구다. 여기서 통합 리 명칭은 가구 수가 가장 많은 수월리로 하되 통합을 상징하는 '통'자를 넣어 '통수리'로 정했다. 즉 이번 선거는 3개리를 통합한 통수리 이장을 뽑는 첫 선거라 그 의미가 크다 하겠다.

우려했던 대로 떡판이가 마지막으로 등록하여 총 4명의 후보가 선관위에 접수됐다. 공탁금이 300만원이나 되는데도 4:1의 경쟁률을 보였다. 마감 후에 제비뽑기로 기호 순번을 정했다. 제비뽑기도 누가 먼저 하느냐를 결정해야 하기 때문에 '사다리 타기'라는 선거 초유의 방법을 썼다. '사다리 타기'에서 순번을 정한 다음 제비뽑기를 했기 때문에 후보자 번호 부여는 매우 공정했다.

이 모습을 지방신문 기자가 취재하여 기사화하기도 했다. 운 좋게도 목근이 1번에 뽑혔다. 그리고 전직 면장과 지서장은 2, 3번으로 강덕판은 4번으로 뒤를 이었다. 기철의 말대로 떡판은 이장에 출사표를 던졌다. 이렇게 되면 수월리에서 떡판이가 표를 일부 잠식하게 되어 당선을 장담할 수가 없다. 기가 막힐 일이었다.

숨 가쁘게 선거운동을 하다 보니 시간 가는 줄 모르겠다. 명함 돌리는 데도 격이 있어 빈 집에 아무렇게나 던져놓고 나올 수가 없다. 직접 만나 눈도장을 찍고 예를 갖춰 명함을 전달해야 하기 때문에 먼 논밭으로 다니는 수고를 해야 했다.

목근은 선거운동 기간 30일 중 15일은 발품을 팔아 열심히 뛰었다. 그러나 여론의 추이를 보니 신기리나 덕산리 출신의 후보에게 밀리고 있었다. 갓 정년을 마친 면장과 지서장의 경력이 이장 출신이고 나이 많은 목근보다 더 많은 지지를 얻고 있는 것이었다. 전과자인 떡판조차 그의 뒤를 바짝 추격하고 있었다.

고심 끝에 초대 통합이장만큼은 타 동네 후보에게 내줄 수 없다며 떡판에게 양보를 요구했다. 떡판과 딜을 하면 어느 정도 가능성이 있어 보였기 때문이다. 그가 이장이 된다면 명예직인 '고문' 자리를 만들어 준다고 하였다. 그러자 떡판은 '고문'이라는 말에 화들짝 놀라며 거세게 손사래 쳤다. 그러다가 떡판은 목근의 제의에 엉뚱한 조건을 제시했다. 고문 자리 말고 실무를 할 수 있는 부이장 자리를 달라는 것이었다. 떡판이 부이장 자리에 연연하는 친구는 아닐 텐데 그보다 더 상위직인 고문 자리를 싫다하니 이상하다 생각한 그는 잠시 생각에 잠겼다. 시골에서야 부이장 자리라도 가문을 빛낼 직함일진 몰라도 도심지에서 물먹다 온 떡판의 입장에서 본다면 별 볼일 없는 자리일 텐데 이해가 가지 않았다.

　멘토인 기철에게 부이장 자리를 주기로 한 약속을 저버릴 수는 없었다. 그것만은 안 된다고 했다. 그러자 떡판은 본인도 끝까지 완주하겠다고 한다. 그렇게 되면 가장 유력한 신기리 후보가 당선된다. 생각다 못해 부이장 자리를 한 자리 더 늘리기로 하였다.

　부이장 자리는 조례에서 정해진 것도 아니지만 이장 권한으로 두 개 세 개 더 늘려도 법에 저촉되지 않고 절차를 밟아 정하는 등 골치 아플 일은 없었다.

　떡판은 출마를 포기하고 1번 조목근 후보를 지지하기로 공표하였다. 공탁금 300만원이 날아갔지만 그는 아무렇지도 않은 듯 조목근 후보의 선거캠프에 합류하여 위원장을 맡았다. 뜬금없는 목근의 조치에 치를 떤 기철은 눈을 부라리며 잘해 보라는 말을 남기고 돌아섰다. 면장과 지서장 출신 후보는 목근과 떡판의 단일화로 상도덕에도 없는 위반이라며 비난하고 나섰다.

　예상했던 대로 목근은 통합 이장으로 당선되었다. 민주화 유공자인 떡판의 지원이 큰 힘을 발휘했다. 딜이라는 수를 쓴 것이 주효했다. 거물급 면장이나 지서장 출신을 많은 표 차이로 누르고 당선된 것이다. 주민들은 떡판의 폭력 사기 전과에 대해서는 전혀 신경도 쓰지 않았다. 민주투사와 뚝심 있는 인물로만 기억될 뿐이었다. 왜 떡판이 그토록 '고문'이라는 말에 놀라면서 손사래 쳤는지 이제야 알 것 같았다. 그는 빵에 수도 없이 들락날락 했던 전과자다. 심지어 5공 때도 시국사범으로 몰려 물고문까지 받다가 실신한 전력이 있다. 그래서 '고문'이라면 자다가도 벌떡 일어날 만큼 평생 트라우마로 작용했을 것이다. 아무튼 목근은 당선은 되었지만 절친했던 기철이가 곁을 떠나자 한쪽 팔이 잘려나간 것만큼이나 마음이 아팠다.

　목근은 통수리 사무실로 향했다. 오늘만큼은 누런 잠바떼기를 벗어 던지고 정장차림으로 나섰다. 통수리 이장으로 첫 출근하는 날이었다.
　통수리 사무실 입구에는 10여 개의 당선축하 화환이 놓여 있었다.

각 정당이나 기관장들로부터 보내온 화환이 대부분이다. 이중에 시선을 끈 화환이 있다. 골프초원(주) 회장 명의로 된 화환이다. 다른 화환에 비해 유난히 커 보였다.
(골프초원???)
순간 가슴이 철렁 내려앉는 것 같았다.
(어떻게 알고 보냈을까? 으음~ 조짐이 안 좋아…)
영 불길했다. 못 볼 걸 본 것 같아 마음이 개운치 않았다. 문턱을 넘는 순간 분위기가 심상치 않음을 느꼈다. 숨죽인 듯 너무도 조용하기 때문이다. 사무실에 얼굴을 드러내자마자 뜻밖에도 박수 소리가 요란했다. 지금까지 목근이 당선되기까지 서로가 격려하고 의리를 목숨처럼 여기던 사람들의 축하인사였다. 이상한 것은 한 번도 보지 못한 정장차림의 젊은 사람도 여럿 있었다.
"이~장! 이~장! 이~장!"
떡판과 측근이 손뼉에 맞춰 구호를 외치자 사무실은 축제분위기였다. 테이블엔 샴페인과 맥주 소주 막걸리는 물론 음료수인 사이다 콜라가 있고, 종이컵과 마른안주가 담긴 1회용 접시가 놓여 있었다.
"자 자 자, 모두들 잔에 술을 가득 따르시오."
그가 상기된 얼굴로 헤드테이블에 자리 잡자 떡판은 거품이 흐르는 샴페인을 종이컵에 따르며 말했다. 테이블 주변에 있던 사람들은 각자의 종이컵에 술과 음료수를 따랐다.
"오늘의 이 영광이 있기까지는 여러분과 조목근 이장님의 열정이 있었기에 가능했습니다. 제가 선창으로 '이장님 만세! 통수리 만세!' 하면 여러분은 다 같이 '위하여!'를 큰 소리로 외쳐주시기 바랍니다."
떡판은 덩치도 크지만 목소리도 겁나게 컸다.
"이장님 만세! 통수리 만세!"
"위하여!"
"다음은 신임 이장님의 취임사가 있겠습니다" 라는 예정에 없던 말을 하여 당황한 목근은 "에~ 에~ 통수리 발전을 위해서 임기 동안 이 한 몸 아낌없이 바치겠습니다"로 취임사를 마무리했다. 이럴 줄 알았더라면 좀 더 근사한 원고를 준비해올 걸 하고 생각하니 개운치 않은 느낌이었다.

목근은 한동안 구름 위에 붕 떠 있었다. 이장업무를 4년간이나 해본 경험이 있지만 이런 대우는 처음 있는 일이었다. 조금 전 골프초원 화환으로 불길했던 생각은 곧 사라졌다.

책상 정중앙에 부착된 명패가 예사롭지 않게 보였다. 명패엔 〈통수리 이장 조목근〉이라 새겨져 있고, 이름 좌우에 황금색 용 두 마리가 감싸고 있다. 자개를 박은 고급명패는 떡판이 사비를 들여 서울에서 제작하여 증정한 것이다.

면장이 보내온 고급 풍란화분도 놓여 있었다.

부이장 자리는 문을 열고 들어오면 바로 보이는 곳에 배치되어 있고, 이장과 부이장 사이에 검은 소파가 놓여 있다. 모든 집기류는 새 걸로 교체되었다.

통합되기 전 초라한 사무실에 비하면 통합 후 사무실은 훨씬 더 고급스럽고 세련되어 보였다. 다만 문제가 되는 것은 컴퓨터는 있지만 인터넷을 사용할 줄 모른다는 것이다. 통합하면서 면사무소와 리 사무실에 통신망이 구축되어 있어 모든 행정업무를 컴퓨터로 처리해야 했다. 물론 원본을 우편으로 보내야 하지만 급한 용무는 이메일로 선 처리했다. 옛날 같으면 자전거 타고 한두 시간 걸려 문서를 전해 주고 왔지만 지금은 몇 분 이내로 행정업무 처리가 가능해져서 조 이장은 놀라지 않을 수 없었다.

떡판은 컴퓨터 박사였다. 그가 보기엔 그렇다. 이메일로 공문을 받거나 보내주는 것은 눈 감고도 했다. 남는 시간은 인터넷 화투를 치거나 골프 게임을 하기도 했다.

어느 땐 한가하게 인터넷 바둑도 두었다. 컴맹이다 보니 조 이장으로서는 떡판이 수족이나 다름없었다. 요즘은 통수리 주민 명부를 장부에서 컴퓨터 파일로 전환하여 컴퓨터 앞에만 서면 주눅이 들었다. 3개의 마을을 통합하여 이장의 업무도 배 이상 늘어나는 것으로 생각했지만 모든 게 컴퓨터의 프로그램에 다 들어 있어 옛날 수작업 하던 때와는 달리 시간이 훨씬 단축되었다.

건달로만 생각했던 떡판이 이런 재능이 있었다니… 이장은 전답이 다섯 필지나 되고 비닐하우스를 관리하는 등 한가하게 컴퓨터를 배우거나 사무실을 지킬 수만은 없었다. 떡판을 부이장으로 앉혀놓은 걸 참 다행으로 여겼다. 고집통이 기철이었다면 같은 컴맹이라 아무 도움도 못줬을 것이다.

떡판은 그에게 조폭계의 보스 대하듯 깍듯이 예를 갖춰주었다. 물론 동네 사람들에게도 공손하게 대했다. 동네 사람들은 골칫덩이 떡판이가 어찌 저렇게 달라질 수 있느냐며 귀신이 곡할 노릇이라고 했다. 귀촌을 받아준 보은 차원에서 그럴 거라는 사람도 있고 깡패들은 본래 의리 빼면 시체라며 떡판의 굳은 심지를 대변해 주는 사람도 있었다.

분명 귀촌할 때 이장이 목적이 아니었다는 걸 양보로서 확인시켜 준 떡판이었다. 마을을 위해서 헌신하겠다는 의지가 아니라면 어찌 공탁금을 쉽게 버렸겠는가. 불신은 이내 사라지고 떡판에 대한 신뢰가 더욱 깊어져갔다.

자체적으로 만든 조직편제라 법적인 책임은 없지만 부이장이 통합 이장 아래에 있다는 데에 목근은 자부심을 가졌다. 예전 수월리 이장 때 땀을 뻘뻘 흘리면서 자전거로 시골길을 돌아 다니던 이장에서 신분 상승을 느꼈다. 약간 모자란 듯 허풍스런 듯 목근은 순풍에 돛을 단 배의 선장처럼 순탄한 세월을 보내고 있었다.

어느 날 비까번쩍하는 승용차를 타고 낯선 사람이 찾아왔다. 떡판이 얼른 현관에 내려가 정장 차림에 선그라스 쓴 사람에게 45도로 절을 하였다. 그는 떡판의 어깨를 두드려주면서 무슨 말인가 했다. 보스라도 되는가? 과거 주먹질하며 깡패 뒤꽁무니 따라다니던 떡판이기에 문득 그런 생각이 들었다.

"이장님이세요."

떡판은 두 명 중 한 명을 조 이장에게 안내했다.

"골프초원 백 상무라고 합니다. 잘 부탁합니다."

그는 정중하게 고개를 숙였다.

(골프초원?)

차갑게 보이는 선그라스에 위압감을 느꼈지만 그가 내민 손은 따뜻했다. 소파에 앉자마자 사내는 윗주머니에서 명함 한 장을 꺼냈다.

명함엔 '골프초원(주) 상무 백구라' 라고 새겨 있었다. 백구라? 이름도 참… 예전의 골프초원 임원은 아닌 듯싶었다.

그런데 골프초원에서 무슨 일로 찾아왔을까?

목근은 그동안 중단됐던 골프장을 재추진한다는 설명을 듣고 경악했다. 악몽이 떠오르는 것 같았다. '어노~ 저노~ 어혀디혀 상사디야' 하는 상여소리가 그의 뇌를 쥐어짜는 듯했다. 한동안 사람들의 뇌리에서 잊혀져가는 듯싶었는데 골프장 추진이라니 그럴 수는 없다며 강하게 손사래 쳤다.

통수리의 발전을 위해서 하는 일이니 적극 도와달라고 한다. 언제까지 통수리가 앞뒤로 이렇게 꽉 막혀 살아야 되느냐며 고양이가 쥐 생각하듯 말했다. 골프장이 들어서야 IC가 들어서게 되고 고속도로 진입이 용이해져 서울 접근성이 뛰어나 1일 생활권이 된다는 명분을 내세운다. 무엇보다 중요한 것은 주민의 복지다.

복지엔 체력증진도 포함되어 있다. 이번 골프장 건설은 18홀 퍼블릭(비회원제)으로 통수리 주민들도 이용할 수 있고, 수도권에서 골퍼들이 서해안 고속도로를 타고와 라운딩하는 데는 최적일 뿐 아니라, 그들이 뿌리고 간 돈만 해도 마을 발전에 크게 도움이 된다고 했다.

골프초원과 통합 전 수월리와의 불편한 관계는 오래 전부터 있었다. 10여 년 전 국유지인 수월리 야산 20만평을 헐값에 매입하여 골프장을 추진했지만, 전문 시위꾼과 수월리 주민의 반대로 골프장 건설이 중단되었다. 부지는 대평원이 한 눈에 들어오는 위치여서 골프장으로서는 최적지였다.

대평원은 일제 강점기 때 간척지를 조성하여 만든 어마어마한 논이 펼쳐져 있는데 가뭄을 대비하여 군데군데 파놓은 둠벙이 있다. 석양에 번득이는 수면을 바라보노라면 마치 꿈을 꾸고 있는 듯하다. 저녁놀은 환상 그 자체다. 여름이면 초록이 펼쳐지고 가을이면 누렇게 익어가는 황금벌판이 장관이라 그냥 묵혀 두기엔 아까운 부지였다.

그렇지만 농사꾼은 골프장에서 유해물질이 논밭으로 흘러든다는 이유로 결사반대했다.

소송에서 '주민동의 없는 골프장 건설은 무효'라는 법원 판결로 그동안 망루에서 시위하던 환경단체 회원들은 만세를 부르고 모두 철수하여 제주도 강정마을로 갔다. 그리고 그들은 해군기지 반대 대열에 합류했다. 그들이 머물렀던 텐트는 모두 거둬 트럭에 싣고 갔지만 망루는 아직도 뼈대만 그대로 남아 있었다. 시위꾼에게는 최후의 보루인 망루 꼭대기에 있던 둥지는 그동안 비바람에 찢겨지고 떨어져 앙상한 철골과 함께 볼썽사납게 되었다. 망루 소유권이 시위꾼에게 있는 만큼 함부로 철거도 하지 못했다.

백구라 상무의 집요한 설득이 이어졌다. 골프초원의 정면 돌파에 맞서 싸울 힘도 없었다. 통수리에 골프장이 들어선다 해서 농촌에 피해를 입힌다는 것보다는 마을의 발전이라는 명분을 무시할 수는 없었다. 마침 선동세력이 모두 제주 강정마을로 갔기에 망정이지 체류하고 있었으면 어림도 없는 일이었다. 아니 지금이라도 이 소식이 전해진다면 다음 투쟁 장소를 물색하고 있을 그들이 당장이라도 이곳으로 달려 올지도 모른다.

지금까지 침묵 모드로 있던 떡판이 갑자기 백구라 상무의 멱살을 움켜잡으며 고함을 쳤다.

"이 양반아! 안 된다면 안 되는 줄 알지 뭔 말이 많아? 뒈지고 싶어 환장했어?"

곁에 있던 조 이장이 화들짝 놀랐다.

"어허~ 부이장! 왜 이러나. 좀 참게."

조 이장이 떡판의 팔을 붙잡고 뜯어말렸다. 떡판의 손아귀 힘이 얼마나 센지 백구라 상무를 메다꽂을 것 같은 기세였다. 백구라 상무의 얼굴이 붉으락푸르락했다.

"당신들 이렇게 비협조적으로 나오면 나중에 반드시 후회할 거요!"

설득에 실패한 백구라 상무가 찬바람을 일으키며 사무실을 빠져나갔다.

골프초원 상무의 갑작스런 방문에 혼절하다시피 한 조 이장은 한편으론 떡판이 곁에 있어 든든했다. 아무리 마을의 발전이 중요하다지만, 환경 파괴만큼은 절대로 용서 못할 일이라는 것에는 변함이 없는 조 이장이었다.

 그런데 백구라 상무는 돌아갔지만 골프초원에서 나온 영업부 일부 직원은 팸플릿과 동의서를 들고 가가호호 방문하며 서명을 받고 있었다. 조 이장은 그들을 강제로 쫓아낼 수는 없었다. 속은 탔지만 무엇보다 주민을 믿었다. 그러나 젊은 직원의 홍보에 적극 반대에 섰던 주민은 하나 둘 골프장 건설에 찬성하는 쪽으로 기울고 있었다.

 골프를 좀 아는 전직 지서장과 면장은 골프장 건설에 더욱 긍정적으로 받아들였다. 그들은 가끔씩 옛 미군부대 자리였던 황산 골프장으로 라운딩 하러 가곤 했었다.

 통수리에 골프장이 들어서면 기름 뿌려가면서 애써 그 먼 곳까지 갈 필요는 없다. 골프는 중독성이 매우 강한 스포츠다. 모 국무총리는 골프 때문에 옷 벗은 일도 있었잖은가.

 통합되기 전 신기리와 덕산리 주민 역시 골프장 설치 반대에 소극적이었다. 골프장이 들어서면서 환경오염으로 피해를 보는 주민은 저지대에 대부분 농지를 소유하고 있는 수월리 주민들 뿐 골프장이 아니더라도 그동안 농경지를 가로지르는 고속도로와 관련하여 몹시 지쳐 있었다. 한 주민은 서명을 요구하자 작업하던 삽을 들고 달려들어 골프초원 직원이 혼비백산 도망치기도 했다. 쉬운 듯 어려운 듯 시간이 갈수록 찬성과 반대가 팽팽한 줄다리기로 이어지고 있었다.

 매미울음소리가 기승을 부리는 어느 날 주민 너댓 명이 사무실로 찾아왔다. 그 중엔 기철이도 있었다. 장화에 진흙이 묻어 마르지 않은 걸 보니 가까운 논에서 일하다 온 것 같다. 밀짚모자를 눌러 썼지만 햇볕에 노출된 목 부분은 불에 댄 것처럼 벌겋다. 이장 선거 후 좀처럼 사무실에 얼굴을 내밀지 않던 그였다.

 "조 이장! 이거 어떡할 거야?"

 사무실엔 조금 전 피사리하고 온 조 이장이 장화를 벗어놓은 채 소파에서 잠시 휴식을 취하고 있는 중이었다.

 그들의 손에는 편지봉투가 각기 들려 있었다.

 비로소 무슨 큰 사단이라도 난 게 틀림없다는 생각이 들었다.

"무슨 일인데 그래?"

조 이장은 표정이 굳어지며 말했다.

"당신 대체 뭐하는 사람인데 이런 거 하나 막지 못해?"

통합 전 신기리와 덕산리 주민은 험상궂은 얼굴로 봉투를 내던졌다. 골프초원에서 내용증명으로 보내온 공문이었다. 통수리 주민 동의로 그동안 중단됐던 골프장 건설을 재추진한다는 내용과 적법한 절차를 밟아 추진하는 건설공사에 또다시 방해를 하면 그동안 회사에 끼쳤던 손해배상금 전액을 물릴 방침이라는 청천벽력 같은 내용이었다. 법원의 판결문 사본도 같이 첨부되어 있었다.

성난 그들은 명패를 집어던지고 화분을 내던지는 등 한동안 험악한 분위기로 이어갔다.

"난, 동의서에 도장을 찍어 준 일이 없는데 이게 왜 나한테 날라 오느냐고?"

그들 중 한 사람이 봉투를 조 이장 코앞에 들이대며 따져 물었다.

"난 모르는 일인데 그걸 왜?"

조 이장은 아직 공문을 받지 못했다. 지금 배달과정에 있는 모양이다. 공문을 보내온 걸 보면 이미 결론이 난 게 틀림없다는 생각이 들었다. 골프장은 공익시설로 지정되어 있고 전체 주민 중 80%만 동의해 주면 골프장 짓는데 법적으론 아무 문제가 없다는 규정이 있다. 수월리가 통수리로 통합 전에는 골프장 건설에 따른 주민동의에 실패했었다. 그러나 신기리와 덕산리 두 개의 마을이 수월리에 합쳐지면서 생각지도 못했던 일이 벌어진 것이다. 골프장 건설에 적극 반대한 일부 주민을 제외하면 그만큼 찬성하는 쪽이 많아진다는 계산이 나온다. 아무리 그래도 그렇지 그동안 찬성과 반대가 팽팽히 맞섰기 때문에 50대 50이라면 모를까 찬성 80%에는 절대로 미치지 못할 거라는 생각에는 변함이 없었다.

"조 이장! 이번 일 떡판이 일등공신이라던데? 내가 그랬잖아. 떡판을 절대로 믿지 말라고! 이거 어떡할 거야?"

기철은 분이 풀리지 않는지 주먹으로 책상을 쳤다. 전에 골프장 조성 반대에 힘을 합쳐 끝내 물리쳤던 절친한 친구다. 골프장 기공식 날

기철은 등에 앰프를 짊어지고 손에 스피커를 든 채 숲에 들어가 상엿소리를 내보내 파행을 일으킨 일도 있었다. 상엿소리는 시내에서 민속테이프를 구해서 사용했다.

진행자가 그를 잡으러 숲에 들어갔지만 다람쥐처럼 이리저리 피하는 바람에 행사 내내 상엿소리에 곤욕을 치러야만 했다. 벌목을 하는 동안에는 용달차에 스피커를 달아 주변을 돌며 상엿소리를 내보냈다. 특히 야간에 가건물 근처를 돌며 스피커 볼륨을 크게 하자 투숙하던 인부가 미칠 것 같다며 일을 포기하고 떠나거나 일부는 정신병원에 입원도 했다. 이 바람에 기철은 업체로부터 업무방해로 고소를 당하여 벌금 100만원을 물고 풀려났다.

기철은 이대로는 절대로 물러서지 않겠다며 삿대질 한 후 다른 주민과 함께 사무실을 빠져나갔다.

조 이장은 정신 줄을 놓은 채 난장판인 사무실에 우두커니 앉아 있었다. 인장을 신주단지보다 더 중하게 여기거나 서류에 서명하는 것을 겁내는 주민이 대부분이다. 고속도로가 생기면서 논밭이 두 동강으로 갈려지는 쓰라린 경험도 맛보았다. 말이 좋아 골프가 체력단련을 위한 복지지 그린피에 드는 비용을 생각하면 만석꾼이나 해당이 될까 가난한 농사꾼에겐 그림의 떡에 불과하다. 그리고 소는 언제 키우란 말인가?

(설마 떡판이 이 친구가?)

그동안 농사일에 신경이 쓰이다보니 모든 행정업무를 떡판에게 일임 하다시피 했다.

떡판의 자리에 앉아 서랍을 열고 있는데 전화벨 소리가 요란하게 울린다. 통합 이장에 취임 후 좀처럼 전화를 이용해보지 않던 조 이장이었다. 이 전화가 업무용으로 설치한 것이긴 하지만 거의 떡판이 사용하고 있었다. 멈칫하던 그가 수화기를 들었다.

"강덕판씨! 그간 귀촌생활 하느라 고생 많았소. 회장님께서 약속대로 스크린골프장 창업비 지원을 승인하셨소. 얼른 정리하고 올라오시오."

(…헉!)

수화기를 든 손이 부들부들 떨렸다. 상대방은 백구라 상무였던 것이다.

"…그리고 오늘부로 그곳 골프장 공사 재개할 거요. 강덕판 씨? 내 말 안 들려요…?"

가까스로 정신을 차려 서랍 안을 들여다보았다. 안엔 통합하면서 인수한 3개리의 주민 명부가 있고 옆에는 주민들 것으로 보이는 막도장 20여 개가 놓여 있다. 사용하다만 동의서 서식도 여러 장 들어 있었다.

(대체 이놈이 무슨 짓을 한 거야?)

패닉 상태에 빠진 조 이장은 두 손으로 머리를 감쌌다. 탱크 구르는 소리가 났다. 환청인가? 양쪽 귀를 탁탁 쳤다. 그래도 건물이 흔들리며 유리창이 부르르 떨리자 창밖을 내다보았다. 다리를 꺾은 꽃게다리 모양의 빨간 굴삭기가 골프장 부지를 향하여 가고 있다.

그 뒤로 각종 장비를 실은 대형트럭 여러 대가 굉음을 내면서 따르고 있었다.

▪ 「삶터문학」 장편소설 〈오작교〉 등단, 경기도문학상 수상, 한국소설가협회 윤리위원, 한국문인협회 감사, 한국문인협회 경기도지회 소설분과 회장, 저서 : 「곧은골 연가」, 「여걸」, 「어게인미팅」, 「어탁」 등 다수

일몰의 파동

손 정 모

　연거푸 비수 같은 냉기로 머리카락 바깥까지 분출되었던 악몽 탓이리라. 새벽에 풋잠에서 깨어나 베란다 창문을 열고 멍든 하늘을 올려다본다. 바깥 공기가 실내로 왈칵 밀려들며 냉기를 마구 쏟아낸다. 시린 눈발처럼 뒤엉킨 별들이 나를 사방에서 싸늘하게 노려본다.
　'아버지에 대한 꿈만 꾸면 왜 풋잠에서조차 깨어날 정도일까? 한 번이라도 다정하고 따스한 인상을 느꼈던 적이 있었던가?
　차가운 공기가 연거푸 살갗에 날카롭게 휘감겨 들기에 창문을 닫는다. 그러고는 침상에 올라 잠든 아내를 흘깃 바라본 뒤다. 나는 이불을 얼굴까지 둘러쓰고는 이내 수마에 휩쓸려 든다.

　내게 도달된 편지를 확인한 것은 이틀 전이었다. 시골 종중으로부터 우송된 편지였다. 신설 국도(國道)가 들어서면서 종중산의 일부가 국가에 매각되었다. 그 바람에 종중산 일대의 나의 생가(生家)마저도 팔렸다. 생가 뒤엔 높다란 계곡이 발달되어 있었다. 계곡의 북쪽 가파른 벼랑에는 인공으로 판 동굴이 있었다. 6·25사변 때 아버지가 방공호로 팠던 곳이었다. 종중의 회장이 동굴에 간직된 물품을 정리해 달라고 요청하는 통보였다. 물품 정리가 끝나는 대로 건설공사가 시작될 거라고 했다. 미루어서는 안 될 일이었다.

　오늘인 토요일 새벽 4시에 서울을 출발했다. 조수석엔 아내를 태워 오랜 만에 귀향길에 올랐다. 새벽 시간이라 차를 달리자마자 아내는 금세 잠이 들었다. 차는 서해안 고속도로에 들어서자마자 청량한 엔진음을 토해 내며 달린다. 43살이란 내 나이에 실린 생동감이 차체에 실리는 듯하다. 운전대를 잡은 내 머릿속으로 과거의 상념들이 구름장처럼 흩날린다.

숱한 세월이 흘렀지만 내게 무척 버거웠던 단어가 있다. 아버지, 아버지란 낱말이다. 세월이 무척 흐른 근래에까지도 내 마음을 짓눌러 온 말이다. 아버지, 아버지.

내가 초등학교 3학년 학생일 때의 가을철이었다. 들녘에는 벼가 익어 온통 눈부신 황금물결로 마냥 출렁거렸다. 그날 방천의 농막(農幕)에는 나 혼자밖에는 아무도 없었다. 농막은 원두막 모양의 가건물로 가을 햇살을 가리는 용도로 세워졌다. 마을 친구들인 인수와 태준은 인근의 범골 친구들한테 놀러간 모양이다. 개천의 일부를 막아 물고기를 잡기로 약속했다는 걸 나도 알았다. 사실은 나도 그들과 어울려 물고기를 잡고 싶다. 하지만 나는 아버지가 무서워서 농막에서 새 떼를 쫓아야만 했다.

반복되는 일상이어서 지루하고 따분한 느낌이 마냥 들었다. 전신에 맥이 풀려 시무룩한 얼굴로 논을 바라보았다. 기다란 방천(防川)을 따라 마을 사람들의 논이 물결처럼 펼쳐져 있었다. 수백만 개의 자갈돌이 떨어져 내리는 듯한 굉음이 하늘을 뒤덮었다. 참새 떼들이 대규모로 날아들면서 내지르는 소리였다.

"후여어. 후여어어!"

몇 차례나 크게 고함을 지른 뒤였다. 갑자기 영문도 모르게 억울한 느낌이 전신을 휘감았다. 화가 나서 논가의 돌멩이를 걷어차면서 논을 향해 고함을 질렀다.

"뭐야? 나는 놀 줄 몰라서 이러고 있는 줄 알아? 만날 나한테만 참새를 쫓으라고? 아유, 따분해서 정말 미치겠네."

그렇지만 논은 내게 아무런 응답도 들려주지 않았다. 따가운 햇살만 황금빛 벼이삭을 건너다니며 열기를 내뿜었다. 바로 이때였다. 논을 송두리째 뒤덮을 정도로 많은 참새들이 논으로 내려앉기 시작했다. 마치 수천 마리의 땅벌들이 사람의 머리로 달려드는 느낌마저 들었다.

"짹짹짹짹! 짹째액 짹짹짹!"

엄청난 숫자의 참새들을 바라본 순간이었다. 놀라서 내 눈알이 튀어나올 지경이었다. 새 떼가 너무 많아 하늘을 구름장처럼 가릴 지경이었다.

그처럼 많은 참새 떼들을 본 것은 그때가 처음이었다. 돌연 가슴속이 답답해지며 머리에 섬광(閃光)이 일듯 현기증이 일었다. 헛구역질까지 해대다가 너무나 어지러워 나는 방천에서 기진하여 쓰러지고 말았다. 그런 나를 향해 참새들이 마구 달려들지도 모르리라는 공포감마저 일었다.

"새 쫓으라고 내보냈더니 뭘 하고 있노? 니 눈에는 새가 안 보여? 뭐 이런 멍청한 놈이 다 있어? 새가 안 보이냔 말이야? 새가아!"

어느새 나타났는지 방천에 드러누운 내 앞에서 아버지가 고함을 질렀다. 화를 내는 아버지의 얼굴이 불덩이처럼 벌겋게 타올랐다.

'아, 이러다가는 정말 호된 매질을 당할지도 모르겠네. 아, 너무 어지럽고 숨이 막혀.'

자신도 모르게 사타구니가 저릿하더니 급기야 바지에 오줌을 지렸다. 섬뜩한 느낌이 들며 매를 맞을 듯한 두려움이 폭죽처럼 밀려들었다. 한동안 아버지의 광기(狂氣) 실린 듯한 고함소리가 방천을 뒤흔들었다. 가까스로 마음을 추스른 아버지가 등을 돌려 방천길에 올라설 때였다. 창졸간에 설운 마음이 울컥 치밀어 올랐다. 그러자 나도 모르게 알싸한 눈물이 얼굴을 타고 마구 흘러내렸다.

'왜 유독 아버지는 걸핏하면 고함치고 때리려 할까? 친구들인 인수와 태준의 아버지들은 그렇지 않은데 왜 아버지만 그러냐고? 왜, 왜, 왜에?'

생각할수록 설움이 격하게 끓어올랐다. 견디기가 너무 힘들어 마냥 흐느끼면서 허리를 꺾으며 쓰러지고 말았다.

오전 5시 무렵이 되자 차가 충남의 홍성군을 관통한다. 조수석의 아내는 코까지 골며 단잠에 빠져 있다. 나다니는 차량이 적은 탓인지 고속도로는 탁 튄 상태다. 시선을 되도록 멀리 내보내며 쾌속으로 차를 몬다.

아버지가 허허로이 운명한 것은 내가 고등학교 1학년 학생일 때였다. 일요일 아침인데도 기척이 없기에 가슴을 죄며 작업실 문을 열었다. 새벽마다 일찍 일어나 작업하곤 하던 아버지였다. 아버지는 작업하던 키 위에 갈대처럼 엎드린 상태로 숨져 있었다. 키는 곡식을 까불어 쭉정이나 티끌을 골라내는 죽세품(竹細品)이었다. 누적된 피로가 사망 원인으로 밝혀졌다.
　어머니를 깨워 작업실에서 쓰러진 아버지를 대할 때였다. 슬픔보다는 억울한 느낌이 솟구쳐서 저항하기 어려운 격랑으로 가슴이 들끓었다. 부자간에 대화로 풀어야 할 과제들이 영원한 앙금으로 남겨지는 듯했다. 가슴을 숯덩이로 만들 듯 암울한 잔영들이 머릿속으로 휩쓸려들었다.
　어머니로부터 띄엄띄엄 들었던 아버지의 과거가 떠올랐다. 4살이 되기도 전에 해난 사고로 부모를 잃었던 아버지였다. 고아가 되면서부터 아버지를 거두어들일 만한 여력의 친척이 없었다. 그래서 7살이 되던 해에 아버지는 밀항선을 타고 일본으로 건너갔다. 해방되면서 13살의 나이로 귀국했던 아버지는 사변 당시에 18살의 나이였다.
　주변의 연고자도 없었기에 일본 전역을 떠돌며 삶의 방식을 익혔다. 해방이 되면서 무조건 국내로 들어왔다. 부산항에 도착하면서부터 부두 노무자로 생활하기 시작했다. 생활은 고달팠지만 미래를 위해 임금을 알뜰히 모았다. 그러다가 돈을 약간 비축했을 때에 6·25사변이 일어났다. 전국에서 피난민들이 부산으로 밀물처럼 몰려들기 시작했다.
　난리통에 고향이 어떻게 변했을지 아버지한테는 안타까울 정도로 궁금하게 여겨졌다. 그리하여 부두 노무자 생활을 청산하고는 진도 산월리의 산월마을로 찾아갔다. 마을에 들어서자마자 잘못 찾아들었다는 느낌이 전신으로 밀려들었다. 마을 사람들에게는 당장 빨치산이라고 오해받을 지경이었다. 마을 뒷산인 연대산(해발 257m)이 문제였다. 광활한 연대산 곳곳에 빨치산이 지뢰를 매설하여 요새를 구축하고 있었다. 아마도 여수와 순천이 가까웠던 지형 탓으로 여겨졌다.
　연대산 북서쪽에는 광활한 대숲이 깔려 산바람에 하염없이 나부끼고 있었다. 대숲이 끝나는 봉우리 부근쯤이었다. 가파르게 치솟은 절벽 아래로 깊다란 계곡이 음험(陰險)하게 드러누워 있었다. 토벌대와 빨치산 사이에서 어중간하게 내쫓기던 아버지는 연대산에 들어섰다. 토벌대의 군인 5명이 지뢰를 밟아 폭사했다는 소문도 들은 직후였다. 생명을 하늘에 맡긴 채 조심스레 연대산으로 들어섰다. 도무지 무서워 발걸음마저 쉽게 옮기지 못할 지경이었다.
　내밀한 숨소리를 죽이며 가까스로 절벽 아래의 계곡에 들어섰을 때였다. 절벽 아래의 어떤 동굴에서 실연기가 조금씩 새어 나왔다. 연기를 본 순간에 아버지는 느꼈다. 누군가 밥을 짓는 연기라는 사실을. 하도 허기가 진 상태라 생명마저 내건 상태로 동굴로 다가갔다. 컴컴한 동굴 내부로 발걸음을 옮기려는 순간이었다. 뒤통수에 번쩍 불길이 이는 느낌이 들며 아버지가 혼절해 쓰러졌다.

얼마의 시간이 흘렀을까? 동굴 바닥에 쓰러진 아버지를 내려다보는 세 명의 남녀가 있었다. 아버지 또래의 사내들 둘과 30대 후반의 여인이 있었다. 의식을 되찾은 아버지에게 여인이 물었다. 어떻게 해서 연대산에 찾아들었느냐고? 아버지로부터 과거사를 듣고 난 뒤였다. 여인이 안타까운 표정을 짓더니 말했다.
"얘야, 너도 나한테서 죽세공을 배우도록 해. 종수와 태식이도 다 같은 처지야. 키는 농가의 중요 물품이거든. 전쟁만 끝나면 키가 너희들의 생계 수단이 될 거야."
며칠마다 스승을 제외하고 셋 중 하나씩 번갈아 산을 내려갔다. 절박한 생필품을 구입하기 위해서였다.

담양에서 일가족을 빨치산에게 잃고 홀몸으로 연대산에 들어선 스승이었다. 연대산 주봉(主峰) 근처에는 연중 안개에 묻힌 유령(幽靈) 바위가 있었다. 깎아지른 듯 치솟은 절벽 꼭대기에 자리 잡은 바위였다. 삶에 환멸을 느낀 사람들이 찾아들어와 이따금씩 목숨을 끊는 곳이었다. 스승도 목숨을 벼랑 아래로 던져 버리려 연대산을 찾았다. 바위 위에서도 두 시간을 더 생각한 뒤였다. 아무래도 세상에서는 아무런 보람을 못 느낄 것만 같았다. 그리하여 눈을 감고는 절벽 아래로 몸을 날려 버렸다.
그러자 머리와 몸통으로 무시무시한 충격이 가해지며 스승은 의식을 잃었다. 얼마의 시간이 흘렀을까? 스승이 혼수상태에서 깨어나 보니 절벽 아래의 개천 가장자리였다. 우측 넓직다리뼈가 부러졌지만 생명에는 지장이 없었다. 나뭇가지에 걸렸다가 떨어진 영향이 컸던 모양이다. 하늘의 뜻이라 여기고 새로운 삶을 산에서 시작하기로 했다. 뼈가 부러졌지만 병원을 찾을 여건이 못 되었다. 그러다 보니 부기는 빠졌지만 목발을 짚어야만 이동이 가능해졌다.

하천 곁에는 과거에 구리(銅)를 캐던 폐광이 놓여 있었다. 스승이 폐광 안을 둘러보니 안전한 주거지가 될 만하다고 여겨졌다. 스승은 원래 죽세품인 키를 만드는 기술자였다. 스승은 동굴에 머물면서 키를 만들며 생활 자금을 마련할 작정이었다.

동굴에 머문 지 2주일쯤 지난 뒤였다. 빨치산에게 가족을 잃은 18세의 종수와 태식이 자살하러 동굴로 들어섰다. 둘은 서로 이웃에 살던 친구들이었고 같이 죽기로 마음을 굳혔다. 두 사내들이 마주 꿇어 앉아 농약(農藥)을 마시려고 할 때였다. 그들이 동굴에 들어선 이후의 행동을 은밀히 지켜보던 스승이었다. 스승이 사내들을 감화시켜 새로운 삶을 시작하도록 유도했다. 그 날부터였다. 사내들은 동굴에 머물면서 여인으로부터 키 제조법을 전수받았다.

청년들은 여인을 깎듯 스승으로 떠받들었다. 미래의 생계 수단인 중요한 기술을 전수해 주는 은인(恩人)이기 때문이었다. 종수와 태식은 스승과 비슷한 사유로 연대산을 찾아들었다. 아버지만 고향 마을을 그리워하여 찾아왔다가 산으로 내몰렸다. 아버지가 부산에서 벌었던 노임이 넷을 먹여 살린 기반이 되었다. 전시중이라 시장에 키를 내다 팔 처지가 아니었다.

세월이 흘러 1953년 7월 27일에 휴전이 이루어졌다. 그제야 스승을 비롯한 청년들 셋이 연대산을 내려오기 시작했다. 불행하게도 하산하던 길에 스승은 계곡에 묻혔던 지뢰를 밟았다. 폭음과 함께 스승은 사망하고 말았다. 한여름 날, 지뢰로 다리가 절단되고 창자가 파열된 채로 즉사한 스승이었다. 청년들은 계곡 언저리의 땅바닥을 파서 광중(壙中)으로 만들었다. 관조차도 만들 경황이 없던 때였다.

이윽고 청년들 셋이 광중에 스승을 눕혔다. 다리가 잘리고 창자가 터졌어도 수건으로 스승의 얼굴만은 단정히 닦았다. 감긴 눈의 스승의 얼굴을 아버지가 바라볼 때였다. 키 기술을 가르치던 스승의 낭랑한 목소리가 너울이 되어 밀려들었다.

"조금 더 대롱으로 치밀하게 쳐 넣어. 엉성하면 제 값을 못 받잖아?"

이승에선 다시는 못 만날 스승이었다. 맑은 피부와 갸름한 얼굴에는 늘 일렁이던 미소가 스러지고 없었다. 단말마(斷末魔)로 분출되었던 눈물만이 눈시울에 말라붙어 하얗게 엉겨 붙어 있었다. 호수의 물결처럼 남실대던 스승의 자애로운 모습이 창백하게 바스러져 있었다. 일시에 가슴의 바다로 처절하게 울부짖는 바람소리가 아버지한테 휘몰려들었다.

창졸간에 아버지의 목이 울컥 메었다. 펑 뚫린 가슴으로 서슬 퍼런 슬픔의 불길이 바르르 치솟았다.

"스, 스승니임! 이렇게 작별하게 되다니요! 으흐 으흐흐흑!"

할 말은 많아도 더 이상 말이 되어 나오지 않았다. 제대로 말도 못한 채였다. 발성조차 안 되는 목소리로 더듬거리며 아버지가 스승의 목을 감싸 안았다. 스승을 바라보는 아버지의 충혈된 눈알이 금세라도 터질 지경이었다. 세상의 의미가 수증기처럼 증발된 느낌이 알싸하게 청년들의 가슴속으로 파고들었다. 아버지를 바라보던 두 청년들도 일시에 허리를 꺾으며 울음을 터뜨렸다.

스승의 눈빛만 떠올려도 활력이 치솟았는데 다시는 못 만날 운명이라니! 청년들은 번갈아가며 스승의 얼굴에 뺨을 맞대고 통곡하기에 이르렀다. 청년들의 얼굴은 흘러내리는 눈물로 온통 반죽이 된 상태였다. 그렇게 많은 눈물이 청년들에게 감춰져 있었으리라곤 믿기지 않을 정도였다.

연대산을 내려선 뒤였다. 청년들은 기약 없는 작별의 인사를 나누고는 뿔뿔이 흩어졌다. 아버지는 죽세공의 명산지인 담양으로 갔다. 거기에서 초가(草家)를 한 채 사서 키를 만들기 시작했다. 대숲을 찾아 대나무를 사서 집으로 날랐다. 그러고는 아버지가 1주일에 10개씩의 키를 만들어 도매점에 넘겼다. 아버지가 담양에서 줄곧 일하다가 38살이 되어서야 혼례를 올렸다. 중매를 통해 35살이었던 농촌 처녀를 만나게 되었다. 결혼을 하면서 부모는 고향의 터전을 떠올렸다. 아무런 친척도 없었지만 고향이라는 사실 하나로 산월마을로 찾아들었다.

아버지가 산월마을에 정착한 그 해에 내가 출생했다. 그때부터 산월마을은 나의 고향이 되었다. 아버지가 고향에 정착하기 얼마 전이었다. 아버지가 손수레(rear car)에 대나무를 싣고 언덕길을 내려갈 때였다. 대나무를 묶었던 밧줄이 터지면서 대나무가 밀려 내려가 아버지를 덮쳤다. 그때 아버지의 왼쪽 발목뼈가 부러졌다. 곧바로 병원을 찾아 치료했지만 후유증이 남았다. 그때부터 아버지는 다리를 절게 되어 힘을 제대로 쓰지 못했다.

아버지를 떠올리기만 하면 나의 초등학교 4학년 시절이 연상되었다. 유년시절의 고향 마을에는 23가구가 살았다. 마을 앞에는 길이가 2km이며 폭이 800m인 광활한 논이 있었다. 논이 여러 마지기로 분할되어 있어서 집집마다 논에 벼를 심었다.

논에 참새 떼가 기승을 부리던 어느 날이었다. 아버지가 삶아서 껍질을 벗긴 하얀 바가지를 내게 내밀며 말했다.

"여기다 허수아비 얼굴 좀 그려 봐. 참새가 놀라서 달아날 정도로."

아버지는 검정 페인트가 든 깡통과 붓까지 내게 내밀었다. 페인트는 옆집에 사는 영수의 아버지한테 빌려온 모양이었다. 그림으로는 도내에서 교육감상까지 수상한 경력을 지닌 나였다. 당당한 자세로 다섯 개의 바가지에 눈썹과 코와 입술을 그렸다. 눈썹은 갈래가 져서 위로 치솟았고 코는 커다랗게 두드러졌다. 입은 한껏 벌어져 삼킨 것을 마구 토하는 듯한 형용이었다.

작업이 완성되었을 때 들판에서 아버지가 돌아왔다. 허수아비의 얼굴 그림을 들여다보던 아버지가 느닷없이 커다랗게 웃었다. 그러더니 부엌의 어머니한테까지 들릴 정도로 크게 말했다.

"이야, 이만하면 참새들이 알아서 슬슬 뒤로 피하겠는걸. 정말 잘 그렸어. 썩 마음에 들어."

아버지의 칭찬은 억눌린 내 가슴을 단숨에 환희의 바다로 휘몰았다. 거기 푸른 바다 위로 자긍심의 새들이 수없이 비상했다. 영롱한 색채로 하늘 높이 치솟는 환희의 포말들로 눈부실 지경이었다.

바가지에다 허수아비 얼굴을 그려서 아버지한테 전해 준 며칠 뒤였다. 귀가하여 대청마루를 지날 때였다. 아버지의 수첩에서 살짝 얼굴을 드러낸 낡은 사진이 눈에 띄었다. 아버지의 스승이었다는 여인의 흑백사진이었다. 삶이 힘들 때에 가끔씩 아버지가 들여다보던 사진이었다.

그 날 마루에는 박을 삶아 갈라서 말리던 바가지가 있었다. 순간적으로 내게 어떤 착상이 떠올랐다. 흑백사진의 얼굴을 바가지에 조각 작품으로 만들어 보고 싶었다. 그리하여 여인의 사진을 조심스레 빼내어 사랑방으로 들고 갔다. 사랑방은 나의 독방이며 내 유년기의 보금자리였다. 먼저 사진을 보면서 바가지에 연필로 밑그림을 그렸다. 그런 뒤에 심혈을 기울여 공작용 조각칼로 바가지를 후벼 팠다.

표면이 조잡해지면 사포로 문질러 매끄럽게 다듬었다. 소년의 관점에서 최대한 사진과 닮게 보이도록 사흘간 공을 들였다. 작업에 임한 지 사흘째가 되어 마무리 단계가 되었을 때였다. 내 기준으로 만들어진 조각상이 꽤 흡족하게 여겨졌다. 별다른 기대감 없이 조각품과 사진을 아버지의 작업실에 갖다 놓았다. 그런 뒤엔 유년의 세월에 묻혀 까마득히 잊고 지냈다.

"여보, 군산 휴게소에서 좀 쉬지 않겠어요? 서둘지 말고 여유를 갖는 게 좋을 것 같아요."

조수석의 아내가 나를 보며 말한다. 나도 미소를 머금으며 응답한다.

"좋아요, 그럽시다. 화장실에도 좀 다녀와야 할 테니까요."

39살의 초등학교 교사인 아내다. 만날 학생들을 상대해서 그런지 언제나 쾌활하며 활력이 넘친다. 나보다 네 살 연하이지만 생각하는 세계가 넓고도 다양하다고 느껴진다. 그래서 아내와 함께 있으면 언제나 마음이 따사롭고 평온하다. 차를 휴게소에 주차시킨 뒤에 식당을 향해 나란히 걷는다.

여기저기서 군침이 도는 음식 냄새가 후각을 자극한다.

내가 초등학교 3학년 때였다. 학교에서 돌아오니 아버지가 나를 불러 세웠다. 그러더니 심부름 좀 갖다 오라고 말했다. 아랫마을로 내려가 사람들이 회의하는 내용을 듣고 전해 달라고 했다. 회의 내용을 제대로 듣겠답시고 귀를 기울였다. 하천부지 일부를 인근 마을에서 구입하려고 하여 회의한다고 했다. 참석한 마을 사람들의 의견이 너무나 달라 도무지 정리하기 힘들었다. 머리에 정리도 안 된 내용을 전달하려는 것은 무리라 여겨졌다.

집으로 돌아와 불안한 마음으로 아버지 앞에 섰을 때다. 생각이란 생각은 죄다 사라지고 없었다. 아버지가 차가운 눈빛으로 말했다. 고향인 진도보다는 부산에서 청년기를 보냈던 아버지의 영향 탓이리라. 아버지와 나는 전라도 사투리보다는 경상도 사투리에 익숙한 상태였다.

"심부름은 잘 다녀왔제? 뭐시라 쿠던지 말해 봐, 어서."

아버지의 차가운 눈빛에서 재촉하는 기색이 발출되기 시작했다. 내가 입을 열기 시작했다.

"희준이 아버지가 돈을 더 많이 내라고 했십니더. 그랬는데 종숙이 아버지는 돈보다도 땅을 얼마나 팔지 정해야 한다고 말했십니더. 그 뒤에는 형찬이 아버지가…."

듣고 있던 아버지가 부근의 세숫대야를 마당에 팽개치며 고함을 질렀다.

"무신 소리를 씨부랑대고 있어? 결론이 뭔지를 말해 봐. 그래 사람들이 어떻게 하자고 했냐 말이다."

나를 노려보는 아버지의 눈에 핏발이 일기 시작했다. 질식할 듯한 기류가 내 가슴을 짓눌렀다. 도저히 자리를 벗어나지 않고는 매질을 당할 듯한 느낌마저 들었다. 유년기에 아버지한테 대나뭇가지로 사정없이 맞았던 적이 두 차례였다. 위기의식에 잔뜩 주눅이 든 나였다. 마침 밭에서 일하다가 마당으로 어머니가 들어서는 게 눈에 띄었다. 떨어지는 눈물을 추스르며 냅다 집 밖으로 달아나 버렸다.

아침에 일어나면 아버지와의 거리부터 재는 습관이 어느새 붙어 버렸다. 어떤 경우건 아버지와는 일정한 거리를 유지하려고 애썼다. 싸늘한 눈빛과 윽박지르는 듯한 얼굴 표정. 아버지를 단적으로 드러내는 상징적인 인상이었다. 유년기에 내 마음에 깃든 아버지의 심상은 바스러진 잔해였을 따름이다.

아버지라기보다는 차라리 외계인 같은 느낌마저 물씬물씬 들 지경이었다. 나의 내면에서조차 안타까운 말이 들끓었다.

'내가 아버지라면 절대로 저런 모습을 보이지는 않겠어. 절대로 말이야.'

묘하게도 아버지가 세상을 떠나자마자 어머니에게 신기(神氣)가 밀려들었다. 마을에 가까운 바다에서 유람선이 전복되리란 걸 사흘 전에 예측했다. 실제로 사흘 후에는 매스컴에 유람선 침몰 사고가 크게 보도되었다. 몇 차례나 마을 사람들한테 발설한 예측들이 사실로 밝혀질 때부터서였다. 광주 무등산 근교의 무속인들이 어머니를 만나러 오곤 했다.

어머니가 고등학생인 나에게 물었다.

"근래에 내게 신(神)이 자꾸만 달라붙어. 신을 피하면 나뿐 아니라 너의 생명까지도 위험하다고 무속인들이 말했어. 이를 어쩜 좋아?"

어머니의 말을 듣고는 나는 즉시 응답했다.

"어머이 좋을 대로 하이소. 내가 반대한다고 해서 그만두지는 않을 거 잖십니꺼?"

어머니가 한참 내 눈을 응시하다가 시선을 돌려 허공을 올려다보았다. 그러다가 어머니가 한숨을 내쉬더니 세상 떠난 아버지의 얘기를 들려주었다. 아버지 발목의 골수가 썩어서 걷는 일마저 점차 힘들어졌다고 한다. 중학교 3학년 때 내가 사흘 일정으로 수학여행을 떠난 뒤였다.

새벽에 아버지의 흐느끼는 소리가 마당 건너편 별채에서 새어 나왔다. 별채에는 아버지의 작업실이 있었다. 어머니가 잠결에 그 소리를 듣고는 놀라서 일어났다. 그러고는 아버지의 작업실로 조심스레 다가갔다. 환기를 위함인지 작업실의 문이 조금 열려 있었다. 열린 문틈으로 어머니가 작업실 내부를 살그머니 들여다보았다. 아버지가 발목을 움켜쥐고는 입술을 깨문 채 눈물을 뚝뚝 흘렸다. 얼마나 고통이 극심했던지 아버지의 이마에서는 땀방울마저 줄지어 흘렀다. 어머니가 문을 막 열려고 할 때였다.

아버지의 독백 소리가 귓전으로 흘러들었다.

"으으으! 우찌 일키나 발목이 애를 미기노? 통증 때문에 얼마나 시달리는지 마누라도 모를 거야. 날마다 새벽에 일어나야만 하는 내 속내를 우찌 알끼고? 가장(家長)이라서 터놓고 앓지도 못하니 미쳐 삐겠네. 아, 내색하지 말고 견뎌야 하는데도 너무 괴로워."

아버지의 독백을 듣고 난 뒤였다. 어머니는 당장 방으로 들어가 아버지를 껴안아 달래고 싶었다. 하지만 아버지의 자존심을 생각할 때엔 그럴 수가 없었다. 창졸간에 방으로 들어가야 할지 말아야 할지 갈등에 휩싸였다.

어머니는 잠시 뜰로 내려서서 입술을 깨물며 생각에 잠겼다. 아버지는 어머니가 진정으로 존경하는 인물이었다. 그랬기에 아버지의 자존심을 건드리는 것은 금기(禁忌) 중의 금기 사항이었다. 하지만 배우자가 분신(分身)이라는 관점에서는 당장에라도 달려가 아버지를 위로하고 싶었다. 남편을 그녀마저 위로하지 못한다면 누가 위로하겠는가 싶어 가슴이 쓰렸다. 쓰린 정도를 초월하여 피눈물마저 뿌려 대고 싶은 심정이었다.

어머니는 배우자로서의 역할이 더 중요하다고 판단했다. 그리하여 작업실로 발걸음을 내디뎠다. 그러다가 자존심에 타격을 받아 통곡하는 아버지의 형상을 상상해 봤다. 그러자 오히려 어머니가 더 통곡하고 싶은 심정이었다. 남편의 자존심마저 보살피지 못하는 아내로 살기에는 어머니가 너무 슬펐다.

생각이 여기에 미쳤을 때였다. 작업실로 다가가던 발걸음을 멈춰 우뚝하니 섰다. 그러고는 양 손으로 얼굴을 감싸 안고는 어깨를 들먹이며 흐느꼈다. 그러자 설움이 불길처럼 훅훅 치밀어 올랐다. 덩달아 흐느끼는 소리마저 높아질 상황이었다. 혹여 소리가 남편에게 들릴세라 발소리를 죽여 안채로 돌아가고야 말았다. 돌아가는 발길마다 파르스름한 회한의 잔영이 밤하늘 가득 드리워졌다.

아버지가 세상을 떠난 뒤부터였다. 가정 형편으로는 어머니가 생계를 책임져야 할 입장이었다. 하지만 나도 어머니한테만 모든 짐을 맡길 상태는 아니라 여겼다. 이웃집인 영수의 집을 찾아갔다. 영수의 아버지한테 의논했다. 비닐하우스 재배로 채소를 가꾸되 신선도를 유지하도록 하라고 말했다. 그 날 이후로 조언받은 대로 열심히 노력했다. 제대로 된 경작이 될 리 만무했지만 생계는 근근이 이어갔다. 삶을 위해 발악하는 현장을 대자연이 너그럽게 살펴준 덕이라 여겨졌다.

농사를 짓는 틈틈이 어머니는 인근의 절을 찾아 수행했다. 아무래도 신을 받기가 버거웠던 모양이다. 신을 받는 대신에 사찰에서 수행(修行)

을 하기로 했다. 방과 후에 귀가할 때에도 어머니의 얼굴을 못 대하기 일쑤였다. 그러한 날들마다 가슴에는 외로움이 마른버짐처럼 엉겨들었다. 책을 잡을 때나 농작물을 손볼 때에도 고독감이 시리게 엉겨들었다. 어차피 삶은 외로운 과정이라며 스스로를 달래려고 노력했다. 도저히 스스로를 추스르지 못하는 밤마저도 울먹이면서 고독감을 떨쳐 내었다.

대학 진학을 꿈꾼 것은 일생일대의 모험이었다. 학원 강사로 뛰면서 학비를 스스로 조달하여 대학을 졸업하리라 작정했다. 마음같이 세상 일이 쉽게 이루어지는 것은 아니었다. 학비조달이 어려워 두 차례에 걸친 휴학생활을 치렀다. 그러다가 겨우 대학을 졸업하기에 이르렀다.

아버지가 세상을 떠난 직후였다. 어머니의 눈에 비쳤던 아버지의 모습이 궁금했다. 그래서 아버지가 어머니한테 어떻게 비쳤는지를 물었다. 어머니는 조금도 망설임 없이 대답했다.

"예절 반듯하고 활달하여 어디에서나 인기가 많았어. 게다가 언변마저 유창하여 사람들을 끌어들이는 힘이 컸어. 흠이 있었다면 자식인 너에 대한 기대감이 너무 높았던 점이었어. 기대감에 못 미치자 자꾸만 역정을 내었던 거야. 자식인 너를 감싸 주지 못했다며 때때로 후회하곤 했어. 세월이 흘렀으니 너도 아버지를 이해했으리라 믿는다."

어머니는 아버지에 대한 보충적인 설명을 했다. 진도에 정착하기 전에 다쳤던 발목 부상으로 수시로 고통받았다고 들려주었다. 뼈를 저미는 듯한 통증이 끓어올라서 참느라고 이를 악물면서 견뎠다. 그러다 보니 사소한 일에도 쉽게 격분하는 성향을 띠기 시작했다. 공교롭게도 그 시기가 내가 출생한 이후였다고 했다. 병원에서는 누적된 뼛속 질환이라 치료가 근본적으로 어렵다고 밝혔다. 통증을 참느라고 이를 악물면서도 좀체 내색하지 않으려고 했다고 한다. 임종할 때까지도 통증에 시달렸으리라고 말하며 어머니가 눈물을 글썽였다.

그 날 내가 받았던 충격이란 어마어마한 거였다. 아버지 발목의 통증이 그처럼 심했던지를 그제야 알았기 때문이다. 끝내 발목 통증을 자식인 내게까지 내색하지 않았던 아버지였다. 그런 통증이 불붙는 짜증과 격분으로 변해 내게 전해졌던 모양이다. 나를 감싸 주지 못하여 후회했다는 말을 듣고는 콧등마저 시큰거렸다.
'아, 아부지! 제게 왜 진작 얘기하지 않았십니꺼? 제가 알았시모 일케까지 아부지한테 감정이 쌓이지는 않았시껍니더.'
세상 떠난 아버지를 떠올리자 그만 시야가 흐려지며 몸이 허청거렸다. 도무지 아버지와는 의사소통이라곤 해본 적이 없었다. 그랬기에 아버지에 대한 사무친 감정이 왈칵 목을 죄는 느낌이었다. 가슴속 밑바닥으로 차가운 회한의 얼음덩이가 마냥 수북이 쌓이는 듯했다.
그뿐이랴? 아버지를 평가하는 어머니와 나의 관점이 너무 달랐던 점도 충격이었다. 설마 어머니가 아버지를 그처럼 높이 평가하리라고는 꿈에도 생각지 못했다. 어머니의 언행을 살펴보건대 아버지는 어머니의 절대적인 숭배의 인물이었다.
'어쩌면 그럴 수가? 세상을 떠났다는 이유만으로 어머니가 후한 평가를 내린 건 아니었을까?'
그 날 이후부터였다. 과거에 아버지한테 내렸던 평가의 관점에 커다란 혼란이 일어났다. 급기야 나의 평가 기준 자체도 극도로 모호했다고 자책하게 되었다. 무엇보다도 아버지의 배우자인 어머니의 관점을 무시할 수가 없었기 때문이다.

대학을 졸업한 뒤에 전자회사(電子會社)에서 일하던 중이었다. 직장 부근의 학교에서 근무하던 여교사와 연인으로 사귀게 되었다. 여교사는 나보다 4살 연하였지만 성품이 온화하여 쉽게 정이 들었다. 그러다가 내가 32살 때에 결혼하게 되었다. 내가 개띠이며 아내가 범띠이기에 결혼하면 어려움이 많이 생긴다고 했다. 그래서 산신제(山神祭)를 지내야 한다고 무속인들이 말했다. 만약 절차를 생략하면 횡액(橫厄)이 있으리라는 예언이 잇따랐다. 그래서 산신제를 지낼 무렵이었다. 명망 높은 무당이 어머니한테 말했다고 한다.
"산신제를 올리면 아들 내외는 무사하겠지만 어머니인 보살님이 위험해질지도 몰라요. 모자간(母子間)의 운수(運數)가 서로를 용납하지 않는 극한 상태예요. 그래도 제를 올릴 거요?"
어머니는 며칠을 고뇌하다가 산신제를 올리겠다고 대답했다. 그런 뒤에 지리산의 고찰 부근에서 산신제를 지냈다. 사찰 뒤의 계곡에서 사흘간의 산신제를 지낸 새벽 무렵이었다. 내가 법당으로 들어섰을 때였다. 어머니는 법당의 기둥에 머리를 기댄 채 미동조차 없었다.

그런 어머니를 발견한 순간이었다. 가슴으로 차가운 기류가 치달아 곧장 숨통을 죄는 느낌이었다. 코에 손을 갖다 대니 이미 숨결이 멎어 있었다. 질식할 듯한 느낌에 어머니를 부둥켜안고는 법당 바닥에 쓰러졌다. 어머니의 오른손에는 사진 한 장이 꼭 쥐어져 있었다. 신혼 시절에 촬영된 나의 내외 사진이었다. 거기엔 어머니의 눈물 자국이 하얗게 엉겨 붙어 있었다. 나를 지탱하던 모든 세포가 터져 일시에 폭죽으로 날아오르는 기분이었다.

"어머님, 어머님임!"

목이 메어 목소리조차 제대로 터져 나오지 않았다. 나를 지켜주던 세상의 벽이 왈칵 허물어진 느낌이 들었다. 어머니의 눈시울에 매달렸던 눈물 자국에 시선이 닿았을 때였다. 일체의 언어마저 대기로 증발한 느낌이 들었다. 자식의 장래를 위해 생명마저도 내놓겠다는 어머니의 결기가 읽혔기 때문이다. 온통 가슴속에서 미친 바람이 써레질을 하며 길길이 치솟는 느낌이었다. 금세 고막마저 파열될 듯 귓속이 웅웅거리며 얼굴이 벌겋게 달아올랐다.

내 눈동자가 어머니의 눈물 자국에 머물러 뿌옇게 젖어들 때였다. 인기척에 놀라 무녀도 풋잠에서 깨어 객방(客房)에서 법당으로 들어선 모양이었다. 칠순이 넘은 무녀가 나의 어깨를 두드리며 말했다.

"아마도 보살님께선 애초부터 생명을 걸고 일을 시작했던 모양이오. 누적된 과로로 건강 상태가 줄곧 나빴었소. 그랬는데도 자식의 장래가 더 중요하다고 하면서 일을 강행했어요. 일하던 보살들과 함께 객방에서 잠들었는데 언제 법당에 왔는지 모르겠군요. 경찰서에는 내가 연락할게요."

잠시 말을 멈춘 뒤에 이번에는 어머니를 향해 무녀가 말했다.

"어이쿠, 보살님! 아드님을 위해 애 많이 쓰셨어요. 부디 하늘나라에서나 편히 지내세요."

말을 끝내기도 전에 무녀의 눈가에서도 눈물이 줄줄 흘러내렸다. 콧물까지 훌쩍이며 흐느끼는 무녀에게도 어머니는 너무나 안타깝게 비친 모양이었다. 어머니와 대화를 나누어 정이 많이 들었다는 얘기까지 흐느끼며 말했다. 무녀도 죽음에 임해서는 섬세한 정감을 지닌 여인일 따름인 모양이었다.

전화한 지 얼마 안 되었는데도 금세 경찰관과 검시의가 도착했다. 검시의에 의해 과로로 인한 심장마비라는 진단이 내려졌다. 그때 어머니의 나이는 66살이었다. 많지도 않은 나이에 아들의 장래를 위해 목숨을 내놓은 거였다. 이전까지는 심드렁하게 비쳤던 무속의 세계가 섬뜩할 정도로 무섭게 각인되었다.

고향에 닿아 문중의 여기저기를 찾아 인사하느라고 시간이 제법 흘렀다. 휴전 이후에 타지에 살던 문중의 몇 가호가 마을로 귀환했었다. 그리하여 생가 뒤편에 종중산까지 마련하게 되었다. 마침내 생가 뒤쪽 계곡으로 아내와 함께 찾아 들어선다. 골짜기 북쪽에는 3m 가량의 높이에 5m 가량의 길이로 뚫린 동굴이 있다. 아버지 혼자서 은밀히 뚫었다는 동굴이다.

동굴 맨 안쪽 부분에는 벽에 흰 페인트가 칠해져 있다. 바닥에서 허리 높이만큼의 위치에 노란 표지가 되어 있다. 가로 세로의 길이가 두 뼘 정도가 되는 정사각형의 표지였다. 노란 부분을 똑똑 두드리니 의외로 진동음이 들린다. 뒷면에 공간이 있다는 것이 드러난 거였다. 지그시 노란 부분의 벽에 힘을 가하니 구멍이 펑 뚫린다. 벽을 가렸던 널빤지에 창호지를 발라 덧칠한 상태였다. 노란 부분만은 널빤지로 가려지지 않은 부분이었다.

작은 구멍 속에는 노란 보자기가 놓여 있다. 너무나 오래 되어 보자기의 올들이 다 삭은 느낌이 든다. 그렇지만 아버지를 대한 듯하여 아내와 나란히 보자기 앞에 선다. 보자기를 향해 경건하게 두 차례의 절을 한 뒤다. 경건한 마음으로 보자기를 푼다.

보자기에서 나온 것은 쪼그라든 바가지 하나일 따름이었다. 바가지의 표면에는 어떤 여인의 얼굴이 새겨져 있다. 그 얼굴을 보는 순간 가슴이 마비될 듯이 숨이 가빠진다. 유년기의 추억이 밀물처럼 내 얼굴을 후려치며 밀려든다.

　내가 초등학교 4학년 때 만들었던 바가지 조각 작품이었다. 만들어서는 아버지의 작업실에 갖다 두고는 까마득히 잊고 지냈다. 그랬는데 그 때의 작품이 내 눈앞에 드러난 거였다. 의식이 마비될 지경으로 충격의 파동이 가슴을 마구 후려친다. 그 조각품에 관하여 일체의 말이 없었던 아버지였다. 그랬는데도 나 몰래 소중히 간직해 두었다는 증표(證票)였다. 이로 인해 가슴에 폭풍이 휘몰아치듯 가슴이 먹먹해진다. 어느새 코끝이 찡해지며 눈시울에 눈물이 맺힌다.
　바가지 속엔 종이 뭉치가 눈에 띈다. 종이를 접어 풀칠을 하여 바가지 뒷면에 붙여 놓았다. 조심스레 종이를 펼치니 아버지의 글이 물결처럼 떠밀려 시선을 자극한다.

　　　언제나 사무치게 그리운 스승님!
　　　스승님의 얼굴을 아들 녀석인 명수로 인하여
　　　재차 대하게 되리라곤 미처 생각지 못했습니다.

　　　바가지에 새겨진 스승님의 얼굴이 하도 실물 같아
　　　조각품을 대한 순간부터 내내 가슴이 마구 설레었습니다.
　　　만날 야단이나 맞던 명수가 제게 이렇게 큰 선물을 하여
　　　며칠간이나 잠을 못 이룰 지경으로 감격스러워 목이 메었습니다.

　　　스승님을 떠올리며 이제 다시는 명수에게 야단치지 않겠습니다.
　　　누적된 발목 통증과 기대감으로 소중한 아들을 야단만 쳤던 저였습니다.
　　　늦었지만 이제부터라도 밝게 키우려고 노력할 테니까 스승님께서도 굽어봐 주십시오.

　　　　　　　　　　　　　　　　　　　　　　제자 최형철 올림

　'아, 이럴 수가? 내 마음을 짓눌러 왔던 아버지의 진심을 이제야 알게 되다니? 기억 속에서 그토록 오래 나를 얼어붙게 만들었던 아버지가 아니었던가? 그런 아버지의 속내가 한 장의 한지 종이에 스며들어 있었다니?

느닷없이 가슴속에 광풍이 불어대기 시작한다. 공허하게 내둘리던 유년 시절의 처절한 외로움을 단숨에 쓸어버리려는 듯. 횡횡 새된 소리로 울부짖으며 유년기의 소절(小節)들이 마구 휘몰려든다. 어떤 순간에도 아버지한테 편한 마음을 느끼지 못했던 나였다. 그랬던 나의 영혼이 진정 나의 것이었던가 하는 의혹이 순식간에 끓어올랐다. 비상하다가 폭풍에 날개를 다친 날짐승처럼 신음을 발하며 의식이 흐려졌다.

나 자신도 모르게 자꾸만 코끝이 시큰거리며 어깨가 흔들린다. 곁에 있는 아내의 존재마저 어느새 의식 속에서 스러져 버린다. 어느새 나의 의식이 날짐승으로 변하여 하늘로 치솟는다. 점점 머릿속으로 휘몰아쳐 포효하는 바람소리가 강도 높게 파고든다. 하늘로 치솟으려는 나의 의지에 햇살같이 포근한 아버지의 미소가 흘러든다. 끝내 자제력으로 평온히 아버지의 미소를 맞으려던 가슴에 구멍이 뚫린다. 창졸간에 울컥 설움이 밀려들면서 허리를 꺾으며 울부짖었다.

"으흑 으흐흑! 아버지, 아버지이! 아버지의 깊은 마음을 너무 몰랐기에 죄송합니다."

찰나 간에 눈이 급격히 시큰거리더니 눈물이 왈칵 쏟아졌다. 쏟아져 흐르는 눈물 줄기로 시야가 금세 흐려진다. 알싸한 슬픔이 가슴을 따갑게 저미며 섬광처럼 휘몰려든다. 뒤통수에 강한 충격을 받기라도 한 듯 의식마저 혼미해지려고 한다. 그러다가 자신도 모르게 넋을 잃은 채 마냥 중얼댄다.

'언제 한 번이라도 아버지께 가슴을 열었던 적이 있었어? 내 처신은 잊고서 아버지 탓만 해댔잖아? 아버지, 환생만 하신다면 진정으로 따뜻이 안아드리고 싶습니다. 정말 너무너무 죄송합니다, 아버지!'

바가지 앞에 꿇어앉아 먹먹한 슬픔에 취해 있을 때다. 누군가 내 어깨를 가만히 두드린다. 고개를 돌려보니 젖은 아내의 눈망울이 나를 내려다보고 있다. 아내의 눈시울에서 떨어진 눈물이 나의 콧등으로 흘러내린다. 아내도 울먹이는 목소리를 가까스로 추스르며 속삭이듯 내게 말한다.

"여보, 유품을 묘소 앞에서 태워 아버님께 보내 드립시다."

숱한 말을 생략한 아내다. 세세하게 말하지 않아도 파동 치는 아내의 섬세한 정감이 느껴진다. 나는 유품이 든 보자기를 들고는 아내와 함께 묘소로 오른다. 부모님의 묘소 앞에는 마른 나뭇가지가 많이 쌓여 있다. 바람결에 나뒹굴던 나뭇가지들이 묘소 앞에 쌓인 모양이다.

골짜기로부터 산안개가 실연기처럼 피어오르기 시작한다. 저녁 6시 무렵의 시각이다. 서녘 하늘에는 낙조가 채색 구름으로 뒤덮여 애잔한 느낌으로 굽이친다. 햇살이 지평선 아래로 서서히 잠기려고 한다. 세상을 비추던 햇살마저 대지를 슬그머니 비껴가려는 순간이다.

아내와 함께 묘소에 두 차례씩 절을 한 뒤다. 불똥이 숲으로 튀지 않을 장소를 골라 아내와 마주 앉는다. 꿇어 앉아 마른 솔가지와 솔잎에 성냥불을 피워 올린다. 불길이 치솟자 바싹 마른 바가지를 불길 속으로 던진다. '타다닥' 하는 음향을 터뜨리며 바가지에 서서히 불길이 치솟기 시작한다. 키를 만들도록 지도한 아버지의 스승인 여인의 영혼을 떠올린다.

'부디 하늘나라에서는 평온한 삶을 누리소서.'

대자연(大自然)을 향해 나는 경건한 마음으로 합장하여 간절히 빌었다. 감았던 눈을 뜨니 아내마저도 합장한 자세로 고개를 숙이고 있다. 긴 삶의 여정에서 항시 따뜻한 숨결로 지기(知己)가 된 아내다. 아내가 고마워 가만히 아내의 손을 마주 잡는다. 감았던 아내의 눈꺼풀이 열리자 청정한 이슬이 맺혀 반짝인다. 천년의 숨결처럼 솔숲에 휘몰려드는 바람결에 아늑함을 느끼며 나란히 일어선다.

때맞춰 향긋한 솔향기가 풍경 소리처럼 청아하게 후각으로 밀려든다.

시인, 소설가, 평론가, 이학박사, 한국소설가협회 이사, 서울대 총동창회 이사, 경기도문학상 · 김만중문학상 · 서울시문학상 · 직지소설문학상 수상, 저서 : 장편소설 「달그림자」 외 12권, 평론집 「이상과 김시습 및 기타 작품론」

비밀은 외출하고 싶다

안 영

민순 아짐의 방문

중국 후한 시대에 양진(楊震)이란 사람이 있었다. 그가 동래 태수로 부임하는 길에 관내 창읍에서 하룻밤 자게 되었는데, 창읍 현령 왕밀이 찾아왔다. 전에 신세졌다는 이유로 금품을 가져온 것이다. 양진은 받을 이유가 없다고 완강히 거절했다.

그 관리는 난처해 하다가 다시 권하며 말했다.

"지금 밤도 깊었습니다. 아무도 모르니 어서 받아 두십시오."

그러자 양진은 대답했다.

"아무도 모르다니? 하늘이 알고(天知), 땅이 알고(地知), 자네가 알고(汝知), 내가 알고(我知), 벌써 넷이 아는데 어찌 아무도 모른다고 하는가."

나는 이 글을 쓰기로 작정하면서 바로 위에 인용한 '양진의 사지(四知)' 생각이 났다.

그녀가 비록 나에게 뇌물을 가져온 것은 아니지만, 딴에는 커다란 비밀을 가져온 것이 아닌가.

봄비가 촉촉이 내리는 아침이었다. 일가 아주머니에게서 전화가 왔다.

"집에 있었는가? 나 민순이네."

"아, 오랜만이에요. 잘 계셨어요?"

"오후에 자네 만나러 좀 가면 안 될까?"

"무슨 일인데요?"

"전화로는 말 다 못허네. 세 시쯤 가게 시간 좀 내주소."

나이는 두 살 위지만 항렬이 높아 아주머니뻘이 되는 분이었다. 나는 여학생 때부터 고향집에 가면 그네를 그냥 '민순 아짐'이라고 부르며 잘 얼려 놀았다. 시골에 살 때는 십촌 안팎 일가도 가깝게 오가며 지냈건만 서울에서는 집안 결혼식이나 있어야 겨우 얼굴 한번 볼까 말까 한다. 아짐은 오래 전부터 서울에 올라와 열심히 살았다. 덕분에 제법 기반을 잡고 잘 살고 있다. 그런 아짐이 웬일일까. 나는 궁금했지만 더 이상 묻지 않고 대답했다.

"그래요. 그럼 오세요."

모처럼 나를 방문한다는데 무얼 대접한담. 나는 간단한 간식거리를 사러 나갔다. 나이 든 사람들은 말랑말랑한 떡을 좋아하지 싶어 떡집으로 향하다가 마음을 바꾸었다. 이렇게 비가 오는 날은 뜨끈뜨끈한 부침이 좋을 것 같았다. 봄 부추는 보약이라던가. 부추 한 단과 물오징어를 사가지고 들어와 부침을 부치고 있자니 아짐이 들어섰다.

"어서 와요, 나 지금 아짐 드리려고 전 부쳐요."

"아이고, 반가워라. 어찌 전 부칠 생각을 했는가. 참말로 잘했네. 그 비싼 피자를 사다준들 내가 이렇고롬 반가워하겠는가. 참말로 자네는 머리가 잘 돌아가네, 사람은 언제고 머리가 잘 돌아가야 해. 잉?"

아짐은 '머리가 잘 돌아가야 해'에다가 유난히 강세를 주었다.

"참 돈 안 들이고도 생색나네. 아짐이 기뻐하니 나도 좋네."

나는 따끈따끈한 부침을 접시에 담아 아짐 앞으로 내밀며 모처럼의 만남을 반겼다.

"그래 잘 사셨소?"

"잘 살았냐고? 글쎄 난 잘 못 살았네."

"아니, 무슨 일 있으셨어요?"

"일단 식기 전에 먹고 보세. 먹고 이야기 하세."

"간이나 맞는지 모르겠네. 먹기 좋게 썰까?"

"아니지. 그냥 주소. 그래야 우리 옛날 생각하며 맛있게 먹지. 젓가락으로 쭉쭉 찢어먹어야 맛있잖는가."

아짐은 아무 말 없이 맛있게 먹는다. 무엇인가를 생각하는 듯. 이윽고 접시를 치운 그네는 녹차 잔을 들어 한 모금 마시며 내가 끼어들 틈도 안 주고 이야기를 쏟아 놓았다.

어이, 시간 내줘서 고맙네. 실은 내가 간뎅이 큰 일을 하나 했단 말이시. 서너 달이 지났건만 아직도 그 생각만 하면 가슴이 떨리네. 도저히 혼자는 이 비밀을 못 갖고 있었어. 그래 좀 털어 놓으라고 왔네. 아무리 바빠도 좀 들어주게. 잉. 우리 남동생 민철이 있지 않는가. 지금 우리 동네서 슈퍼 하고 있다는 것 알지 잉? 그 동생 문제로 내가 마음고생이 많았네. 지금은 한 시름 놓았지만 아직도 내 맘은 안 편하단 말이시. 글씨 그 올케가 작년 가을에 시글시글 자꾸 아파서 진찰을 해 보니까 갑상선에 이상이 있다는 것이라. 졸망졸망 애들이 다섯인데 에미가 아프면 어쩔 것인가. 서둘러 입원을 시키고 수술을 하기로 했지.

아짐은 잠시 말을 멈추고 숨을 돌린다. 그래서? 하고 내가 묻는다. 아짐은 계속한다.

근데 자네 알다시피 우리 동생이 좀 별난 교회 골수분자 아닌가. 그놈의 교회는 먼 일인지 수술도 못허게 헌다네. 하나님이 주신 몸 한 군데도 손대면 안 된다는 거라. 모든 것 하나님께 맡겨야지 인간이 제 맘대로 해서는 안 된다는 거라. 그런데 그만 수술을 해야 된다니 펄쩍 뛸 일 아닌가. 갑상선은 암이 걸려도 그렇게 무섭진 않다네만 사람이 알고 그냥 있을 순 없지 않는가. 애가 다섯이나 되는 에미가 힐 일은 좀 많아? 집일도 집일이지만 슈퍼일도 도와야 안 허겄는가. 그런디 자꾸 아프다고 시글시글허니까 어쩌겠는가, 수술을 해야지. 우선 본인이 수술을 해서라도 얼른 나았으면 좋겠다고 남편을 졸랐다네. 남편은 교회 골수분자지만 마누라는 그 정도는 아니거든. 그래서 하여간 나도 동생을 설득했지. 동생은 사방에 알아보더니 그래도 수술을 허는 게 좋겠다 싶었는지 마음이 좀 누구러져서 반허락을 했어. 그런디 자기가 의사를 만나고 결정을 하겠다면서 병원으로 가데. 우리 동네서는 제일 큰 종합병원이었지. 결국은 수술을 했네. 그런디 말이시, 어찌 그런 일이 났을까 몰라. 미국에서 신기술을 공부하고 들어온 유명한 의사라고 과장님이 직접했단 말이시. 그런디 왜 그런 일이 생겼는가 참말로 알다가도 모르겠단 말이시. 그동안 우리 가족이 십년 감수했네.

아짐은 잠시 말을 멈추고 차 한 모금을 마신다. 그래서? 나는 눈을 좀 크게 뜨며 묻는다. 잠시 뜸을 들이고 난 민순 아짐은, 동생 민철 아제네 이야기를 조근조근 들려주었다. 아래 글은 그네의 긴 이야기를 듣고, 내 상상력을 보태가며 정리해 본 것이다. 민철 아제가 알면 안 될 엄청난 비밀이긴 하지만.

민철 아제의 고집

민철은 수술을 하겠다고 조르는 아내를 어쩌지 못해 어느 날 병원으로 의사를 만나러 갔다. 어떤 일이 있어도 수술은 안 하고 살리라 다짐했는데 이렇게 허망히 물러설 수는 없었다. 만에 하나 수술을 한다 하더라도 단단히 약속을 받을 것이 있었다.

"수술을 안 하고는 안 되겠습니까?"

"갑상선에는 여러 가지 유형이 있습니다만 이 경우는 하는 게 좋습니다. 별 어려운 수술도 아닌데 뭘 망설이십니까?"

"사실 우리 몸에 칼을 댄다는 것이 좋을 리는 없지 않습니까?"

"안 댈 수만 있으면 안 대는 것이 좋지요. 그러나 살다보면 수술을 해서 더 좋은 경우도 많이 있지 않습니까?"

"우리 교회에서는 하나님이 주신 몸, 절대적으로 칼 대는 것을 삼가고 있습니다."

"그래요? 전 종교를 잘 모릅니다만… 그렇다면 잘 생각해서 하십시오."

"마누라가 하도 조르니까 한 발 양보해서 수술을 할까 싶기는 한데 한 가지 조건이 있습니다."

"조건이라니요? 뭔데요?"

"어떤 일이 있어도 수혈만은 안 됩니다."

"수혈이요? 갑상선 수술은 간단한 수술이라 수혈 같은 것 안 합니다."

"아, 그렇습니까? 그럼 다행입니다. 우린 절대로 사람의 피를 주고받는 짓은 못합니다."

"걱정 마세요. 난 또 무슨 조건인가 했지요. 까다로운 조건이라면 저도 못 받아들입니다."
"좋습니다. 그럼 종이에 간단하게 약속 하나 받겠습니다."
"네?"
"어떤 일이 있어도 수혈은 안 한다. 그렇게만 쓰시고 선생님 성함을 적어 주십시오."
"그거야 어렵지 않지요. 갑상선 수술에 무슨 수혈을 한다고."
"됐습니다. 그럼 곧 입원수속을 하지요."
민철은 간단한 서약서 한 장을 받고 수술 날짜를 잡았다. 일은 순조로이 진행되었다. 수술도 과장이 직접 맡아 하기로 했다.
환자의 간호는 시누이인 민순이 맡아 보기로 했다. 다행히 아이들 다 키워 놓고 홀가분하게 살고 있는 사람이라 문제는 없었다.
수술복을 입고 침대에 누운 올케가 수술실로 실려 들어간다.
"아무 걱정 말고 잘 하고 오소. 아주 간단한 수술이라네."
"그래도 좀 무섭네요 형님. 마취는 하고 할 테지요?"
"그럼. 자네는 잠이나 한숨 자고 나면 다 끝났을 거네."
두 사람은 수술실 앞에서 그렇게 웃으며 헤어졌다.
그런데 예정 시간이 훨씬 지났건만 회복실 앞에서 아무리 기다려도 올케가 나오지 않았다.
폐암수술을 하러 들어간 아저씨도 나오고, 자궁암 수술을 하러 들어간 아주머니도 나왔는데 도대체 가장 간단하다는 갑상선 수술을 하러 들어간 올케는 왜 안 나오는 것일까. 어서 잘 마치고 나와야 동생한테 전화도 해줄 텐데, 알다가도 모를 일이었다. 민순은 차츰 불안해져서 몸이 조금씩 오그라들기 시작했다.
그때 마침 간호사가 나와서 올케의 이름을 부르며 보호자를 찾는다. 민순은 용수철처럼 튀어 일어나 간호사에게로 다가갔다.
"네, 조금 문제가 생겼거든요. 잠깐 들어와 주시겠어요?"
간호사는 민순을 데리고 어디론가 갔다. 알고 보니 중환자실이었다. 아니, 이게 웬일인가. 그 앞에서 기다리고 있던 의사가 민순을 안내했다.
"좀 급한 일이 생겼습니다. 일단 죄송합니다."

민순이 온몸을 떨며 잔뜩 긴장하여 들어가 본 중환자실. 여기저기 다 죽은 목숨들이 누워 있다. 그 어둑한 분위기에 그만 질려버린 민순에게 이럴 수가. 올케가 보이는데, 이건 차마 눈 뜨고는 볼 수가 없었다. 퉁퉁 부은 얼굴, 커다랗게 부어오른 몸으로 올케가 죽은 듯 누워 있었다. 전혀 의식이 없었다.

"아니, 이게 웬일이라요?"

"글쎄, 이건 참 전혀 있을 수 없는 일이 일어났어요."

"아니, 무슨 일인가요? 이 사람 못 살아 납니까?"

"아니에요. 그건 아니에요. 가족들이 도와주어야만 살 수 있습니다."

"우리가요? 어떻게?"

"사실은 요즘 최신 수술방법으로 간단히 잘 했는데 마지막 단계에서 실수를 했습니다."

"네? 실수라니요? 우리 동생도 부릅시다. 나 혼자 떨려서 못 보겠네요."

"안 그래도 불렀습니다. 곧 올겁니다."

곧 민철이 오고 예상치 못한 결과에 까무라치게 놀란다.

"아니, 이럴 수가 있어요? 큰 병원 좋다는 게 뭔데, 더구나 과장님이 직접 하시기로 했잖습니까? 어쩌다 사람을 이 지경으로 만들어 놔요. 우리 애들 엄마 죽으면 안 돼요."

"걱정 마십시오. 생명에는 지장 없습니다."

"아니 제일 간단한 수술이라더니 왜 이런 일이 일어난 거요? 당신들 뭐 잘못한 거지요?"

의료진들이 왔다갔다, 하여간 뭐가 잘못 돼도 한참 잘못 된 것 같았다.

"조금만 진정하시고 제 말씀을 들어 주십시오. 몇 년 전만 해도 갑상선 수술을 할 때 한 10센티쯤 목을 째고 했었지요. 근데 요즘은 양쪽으로 구멍 두 개만 뚫어서 그게 가능하거든요. 그래서 그렇게 했던 건데 내가 수술을 다 마치고 우리 레지던트에게 뒤처리를 맡기고 나갔지요. 근데 그만 이 사람이 한쪽 구멍의 핏줄은 잘 막아서 이었는데 한쪽 구멍 것은 처리를 잘못 했던가 봐요. 의례히 회복이 다 되었겠지 하고 간호사가 회복실에 가보니까 사람은 깨어나지도 못하고 피가 계속 새고 있었다는 거예요. 신속히 연락이 되어 다시 목을 째고 남은 한쪽 핏줄을 다 잇긴 했습니다만 아직도 깨어나진 못하고 있어요. 보시다시피 저렇게 부어 가지고 빈사지경이니 이를 어쩌면 좋습니까? 좀 양해를 해주셔야겠어요."

"양해는 무슨 양해요? 당신들 책임져요. 책임!"

민철이 우르락부르락 어쩔 줄을 모른다.

"죄송합니다. 제발 흥분하지 마십시오. 이건 완전히 저희 쪽 실습니다만 우리 젊은 사람 하나 살려 주셔야지 어쩌겠습니까?"

"저 주렁주렁한 호스들은 다 무엇이요?"

"우선 사람을 살리고 봐야 할 것 아닙니까? 응급조치에 필요한 것들입니다."

"아니, 이건 또 뭐야?"

민철은 아내의 얼굴 가까이로 고개를 들이밀어 자세히 본다.

"아니, 이게? 이 사람 앞 이는 어찌된 것입니까?"

그러고 보니 올케의 대문 이 자리가 이상하다. 민순도 고개를 디밀며 자세히 보았다.

"네, 네. 그건 호스를 목구멍으로 넣어야 하는데 영 입을 벌릴 수가 없어서요. 이를 앙다물고 벌려주질 않아서 할 수 없이 앞 이를 뺐습니다. 걱정 마십시오. 그건 나중 저희 병원에서 다 해 넣어 드릴 겁니다."

"뭐라구요? 생 이를 빼요? 아니, 당신들 지금 머하는 짓들이오? 환자를 어찌 다뤘길래 이 지경이 된단 말이오?"

"죄송합니다. 죄송합니다."

바로 옆에 흰 가운을 입고 죽은 듯이 서 있던 젊은 의사가 고개를 주억거리면서 말했다.

"아니, 당신들이 이러고도 의사요?"

"죄송합니다. 드릴 말씀이 없습니다. 한번만 봐 주십시오. 다 제 잘못입니다."

"죄송하면 다요? 책임을 져요 책임을."

"죄송합니다. 죄송합니다."

왜소한 체구에 핏기 없는 얼굴의 젊은 청년이 계속 고개를 주억거리고 서 있다. 민순은 그 청년의 실수로 올케가 사경을 헤맨다고 생각하니 어처구니가 없었다. 아니, 저런 사람도 다 의사인가 싶어 원망스러웠다. 하지만 어찌나 풀이 죽어 있는지 안쓰러운 생각도 든다. 어렵게 사는 이웃 아주머니가 아들이 의과대학 들어갔다고 팔자 고칠 것처럼 좋아하던 일이 떠오른다. 아이고, 저 불쌍한 꼴이라니. 부수수한 머리에 땟국물 흐르는 가운을 입고 동생 민철 앞에서 부들부들 떨고 있는 그가 너무나 초라해 보인다. 저런 꼴 당할라고 의사 되었던가.

민순은 뭐가 뭔지 알 수 없는 가운데 오직 한 가지만 궁금하였다.

"선생님, 그러니까 우리 올케는 살 수 있소, 없소? 저 사람 죽으면 큰일 나요. 애들이 자그만치 다섯이란 말이요. 막둥이는 아직 학교도 안 들어갔단 말이요."

"살 수 있습니다. 보호자가 도와주시기만 하면."

"우리가 무엇을 도와요?"

민철이 어이없다는 듯이 악을 쓰면서 물었다.

"냉정해지셔야 합니다. 한시 바삐 수혈을 해야 합니다."

과장의 그 말이 떨어지기가 무섭게 민철이 펄쩍 뛰었다.

"네? 수혈이요? 그건 안 돼요. 그것 땜에 수술도 망설이고 서약서까지 받았지 않소?"

"압니다. 그러기에 우리가 이렇게 사정을 하는 것 아닙니까?"

"당신이 절대로 그런 일 없다고 했지 않소?"

"글쎄, 지금껏 갑상선 수술환자에게 수혈한 적은 없다니까요. 그런데 그만…."

"야, 사람 환장하겠네. 당신들 모두 책임져요. 세상에 이런 법이 어디 있소?"

"한마디만 해 주세요. 수혈해도 좋다고. 수혈만 하면 빠르게 회복합니다."

"아니, 미국서 신기술 배워 왔다고 큰소리칠 때는 언제고?"

"죄송합니다. 수술은 교수님이 잘 마치셨습니다. 제가 뒤처리를 잘못하는 바람에…."

젊은 청년은 계속 주억거리고 과장님은 난처하다는 듯 눈을 감고 서 있다.

민순은 동생이 원망스럽다. 일각이 여삼추련만 무엇을 망설인단 말인가.

"아이고, 어서 말씀 드려. 수혈만 하면 살아난다는데, 그걸 못하게 하면 어쩔 것인가?"

"누님은 제발 가만있어요. 교회법이 그걸 허락 안 하는데 수혈은 무슨 수혈입니까?"

민철이 씩씩거리더니 휴대폰을 들고 한쪽으로 가 어디다 전화를 한다. 아마도 교회 사람들과 통화를 하는 모양이다. 도대체 무슨 교회가 그렇게 철저한지, 민순의 눈에는 해도 너무 한다 싶을 때가 많았다. 여학생인 큰조카 혜순이도 학교에서 태극기에 경례를 않는다고 처벌을 받았다. 자기 나라 태극기에 경례를 하는 것이 뭐가 나쁘다는 말인가. 이제 둘째도 곧 군대 갈 나이가 되는데 그 문제 때문에도 한바탕 시끄러울 것이다. 총을 들어서는 안 된다고 군대까지 거부한다는 것이었다. 동생네 교회 신자들은 보통 열성이 아니었다. 그들의 하나님은 그들이 하는 지나친 행동을 과연 좋아하실까? 민순은 같은 하나님을 믿는데도 동생네 교회는 아주 특별하다는 생각을 많이 했다.

시골에서 중학교만 나온 동생이 서울에 올라와 어렵게 살면서 그 교회의 덕을 많이 보기는 했다. 그렇다고 저렇게 풍당 빠져버릴 수가 있는지 알다가도 모를 일이었다. 설사 교회법이 그렇다 하더라도 경우에 따라서는 융통성 있게 살아야지 자기보다 더 배운 동생이 왜 저렇게 꽉 막혔는지 이해가 안 되었다.

사실은 작년에도 90 넘은 어머니의 초상을 치르며 이래저래 속을 많이 상했었다. 무엇보다 고향 동네 노친네들을 섭섭하게 해드려 여간 죄송한 게 아니었다. 이미 허리 굽고 등 굽은 노인들은 '아들 따라 올라간 옥곡댁이 죽어서야 우리 곁으로 온다네', 하면서 거리제를 지낸다고 가지가지 음식은 물론 꽃상여까지 준비해 놓고 기다리고 있었다. 일가친척뿐 아니라 타성바지 노인들도 젊은 시절 함께 지낸 정리로 동구 밖까지 나와 기다리고 있었다.

그렇건만 동생은 이미 서울에서 버스 한 대에 교회 사람을 싣고 광양까지 내려가 동네 사람들 의견은 일체 무시하고 자기네들끼리 대번에 어머니의 관을 선산으로 모셔가 교회 예식대로 장례를 치르고 말았던 것이다.

그때도 민순은 너무나 마음이 아팠다. 마지막 가시는 길인데 어머니도 정든 동네 사람들과 이별의 인사라도 나누고 싶지 않겠는가. 아무리 제가 아들이라고 동네 어른도 무시하고, 누나도 무시하고 저럴 수가 있는가 싶어 가슴이 쓰렸었다. 만들어 놓은 음식은 대충 나누어 먹었지만 모두들 허무하고 섭섭해서 어쩔 줄 모르는 눈치였다. 노인들은 누구 하나 민철에게는 말도 못하고 뱅글뱅글 민순 주위만 맴돌면서 저럴 수가 있느냐고 투덜대는데 민순도 다 큰 동생 어찌지 못해 죄 지은 사람처럼 몸 둘 바를 몰랐었다.

민철이 그 새 통화를 마치고 의사 앞으로 왔다.

"일단 수혈은 거부하겠습니다. 지금 교회 사람들이 오기로 했으니 그때 봅시다. 만일 무슨 일이 생기면 이 병원 그냥 안 둘 테니 그리 알아요."

민철은 아주 당당했다.

"어이, 동생. 한시가 급한디 왜 그러는가? 시끄럽게 한다고 달라질 게 뭔가. 어서 수혈을 해야지. 사람이 살고 봐야 할 것 아닌가."

"누님이 뭘 안다고 그러시오. 제발 가만히 좀 있어요."

"그래. 네가 나보다 잘났지. 그러나 생명을 앞에 놓고 이게 무슨 짓인지 나는 모르겠다."

민순의 말을 뒤로 하고 민철이 인상을 쓰며 밖으로 나간다. 민순은 이때다 싶어 얼른 의사 선생님 앞으로 다가간다.

"선생님, 사람을 살리고 봐야지요 잉? 안 그렇소, 우리 동생 몰래는 수혈을 못 허겄소?"

"할 수야 있지요. 허지만 유난히 강조를 했고, 처음부터 제 각서까지 받아 둔 터라 기왕이면 보호자 허락을 받고 하는 게 좋지 않겠습니까?"

"그야 그렇지요. 그렇지만 저 올케가 죽으면 정말로 안 되는디 난 애가 타 죽겠네요. 시누이가 남편 대신 수혈허겠다고 하면 못허는 겁니까? 선생님허고 저허고만 알고 어찌 해 볼 방법은 없겄습니까?"

"아주머니, 감사합니다. 저도 그 방법을 생각하고 있었습니다. 누님이라고 하셨지요? 그럼 동생 오기 전에 그렇게 해 주시겠습니까? 우선 도장만 찍어 주시면 수혈은 동생 몰래 좋은 시간을 틈타서 해 볼 테니까요."

"그럼 얼른 해 봅시다. 원 사람을 살리고 봐야지. 교회 사람을 데꼬 와서 어쩌겠다고?"

의사는 하얀 종이 한 장을 내밀었다. 그리고 수혈을 해도 좋다는 허락서를 쓰고 서명하란다.

시골에서 겨우 초등학교만 졸업한 민순은 무슨 말을 어떻게 써야하는지 알 수가 없었다. 설사 공부를 더 했다고 해도 온몸이 떨리고 손이 발발 떨려서 못 쓸 판이었다.

"선생님, 난 도무지 뭐라고 쓸까도 모르겠네요. 가르쳐 주는 대로 쓸께요."

"간단히 쓰지요. 김순미 환자에게 수혈을 허락합니다. 하고는 그 아래다 이름 쓰시고 도장을 찍으세요."

"아이고, 나 도장도 안 갖고 왔는데요."

"참 그렇군요. 그럼 도장은 나중 찍기로 하고 우선 이름만 써 놓으시지요."

민순은 안 그래도 서툰 글씨를 덜덜덜 떨면서 써 내려갔다. 일각이 여삼추다. 그 새 동생이 오면 큰 낭패다. 도둑질하는 사람이 이렇게 떨릴까. 가슴이 후두둑거리고 몸은 더욱 떨린다. 두 줄 밖에 안 되는 글쓰기가 왜 이렇게 시간이 걸리는가.

후우. 일단락이 났다. 민순은 두근대는 가슴을 손으로 누르며 중환자실 앞으로 갔다.

순미는 침대가 가득하도록 몸이 더욱 불어 있었다. 만일 저대로 죽는다면 관에도 넣을 수 없을 정도였다. 세상에 피가 멈추지 않고 새어 나오면 사람이 저 지경이 되는 것인가. 이빨까지 없어진 입에 호스를 물리고 거짓말 좀 보태면 집채덩이만한 몸으로 죽은 듯이 누워 있는 올케가 아무리 봐도 사람 같지 않았다. 물에 빠진 시체가 저렇더니만.

몇 십 년 전 광양에 살 때다. 인근 고을 순천에 물난리가 나서 굉장했던 때가 있었다. 그때 물에 퉁퉁 불은 시체가 꼭 저런 모습이었다. 너무나 끔찍해서 절대로 물에 빠져 죽어서는 안 되겠구나 생각했었다. 그런데 올케가 저지경이 되다니. 세상에, 끔찍도 하지.

밖으로 나와 보니 동생이 교회 사람들 서너 명과 함께 의사와 옥신각신

하고 있었다. 장정들 서넛이 들어서니 소리가 자꾸 커진다. 환자 가족들이 웬일인가 싶은지 자꾸 쳐다본다.

"어이, 어쨌건 사람을 살리고 봐야 허네. 의사 선생님들이 일부러 그럴래서 그런 것도 아니고 시끄럽게 해야 아무 소용없네. 어서어서 좋은 방법을 찾도록 의논을 해 보세."

"우선 가족들을 불러 모아 의견을 들어봅시다. 아이들도 부르고요." 의사가 말했다.

"필요 없어요. 누님은 나가시오. 내가 이분들과 함께 회의를 할 테니까 누님은 들어오지 마시오."

민순은 섭섭했다. 누님은 보나마나 수혈을 하라고 할 테니까 따돌리겠다는 의중일 터이었다. 그래. 잘들 해봐라. 민순은 다행히 그들이 수혈을 허락하면 좋지만 그렇지 않더라도 이미 자기가 써 준 승낙서가 있으니 어서어서 회의를 끝내고 저들이 돌아가 주는 것이 상책이라 생각하였다.

"그래, 나는 여기 있음세. 한시가 급하니 어서 가서 회의를 해보게."

민순은 의사 선생님께 잠시 눈길을 주며 돌아섰다. 올케를 살릴 수만 있다면 어떤 악역도 맡을 수 있고 하나님도 그런 자기를 이해해 주시리라 믿었다.

종교도 가지가지지. 무슨 종교가 그런 종교가 있을까. 사람이 잘 살아보자고 하느님도 믿는 것이건만 도대체 알다가도 모를 종교였다. 올케가 아이 다섯을 낳은 것도 다 그 종교 덕이었다. 남들은 어려운 살림에 가족계획이라는 것을 잘도 하던데 그 종교는 그런 것도 큰 죄가 된다고 생기는 대로 다 나아야 한다는 것이었다. 그동안 없는 살림에 올케가 얼마나 고생을 했는가. 아이 낳고 몸조리 한번도 제대로 못해 보고 일을 시작했다. 물론 아기를 생기는 대로 낳는 것은 당연한 일이다. 아무리 작은 씨앗이라도 나 싫다고 소파수술을 해서 생명을 없애는 건 잘못이라고 생각한다.

그러나 셋째 때의 일은 아무리 생각해도 너무했었다. 셋째 때는 아이가 거꾸로 앉아 있어 수술을 해서 낳아야 한다고 했다. 그런데 수술은 절대로 안 된다고 온갖 고생을 생으로 시켜서 기어코 자연분만을 했다. 그때도 올케가 죽는 줄 알았었다. 아이고, 무서운 종교도 다 있지. 종교도 종교지만 그렇게 철저히 믿는 교인들이 더 신기했다. 자기도 교회를 다니시반

주일날로 한 번씩 나가 목사님 말씀 잘 듣고 가끔 교회 사람들과 얼려 나들이 가고 혼자된 몸에 자식 키우면서 어려운 일 있으면 도움 받으며 편안한 마음으로 다녔지 동생처럼 교회법인가 뭔가에 얽매어 살지는 않았다. 하나님은 똑 같은 하나님일 텐데 백성들은 어찌 그리 다른지 알다가도 모를 일이었다.

무슨 회의를 어떻게 했는지, 한참만에야 그들이 나왔다. 그리고 면회시간이 아닌데도 교회 사람들이 특별히 중환자실로 들어가 기도를 바치고 돌아갔다.
"그래 수혈을 하기로 했는가?"
"그건 안 된다니까요. 오늘 교회에서 모두 모여 철야기도를 하기로 했어요."
"철야기도? 그게 수혈보다 낫다던가? 참, 나. 그래. 잘들 해 보시라고 하소."
"복장 터지는 소리 말고, 누님도 집에 가 쉬세요. 오늘밤은 내가 지킬 테니까."
"중환자실이라 지키고 말 것도 없습니다만."
젊은 의사가 굽실굽실 끝까지 따라다니다가 한마디 한다.
"대기실 의자에서라도 밤을 새야지. 내가 이제 누굴 믿겠소?"
"그러십시오. 저도 밤을 새며 최선을 다하겠습니다."
그들의 대화를 들으며 민순은 일단 집으로 갔다. 가서 도장부터 챙겨 가방에 넣었다. 오늘밤이라도 동생이 집으로 들어가면 그들이 수혈을 할 텐데 왜 또 제가 지킨다고 나서는가. 입맛도 없지만 간단히 저녁을 차려 먹고 얼른 되짚어 병원으로 갔다.
"나도 여기서 밤 샐라네. 걱정이 돼서 아무 것도 못 허겄고 여기 있는 게 낫지. 동생도 어서 가서 밥이나 먹고 가게도 좀 살피고 아이들도 살펴 보소."
"내 이 병원을 발칵 뒤집어 버릴까?"
민철은 분을 못 이기겠는지 울컥 한마디 뱉는다.
"아서, 아서, 그래서 살아만 난다면 누가 말리겠는가. 다 우리만 손해야.

어쨌든지 의사 선생님이 최선을 다해서 올케를 살려 주게 맨들어야지, 저렇게 사색이 된 사람들을 그러면 쓰겄어? 될 일도 안 되네."
"모든 것은 자기들이 책임지겠다고 했으니까…. 하여간 두고 봅시다."
"수혈만 하면 된다는데 왜 그걸 못하게 해?"
"누님은 수혈이 만능인 줄 아네. 남의 피 넣었다가 부작용 나면 더 무섭다요."
"그래. 하여간 두고 보세. 고무 호수가 졸랑졸랑 달린 것 봉께 자기네들도 식겁을 해서 최선을 다하는 갑더만. 시간이 가면 좋아지겠지."
"하나님이 살려 주실 것이오. 오늘 철야기도 한다니까."
"그럼 자네도 거기 가서 항꾸네 기도하소. 제일 중요한 남편이 빠지면 되겄는가? 하나님이 웃으시겠네."
"…누님 혼자 있어도 되겠소?"
"하먼. 중환자실 들어가지도 못하게 허고 여기 대기실에만 앉았는디 뭘 못해?"
"그럼 그럴까. 허긴 나도 당연히 기도를 함께 하고 싶지. 무슨 일 있으면 얼른 핸드폰 헐라요?"
"그래. 올케가 눈만 뜨면 얼른 핸드폰 해 주께."
민철이 못 이기는 척하고 그 자리를 떠났다. 아이고, 살았네. 민순은 속으로 고소했다. 하나님 감사합니다.
민철이 나간 뒤 민순은 불이나케 간호사를 찾고 의사와 연락을 취했다. 초죽음이 된 레지던트는 집에도 못 가고 있다가 연락을 받고 과장님께 전화를 하는 둥 일은 착착 진행되었다. 대기 중이던 선생님이 나타났다. 민순은 얼른 도장을 꺼내 찍어 주었다. 한시를 다투며 수혈이 시작되었다. 시뻘건 피가 담긴 비닐봉지가 주사걸이에 걸렸다. 곧바로 피가 한 방울씩 한 방울씩 천천히 떨어진다. 피는 긴 호스를 타고 내려가 주사기를 통해 올케의 몸으로 들어간다. 그 광경을 보고 있으니 으스스 무서운 생각도 든다. 민순은 갑자기 몸이 후끈 달아오른다. 자기도 모르게 눈을 감고 기도를 드린다.
하나님. 제발 우리 올케를 살려 주십시오. 졸망졸망 애들 다섯을 놓고 죽으면 누가 저 동생한테 훗시집을 오겠습니까? 하나님. 제발 부탁합니다. 민철이네 하나님께도 기도드립니다. 부디 제 마음 좀 이해해 주시이다. 제가 잘 하는 짓인지 잘못 하는 짓인지 저도 모르겠습니다만 어쩌든지 우리 올케만 살려 주십시오. 남의 피가 들어가면 부작용도 있다지만 제발 그런 일은 없게 해 주시이다. 수혈만 허면 쉽게 회복한다는 의사 선생님 말만 믿고 싶습니다. 어떤 일이 있어도 우리 올케가 죽으면 안 됩니다. 하나님. 하나님!

민순은 중환자실에 있으니 자꾸 무서운 생각이 들었다. 피가 똑똑 순조롭게 들어가는 것을 확인하고 대기실로 물러 나왔다. 의사도 간호사도 정성을 다하는 것이 눈에 보인다.

민순 아짐의 승리

역사는 밤에 이루어졌다.

민철이 모르게 피 두 봉지가 들어갔고 아침이 되자 대기실에서 졸고 있는 민순을 간호사가 깨워 중환자실로 데리고 들어갔다. 신기하여라. 올케가 눈을 뜨고 있었다.

"아이고, 올케. 정신이 좀 드는가?"

"…형님. 여기가 어딘가요? …왜 제가 이런 데 있답니까?"

"그래. 아무 걱정 마소. 이제 모든 것이 잘 되어 가네."

"…형님, 뭣이 잘 못 됐어요? 왜 병실이 아니고 이런 데 있어요, 제가? …이 호스는 다 뭐인가요?"

"조금만 참아."

"여긴 일반병실이 아닌 것 같네요. 무슨 일이 있어요?"

"아니, 아무 일도 없어. 조금 회복이 늦어서."

"…이곳은 중환자실 아닌가요? 돈도 많이 나올 텐데, 얼른 일반병실로 옮겨 줘요, 형님."

민순은 정신이 들자 입원비 걱정부터 하고 있는 올케가 너무나 가엾었다.

"그 걱정은 말아. 병원에서 다 알아서 한다네."

잠시 정신이 들었다가 올케는 다시 스르르 눈을 감는다. 민순은 이제 살았다 싶어서 부기가 조금 빠진 듯한 올케의 손을 잡고 감사의 기도를 드렸다.

"하나님 감사합니다. 우리 하나님이 되었건 민철이네 하나님이 되었건 하여간 감사합니다."

민순은 간호사의 지시대로 다시 밖으로 나왔다. 그리고 민철에게 전화를 넣었다. 안 그래도 민철은 병원을 향해 오고 있는 중이었다.

"동생 어서 오게. 올케가 눈을 떴네. 아이고 이제 한시름 놓았네."

민철이 간호사의 특별 안내를 받아 중환자실로 들어가 아내를 만났다. 아내는 밤새 부기도 좀 빠지고 생명을 얻은 듯 보였다. 잠이 들어 있어서 깨우진 않았지만 이제 살아났다는 안도감은 충분히 느낄 수 있었다.

"그러면 그렇지. 밤새 한 잠도 안 자고 기도했소. 교인들이 수고가 많았소."

"그래. 수고들 했네. 인제 한시름 놓았구만."

민철은 교우들과 철야기도를 한 보람임을 철석같이 믿는 것 같았다. 민순의 눈에 갑자기 가느다란 고무호스를 타고 똑똑 떨어지던 핏방울이 보여왔다. 시커먼 피가 담긴 비닐봉지도 보여왔다. 갑자기 으스스 몸이 떨렸다. 이 고통을 민철은 조금치도 모른다. 민순은 지금 이 순간 솔직히 말해서 하늘에 계신 하나님보다는 피를 준 그 사람, 그리고 밤 내 들락거리며 애쓴 의사와 간호사 등 땅의 사람들이 더 고마웠다. 그러나 민철에겐 차마 그 말을 할 수가 없었다. 아무렴 어떤가. 올케가 살아났으니 무얼 더 바라겠나.

이야기의 실타래를 정신없이 풀어놓던 아짐은 잠시 숨을 돌리고 물 한 모금을 마시더니 밝게 웃으며 말했다.

어이, 그래서 결국은 올케가 살아났다네. 우리 말이시. 병원에서 귀빈 대접 받고 나왔네. 중환자실에서 며칠 더 있다가 일반 병실로 옮겨서 한 일주일 후에 퇴원을 했는디 과장 선생님뿐 아니라 젊은 의사들도 우리헌테 쩔쩔 매데. 지금도 가끔 가서 진찰 받고 또 그 병원 치과에서 이빨 치료도 받고 있지 않는가. 이빨도 아주 비싼 것으로 해 넣었다데. 하여간 칙사 대접을 받았네. 바쁜 사람이 병원 댕기는 시간이야 좀 아깝지만 안 그래도 그 이가 좀 안 좋아서 언젠가 해 넣을려고 맘먹었던 거라니까 다행이지 머. 살다가 참 별꼴을 다 봤지 잉? 요전에는 올케가 갔더니 전에 못 보던 간호원이 나오더라네. 아가씨가 이 아주머니는 왜 이렇게 특혜를 받나 이상했던지 보험카드를 왜 안 가지고 왔냐, 왜 예약시간을 안 지키냐, 까탈을 부리더라네. 그러더니 의사헌테 들어갔다 와서는 태도가 백팔십도 달라졌더라네. 아까는 죄송했다고 굽실굽실 인사를 허더라네. 솔직이 자기들한테는 우리가 구세주 아닌가. 생각만 해도 아슬아슬허지. 그래도 나는 참말로 욕 한마디 못했네. 일 저질러진 뒤에 그래봤자 뭣할 것인가. 그저 조용조용 아무도 모르게 그 쪽도 좋고 우리도 좋게 해결하는 게 수지 떠들어 봤자 무슨 소용 있겠는가. 아이고 말도 말게. 그 승낙선가 뭔가 쓸 때, 그리고 도장 찍을 때, 나 십년 감수헌 것 그 속을 누가 알 것인가. 어떤가, 내가 머리를 잘 썼지 잉? 사람은 머리를 잘 써야 허겠드라고. 안 그랬으면 아매 잘못 되었을 거이시… 생떼 같은 올케가 죽어 보소. 아이들은 어쩔 것이며 병원은 또 어쩔 것인가. 신문에 날 일이지. 그 레지덴튼가 뭔가 하는 의사는 또 어찌 되겠는가. 앞날이 구만리 같은 그 젊은 이를 우리가 죽여 뿌러서야 되겠는가. 우리도 다 자식 키우지 않는가. 물론 실수야 큰 실수 했지. 이제 그 청년도 두 번 다시는 그런 실수 안 헐 것이네. 아이고 완전히 사색이 되어 가지고 굽실거리는데 그 좋은 의사 공부 해 갖고 너무나 불쌍하데. 그나저나 의사들도 할 짓이 못 되드만. 잠도 제대로 못 자고 왔다갔다, 그런 직업을 뭣이 그리 좋다고 난리들이란 가. 우리 아들이사 공부도 못해서 못 가지만 난 안 부럽데. 의사 사위 최고라 쌌데만 난 하나도 안 부럽데. 아이고 그 젊은이도 십년 감수했지. 그건 그렇고 비밀이라는 것이 언젠가는 탄로가 날 것 아닌가? 나는 아주 마음이 불편하단 말이시. 차라리 민철이가 알아 뿌렀으면 좋겠어. 그럼 그 이야기도 나누고 웃을 수 있을 것 같은디 말이 안 나온단 말이시. 어저께도 말이네. 어떤 손님들이 왔는디 그 이야기를 꺼내는 거라. 자기네 교인들이 철야기도해서 아내가 나았다는 식으로 말이네. 나는 솔직히 그 소리 듣기도 거북해 죽겠네. 그래서 내가 손님들 간 담에 말했지. 그런 소리 자꾸 해 쌌지 마소. 기도해서 낫는다면 이 세상에 죽을 사람이 어디 있겠는가. 내 가족 죽어 가는데 우리만큼 기도 안 할 사람이 어디 있겠는

가. 그날 밤 의사들 잠도 안 자고 고생 많았네. 그랬더니 벌컥 화를 내는거라. 누님은 왜 그리 기도를 못 믿소? 교회 식구들이 그렇게 마음 모타주었는디 고마운 줄 아시이다, 하면서 소리를 지르드라고. 내가 그 정도 말하면 좀 짐작이라도 하고 나한테 꼬치꼬치 물으면 대답을 할라고 했단 말이시. 비밀이 얼마나 오래 갈 것인가. 나도 비밀 갖고 있을랑께 마음도 무겁고 기회 봐서 털어 놓라는디, 이놈의 동생은 영 눈치도 못 채고 기도 소리만 외치고 있으니 내가 얼마나 답답허겄는가. 심술도 나고 말이네. 그래서 올케한테라도 털어놓을까 허다가 그것도 좀 마땅찮아서 참고 있는디, 어느 날 문득 자네 생각이 나더란 말이시. 자네야 우리 동생 만날 일도 없고 안전하지 않는가. 아이고 자네한테라도 털어놓고 나니까 살겄네. 인제 내 마음이 좀 가벼워졌어. 후—. 들어줘서 정말 고맙네 잉.

나의 대꾸
민순 아짐은 내 눈을 똑바로 바라보며 의기양양하게 웃었다.
나도 긴 이야기를 들었으니 무어라곤가 한마디 하긴 해야 할 텐데….
"아짐 정말 수고하셨네. 하여튼 아짐이 머리를 잘 쓰셨그만. 아짐은 어중간히 배운 사람보다 낫소. 덜덜 떨리는 손으로 여러 사람 살려냈잖아. 법이라는 건 사람을 살리자고 만든 건데 거기 너무나 얽매이다 보면 오히려 사람을 죽일 수도 있거든요. 하느님이 원하시는 건 결코 그게 아닐 텐데 말이에요. 그나저나 민철 아제한테는 당분간 말하지 않는 게 좋겠어요. 사실 내 생각은 그들 기도도 한 몫 했다고 봐요. 물론 수혈이 가장 큰 몫을 했지만 무슨 일 하나가 성사되려면 여러 사람의 기(氣)가 모아져야 되는 것 같아요. 혼자 힘으론 절대 안 돼요. 의사 선생님들도 얼마나 간절히 기도했겠소? 아무튼 모든 기가 다 모아져서 하늘에 닿아 올케가 회복한 것이라 생각하고 당분간 아제한텐 말하지 마세요. 괜히 허망하게 만들 것 없잖아요. 이제 저한테라도 털어놓았으니까 괜찮을 거예요. 그 얘기 하고 싶으면 언제든지 저한테 전화하세요. 참 우습죠? 비밀이란 놈은 늘 외출하고 싶어 해요. 아무리 숨어 있으라고 다독여도 불거져 나오려고 발버둥치거든. 아짐이 성당엘 다녔으면 진즉 신부님께 고해성사 보고 해방되었을 텐데 개신교에는 그게 없어서… 아무튼 무슨 일에나 암암리에 하느님의 큰 손길이 작용하고 있는 건 틀림없어요. 민철 아제 말도 맞다니까요. 그래도 아짐이 아제보다 훨씬 똑똑하네요. 우리 아짐 고등학교만 나왔어도 뭐 한등 했을 텐데. 위급한 순간에 정말 머리를 잘 쓰셨그만. 그게 바로 지혜지. 박수 박수 박수!"
"하하하. 내가 그리 멍청한 사람은 아니제, 잉? 하하하."
칠순을 바라보는 민순 아짐은 있는 대로 주름살을 펼치며 화들짝 웃었다.

비밀. 이 말은 인간의 역사가 시작되면서부터 함께 있어오지 않았을까. 그러나 과연 그 비밀이 잘 지켜졌을까. 끝까지 지켜진 것이 있기는 할까. 아무리 철갑옷을 입혀 가슴 속에 묻어 두어도 기회를 노리며 외출하고 싶어 하는 비밀. 발설하지 말라는 부탁을 듣고도 얼결에 입 밖으로 흘려내고, 때로는 은근 슬쩍 의식하며 뱉어내는 비밀. 하기야 발설하지 말라고 부탁한 당사자도 어느 순간 혼자 간직하기 무거워 적당한 상대를 노리며 털어내지 않던가.
민철 아제가 이걸 알면 어쩌지? 은근히 걱정도 되지만 나는 이 비밀을 털어놓는다. 아무래도 이것은 공개되어야 할 비밀이라 느껴졌기 때문에.

소설가, 황순원 선생 추천으로 「현대문학」을 통해 등단. 전남여고·여수여고·동일여고·중대 부속여고 교사, 황순원 문학촌 촌장 역임. 저서 : 소설집 「가을, 그리고 산사」, 「아픈 환상」, 「겨울 나그네」, 「가슴에 묻은 한마디」, 「비밀을 외출하고 싶다」 외, 수필집 「그 날, 그 빛으로」, 「아름다운 귀향」, 「하늘을 꿈꾸며」, 「초록빛 축복」, 「나의 기쁨, 나의 희망」, 동화 「배꽃 마을에서 온 송이」, 장편 「영원한 달빛, 신사임당」

수필

강근숙 구서휘 김미자 김산옥 김순옥
김중위 박명순 박춘근 박혜자 반윤희
밝덩굴 소진섭 손 희 송인관 신진숙
윤형두 이강용 이경은 이상국 이예경
이예지 임경애 임금재 임종호 정인자
조정선 진우곤 최영종 최장순 한명희
홍미숙

엄마의 장독대

강 근 숙

빨간 플라스틱 용기에 담겨있는 '태양초로 만들었다'는 고추장은 장독대에서 금방 퍼온 것처럼 윤기도 흐르고 맛깔스레 보인다. 신접살림 때부터 엄마의 장독대가 내 장독대인 양 맘 놓고 퍼다 먹었으나 엄마가 살림에서 손을 놓은 후로는 가게로 달려간다. 진열대에는 종류대로 크기대로 포장된 장이 즐비하다. 편하게 사다 먹는 고추장은 매콤하면서도 다디달다. 가끔 희나리에 물들인 고춧가루로 만든다는 방송이 나올 때마다 '맘 놓고 먹어도 될까' 의구심이 들면서도 비좁은 아파트 생활이라 고추장 담글 생각을 하지 못했다.

고추장을 담아야겠다. 봄이면 나물 캐기를 좋아하는 나는 몸에 좋다는 민들레, 질경이를 캐 말리고 효소를 만든다. 매실청도 해마다 한 독씩 담아 묵혀두고 나누어 먹는데, 올 가을은 이것들을 버무려 약고추장을 담아볼 참이다. 민들레, 도라지, 질경이로 고추장을 담았다는 말은 들은 적도 본 적도 없다. 솜씨도 없는데 맛이 없으면 어쩌나 염려가 되지만, 정성을 다해 봄부터 준비한 재료로 만든 먹을거리가 시중에서 파는 고추장에 비하겠는가 싶어 자신감이 생긴다.

묽게 쑨 찹쌀죽에 고춧가루와 청국장 가루를 넣고 조선간장으로 삼삼하게 간을 했다. 제일 먼저 큰 항아리에는 3년 묵은 매실청을 넣고 매실고추장 한 단지를 담고, 그 다음엔 민들레효소와 분말을 넣고 민들레고추장을 버무렸다. 쌉싸름하고 향이 진하다. 입맛 없을 때 상추에 민들레고추장 얹어 한 쌈 먹으면 맛있을 것 같아 생각만 해도 침이 꼴깍 넘어간다. 깊은 산 속 맑은 기운으로 자란 도라지효소와 가루를 넣어 도라지고추장도 담았다. 뭇사람의 발에 짓밟혀도 죽지 않고 살아나는 흔하디흔한 풀 질경이, 그 질긴 생명력은 사람에게 약이 된다기에 곱게 가루를 내어 질경이고추장도 담아 보았다. 아마 엄마가 보셨다면 "고추장에 별걸 다 넣는구나" 하고 혀를 찼을지도 모른다.

　발효되고 숙성된 것은 탈이 없다. 모든 것을 곰삭혀 맛을 내는 크고 작은 단지를 바라보며 한해 살림준비를 다한 듯 뿌듯하다. 베란다에는 김치냉장고와 해마다 매실청을 담그는 커다란 독과 각종 저장음식이 담긴 단지들이 촘촘히 놓여있다. 햇살 좋은날, 항아리 뚜껑을 열어놓고 다독이며 소소한 행복에 젖는 베란다는 내게 엄마의 장독대나 다름없다. 장독대는 알뜰한 살림의 상징이며 그 집안의 먹을거리를 책임지는 안주인의 보물창고이기 때문이다.

　엄마의 장독대는 어릴 적 나의 놀이터이기도 했다. 부엌문을 열면 바로 앞에 팔각형 돌절구가 놓여 있고, 평평한 돌로 단을 쌓은 장독대에는 내 키보다 더 큰 독과 중항아리가 여남은이나 되었다. 쌀 두어 가마니는 실히 들어갈 배가 불룩한 독에는 몇 년씩 묵은 간장이 담겨있고, 중간 항아리에는 고추장과 된장이 그득그득했다. 철따라 앵두며 복숭아 포도가 지천이던 시골집 뒤란, 가을이면 찐 고구마새끼가 함지박에 널려있고 울타리 고욤나무에서 농익은 고욤이 뚝뚝 떨어지던 장독대에서 엄마는 옥양목 앞치마를 두르고 장독을 윤이 나게 닦았다.

　그 곁에서 나는 돌 틈에 뿌리 내린 괭이풀이나 돌나물을 따서 소꿉놀이를 하다가 시들하면 발뒤꿈치를 들고 새까만 쪽박이 떠 있는 간장독에 얼굴을 비춰보았다. 먹물 같이 진한 간장을 손가락으로 찍어 먹으며 '이렇게 짠 것을 어른들은 왜 좋아할까' 진저리를 치면서도 그 맛이 싫지가 않아 심심하면 간장을 찍어먹곤 하였다.

　별다른 찬거리가 없었던 시골에선 해마다 메주를 쑤고 고추장을 담았다. 장만 넉넉하면 일 년 내내 반찬 걱정을 하지 않아도 되었던 시절, 엄마는 요술쟁이였다. 부엌궁둥이에서 뜯은 푸성귀를 데쳐 고추장으로 조물조물 무치고 된장찌개를 끓여 두레상에 올리면 더 바랄 것이 없었다. 계절 따라 반찬거리는 바뀌었으나 밑반찬으로 항상 올라오는 묵은 장아찌는 짭짜름하면서도 깊은 맛이 있었다. 시장엘 가지 않고도 밥상이 푸짐했던 것은 기본 반찬인 장이 있었기 때문이다. 아이들이 자랄수록 푹푹 줄어드는 항아리를 들여다보며 "꼭 누가 퍼간 것 같네"

하던 엄마는 하루가 다르게 커가는 자식들 엉덩이를 어루만지듯 단지를 다독거렸다.

우리 민족은 오래 전부터 김치를 담고 장을 발효시켜 먹었다. 장독대는 조상의 지혜와 슬기가 담긴 과학적인 공간으로 신성한 기도처이기도 했다. 그 옛날 할머니가 새벽마다 정화수(井華水)를 떠 놓고 치성을 드리던 곳도 장독대였고, 가을에 고사떡을 시루째 올리고 집안에 궂은 일 없이 도와달라고 빌던 곳도 장독대였다. 소중히 대물림한 장독대는 점차 현대식 주택으로 바뀌면서 그 자리를 잃어가고 엄마의 장독대도 허물어졌다.

엄마의 장독대에서 항아리 서너 개를 집어왔다. 바라보기만 해도 넉넉한 저 단지들은 단순히 장을 담는 옹기가 아니라, 집안을 지켜주고 보살펴주는 철륭신이 깃들어 있을 것만 같다. 올해도 큰 항아리에 매실과 오가피 열매를 발효시키고, 작은 단지에는 고추장과 각종 장아찌를 담았다. 엄마가 그랬던 것처럼 항아리를 반지르르 닦아 뚜껑을 열어 놓고 맛을 본다. 오묘한 맛을 내기가 그리 쉬운 일인가. 그저 햇살과 바람의 품에서 곰삭아 맛이 들기를 기다릴 뿐이다. 장도, 사람도, 숙성되지 않으면 맛이 나질 않는다. 설익은 것이 발효되어 맛을 내는 장독대에서 나는 오늘도 항아리를 다독이며 한나절을 보낸다.

「한국수필」 등단, 한국문인협회 파주지부 · 파주문학회 회원, 문파문학 운영이사, 경기도 문화관광 해설사, 파주문화원 문화유산해설사, 저서 :「흑백사진」,「천년의 부활」, 원종린문학상 · 제31회 전국향토문화공모 우수상 · 경기문학상 본상 수상

처연(悽然)

구 서 휘

    이렇게 큰 호수가 대륙 한 복판에 있을 거라고 미처 생각하지 못했었다. 터키 수도 앙카라에서 카파토키아로 가는 길목에 자리한 소금호수는 그리움에 지친 사람처럼 뭍으로 허연 가슴을 드러내 놓고 있었다.
    예전에 바다였던 호수는 지진으로 지각변동이 일어나 바닷물이 갇혀 육지가 되고, 호수가 되었다고 한다. 낮은 물길 속으로 몇몇 사람들이 신발을 벗어 놓고 긴 곡선을 그으며 들어가고 있었다. 잠잠히 그 끝을 바라보고 있으니, 형부를 잃고 한동안 웃는 사람들이 낯설어 보인다고 말하던 언니가 생각났다. 언니를 생각하니 한(恨) 같은 서늘한 바람이 가슴에서 출렁거렸다.

    여러 해 형부는 병원과 집을 오가며 앓았었다. 여러 가지 합병증으로 가세는 더욱 기울고, 죽음은 형부의 언저리를 맴돌았다. 칼바람이 부는 날, 마흔아홉의 언니는 과부가 되었다. 그것은 슬프고 또 슬픈 일이었다. 어제까지 살아있던 사람의 부재를 인정하는 일은 두렵고 낯선 것이었다.
    저녁마다 밤바다로 나간다는 언니의 소식을 들었다. 그럴 때마다 질척거리던 슬픔이 밀물처럼 몰려왔다. 나이에 어울리지 않게 많은 풍파와 굴곡의 시간을 보낸 언니. 그런 언니가 태산같이 의지했던 형부를 잃고 미쳐서 바다에 뛰어들지는 않을까 나는 몸을 떨었다. 바다를 찾는 것이 우울을 내쫓는 좋은 방법 중 하나라는 언니의 말 속에서 애써 따뜻한 불빛들이 출렁이는 밤바다를 상상해 보았다. 그러나 속수무책으로 커져있는 형부에 대한 그리움을 느낄 수 있었다. 언니는 그렇게 지난 추억들을 환시(幻視)처럼 끌어안고 살아가고 있었다.

먼저 간 사람을 사랑하는 일은 처연하다. 그 처연함은 자글자글 끓는 태양 아래 허옇게 결정체를 토해 놓는 소금호수를 닮아 있었다. 호수는 여전히 도달할 수 없는 목마름에 깊게 잠겨있는 듯했다. 버리지 못한 뜨거운 열망들은 밤마다 호수의 바닥을 뒤척이게 할 것이다. 닿을 수 없기에 더욱 안타까운 것들. 다시 땅이 솟아오르고, 바위가 깨어지는 꿈들. 버리지 못한 호수의 꿈처럼 목마름과 외로움과 절망이 언니의 가슴에도 깊은 골을 패이게 했을 것이다.

내 나이 마흔아홉이 지나고서야 가련한 언니를 더 생각하게 된 일은 참으로 어리석다. 맏딸로, 맏며느리로 해보고 싶은 것들을 제대로 하지 못하고 살았을 언니를 생각하면 시린 마음이 돋아난다. 제대로 품을 수 없었던 많은 것들이 안타까웠을 언니 역시, 나처럼 뜨거운 가슴을 가진 여자였을 것이다.

여전히 보이지 않는 몽롱한 과거로의 징검다리를 놓으며 언니는 늙어가고 있다. 그리움은 남아 있는 사람의 몫이고 그것은 기억하는 언니의 몫이다. 사랑했던 추억은 현실의 고단함을 씻어내고 닦아내는 힘을 가졌다고 언니는 읊조리듯 나에게 말한다. 살면서 진정으로 가슴에 담았던 많은 것들은 시간의 간극 속에서도 여전히 유효하다는 것이다. 열심히 살았던 언니의 지난 시간들은 긴 호흡으로 다시 되새김질되고 있었다.

어쩌면 세상 끝이라고 생각했던 일들이 다시 생각하면 새로운 세상의 시작일지도 모른다. 부디 생의 길에서 마주하게 되는 많은 것들을 언니도, 나도 긍정하며 살 수 있기를 바란다.

이런저런 생각을 하는 동안에도 호수는 가냘픈 여인의 마음처럼 애잔하게 흔들리고 있었다. 버스에서 내린 또 다른 사람들이 보였다. 그들의 밝은 웃음소리들이 소금호수 속으로 와르르 쏟아졌.

호수 저편으로 노을이 훨훨 타오르기라도 했으면 좋겠다. 아늑하지 못한 언니의 삶도, 바다로 가는 길을 잃어버린 소금호수도 그 시간만큼은 꽃처럼 붉게 물들어 황홀해 보일 것이다.

닿을 수 없는 것들을 기어이 품어 안고 살아가는 것들은 마음을 애잔하게 한다. 나는 축축한 기억들을 이곳에다 묶어두고 떠난다.

월간 「수필문학」 등단, 수필집 : 「마음을 빗질하는 시간」, 공저 「사인사색」 등 다수, 한국문인협회·의정부문인협회 회원

그리운 고향

김 미 자

    대중가요의 노랫말이 마음에 와 닿으면 나이가 든 것이라는 말에 공감한다. 계절이 바뀌거나 비라도 내리는 날이면 형용할 수 없는 기분에 휩싸이게 된다. 왜 그렇게 그리운 것들이 많은지. 부모형제가 무탈하고 건강한 남편과 자녀들이 옆에 있는데도 가슴이 뻥 뚫린 것 같다.
    외로움은 그리움을 낳고 그리움은 수많은 추억을 불러온다. 직장이 명동에 있었지만 집세가 싸다는 이유로 버스 종점인 신도림에 둥지를 틀고 홀로 지내던 시절, 그토록 동경하던 서울생활이었는데도 부모형제 곁을 떠나와 낯선 곳에서의 적응은 참 더뎠다. 고향과 혈육의 정이 사무치게 그리웠다.
    그렇게 낯선 곳에서 적응하며 오랜 세월을 살다보니 새삼 고향생각에 울적해진다. 할머니, 할아버지, 고모, 삼촌들까지 열네댓 식구가 왁자지껄 한 울타리 안에서 정답게 살았던 고향집이 없어졌다.
    아흔이 넘은 할아버지가 고향을 지키다 돌아가신 뒤, 마지막으로 보았던 텅 빈 고향집이 머릿속에 맴돈다. 유년시절 동네 아이들과 뛰놀던 소나무 동산이 황토밭으로 탈바꿈했고, 리어카 하나 지나다닐 정도로 좁은 동네 길은 자동차가 다닐 만큼 넓어졌다. 마을사람들이 모여 윷놀이하고, 튀밥장수, 엿장수, 아이스깨끼 장수가 머물던 점방자리는 흔적도 없고 고향집으로 들어가는 골목길조차 낯설었다.
    설레는 마음을 진정시키며 칠이 벗겨진 초록대문 안으로 들어섰다. 개흙처럼 보드라워 검정고무신을 팽개치고 맨발로 사치기와 고무줄놀이, 핀 따먹기 하느라 해지는 줄 몰랐던 드넓은 마당에 잡초만 무성했다. 대가족이 상을 두세 개 놓고 꽁보리밥을 먹거나 팥 칼국수 만드느라 분주했던 기다란 마루에 두텁게 앉은 먼지가 마음을 아프게 했다.

백구네 보금자리였던 본채 마루 밑, 시도 때도 없이 대가족의 밥을 짓고 고구마와 개떡을 쪄내던 부엌의 가마솥, 산처럼 높이 쌓았던 짚 둥우리와 암탉이 알을 낳았다고 목청 돋우며 의기양양하게 걸어 나오던 모퉁이, 크고 작은 항아리들이 줄지어 있던 뒤꼍의 장독대, 대가족뿐만 아니라 인근의 이웃들에게까지 생명수를 나눠주었던 우물, 큰아들인 부모님이 우리 삼남매를 할머니 곁에 두고 읍내로 분가한 뒤 동네 아가씨들의 사랑방이 되었던 별채, 호랑나비 애벌레가 꿈틀대던 탱자나무 울타리….

수많은 추억과 긴 역사를 뒤로 하고 퇴락해 가는 고향집을 한 바퀴 돌며 할머니, 할아버지, 고모, 삼촌들을 생각했다. 그러고 보니 이미 고인이 된 피붙이가 많아졌다. 보고 싶어도 볼 수 없다는 사실이 그리움을 몰고 온다. 그래서 그토록 마음이 허전하고 쓸쓸했던 것일까.

이젠 고향에 가도 반겨줄 사람이 없다. 너무나 변해버린 고향을 생각하면 이유 모를 설움과 섭섭함으로 목울대가 뻐근하다. 유년의 추억이 가득했던 고향집이 밭으로 변하고, 낭화나 찰밥, 떡 등을 한 양푼씩 담 너머로 건네던 옆집 부글 할머니 집도 이미 밭이 된 지 오래다. 앞집 웅살 할머니와 할아버지도 돌아가셨다. 그 집 지을 때 집성촌인 동네 일가친척들이 죄 나와 거들어서 대궐 같은 집을 지었는데 얼마나 살다가 떠나셨을까.

자기가 태어난 집이 없어졌다는 것은 영혼의 주춧돌이 사라진 것과 같다. 홀로 있는 시간이 길수록, 세월이 흐를수록 세상을 떠난 피붙이가 그립고 고향이 그리워 가슴이 절절해진다. 고향을 눈앞에 두고도 못 가는 실향민들이나 탈북민들의 심정을 이제야 이해하게 된다.

'고향 무정'은 흘러간 노래지만 가사가 내 마음을 대변해 주는 것 같아 좋다. 고향이 그리울 땐 가사를 음미하며 흥얼거려본다.

▶ 전북 부안 출생, 한국방송통신대학교 국문과 졸업, 「현대수필」로 등단, 국제펜클럽 한국본부 · 한국문인협회 · 현대수필문인회 회원, 안양문인협회 부회장, 안양여성문인회(화요문학회)회장, 저서 : 「마흔에 만난 애인」, 「애증의 강」, 「복희이야기」, 「복희 이야 기2」, 「바라만 보아도 눈물이 난다」, 「복 많이 받아라」, 「그리움」, 「천방지축 아이들의 논어 이야기」, 「들길을 걸으며」, 산귀래문학상 · 구름카페문학상 수상

엄 마

김 산 옥

　골짜기는 이미 어둠에 싸여 길이 보이지 않는다.
　희뿌옇게 흘러내리는 달빛으로 인해 산길은 더 음침하고 무섭다. 어디선가 들려오는 부엉이 울음소리에 머리카락이 곤두선다. 바스락거리는 억새 소리가 산짐승 지나가는 것처럼 들린다. 돌밭 길을 밟는 소리가 달그락달그락 따라온다. 열 살배기 계집애가 산길을 가기에는 너무나 무서운 밤이다.
　'저 산 속을 올라가야 하는데…'
　아이는 걱정이 태산이다.

　'색시골'은 내 유년의 혼이 숨어있는 소중한 영토다.
　강원도 산골짝, 아늑하고 양지바른 '색시골'에는 단 두 집이 도란도란 살았다. 우리 집에서 손을 뻗으면 잡힐 거리에 한 집이 있었는데, 그곳에는 나와 동갑내기 친구가 살았다. 성은 다르지만 부모님끼리는 형님 동생하면서 친동기간처럼 지냈다.
　우리는 왕복 30리길을 걸어서 초등학교를 다녔다.
　새벽에 집을 나서면 해거름이 되어서야 집으로 돌아왔다. 운동회 연습이라도 하는 날엔 어둑해져서 색시골 어귀에 당도하곤 했다. 골이 깊은 그곳은 산이 높아 밤이 일찍 오기 때문이다.
　그 친구와 함께 학교에 가는 날은 아무리 늦은 밤이라도 집에 오는 길이 무섭지 않았다. 그런 친구가 있어서 늘 든든했다. 어쩌다 그 애가 결석이라도 하는 날에는 산길을 올라오는 길은 멀고도 무서웠다. 그런 내 마음을 아는지 모르는지 그 친구는 걸핏하면 결석을 했다.
　신작로에서 우리 집까지 올라오는 산길은 어린 나에겐 천릿길보다 더 멀었다. 험한 돌밭 길이라 걸리고 엎어지는 일은 예사다. 좁은 길 양옆으로는 머루와 다래 넝쿨이 늘어져 터널을 만들고, 우거진 숲과 웅장한 나무로 인해 대낮에도 으스스한 산길이다. 온갖 새들의 울음소리는 시시각각으로 달라진다.

가끔씩 도깨비를 보았느니, 귀신을 보았느니, 호랑이를 보았느니 하는 예사롭지 않은 말들이 분분한 산골이다.

가을운동회 연습을 하고 돌아오는 길이다.

학교에서는 해가 산마루에 걸렸을 무렵에 떠났는데, 시오리를 걸어서 오다보니 어느새 어둠이 내리고 산 속은 깜깜하다. 내 마음은 이미 얼음장이 되어 간다. 까마득히 어두운 산길을 혼자 올라갈 생각을 하니 오늘따라 말도 없이 결석을 한 친구가 야속하기만 하다.

나는 한 발 한 발 돌밭 길을 오른다.

죽음보다 더 무서운 길이다. 이런 길을 갈 수 있는 것은 그곳에 엄마가 있기 때문이다. 막내딸 오기를 마음 졸이며 기다리고 있을 엄마가 있기에 손에 땀이 배도록 움켜쥐고 산길을 오른다. 이름 모를 밤새가 경기를 할 정도로 울어댄다. 부엉이는 형형 거리며 따라오고, 억새풀이 쌕쌕거리며 말목을 잡는다. 걸을 때마다 달그닥거리는 돌 소리가 꼭 뒤에서 짐승이라도 따라오는 것만 같다. 실낱같이 흘러내리는 달빛은 오히려 그믐밤보다 더 무섭다. 혼절하기 직전이다.

그때다. 골짜기를 흔드는 메아리가 들려온다.

"산옥이 오니~?"

"어, 어머이~!"

기적과도 같은 목소리다.

막내가 걱정이 되어 그 산길을 한 걸음에 내려오고 있다. 새파랗게 얼어있을 막내딸을 향해 큰 소리로 이름을 부른다. 메아리가 그칠 만하면 부르고 또 부르고… 그 어둡고 무섭던 골짜기가 한순간에 대낮처럼 밝아진다. 온몸이 따듯해진다.

엄마는 늘 그랬다.

어두운 길을 혼자 올라올 막내딸을 기다리며 초저녁부터 목이 터져라 내 이름을 불러주곤 했다. 어른도 밤길에는 꺼려하는 길을 망설임 없이 나서는 것은 막내딸이 그곳에 있기 때문이었으리라. 내가 대답을 할 때까지 색시골 어귀를 내려다보며 골 안이 울리도록 그렇게 내 이름을 불렀을 엄마, 멀리서라도 당신의 목소리를 들으면 무서움이 덜하리라는 엄마는 그렇게 내 마음에 등불이 되어주곤 했다.

 지금도 가끔씩 색시골 입구에서 어두운 산 속을 바라보며 무서움에 몸부림치는 꿈을 꾼다. 그런 꿈을 꾼 날에는 어김없이 그리움에 몸살을 앓는다.

 '엄마!'

강원도 평창 출생, 「현대수필」로 등단, 국제펜클럽 한국본부 · 한국문인협회 회원, 현 현대수필문인회 회장, 수필집 : 「하얀 거짓말」, 「비밀 있어요」, 「왈왈」, 산귀래 문학상 수상

산책길에서

김 순 옥

내가 사는 아파트 뒷길 건너편에 '홀트복지타운'이 자리하고 있다. 그곳은 1955년 미국 오레곤주(州) 농장주였던 고 해리 홀트(Harry S. Holt 1905~1964) 씨와 그의 아내 고 버타 홀트(1904~2000) 여사가 6.25전쟁으로 부모를 잃은 전쟁고아 8명을 입양하면서 시작된 사회복지법인 '일산 홀트 사회복지타운'이다.

처음엔 '홀트아동복지회'로 기억하고 있는 곳이다.

전쟁이 스쳐간 뒤 부모를 잃고 헐벗고 굶주리던 아이들이 이 기관을 통하여 2만 명의 고아들을 외국의 각 가정에 입양시켜 주었다. 폭격에 쫓기다 죽어가는 부모를 보면서 울부짖던 아이들의 모습을 나도 기억하고 있다.

1950~70년대 미국으로 여행갈 때 많은 사람들이 홀트에서 입양되어 미국으로 가는 입양아들을 보호자 역할을 하며 가는 경우가 많았다. 항공료를 벌기 위해서였다. 입양되어 가는 아이들, 항공료를 절약하느라 고아의 보호자가 되어 가는 사람들, 모두 가난하게 살아야 했던 우리 시대의 삶의 자화상이다.

해외입양을 전담하던 기관에서, 현재는 '홀트 일산복지타운'으로 복지 분야와 요양기관으로 확대하고 있는 기관이 되었다.

나는 가끔 홀트복지원 정원으로 산책을 나선다. 한적한 그곳에 들어서면 수만 평의 넓은 대지와 나지막한 산이 있어 마치 넓고 아름다운 공원에 들어선 기분이 든다. 무성한 아름드리 나무들과 넓은 잔디밭, 잘 포장된 좁은 오솔길, 길 양편엔 이름 모를 꽃들이 피어 있다. 그곳을 걷노라면 시골의 오솔길을 걷던 날이 생각난다.

봄철에는 각양각색의 꽃이 피는 아름다운 정원으로 잘 꾸며져 있다.

가을엔 무성한 잎들이 고운 옷으로 갈아입는다. 바람결에 날리는 낙엽을 보면 가을의 정취를 깊이 느끼게 된다.

홀트가 자리 잡은 지 수십 년 동안 그곳의 나무들은 아름드리 나무가 되었고, 넓은 잔디밭은 평온한 마음을 갖게 한다. 잔디밭 안에는 우람한 소나무들이 듬성듬성 서 있다. 거목들은 도시 빌딩 사이에 옹색하게 끼어 있는 것과 달리 당당하고 우람한 모습이다. 산자락 밑으로 그곳에 기숙하는 이들의 건물들이 듬성듬성 여러 동(棟)이 있다. 정문에서 잘 정비된 길을 지나면 붉은 벽돌 계단이 나온다.

많은 계단을 오르면 홀트 할아버지 할머니의 묘소가 자리하고 있다. 묘지 앞에는 대리석으로 만든 두 개의 큰 비석이 세워져 있다.

비문에는 사랑하는 할아버지(Beloved Grandfather), 사랑하는 할머니(Beloved Grandmother)라고 국·영문으로 새겨져 있고, 그분들의 출생과 사망연대 그리고 이사야서 43장 5·6절, 잠언서 10장 20·28절의 내용이 국·영문으로 새겨져 있다.

그 앞에서면 숙연한 마음으로 잠시 머리를 숙이게 된다. 나는 정원이 훤히 내려다보이는 묘지 앞 나무벤치에 앉았다 내려온다. 저분들은 어떤 분들이었기에 이렇게 먼 타국의 고아들을 위해서 평생을 바치고 지금 여기에 잠들어 있을까?

'…사랑이 너희의 최고 목표가 되게 하라'는 성경 말씀을 행동으로 옮긴 분들이 아닌가! 그들은 사랑이 우리의 삶에서 하나의 좋은 부분이 아니고, 가장 중요한 것을 실천에 옮긴 분들임을 알게 된다.

이곳은 사랑의 이론과 실제의 차이점이 무엇인가를 생각하게 되는 곳이다.

나는 홀트 정원의 오솔길을 걷기도 하고 때론 잔디밭에 앉아서 시간을 보내기도 한다. 한적한 길을 따라 걷노라면 가끔 그곳에서 살고 있는 사람들을 만날 때가 있다. 휠체어를 탄 장애자와 그를 도와주고 있는 여인의 모습을 볼 수 있다.

우리는 언제부터인가 만나게 되면 웃으며 인사를 건네는 사이가 되었다. '안녕하세요?' 휠체어에 앉아 있는 이가 어설픈 표정과 어눌한 말로 인사를 건네 온다. 얼핏 보아서는 아이인지 어른인지 쉽게 구별이 되지 않는다. 나도 웃으면서 '반가워요. 안녕하세요?' 인사를 한다. 누가 먼저였는지 모르겠으나 그렇게 인사를 나누다 보니 따뜻한 정(情)을 느끼게 되었다.

웃으며 인사하는 그들의 얼굴은 평범한 사람들의 표정은 아니다. 좌우로 머리를 흔들며 꼬인 모습으로 앉아 있다. 부자유스런 모습으로 보인다. 시간이 지나면서 나는 그들도 정상인과 전혀 다름이 없다고 생각하게 되었다.

몸이 부자유스러워 혼자의 힘으로 뜻하는 바를 하지 못하는 사람들, 돌봐줄 가족이 없어서인지, 의탁할 곳이 없기 때문인지 알 수 없으나 이곳에 위탁되어 있는 그들을 대할 때면 웃으면서 악수를 한다. 나는 걸음을 멈추고 그들에게 사랑하는 마음이 있다는 것을 보여주고 싶어서 먼저 악수를 하고 어깨를 보듬어 준다.

신체의 장애를 갖고 있으나 악의와 욕심이 전혀 없는 선(善)한 사람들의 모습이다. 내가 인사하면 좋아하는 그들의 표정을 지울 수 없다. 현대의학으로 치료가 불가능한 뇌신경 세포에 문제가 있어서 장애를 갖게 되었다는 것인가!

그 면에 문외한이지만 그들은 사랑의 감정뿐 아니라 내면의 감정이 무엇인지 알고 있음을 보고 느끼게 된다.

정원엔 인적이 거의 없다. 산 밑에 아담한 교회가 있다. 1980년대 조용기 목사께서 건립한 교회라는 대리석 판이 있다. 교회에 들어가 앉으면 어느새 숙연해진다. 저들을 생각하며 잠시 고개를 숙인다.

모순 속에서 사는 나 자신을 돌아보는 시간이며, 삶에 대한 관념이 잘못되어 있는 것을 지각(知覺)하는 시간이다.

나는 오늘도 홀트동산 오솔길을 거닐고 있다.

평양 출생, 이화여대 불문학과 졸업, 한국여성정책연구원 근무(현 퇴직), 2006년 「문예사조」로 등단, 수필집: 「남기고 싶은 추억들」

소월 김정식과 윤동주

김 중 위

정치를 하다 보면 갈 자리 안 갈 자리 가리지 않고 가는 경우가 많다. 남의 집 상가(喪家)는 물론이고 회갑집이나 돌잔치 집까지 오라고 하거나 말거나 내 멋대로 간다. 때로는 그런 잔치집에 눌러앉아 동네 사람들과 어울려 술 한 잔 걸칠 때가 다반사다. 그런 때에는 좌중들이 박수를 치면서 꼭 한 곡조 뽑아 보라고 성화를 하는 경우도 없지 않다. 그때마다 나는 곤욕을 치른다. 음치인데다가 아는 노래가 없으니 말이다. 그러나 다행히도 젊었을 때부터 부르던 노래가 딱 하나가 있었다.

그것은 '나그네의 설움'이다. '오늘도 걷는다만은/ 정처 없는 이 발길~' 하고 부르는 노래다. 누구의 작품인지 누구의 노래인지도 모르면서 무조건 목청을 높였다. 일제 때 고향을 떠나 유랑민으로 살 수밖에 없던 우리 민족의 슬픈 역사를 말해 주는 노래로 내 가슴에 와 닿았기 때문이다. 그러나 따지고 보면 암울했던 시절 방황할 수밖에 없었던 내 젊은 날의 고달픈 심정을 담고 있었기에 그 노래는 어느듯 내 단골 메뉴가 되지 않았나 싶다.

그러던 어느 날 나는 아무래도 한 곡 정도만으로는 부족하다 싶어 한 곡만이라도 더 부를 수 있는 노래가 없을까로 고민하였다. 그러다가 골라잡은 노래가 하나 있다. '번지 없는 주막'이다. '문패도 번지수도 없는 주막에~' 하는 노래다.

이 두 곡을 번갈아 가면서 부르다가 문득 노래 가사가 소월(김정식)과 윤동주의 시와 엇비슷하게 맥이 통하고 있는 것이 아닌가 하는 생각이 들었다…. 소월과 윤동주는 누구인가! 한마디로 민족시인이다. 이 두 분의 시들이 탄생한 시기가 동시대였기 때문이기도 하지만, 시대를 살면서 느끼는 좌절감과 고독감 내지는 비감(悲感)을 노래하는

데 주저하지 않았다는 점에서도 모두는 공통점을 지녔다고 여겨진다. 그중에서도 특히 소월의 '산'과 윤동주의 '서시'를 예로 들 수가 있을 것 같다.

소월의 '산'은 이렇게 시작된다. '산새도 오리나무/ 우해서 운다/ 산새는 왜 우노, 시메 산골/영(嶺)넘어 갈나고 그래서 울지/ 눈은 나리네, 와서 덥피네/ 오늘도 하룻길/ 칠팔십리/ 도라섯서 육십리는 가기도 했소(후략)… 이 작품은 1925년도의 것이다.

아주 오래 전에 작고한 김수남 선생이 소월의 시를 낭송하면서 이렇게 말하는 것을 들은 적이 있다. 소월이 이 시에서 왜 첫 머리에서부터 '산새가 오리나무 위에서 운다' 하지 않고 '산새도 오리나무 위에서 운다'고 했을까에 대해 그는 설명하고 있었다. '산새가~'로 하지 않고 '산새도~' 라고 한 것은 그만한 이유가 있다는 것이다. 나라 잃은 백성이 어찌 울지 않고 배길 수 있으랴! 백성만 우는 것이 아니라 산천초목도 울고 축생들도 우는데 산새인들 안 울고 있을 수 있었겠는가? 그래서 '산새도 운다'고 했다는 것이다.

그렇다면 윤동주의 경우는 어떤가? 윤동주는 '서시'에서 '~한 점 부끄럼이 없기를/ 잎새에 이는 바람에도~ 괴로워 했다', 그리고 끝 연은 이렇게 맺고 있다. '오늘밤에도 별이 바람에 스치운다'. 1941년 작품이다. 사람이 살면서 어찌 한 점 부끄럼이 없을 수 있을까? 그러나 그는 부끄럼이 있을까 두려워 '잎새에 이는 바람에도' 괴로워했다. 괴로워한 것이 하늘과 별을 넘어 바람에 이르기까지였다니 얼마나 그는 순진무구하였는지 알만하다. 여기에 더하여 '오늘밤에도' 별은 바람에 스치운다고 했다. 별이 바람에 스치운 것은 오늘뿐만 아니라 어제도 그제도 그랬다. 그래서 그는 '오늘밤도' 라고 했다. 시인은 그렇게 몸살을 앓고 있었던 것으로 짐작된다.

이들 시인이 일제의 핍박 속에서 느끼는 이런 감정은 유행가 가사에서도 여실히 발견할 수 있다.

'나그네의 설움'이 '오늘도 걷는다만은'으로 시작된다. 여기서 말하는 '오늘도'가 윤동주가 말하는 '오늘밤에도' 그리고 소월이 말하는 '산새도'와 무엇이 다를까? '번지 없는 주막'에서 말하는 '문패도 번지수도 없는 주막'이 '오늘도 걷는다만은' 하고 다르면 얼마나 다를 것인가?

하나같이 낯선 타향에 문패도 번지수도 없는 무허가 초가집이나 너와집에 살면서 일거리를 찾아 어제도 오늘도 헤매보지만 일거리는 없다. 나뭇가지 위에서 지저귀는 새들의 모습마저 자신의 그 처량한 몰골을 보고 비웃는 듯하기에 부끄러운 마음 가눌 길 없다. 부끄러운 마음을 달랠 길 없어 잎새에 이는 바람에도 움찔하지만 별은 오늘밤에도 바람에 스치울 뿐 앞길을 비춰주지 않는다.

시대의 모습이 시와 노래가사에서 역연히 보이는 것 같다.

우리는 이런 시대를 살았다. 절망의 시대, 희망을 찾을 수 없는 시대, 쫓기고 쫓기면서 밤을 낮삼아 미친 사람처럼 독립운동에 헌신한 사람도 있었지만 대부분의 사람들은 복에 풀칠이라도 하려고 오늘도 또 오늘도 정처 없는 길을 걸어야 했다. 그러다가 해방을 맞았다. 적수공권(赤手空拳)으로 일어선 대한민국 국민의 기적과 같은 위대한 업적을 우리는 지금 맛보고 있다. 이런 우리 역사를 교과서에서는 어떻게 기록하고 있는지 자못 궁금하다.

4선 국회의원, 초대 환경부장관 역임, 현 국제펜클럽 고문, 한국문협 자문위원, 월간 「헌정」 편집인, 독립기념관 이사

불 꽃

박 명 순

 강을 건넜다. 신호등이 붉은 빛으로 바뀌었을 때 왼쪽의 사잇길로 들어섰다. 창문을 열어 강에서 불어오는 바람을 들였다. 고수부지의 강변을 따라 여의도 쪽을 향해 천천히 움직였다. 바람이 부드럽게 느껴진다. 빈자리에 차를 세워놓고 낮은 층계를 내려와 강가를 걸었다. 강물은 오후의 햇빛을 받아 반짝였고 잔물결이 일고 있는 물 위에서 청동오리들이 한가로이 놀고 있다. 한 마리씩 교대로 머리를 숙이고 물속으로 들어갔다 나왔다 첨벙거리며 헤엄치는 모습을 한동안 바라보았다. 유람선이 지나며 그들의 유희도 끝났다. 모두가 하늘로 높이 날아오른다.
 고수부지의 텃밭 푸릇푸릇한 밭두렁에서 여인들이 앉아 무엇인가 캐고 있었다. 계절은 정말 빠르게 지나가고 있다. 멀리 앞쪽에서 연기가 솟아오르며 붉은 불빛이 보였다. 호기심이 일며 마음이 급해졌다.
 불꽃이었다. 그곳에 도착했을 때는 이미 불은 해바라기꽃 모양으로 번져가고 있었다. 누군가 일부러 불을 놓았는지, 그러나 아무도 보이지 않았다. 활활 타오르는 불꽃이 신기했다. 나는 가까이 다가가서 빠르게 춤을 추고 있는 불꽃을 정신없이 바라보았다. 아무도 없는 벌판에서 거리낌 없이 자유롭게 타오르는 불꽃을 보고 있는 동안 마음이 시원해짐을 느꼈다. 무슨 이유일까.
 불꽃은 점점 크게 타오르며 앞으로 번져나갔다. 성난 불꽃에 밀려 나는 뒤로 물러섰다. 크고 작은 건초들이 어우러져 커다란 원을 그리면서 세차게 타올랐다. 불씨들이 서로 다투어 아우성치며 강렬한 열기를 뿜어내었다. 금방 온몸이 따스해졌고 이상한 환희 같은 감정이 일어나고 있었다. 활활 타오르는 불빛이 얼굴에 반사되어 나도 불꽃이 되어 뜨겁게 달아올랐다. 둥그런 원의 면적이 점점 커다란 무대만큼 넓어졌다. 불길이 지나간 그곳은 검은 융단을 깔아놓은 듯 부드러운 느낌을 주었다.

나는 어린아이처럼 호기심이 일며 불꽃 가운데의 부드럽게 자리한 넓은 융단 위에 눕고 싶은 충동을 느꼈다. 작은 불꽃 사이로 한 발을 조심스럽게 들여놓아 보았다. 불꽃이 춤을 추며 가까이 다가올수록 가슴이 힘차게 뛰기 시작했다. 얼마나 크게 뛰는지 심장의 박동 소리가 들리는 것 같았다.

두 발은 잔뜩 긴장되어 있었고 움찔움찔 움직이고 있었다. 순간 나는 무엇에 끌려가듯이 긴 치마자락을 잡고 불꽃 위를 훌쩍 뛰어 넘어 들어갔다. 미세한 불꽃들이 부스스 일어나며 뜨거운 열기가 느껴졌다. 갑자기 더운 바람이 확 온몸으로 밀려왔다. 나는 놀라 엉겁결에 밖으로 뛰어나왔다. 뒤돌아보니 검은 융단 위에 선명한 발자국들이 어지럽게 보였다. 그때까지 주위에는 아무도 없었다. 누군가 나를 보고 있었다면 미친 여자라고 생각했을 것이다.

옆에 있는 웃자란 풀섶 더미가 순식간에 큰 불꽃을 일으키며 타들어 갔다. 그 사이로 검은 물체가 보였다. 날갯죽지가 접힌 채 잿빛의 새한 마리가 죽어 있었다. 날갯죽지에 불이 옮겨지며 푸드득 타는 소리를 내었다. 처음 그 소리를 듣는 순간 얼굴이 경직되며 몸서리가 쳐졌다.

그런데 이상했다. 불길 속에서 타고 있는 작은 새의 주검을 보고 있는 동안 어떠한 변화가 일기 시작했다. 천천히 내 몸의 어느 일부분이 타들어 가고 있는 듯, 다시 말해 썩어가는 어느 부위를 태우는 듯 그런 고통이 한순간 지나갔다. 무엇인가 몸 밖으로 빠져나가는 듯 현기증이 났고 그리고는 통쾌한 기분이 들었다. 진저리를 치던 처음과는 달리 눈 한번 깜박이지 않고 검은 물체가 타오르는 그것을 물끄러미 지켜보았다.

생명의 불꽃이 서서히 일어나고 있었다. 그 불꽃은 살아 움직였다. 마음과 몸이 산뜻하게 가벼워졌다. 어둠이 몰고 오는 습한 바람과 함께 헤아릴 수 없는 열기가 가슴속에 깊이 스며들며 생기를 가져왔다. 나는 얼마나 진지했는지 주위에 사람이 오고 있는 것도 느끼지 못했다. 주위가 소란스러웠고 아이들의 웅성거림과 손뼉 치는 소리에 정신이 들었다. 고개를 들어 주위를 바라보았다. 다행스럽게도 그들은 불꽃을 보느라고 나를 의식하지 못했다.

고수부지에 어둠이 내려앉았다. 잠수교 위로 자동차의 불빛이 빠르게 움직이고 있었다. 자전거를 탄 아이들이 순식간에 불꽃이 춤추고 있는 원 안으로 가로질러 달렸다. 마주보고 달리며 함성을 지르면서 서로 반대 방향으로 질주하고 있다. 어둑한 빛 속에서 작은 불꽃들이 일어났고 붉은 불보라가 솟아올랐다. 하나 둘 관중들이 모이며 그들의 얼굴을 붉게 비추었다. 아이들의 돌발적인 행동에 마음 조리는데 그들 모두 흥미 있게 구경을 하고 있었다. 불꽃들은 점점 밖으로 달아나며 크게 춤을 추고 있다. 사람들의 표정과 분위기가 고조되어 갔다. 나는 그들을 보며 오히려 차분하게 마음이 가라앉았다.

어둠이 밀려오며 스산한 강바람이 불어왔다. 나는 그들의 관심밖에 있었으며 타오르던 열정도 불꽃 속에 사위어 가고 있었다. 주위를 둘러보았다. 불꽃의 둥근 원은 이제 앞에 있는 사람들의 얼굴을 선명히 비춰 주지는 않았다. 점점 멀리 달아나며 힘차게 몸을 사르고 있다. 그들은 언제까지 얼마큼 생명의 불꽃을 태우고 있으련지.

회색빛의 어둠이 주위에 내려앉았다. 어둠 속에서 춤추는 현란한 불꽃의 춤사위는 장관이었고 아름다움으로 승화시켰다. 어둠과 밝음의 조화를 이루며 타오르는 불꽃은 생과 사의 갈등 속에 진한 삶의 의미를 부여하는 환희처럼 느껴졌다. 서녘의 노을도 하늘을 붉게 물들이고 있다.

불꽃! 강렬하게 타오르는 불꽃을 뒤돌아보며 마음의 열정을 다독였다. 스러질 듯하면서도 꺼지지 않는 그들의 열정, 나 또한 영원히 불꽃을 태우리라.

「수필과 비평」으로 등단, 현 계간 「문학미디어」 발행인, 문학시티 대표, 동포문학상 · 수비문학상 · 경기도문학상 본상 수상, 에세이집 : 「어떤 외출」, 「메모리스」, 「아름다운 비상」, 「바람이 들려주는 이야기」, 「행복그리기」 외

누나의 얼굴

박 춘 근

　나의 어머니는 칠순 노령이시다. 다른 이들이라면 다가오는 70회 생신을 맞아 칠순잔치니, '고희(古稀)'니 하고들 야단법석이겠으나 나를 비롯한 우리 형제들은 그럴 처지가 못 된다.
　칠순잔치야 간소하고 조촐할지언정 정성이 깃들면 될 것이기에 경비가 문제되는 것은 아니다. 따지고 보면 회갑연도 변변치 못했던 터인지라, 이번에 맞이하는 칠순은 일가·친척·이웃 등 되도록 많은 사람을 모셔다 그간의 따뜻한 우애와 인정을 나눔이 당연한 도리라 여겼건만, 왠지 그것만은 절대로 삼가라는 어머니의 말씀이시다. 어머니의 말씀을 들은 다음부터 내게는 미심쩍은 생각이 들었다.
　대체로 어머니들은 나이가 드시면 친구 분이나 가까운 이웃들에게 건강한 모습과 우애 있는 형제간의 삶의 진수를 자랑스레 보여주려는 것이 인지상정이거늘 아무래도 우리들에게 밝히지 못하는 깊은 사연이 있는 것이 아닐까? 나는 지레짐작으로 성급한 결론을 지었다.
　그렇다. 어머니의 얼굴에는 언제나 한 가닥 수심이 깃들어 있었다. 지금도 그 수심이 무엇인지 나를 비롯한 우리 형제들 모두 어머니로부터 들은 일 없었으므로 알 길이 없다. 그렇다고 내가 아무리 생업에 쫓긴다 해도 한 가족을 지키는 장남으로서 어머니의 근심과 걱정을 잊어버린 채 살아갈 수는 더 더욱 없는 일이다. 나는 어머니의 수심, 그 진원지를 찾을 생각에 잠겼다.
　그러기를 수삼 차례 반복한 나머지, 얼핏 떠오르는 게 있었다. 내겐 기억조차 희미한 그 어느 날, 어머니께서 지나가는 말로 슬쩍 던지신 한마디가 떠올랐다.
　"그놈의 자식, 은해사 부처님께 빌기만 했어도…."

하시는 말씀이 섬광처럼 머리를 스친다.

뭔가 알 것만 같았다. 어머니의 그 얼굴에 드리워진 수심의 내용을. 내겐 한 번도 얼굴을 보지 못한 바로 내 위의 누나가 있었다. 그 누나가 세 살도 채 넘기기 전에 이 세상을 버리고 하늘나라로 갔다는 것.

어느 봄날, 감기기운이 있는 내 누나를 등에 업고 어머니는 동네 아주머니들과 함께 팔공산 동녘에 자리한 큰절 은해사에 화전놀이를 가게 되었다고 한다. 원래 우리 집안은 불교의 영향을 받은 집안이어서 어머니의 은해사 화전놀이는 다른 곳보다는 더 큰 장점과 평안함을 갖고 떠났다. 그러나 지금처럼 자동차가 있어서 교통이 편리한 시대도 아니었고, 2, 30리 길쯤은 멀다하지 않고 걸어갈 수밖에 없었다.

원족(遠足)의 시간은 꽤 걸렸던 모양이다. 어머니의 등에 업힌 누나의 감기기운은 환절기의 바깥 찬 공기 때문에 더욱 심했다고 하였다.

은해사에 도착하자마자 다른 일행들은 삼삼오오 짝을 지어 큰 법당을 비롯, 이곳저곳 석탑과 불상을 참배하고 구경하였으나 나의 어머니는 내 누나, 아니 아기의 신열과 보챔에 어쩔 줄 모르고 쩔쩔 맬 수밖에 없었다.

어머니는 공손한 마음으로 아기의 병을 쾌차하게 하여 주십사 하는 불공 한 번 올리기는커녕, 보시할 불전마저 없는 처지였고, 성자 앞에서 신도로서의 염치가 없었으므로 아기의 병을 구원해 달라는 큰절 한 번 올릴 수조차 없었다는 것이다. 또한 그 무렵은 태평양 전쟁의 막바지인 일제 말기였다. 창씨개명(創氏改名), 우리말 말살정책, 물자란 물자는 모두 닥치는 대로 거두어 가던 차제였으므로 넉넉한 곡식과 풍족한 용돈은 생각할 수도 없었던 그 즈음이었다.

당신은 허둥지둥 하루 종일 아기의 보챔에 못 이겨 놀이는 고사하고 곧장 집으로 돌아올 수밖에 없었다. 그 일이 당신의 마음속에 휑하니 뚫린 구멍으로 자리 잡고 있었던 것 같다.

집에 돌아온 뒤엔 아기는 감기에서 폐렴으로 바뀌어 더욱 심하게 앓았다. 약 한 첩 제대로 못 쓰는 안타까움은 물론이려니와 징용당해 일본으로 끌려간 지아비의 건강과 그리고 집안 식구 모두의 안녕과 화평을 위해 부처님 앞에 무릎 꿇고 올려야 할 기원을 단 한 번만이라도 올렸어야 했지만, 그것마저 못한 당시를 생각만 해도 늘 가슴이 메어졌던 것 같다.

그런들 어찌하겠는가. 더욱이 2, 30리 길이 넘는 팔공산 큰절 은해사를 젊은 아낙 혼자서는 찾아갈 엄두조차 못 낼 처지였던 당신으로서는….

어머니는 은해사의 일을 잊기로 했다. 가난한 살림살이지만 내 누나의 병구원을 위해 사방팔방을 수소문하면서 용한 의사와 비방을 얻으려고 쉼 없이 찾아다녔다.

그런 당신의 애타는 정성도 아랑곳없이 내 누나는 짧디 짧은 이 세상의 인연을 다하고 저세상으로 아주 가고 말았다. 내 누나의 죽음은 어머니 당신의 잘못 때문이라고 여겨온 것이 분명하다.

모든 일을 제쳐두고, 아니 하늘이 무너지고 땅이 꺼지더라도 은해사 대웅전의 큰 부처님께 내 자식의 쾌차를 위한 간곡한 불공을 올렸었다면 어린 것의 목숨만은 건졌을 것이라는 일념, 그것을 평생 동안 가슴 깊이 품어보지 않았다면 그처럼 앞서와 같은 한마디를 어찌 비춰냈을 것인가.

일제가 징용으로 끌고 간 지아비, 하늘같은 지아비 없는 사이에 그 같은 엄청난 일을 당했으니 죄인일 수밖에 없었던 어머니였을 것이다.

그런 지아비가 8·15광복과 함께 용케도 살아왔을 때의 당신의 가슴은 어떠하였겠는가. 쥐구멍에라도 들어가고 싶었을 게다.

설령 어머니의 정성이 모자라 누나가 이 세상을 버렸다 해도 나는 자식에 대한 당신의 사랑과 다함없는 열정을 믿는다. 어느 부모가 자식의 아픔과 운명의 갈림길에서 수수방관하겠는가. 어머니의 마음을 이제야 알 것 같다.

이제, 우리 형제들이 칠순을 맞는 그날 어머니께 해드릴 자식의 도리는 칠순잔치가 아닐 것 같다.

늘 당신의 잘못으로 내 누나를 이 세상에서 저세상에 빼앗겼다는 70평생의 한(恨)을 이제나마 알게 된 이상 그 아픈 가슴을 깨끗이 씻어드려야 하는 것이 잔치보다도 더한 의의일 것이다.

어머니를 모시고 은해사로 가서 누나의 왕생극락을 비는 일, 그것보다 더한 묘책이며 처방전이 따로 없으리라는 생각이 든다.

　그래야만 무엇보다도 어머니 얼굴에 드리워진 깊고도 짙은 수심의 그늘이 원력(願力)의 지우개에 의해 말끔히 지워지리라는 판단에서이다.

　그리고 내게는 그 때문에 한 번도 보지 못한 누나의 얼굴이 그 원력에 의해 환한 보름달처럼 보게 되리라는 꿈마저 꾸게 된다. 뿐만 아니라, 그처럼 떠오르는 세 살짜리 아기의 얼굴을 통해 그만한 나이의 어머니 얼굴까지 겹쳐 볼 수 있지 않을는지…!

「문학세계」 수필 등단, 한국문인협회 · 한국펜클럽 회원, 한국문인협회 윤리위원 및 편집위원, 현 대외협력위원, 문협 제24, 25, 26대 선관위원, 수필집 : 「다시 그려보는 자화상」 외 다수

행복은 내가 만들어 간다

박 혜 자

　자연이 살아 쉼 쉰다는 포천에 둥지를 튼 지도 36년이다. 유수와 같다더니 세월이 정말 눈 깜박할 사이였다는 것을 순간순간 실감한다. 이곳 포천에 와서 셋째가 태어나고, 넷째가 태어났다. 그 아이들이 벌써 어른이 되어 네 아이 모두 일가를 이뤄 저마다 가정을 꾸미고 살아가는 이 현실이 때로 꿈만 같다. 파릇하던 나의 젊음도 어느 사이 중년을 지나고 있다. 내 나이 듦이 자연스러울 만큼 가족의 성장도 이루었으니 조금씩 늘어가는 흰머리도 그저 고맙다.
　어찌 이 모습이 하루 이틀에 만들어졌을까. 돌아보면 정말 꿈같은 시간이다. 서른 즈음부터 작은 목표를 위해 나는 정신없이 앞만 보고 달려왔다. 그 목표를 이루었다고 생각했을 때는 이미, 어미 손길을 필요로 하지 않을 만큼 아이들은 성장해 있었다. 그 아이들에게 포천은 어느새 고향이 되어 주었고 터전이 되어 주었다. 지금의 행복을 감사하며, 가끔 지난 시간을 돌아볼 때 내 아이들에게 좀 더 따뜻하게 혹은 다정하게 보듬어 주었더라면 하는 아쉬움이 크다. 다행이 아이들은 엄하게만 키웠다는 나의 자책이 무색하게도 바르고 건강하게 잘 자라주어 어미의 자부심이 되었다.
　겁이 없던 시절 나는 막연한 희망을 꿈꾸며 살아왔다. 희망을 좇아 정신없이 바쁘게 산 세월이지만 4남매를 기르면서 힘들었다고 생각한 적도 없었다. 어미의 바람을 저버린 아이도 없었지만, 내 아이들은 그냥 나의 온전한 희망이요 기쁨이요, 또한 삶이었으니까. 다행이 타고난 건강과 부지런함으로 어렵지 않게 아이들의 공부도 무사히 다 시킬 수 있었다. 또 무엇보다 감사한 것은 아이들 모두 좋은 반려자를 만나 행복한 가정을 이루었다는 것이다. 그 아이들에게서 생겨난 손주 녀석들이 벌써 여덟이고 곧 아홉이 된다. 모두 눈에 넣어도 아프지 않을 만큼 사랑스러운 아이들이다.

때론, 나이만큼 가슴이 삭막해지고 황혼을 바라보는 낯가림으로 체증을 일으킨다. 하루 일과를 정리할 때는 문득 지나간 시간을 반추해 본다. 참살이를 고집하는 내 삶은 그리 달갑지 만은 않았을지 모른다. 때론 외롭고 고독한 삶을 동여매고 살아온 날들, 고뇌도 상념도 남은 날의 행복을 위해 다독이며 산다. 돌아보면 아득한 길, 바쁘고 고단한 세월을 살아왔지만 열심히 살아왔기에 후회도 아쉬움도 없다. **'나는 할 수 있다, 나는 능력이 있다, 나는 책임질 수 있다**'는 내 인생의 좌우명을 되새기며 긍정의 힘을 얻는다. 다른 사람들이 쉴 때 나는 걸었고 또 뛰었다. 노력의 대가는 거짓이 없음을 알기에.

이제, 이순도 지나고 건강 체크하면서 내 남은 날들 가슴을 활짝 펴고 살련다. 내게 아침저녁 전화를 해주는 며느리가 고맙고, 사위들이 챙겨주는 국내외 심포지엄, 전국대표자대회, (사)한국문인협회가 주관하는 행사는 무조건 다 지원해 주고 응원해 주니 그것 또한 행복이다. 행복도 불행도 모두 내가 만들어 가는 것이다. 다행히 타고난 긍정 마인드로 어떤 상황에서든 쉽게 극복하고 또 일어난다.

'**삶이 얼마나 행복한가**'는 자신이 가꾸고 만들어 가는 것 아닌가. 지금처럼 행복하게 살다가 따뜻한 햇살 비추이는 날, 세상시름 다 잊고 나 편히 쉴 수 있는 곳 향해 가리라.

안개비 걷히고 무지개 뜨는 아름다운 삶의 첫 기억으로.

한국문협 포천지부 회장

사생을 다녀와서

반 윤 희

아직 6월인데 8월보다 더한 폭염이 내리쬐고 있다. 물 부족은 나날이 심해 가고 하늘은 비를 주실 생각이 없으신가! 보다.
하늘은 너희들 탓이로다, 하는 것만 같다.
마당에 풀꽃들이 타 들어가고, 더덕 잎이나 머위 잎도 땅에 널브러져 말라 있는 것이다. 이곳 남양주로 이사온 지가 14년이 되었는데 처음 있는 일이다. 날씨마저도 대지를 메마르고, 사람의 마음도 메말라 가는 것 같은 이 시대가 답답하고 우울하다.
어찌된 일인지 세계 도처에서 즐겁고 기쁜 소식보다는 어둡고 슬프고 답답하고 무서운 소식만이 난무한 시대로 가고 있는 것 같아서 사람 사는 세상이 점점 이렇게 불투명하고 불안한 적이 있었던가 싶다. 문명은 점점 발달이 되어서 정신이 없을 정도로 발전에 발전을 거듭하는 것이 오히려 두려움으로 치달리고 있다.
인간을 위험으로 몰고 가는 전쟁무기들도 날로 발전해 가는 이기(利器)들이 인간을 위협하는 문명일 뿐이다.

세월이 어찌 빨리 가는지 깜짝깜짝 놀라고 있다. 어느 사이 올해도 반년이 지나가고 있다. 이제 사생을 다니는 것도 몸에 무리가 올 때가 많아서 한 달에 한 번은 꼭 가리라 마음을 먹었었는데, 그것도 잘 되질 않았다. 글 쓰랴, 그림 그리랴, 강의 나가랴, 수강생들 등단을 시켜서 작가를 만드는 일을 하랴, 두 해 동안 일곱 명을 작가로 만들었다. 그리고 개인 수필집도 두 명에게 만들어 주었다. 열정과 땀으로 혼현일치가 되어서 고군분투를 하였다. 나이들이 많으니 시간을 단축시켜 주는 일들이기에 나의 열정과 밤잠을 줄여가면서 그들에게 독려를 해왔다. 또한 문학행사며, 한 달에 한 번씩 게재하는 칼럼을 쓰는 일도 만만치가 않다. 어찌 그리 한 달이 빨리 오는지 자료를 수집해야 하고, 등등 쏜살 같이 달아나는 세월이다.

며칠 전 강동문화원 모란꽃사생 초청작가전시회 오픈 식장에서 만난 현사회장님이랑 집행부들이 왜 자주 나오지 않느냐고 벌써 종강식이라면서 꼭 나오라고 하여서 집에서 가까운 곳이기도 하고, 벌써 종강이라 오늘은 힘이 들어도 나가야지 하고 화구들을 점검하고 정리를 해서 일찍 서둘러서 ITX를 타고 인사동으로 향했다.

역시 다음 주가 종강이라 많은 화가들이 참석하지는 않았다. 오붓하게 반갑게 출발을 하였다. 두물머리 주변이 많이 정비가 되어 있다. 완전히 관광단지로 만들어 놓았다. 각자 강가에 파라솔을 설치하고 자리들을 잡고 앉아서 캠퍼스를 펼쳐 놓았다.

나는 강가 나무그늘 밑으로 가서 자리를 잡았다. 물을 보니 기분이 좋다. 강바람이 솔솔 불어오고 여름 풍경이 시원하게 눈에 들어온다. 시간이 지나면 자리를 옮겨야 하고 빛의 자리가 바뀌면 그림이 달라지기 때문에 빨리 그려 놓고 쉬어야지 하고 열심히 작업을 하는데, 나무그늘 공연장에 음악장비들이 설치되더니 라이브가 벌어지고 있다.

많은 관광객들이 모여들고, 내 주위에도 어린아이부터 남녀노소 구경꾼들이 모여들면서 말을 걸어와서 내가 쳐다보았더니 어머나, 아줌마네, 어머나 할머니네 하면서 신기해 하면서, 다섯 살짜리 꼬마가 자꾸만 이것저것을 물어 온다. 또 옆에 서 있던 엄마, 아빠도 말을 걸어오면서, 그림은 아무리 노력을 해도 되지가 않았다며, 정말 부러운 것이 그림 그리는 것이라고 하면서 이것저것 물어 온다.

아기가 그림을 제법 잘 그린다고 하면서 말이다. 조언을 좀 해주었지만, 답이 되었는지는 모르겠지만 라이브로 기타연주와 함께 노랫소리가 울려퍼지니 많은 사람들이 그곳으로 옮겨가고 있다. 어린아이 엄마에게 사진을 좀 찍어 달라고 부탁을 했다.

인사를 나누고 세 식구가 자리를 떴다. 오늘의 그림사생의 분위기는 최상급이다. 물이 있는 이 여름 풍경이 저절로 힐링이 되는 곳이다. 가뭄으로 아래 지방에는 몸살을 앓고 있는 이때에 이곳 양수리는 물이 넘실거리고 물 파도가 이는 모습이 정말 아름답다.

더위도 잊게 해주는 강바람과 뒤에서 들려오는 라이브 음악 소리가 있고, 나는 캠퍼스에 이 풍경을 그리면서 가슴이 쿵쾅거리며 뭔가 모르는 마음속 깊은 곳에서부터 울컥하면서 울렁거리는 그 무엇이 피어오름과 동시에 눈물이 나는 것을 느끼면서 한순간, 어린 시절부터 그림그리기 좋아했던, 그리고 여고시절 이젤을 메고 꿈을 키웠던 그 순간들이 주마등처럼 스쳐지나가면서, 미대를 포기해야만 했던 그때의 심정이며, 대학에 가서 방학 때면 내려와서 내 마음을 후벼놓은 친구들과 함께 과외를 받으면서 그림을 그렸던 그 친구들이 휙휙 스치기도 한다.

뒤늦게 사십 후반에 그림을 그리기 시작하여서, 지금 이 자리에 앉아서 그때 그 시절의 좌절을 딛고 일어나서 화가가 되어서, 이십 년이 벌써 넘어가는 종심을 넘긴 이 나이에 강가에 앉아서 음악을 들으며, 많은 사람들 속에서 이런 멋들어진 풍경을 캠퍼스에 덧칠을 하면서, 나도 모르게 깊숙한 곳에 숨어 있었던 감정이 퍼 올려진 것이 아닐까 한다.

아~ 이 아름다운 감정을 고이 간직하면서, 내 말년을 더욱 아름답게 가꾸어 가면서 나와 관계하는 모든 이들에게 행복을 나누며 살고 싶은 것이다.

수필가, 시인, 서양화가, 칼럼니스트, 한국문인협회 회원, 전 남북교류위원, 국제펜클럽 회원, 전 중랑작가회 대표, 시조사 출판 100주년 기념 작품공모전 최우수상(논픽션), 동서커피문학상 수필 심사위원, 중랑구·평내 청소년백일장 산문, 사생 심사위원, 남양주 평내 문화학교 수필창작반 강사, 현 한국 엔지오신문 매달 칼럼 게재, 수필집 :「타이밍을 못 맞추는 여자」,「맨드라미 연가」,「소망의 황금마차」, 시화집 :「내 인생의 앙상블」

계수 아버지

박 덩 굴

나는 오늘, 삼십 년도 훨씬 넘어서 나보다 여러 살이 아래인 고향 후배를 만났다.

계수는 초등학교를 중도에 그만 둘 만큼 가난했었다. 그러기에 배고프고 입지 못하는 서러움이 그를 그대로 두지는 않았던 것 같다. 계수는 중국집 음식배달 소년으로부터 웬만한 한정식관 주방장까지 했다고 했다.

내가 그 사람 집을 찾았을 때, 이게 자기가 경영하는 음식점이라고 했다. 음식점 이름이 '한중음식점'이었는데, 정작 파는 음식이 한식뿐인 것을 보면 중국 음식점과 한국 음식점에서 잔뼈가 굵은 사람의 보답일 거라고 생각했다.

우리 둘은 술이 어지간히 올랐다. 나는 그가 이렇게 용하게도 잘 사는 것을 보고 기쁜 나머지 한마디 말을 건넸다.

"여보게, 자네 장하구먼. 참, 좋으네."

"예?!"

"자네가 이렇게 잘 사니 좋단 말일세."

"그래유? 저는 뭐 형님 알다시피 뭐 있어유? 배운 것도 없구, 돈도 없구유. 그래서 그런지 남이 많이 도와주더구만유. 그냥 좀 사는 편이유. 암만유."

나는 오늘 계수를 보면서 그 아버지의 모습을 보았다. 계수 아버지는 이백 근이나 실히 될 거구였다. 배는 남산만하고 혹이 우습게 매달려 있었다. 거기에다가 시옷(ㅅ)자로 난 수염은 채플린 같은 담담한 서글픔까지도 있었다. 계수 아버지는 호박꽃처럼 비시시 웃고, 아다다처럼 반굴림 소리를 내었다. 계수 아버지는 배꼽이 한참이나 보이도록 귓말을 늘어뜨리고 다니는 배불뚝이 사장이었다.
　계수 아버지가 아침 일터로 나갈 때는 요란하기 그지없다. 이 동네 아무 누구도 그를 보지 않고도 다 계수 아버지의 거동을 안다.
　킹콩 같은 걸음 소리가 구들장으로 오고, 기침을 크게 한 번 할라치면 으레 방구 소리가 동반되는 데, 발자국과 장단이 맞추어지며 한 열 번은 그렇게 꾸어대며 걷는다.
　이때 동네 사람들은 흐뭇한 웃음을 웃는다. 누구 하나 경박한 걸음걸이라든가 방구 뀌는 주책바가지라던지 하지 않는다. 어쩌면 그렇게 인식된 생각의 바탕에는 계수 아버지의 그 어린애 같은 순수한 마음보가 커다랗게 자리 잡고 있었기 때문일 게다.
　농번기의 계수 아버지는 참으로 바쁘다. 어느 집이든 계수 아버지가 일해 주었으면 했다. 계수 아버지는 누구보다도 먼저 논에 들어가고, 누구보다도 늦게 밭에서 나온다. 계수 아버지는 남보다 두 배로 일하고, 그 대신 밥도 두 배로 먹는다. 계수 아버지는 남이 열 번을 말하면 "암만유, 그렇구 말구유." 그저 그 말 한마디뿐이다.
　계수 아버지는 동네 궂은일은 혼자 도맡는다. 늙은 할배가 혼자 사는 초가삼간의 추운 지붕을 엮어주고, 놀던 아이가 유리 조각에 피 흘릴 때는 겁먹은 얼굴로 김 의원 집을 찾는다. 계수 아버지는 몹쓸 병이 들어 죽은 할매의 송장도 아무 말 없이 혼자 치다꺼리 하고 염도 한다.
　그러나 계수 아버지는 일찍 죽었다. 무슨 병인 줄도 모르고 소문도 내지 않고 슬그머니 떠났다. 동네 사람들은 육십도 안 되어 죽은 계수 아버지를 안타까워하고 슬퍼했다.
　"그렇게 착하디착한 사람이 저렇게 무심히 죽다니?!"
　"우리 집 일은 누가 내일처럼 해주나?"
　"에이그, 불쌍도 하지. 저렇게 많은 아이들을 남겨놓구⋯?"
　"우리 집 농주는 이제 누굴 줄꼬?"
　오늘, 나는 계수를 보면서 이렇게 기쁜 줄을 이제 알았다. 나는 지금, 내 앞에서 옥스퍼드 대학을 나온 친구가 자기의 석학을 뽐내면서 산해진미를 향유케 한다 해도 지금처럼 기쁘지 않았을 게다. 나는 내 앞에 황진이(黃眞伊)가 버선발로 나타나 임제(林悌)의 한을 풀어준다

해도 지금처럼 즐겁지 않았을 게다.

배가 남산만 하고 에데데 하는 말투로 '암만유'를 연발하는 계수(桂樹)를 보면서 이렇게 즐거운 것은 그 아버지의 모습을 볼 수 있었기 때문이다.

"여보게, 자네 아버지는 자네를 낳고 휘 맑은 달을 쳐다보면서 그곳에 계수나무를 심은 거구먼!"

"여보게, 자넨 꼭 자네 아버지이고, 자네 아버지는 꼭 자넬세 그려…!"

경기중등교장 역임, 한국문인협회 경기도지부장 역임, 교육부 고교국어(문학) 편찬심의위원 역임, 기전향토문화연구회 회장 역임, 현 한글학회 회원

옥상에 농원을 만들며

소 진 섭

　삶의 무게 속에 나이를 거듭한 것이 왠지 마음 한 구석을 조용히 흔든다. 무기질 비료 한 포를 어깨에 메고 4층까지 힘겹게 올랐다. 계단 하나를 오를 적마다 세월의 아픔을 이겨낸 흔적이 긴 울음소리로 들리는 듯하다. 정년퇴직을 하고 옥상에 농원을 꾸며 놓은 지도 이십여 년이 넘었다.
　봄이면 비료와 음식물 부패시킨 것을 흙에 섞어서 아욱, 얼갈이배추, 상추, 근대, 케일 등 씨앗을 뿌린다. 오이, 가지, 고추는 종묘사에서 모종을 구입하고, 마디호박은 씨앗으로 싹을 트게 하여 담 밑에 옮겨 심는다. 여섯 평 정도의 작은 밭이 일구어졌으며, 고무그릇, 화분 등 육십여 개는 거리에 버려진 것을 주워다 사용하고 있다.
　비가 오면 옥탑에서 내려오는 물을 큰 고무통으로 받아 놓으면 보름 정도는 쓸 수 있다. 빗물은 작물에 성장이 좋고 무공해 식품이라 안심하고 먹는다. 오월 중순경이면 상추, 아욱 등이 풍성하게 자란다. 휴일이면 가족들이 와서 먹거리를 즐기며 웃음꽃을 피우면 삶의 훈훈한 정이 배어나온다. 특히 손자들에겐 생활의 학습장이 되어 유익하다.
　식탁의 반찬은 거의 옥상에서 재배되는 채소 등으로 채워진다. 오이소박, 호박무침, 풋고추, 근대와 아욱국은 그 맛이 일품이다. 사돈과 같이 먹을 수 없다는 상추쌈밥은 입이 찢어질 정도이다. 이웃에 무공해 식품을 나눠주고 재배법을 알려주기도 했다. 삭막한 도시에서 농작물을 가꾸며 취미생활을 가르쳐 주었다며 고마워했다.
　아침에 빌딩 숲속을 헤치고 솟아오르는 햇살이 이마에 닿으면 저절로 기쁨이 넘친다. 싱그러운 작물은 종류도 다양해 저마다 아름다움을 뽐낸다. 물을 주면 잎이 너울대며 춤을 추고 있다. 노동의 신성함과 그대가의 결실이 무엇인지 느껴지는 순간이다. 이슬을 머금고 함초롬히 다가서는 붉은 제라늄 등 꽃송이가 주인을 반겨주면 삶의 보람을 안겨 준다.

실록이 짙어지면 옥상의 농원은 한껏 푸르게 자라고 있다. 덩굴식물들이 꽃을 피우면 벌과 나비들이 날아들어 싱그러운 열매를 맺게 한다. 아침 일찍 일어나 작물에 진딧물이나 나비 유충이 붙어있나 살펴본다. 이 순간은 삶의 애환을 떨쳐버리고 무아지경에 살아 있어 보인다. 무심코 흐르는 구름을 바라보자 문득 고향 생각이 난다.

농촌에서 자랐기에 광복 전후 어려운 생활을 많이 느꼈다. 보릿고개와 6.25 참상이 무엇인지 우리 가족에게 설명을 해도 언뜻 이해하지 못했다. 그때 중학교 통학 거리는 도보로 20km가 넘었다. 도시락을 싸주지 못해 아들의 뒷모습을 바라보며 눈시울을 붉히시던 어머니! 어쩌다 고향을 찾아가도 구부러진 논두렁은 사라지고 부모님 묘소엔 잡초가 무성하다.

환상을 떨치자 눈앞에는 매어준 줄 따라 마디호박, 오이가 주렁주렁 열매가 맺혀 있다. 호박꽃도 꽃이냐고 흔히 말하지만 탐스럽고 소담하다. 매화나 장미보다 애틋한 정감이 더 솟아나는 것은 편견이런가? 꿀벌들이 도시의 빌딩가를 헤집고 날아들면 꽃들은 자신의 모든 자태를 뽐내며 반겨준다. 종(種)의 원천인 대를 이으려는 욕구는 동식물 모두 강한 것 같다.

벌들이 꿀을 따기 위한 작업은 치열하게 느껴진다. 개미 떼가 몰려들면 심한 격투가 벌어진다. 동물의 세계에서 구역다툼을 하는 것이나, 인류가 자기 영토 확장을 위해 전쟁을 하는 것과 다를 바 없다. 경쟁사회에서 남을 모함하고 짓누르는 역사의 흔적들이 재연되는 모습 같아서 씁쓸하다. 비록 미물의 곤충이지만 단결력과 근면정신을 일깨워 주고 있다.

매미가 날아들어 세상이 맵다며 맴맴 슬피 운다. 2년간 굼뱅이로 땅속에서 유충으로 살다가 겨우 허물을 벗고 세상에 나왔다. 몇 달만 있으면 생을 마친다는 예감에서 저렇게 우는가 보다. 지나온 삶을 돌이켜보자 내 생애는 지금 어디쯤 가고 있을까? 어떤 일을 해왔으며 무슨 잘못을 하였는지 곰곰이 반추해 본다.

 팔월 중순이 되면 계절의 흐름에 따라 풍요로웠던 옥상은 변화를 가져온다. 호박, 케일만 남겨놓고 무, 배추가 새로 심어진다. 쓸쓸한 가을바람과 함께 삶의 한 마디가 줄어든 것 같다. 북풍이 불어닥쳐 무, 배추마저 거둬들이면 옥상의 농원은 한 해를 마감한다. 케일은 간과 눈에 좋아 즙을 내어 아침 공복에 마시고, 호박은 전립선을 부드럽게 하여 다려서 복용하고 있다.

 연금의 혜택을 받는 것이 얼마나 다행스러운지 모른다. 방광암 완치 판결을 받기까지 여섯 차례의 수술을 받으면서 많은 것을 느꼈다. 민간요법으로 여러 약을 제공해 준 것도 아내의 눈물겨운 정성이었다. 안과수술 등 전신에 아프지 않은 곳이 없을 정도로 종합병원 실험실이라고 말했다. 엉뚱한 고집을 부려도 살아있는 존재감으로 만족하게 여기는 것 같다.

 인생황혼의 문턱이지만 집착감이 쉽게 가셔지지 않는다. 탐욕의 굴레를 벗어나지 못해서인가. 그 많은 업보와 어른의 시간 속에 남겨진 흔적은 까마득하다. 쫓기며 발버둥치고 살았어도 옥상의 작은 농원을 일구는 노부(老夫)임을 어쩌랴. 그래도 떠오르는 붉은 태양을 기다리는 환희의 영상을 그리고 있음은, 조금 성숙되어 가는 내 모습의 일부분일지 모르겠다.

▲ 한국문협 부천지부회장 역임, 경기도문학상 외 다수 수상, 소설집·수필집 다수

쥐불놀이

손 희

　태양이 뜨겁고 달이 차갑다면 별은 어떠한가. 촉촉한 눈망울을 가진 별은 태양이나 달과는 비교도 될 수 없이 작은 몸집을 하고 있지만, 언제고 달려가면 나를 이해해 줄 것만 같은 따뜻한 눈빛을 지녔다. 더욱이 여름밤을 수놓는 은은한 꽃 미리내는 가만히 보고만 있어도 마음이 평안해지는 어머니를 닮았고, 열매가 풍성한 추석을 닮았다.
　그 넉넉한 마음은 과하지 않은 부드러움으로 빛날 줄 알며 구름을 아우르기도 하고, 바람을 안아주기도 하고 어둠 속에 잠든 숲과 개구지게 지즐거리는 시내, 잠 못 이뤄 뒤척이는 바다도 살필 줄 안다.

　누구나 그랬겠지만 동생과 나 역시 유난히 별을 좋아하였다. 여름밤이면 마당에 놓인 평상에 모기향 하나 피워놓고 하늘을 보며 드러누워 별자리를 찾기도 하고 소원이 이뤄진다는 희망으로 별똥별을 세며 다음날 학교 갈 생각은 아랑곳없이 밤을 꼬박 지새우곤 하였다. 특별히 여름밤 하늘을 동그랗게 가득 메운 별 무리를 보는 날이면 수피아와 함께 동화 속 환상의 나라로 빠져드는 듯한 경이로움을 잊을 수 없다. 어쩌다 기분이 좋지 않은 날에도 다솜하고 미쁜 눈빛으로 반드시 나를 미소 짓게 해주었으니 미리내를 보는 날이면 가슴 속 하나 가득 세상과 바꿀 수 없는 행복을 품고 잠이 들 수 있지 않았으랴. 뜨겁지 않은 따스함, 과하지 않은 부드러움, 차갑지 않은 눈빛, 그것은 분명 박목월 시인이 말하는 어머니의 심성이고 그의 빈 접시 속에 담긴 적막함도 스르르 녹여낼 수 있는 추석 빛 아름다운 온기가 아니겠는가.

　지천명 가까이에 서서 바라보는 여인의 별빛은 사춘기 소녀의 별빛과는 사뭇 다른 더욱 진한 그리움과 애잔함이 묻어 있으리라. 어쩌다 창공을 가르며 별똥별이라도 떨어질 때면 어린 날 소원을 빌어보던 마음을 떠나 회우의 순간이었으나 그녀와의 작별이 못내 아쉬워 바다의 한쪽 구석 끝까지라도 따라가고 싶은 심정으로 눈을 떼지 못한다.

그런 나는 가을로 접어들며 여름밤만큼의 별 무리가 사라져가던 추석 기간의 어느 날을 기억하지 않을 수 없다. 그날도 어스름이 저녁노을이 지며 멀리 북극성 하나 눈 비비고 있을 때였을 게다.

정월 대보름도 아닌데 동생은 깡통을 들고 내 앞에 서 있었다. 미리내를 갖고 싶으니 쥐불놀이를 하자고 조르지 뭔가. 어린 동생의 천진난만한 가슴은 미리내 갖는 방법을 쉽게 알고 있었다. 여기저기 동네를 돌며 잔 나뭇가지를 줍고 종이와 빈 과자봉지도 넣고 불을 지피었다. 처음에는 불이 잘 붙지 않는 듯하더니 이내 과자봉지를 녹이던 불꽃이 나뭇가지에 붙었고 나는 동생 앞에서 깡통을 한 바퀴 휘익 돌려 보여주었다. 하늘에서만 볼 수 있었던 미리내가 나의 손끝에서 동생의 눈앞에서 마법처럼 펼쳐졌다. 동생의 얼굴이 환한 함박웃음으로 포롱거리는 것을 보며 해맑은 동생의 웃음소리와 기쁨의 손뼉 소리, 어둠 속에서 나풀거리던 노란 나비 같은 동생의 모습을 행복이라 아로새기던 밤이었다. 그래서일까, 추석 이맘때가 되면 그날의 동생 얼굴을 담은 쥐불놀이가 기쁨 꽃 가득 피워내 주던 따뜻한 미리내가 그려진다.

여름 밤하늘의 별 무리가 동그랗게 세상을 포용하였던 것처럼 나와 동생의 손끝에서 펼쳐지던 미리내도 어린 동생의 웃음과 어린 날의 나의 추억을 꿈처럼, 포근한 어머니처럼 안아주고 담아 주었다. 늦은 밤까지 끝날 줄 모르던 쥐불놀이로 나는 며칠 전, 자리도 펴지 않은 채 잠을 자다가 방바닥에 살을 데였다는 것을 까맣게 잊고 있었다. 종아리에 물집이 잡혀있어서 터지면 흉터가 생긴다는 것도 개의치 않았기에 서슴없이 미리내를 만들어 주었다. 살갗을 스치는 차가운 밤공기 따위도 쥐불놀이를 멈추게 하지 못했다. 도리어 차가운 바람이 쥐불놀이에 신이 난 우리에겐 가슴 후련한 상쾌함으로 다가오지 않았으랴.

점점 어두워져 아무것도 보이지 않았지만 무섭거나 두렵지도 않았다. 오히려 주변이 깜깜해질수록 동생과 내가 만들어내는 미리내는 더욱 예쁘고 선명하게 타오르며 감동적인 미소를 짓고 있었기 때문이다. 세상의 그 어느 것도 두렵지 않게 해주었던 쥐불놀이는 어린 우리에게 용기를 주고 희망을 만들어 주는 밤하늘의 꽃이 되어 주었다.

어느새 시간이 흘러 어린 날의 동생과 나는 중년의 가을, 중년의 추석 앞에 서 있다. 우리가 지나온 시간 속에 몸이 시리도록 차갑고 한 치 앞이 보이지 않을 만큼 어둡고 캄캄했던 순간들이 어찌 없었으랴. 경이로운 미리내를 보는 날보다 사라진 별 무리를 찾아야 하는 날들이 더 많았는지도 모른다. 서늘한 바람이 불어올 때면 따뜻했던 추석의 쥐불놀이를 생각하며 인생의 우여곡절 앞에서 몸서리칠 때마다 새겨두었던 행복을 꺼내 호호 입김을 불고 깨끗하게 닦아본다.

풀숲에 숨은 해로운 벌레도 찾아 나를 위해 모두 태워줄 쥐불놀이, 앞으로 내가 디딜 인생의 징검다리 아래 숨어있는 해로움도 태워주리라. 어머니처럼 따뜻하게 나를 안아주리라. 새벽이 올 때까지 납작 엎드려 있던 밤을 밝혀 두 손 꼭 잡고 일으켜 세워 주리라. 세상이 모두 등을 돌려도 오곡백과 풍성한 창을 내게 열고 맞아 주리라. 설움과 시림도 용기 있게 서게 되리라.

오늘은 쥐불놀이 깡통을 그대의 발 앞에 살포시 놓아둔다. 삶의 여름을 여의고 깊은 밤을 헤매며 까맣게 잊고 있던 부은 발목에 깨끗한 붕대가 되어 주지 않으랴. 그대의 추석도 미리내로 마른 목을 축이게 되리. 자, 나와 함께 적막함을 밝혀줄 한바탕 쥐불놀이는 어떠한가.

▲ 대신대학원대 문학석사, 2017 노벨사이언스(한국벤처신문사)「신춘문예」단편소설 당선, 한국에세이작가상 · 한국에세이작품상 수상, 국제펜 한국본부 · 한국문인협회 · 한국크리스찬문학가협회 회원, 한국수필가연대 이사

인생 행복론

송 인 관

　서울대공원에서 과천현대미술관 방향으로 가면 좌편으로 오래된 소나무 두 그루가 나온다. 이 소나무는 씨름선수처럼 옆으로 퍼지고, 작달막하지만 몸통만은 어느 소나무 못지않게 굵다. 마치 산소호흡기를 입에 물고 링거주사기를 꽂고 있는 환자들처럼 가지마다 큰 돌을 매달고 있다. 아마 관상용으로 만들기 위하여 누가 족쇄를 채운 모양이다.
　이곳에서 미술관 방향으로 올라가면 생활공원으로 가는 이정표가 나온다. 생활공원으로 오르는 계단은 나무 조각으로 되어 있다. 좀 가파르지만 일단 오르고 나면 잘 다듬어진 넓은 공원이 눈앞에 펼쳐져 있다. 이곳에 서 있으면 물 오른 진한 솔향기가 코를 간질인다. 숲속에 파묻힌 과천 현대미술관이 웅장한 모습으로 자리를 잡고 있다. 또한 청계산 매봉이 한 폭의 동양화를 그려놓은 것같이 눈앞에 다가온다.
　대공원 둘레길을 달리는 코끼리 차와 맑은 호숫가 주위에 마련된 조형물들을 바라보면 시야가 확 트이고 가슴이 후련해진다. 이 둘레길을 걷다보면 스치고 지나가는 등산객들이 다 오래된 친구 같고, 서 있는 나무들마저 잘 알고 지내던 이웃 같다. 특히 나뭇가지에 앉아 지저귀고 있는 새소리를 들으면 마음이 안정되고 편안해진다.
　이 공원에는 어느 등산로보다도 오래된 적송들이 군락을 이루고 있다. 숲속에는 아름답고 청순한 산꼬리풀과 황매화, 벌개미취가 서로 시샘이라도 하듯이 잎눈과 꽃봉오리를 터트려가며 먼저 꽃을 피우려고 아우성이다. 공원 내 어디를 가도 들꽃들이 무더기를 이루고 있다.
　토종 까치를 비롯하여 많은 새들이 햇빛이 쏟아지는 나뭇가지 사이로 날아다닌다. 서너 마리씩 짝을 지어 통통 뛰며 모이를 쪼아 먹기도 한다. 이 푸른 생활공원이 온통 새들과 꽃들의 향연장이고 푸른 나뭇잎의 축제장이다. 인생의 행복감은 티 없이 맑고 깨끗한 영혼으로 이루어진다고 한다. 젊은 시절에는 행복은 늘 가파르고 높은 정상에만 있는 줄로 알고 왜 그렇게 힘이 드는 산 정상만 오르려고 하였는지 모르겠다.

셰익스피어는 "자연의 아름다움을 마음껏 즐기면서 보내라."고 하였다. 이 세상에서 가장 행복한 삶은 매사를 긍정적으로 받아들이고 자연에 순응하면서 살아가는 것이라고 한다. 사람은 쾌락을 위해서만 생존하는 것은 아니다. 쾌락 그 자체는 우리 삶의 일부분이 될 뿐 전부가 될 수는 없다. 프랑스의 작가이고 비평가인 주베르는 "참되고 완벽한 행복은 영혼 전체의 평온 속"에 있다고 하였다.

사물과 매사를 긍정적으로 바라보고 적은 것으로도 만족할 수 있을 때 행복감을 느낄 수 있을 것이다. 남보다 많은 재산을 가지고 있고 더 유명세를 타기도 하고 출세하였다고 스스로 자만해서 느끼는 행복감은 우리가 살아가는데 있어서 순간적이고 찰나적이다. 영원히 지속될 수는 없다. 진정한 행복은 쟁취하는 데서 오는 게 아니라 스스로 자기 자신이 발견하는 데서 온다. 행복이 도처에 깔려 있어도 그걸 식별하거나 발견하는 눈을 가지지 못하면 끝내 불행하게 살 수밖에 없을 것이다.

초등학교 동창생 중에 대여섯 명이 매주 수요일 오전 열 시에 대공원 호숫가에서 만난다. 그곳에 마련된 의자에 앉아 서로 안부를 묻고 동창들의 근황에 대해서 이야기를 나누다 보면 많은 시간이 흘러간다. 등산에 자신이 없는 친구는 걷기 쉬운 호숫가를 거닐면서 시간을 보낸다. 등산을 하고 싶은 사람은 자기 취향에 맞는 등산 코스를 찾아 등산을 한다. 정오가 되면 흩어졌던 친구들이 다시 모여 식당으로 가 식사를 하고 헤어진다.

오늘 친구들이 만나 등산을 하고 담소를 나누는 과정에서 한 친구의 말에 의할 것 같으면 '머리는 차갑게 발은 뜨겁게' 식사 후에는 반드시 '더운 물을 마시라'고 한다. 그리고 또 다른 친구는 서초구 옛골에서 청계산 옥녀봉을 넘어 서울대공원으로 와서 우리들과 만난다. 그의 왕성한 체력과 불굴의 의지를 본받고 싶은데 체력이 따라주지 않아 뜻대로 되지 않는다.

　이 모임에 참석한 친구 중에는 심장질환을 앓고 있는 친구가 있다. 그 중에서 두 친구가 수술을 해서 인공심폐기를 달고 살아간다. 그들은 신체적으로 어려움이 많지만 그것을 극복하려고 매주 수요일이면 이 모임에 참석하여 산행을 즐긴다. 건강도 다지고 많은 대화 속에서 행복을 찾으려고 무던히 애를 쓴다. 그들을 바라보면 존경스러우면서도 애잔한 생각이 난다. 우리가 살아가는데 있어서 아무리 힘이 들고 어렵더라도 자기 자신이 행복하다고 믿으면 그것이 바로 진정한 행복이 아닌가 하는 생각이 든다.

　우리 인간은 누구나 행복을 갈구하면서 즐겁게 살아가기를 원한다. 인생은 짧은데 욕망은 끝도 한도 없다면 그 욕망을 이루기 위하여 따르는 고통이 얼마나 힘이 드는지를 아는 사람은 몇 사람이나 될까. 생사는 사람의 힘으로는 어쩔 수 없는 신의 영역이라고 한다. 우리 인간은 끝이 없이 분출되는 욕망을 억제하고 자제하면서 살아간다. 그저 비우면서 살아가는 것이 선비의 정신이요 이 세상을 살아가는데 있어서 현명한 삶이 아닌가 한다.

　생명과학이나 의학이 최첨단을 걷고 있는 오늘날 건강 문제는 자기 자신이 스스로 알아서 처리하여야 될 것이다. 백세 시대를 눈앞에 둔 우리 인간이 인생의 끝자락을 허송세월을 하면서 넘긴다면 그것보다 더 불행한 일은 없을 것이다. 문학동아리 모임이나 그밖에 다른 모임이 있으면 열심이 참석하고 남은 여생을 책을 읽고 글을 쓰면서 보낸다면 얼마나 보람 있고 행복한 삶일까 하는 생각을 해본다.

한국문인협회 회원, 과천문인협회 감사, 월간 「문학세계」 운영위원, 세계문인협회 감사, 과천 율림문학회 회장, 국제펜클럽 한국본부 회원

화가와 여인

신 진 숙

1.

미술작품은 친구와 같다고 한다. 처음 만났을 때 호기심을 일으키게 하는 가하면 시간이 흐를수록 생각나게 하는 경우가 있다.

프리다 칼로의 작품은 후자에 속하지 않나 싶다. 미술에 문외한인지라 비교적 편안한 화풍을 즐긴다. 화가의 내력보다는 순전히 보는 이의 취향이 감상의 기준인 것이다. 가끔 들러보는 인터넷 미술포럼에서 마주쳤던 프리다, 그녀를 다시 인식하게 되었다.

1920년대 멕시코 여류화가 프리다칼로(1907~1954)의 일대기를 다룬 영화 '프리다'. 이 영화를 통해 한 여자의 거침없는 사랑과 집념을 보았다. 영화 속에서 간간이 비춰지는 그녀의 그림들은 영화의 스토리를 능가할 만큼 의미심장한 주제로 집중하게 만든다.

프리다는 일찍이 소아마비를 앓았고 치명적인 교통사고로 평생을 수십 차례의 수술을 할 만큼 육체적 고통을 겪었다. 그럼에도 불구하고 그녀는 양성애자로 자유분방하였다.

멕시코 전통의상을 입은 그녀의 초상은 가히 매력적이다. 사랑과 예술을 향한 끝없는 그녀의 도전의식은 어디서 비롯된 것일까. 생래적인가, 아니면 환경적이었을까. 프리다가 지닌 참을 수 없는 열정은 상대적으로 불길한 마력을 뿜어낸다. 그로 하여금 많은 사건들을 불러일으키기 때문이다. 민중 벽화를 그리는 '디에고 리베라'를 남편으로 선택한다. 그가 난봉꾼임을 모르지 않았을 터인데 그들의 사랑은 부분적으로 수습되지 않는 혼란함이 있다.

끝내는 처제까지 범하는 남편의 배신감에 프리다는 자신의 긴 머리를 과격하게 자른다. 가위를 들고 짧은 머리가 되어 있는 그림 속의 그녀는 날이 선 가위만큼이나 서늘하다.
　그녀에게 반복되는 상처와 고통이 예술적 재능에 불을 지피게 한다. 그녀의 어두운 내면세계는 그림에 그대로 투영된다. 그녀의 생각이나 감정을 극명하게 실은 그림들은 슬픔의 정도를 넘어 괴기스런 분위기를 이룬다.
　아무리 예술작품이라 해도 과도한 표현이면 외면하고 싶어진다. 사슴에 화살이 마구 꽂혀 있는 유산의 고통을 담은 그림, 알몸의 여인이 피가 낭자한 모습들. 모두 프리다 자신의 상처로 섬뜩할 만큼의 광기와 음산함이 가득하다. 어떤 상황을 여과 없이 사실적으로 드러낸 그녀의 작품들은 요즘 말로 엽기적이다. 그녀의 뜨거운 가슴 한쪽에선 그토록 신음하며 좌절하고 있었던 것이다. 직면한 현실을 담은 그녀의 화풍은 초현실주의 작가로 분류한다. 그녀는 칸딘스키, 피카소상을 수상할 만큼 예술가로서의 성공을 거두었다.
　훗날 프리다는 회상한다. "나는 인생에서 두 번의 큰 사고를 당했다. 한 번은 전차사고로 척추를 쓸 수 없게 된 것이고, 두 번째는 남편 리베라를 만난 것이다."
　삶의 행로는 교통사고와 같이 예측할 수 없는 사건들이 만든다. 혁명기라는 극적인 요소가 리얼리티를 더한다. 그녀의 삶은 그리 길지 않았다. 더 이상 그 무엇에도 도전할 수 없을 만큼 육체적으로 정신적으로 소진하고 만다. 그들만의 애증이 남아있었던 걸까. 숱한 여성편력을 배뇨에 비유하던 남편이 건강이 악화된 그녀를 찾아와 보살펴주기에 이른다.
　오랜 시간이 지나 한 사람의 생애를 돌이켜보는 시간은 의미 있는 일이다. 일부분 사실이 변형되거나 미화되기도 하지만 정도의 추측과 상상하는 일도 나쁘지 않다. 삶의 방식에 있어 마음의 경계를 무너뜨리는 일이 대개는 익숙하지 못하다. 하지만 영화나 책 속에서 경계를 부숴버리는 그들은 꽤나 근사하다. 현실을 뛰어넘는, 또 다른 세상의 통로를 열어주기 때문이다.
　흘러간 시대의 여인, '프리다'의 작품은 영원한 시간 속에 머물러 있다. 영화 전반에 흐르던 라틴 음악 특유의 선율이 폐부를 훑고 지난다.

마흔일곱 살에 남긴 그녀의 마지막 말과 함께.

"나의 마지막 외출이 즐겁기를. 그리하여 다시는 돌아오지 않기를…."

2.

목이 긴 여인은 남편이 죽자 이틀 뒤에 세상을 떠났다. 사전에 예비한 그녀의 선택이었다. 투신한 그녀는 두 번째 아이를 가진 만삭의 몸이었고 꽃다운 22세였다. 모정을 버릴 만큼 남편을 사랑했을까. 삶을 뿌리째 흔들어 놓는 존재의 상실감은 이처럼 극단적인 결과를 낳는다.

'목이 긴 여인'의 화가 모딜리아니와 그의 연인인 잔느의 그림전 너머엔 미처 몰랐던 로맨스가 뒤따른다. 그러고 보면 내가 그 여인을 처음 보았을 때 불러일으키던 애수의 감정이 괜한 것만은 아니었다.

그림은 욕망을 숨기지 않는다던가. 화가와 여인은 어쩌면 필요요소처럼 여겨진다. 예술사에서 적잖이 만나게 되는 예술적 영감의 원천이 되어주거나, 나아가서는 욕망의 실천이 되어주기도 했던 여인들이 그것이다. 피카소, 로댕, 릴케, 달리 등 그들의 감성을 움직인 화가와 여인은 우리가 상상하는 것처럼 그렇게 낭만적이지 않다.

그런 관점으로 볼 때 모딜리아니가 지닌 예술성은 일종의 권력과 같지 않았을까. 그 예술적 숭배 속에 '여인'이 존재하며 자연 세간의 관심은 잔느와의 사랑에 초점을 맞춘다.

'화가와 연인'이라는 배경 때문이었는지 전시장을 도는 동안 한 편의 영화를 보는 것 같았다.

일찍이 모디(모딜리아니의 애칭)는 폐결핵, 늑막염을 앓은 병력으로 조각가의 꿈을 포기하게 된다. 그래서였을까, 모디의 초상들은 모두 조각풍의 긴 목을 가지고 있는 특징이 있다. 간결하면서도 우아한 곡선의 완성으로 독보적인 화풍을 이루게 된다. 인간(모델)과의 영적 교감을 표현했다는 공허한 눈동자, 더러는 눈동자를 그리지 않았거나 한쪽 얼굴이 아예 없기도 하다. 이는 채워지지 않는 인간의 열망이 투사된 모디 자신으로 읽힌다.

화가 중 가장 미남이라고 전해지는 그는 크고 검은 눈에 수려한 콧

날을 가졌다. 남자는 늘 고뇌에 차 있었지만 많은 여인들을 설레게 했으리라.

모디에겐 폭풍처럼 사랑했던 시인 베아트리스도 있었고, 장꼭또를 비롯한 친교를 나눈 예술적 동지도 많았다. 그러나 당시 미술계의 흐름을 따르지 않는데서 오는 소외감으로 술과 마약, 숱한 여성편력으로 젊은 날을 연명한다.

예술가들에게서 자주 거명되는 몽마르뜨, 몽프르나스 거리와 카페들. 화가의 여인도 그곳에서 조우하게 된다. 풍성한 긴 머리를 늘어뜨린 소녀 잔느를 만난 첫인상을 조숙함과 정의를 알 수 없는 기묘한 눈빛이었다고 회상한다.

모디의 제자이자 동료이며 연인이었던 잔느는 자유분방한 모디를 위해 희생하고 헌신하는 여인으로 그치지 않는다. 여류화가로서의 입지가 열악한 당시의 현실에도 불구하고 모디로부터 예술적 에너지를 추구한 독립된 화가로 회자된다.

요양 차 떠났던 니스는 모디와 잔느와 함께 한 3년 중에 가장 행복했던 시절이었다. 1년도 안 되는 기간 동안 일생 중 가장 의욕적으로 창작에 전념한다. 지중해의 햇빛이 가득한 니스해변이 그들에겐 파라다이스였던 것이다.

모디의 초상화 중에 손꼽히는 '목이 긴 여인'이 있다. 어깨를 드러내고 가슴에 한 손을 가볍게 올리고 있는 샤워를 막 끝낸 여인, 잔느다. 홍조 띤 빰이 어찌나 생생한지 잔느가 사랑받는 여인이었음을 의심치 않는다. 화가도 제자도 아닌 여인의 모습이다.

모디는 장밋빛 누드화를 많이 남겼지만 잔느의 누드를 그리지 않았다. 이는 잔느에 대한 존중의 표현이 아니었나 싶다.

두 사람의 합작품이라는 손을 꼭 잡은 초상화는 마치 한 사람이 그린 것처럼 보인다. 어느 새 모디의 화법을 닮아가는 잔느를 발견하게 되는 것이다.

잔느는 병상에 힘없이 누워 있는 모디의 마지막 모습을 남긴다.

천국에서도 모델이 되어주겠다던 모디의 영원한 반려자, 잔느는 과연 죽음도 갈라놓지 못할 만큼 사랑의 영원함을 믿었던 걸까. 모디의 죽음이 치명적인 것은 남겨진 여인으로서의 삶 때문이었을 거라는 기록이 있다. 연인과 화가의 이중적 삶을 사느라 몹시 힘들었을 당시 상황을 짐작케 한다.

미술(예술) 작품을 본다는 것은 미적 체험만이 아니라고 한다. 화가의 재능만이 아닌 한 개인이 지나왔을 컴컴한 시간을 헤아려보는, 황홀함과 동시에 시련을 이해하는 감동이다. 시공간을 초월하는 삶의 명암을 바라보는 것이다.

화가와 여인이 머물렀던 시간의 통로를 빠져나오자 안개가 몸속 깊이 파고든다. 가시거리가 10미터도 안 되는 짙은 안개로 도시 전체가 부유하고 있는 듯하다. 몽환적 가로등 탓일까.

우수어린 모디와 잔느의 깊은 눈빛이 떠올려진다. 모디가 자주 썼던 색조 파란 색의 신비처럼 가슴 한 켠이 먹먹해져오는 그 밤은 오래도록 안개에 잠겨 있었다.

🖋 서울 출생, 시인, 수필가, 경기문협 수필분과 회장, 경기도문학상 수상

연(鳶)처럼

윤 형 두

줄 끊어진 연이 되고 싶다.

구봉산(九鳳山) 너머에서 불어오는 하늬바람을 타고 높이높이 날다 줄이 끊어진 연이 되고 싶다. 꼬리를 길게 늘어뜨린 채 갈뫼봉 너머로 날아가 버린 가오리연이 되고 싶다.

바다의 해심(海深)을 헤엄쳐 가는 가오리처럼 현해탄을 지나 검푸른 파도가 끝없이 펼쳐져 있는 태평양 창공을 날아가는 연이 되고 싶다.

장군도(將軍島)의 썰물에 밀려 아기섬 쪽으로 밀려가는 쪽배에 그림자를 늘어뜨리며 서서히 하늘 위로 흘러가는 연이 되고 싶다.

나는 소년 시절에 연을 즐겨 띄웠다. 바닷바람이 휘몰아쳐 오는 갯가의 공터와 모래사장과 파란 보리밭 위에서 연 퇴김과 연싸움을 즐겼다.

맞바람을 타고 곧장 하늘로 날아올랐다가 연줄을 퇴기면 연 머리는 대지를 향하여 독수리처럼 세차게 내려오다간 땅에 닿기 직전에 연줄을 풀어주면 다시 연 머리는 하늘로 향한다. 그럴 때 연줄을 잡아당기면 또 연은 창공을 향하여 쏜살같이 치솟는다.

퇴김 중의 절묘(絶妙)함은 바다 위에서 가오리연의 하얀 종이 꼬리가 물을 차고 달아나는 제비처럼 해표(海表)를 슬쩍 건드리곤 물방울을 떨어뜨리며 끄덕끄덕 힘겹게 올라가는 가슴 조임에서 맛볼 수 있다.

연싸움은 동갑나기 K군과 심하게 하였다. K군의 연은 그의 아버지가 만들어 준 견고하고 큰 장방형(長方形)의 십자(十字)살을 붙인 왕연(王鳶)이었고, 나의 연은 가오리를 닮은 볼품없는 것이었다. 그러나 그 연을 만들기 위해서 뒷마을 대밭에서 대를 얻어다 빠개고 괭이를 친 다음, 몇 번이고 무릎 위에 놓고 칼날로 훑는다. 등살과 장살을 곱고 매끈하게 다듬은 다음, 등살은 촛불이나 숯불로 휜 후 연체(鳶體)에 참종이(鮮紙)를 바르고 양옆과 가운데에 꼬리를 단다.

　K군의 연줄은 고기잡이에 쓰는 질긴 주낙줄에다 유리가루와 사기가루를 민어(民魚) 부레풀에 섞어 발라서 날을 세운 것이고, 나의 것은 어머니의 반짇고리에서 몰래 가져온 무명실, 그것도 군데군데 이음 매듭이 있는 것이다.

　연실을 감는 얼레도 회전이 빠르고 묘기를 부리기 쉬운 6각이나 8각 얼레를 가진 K군에 비해 나의 것은 고작해야 조선소(造船所)에서 주워온 막대기를 사다리 모양으로 못질한 2각 얼레에 불과했다.

　왕연은 문풍지 소리를 내며 얼레에서 풀리는 은빛 연줄을 타고 하늘로 늠름히 오르는데, 가오리연은 광대춤을 추듯 양 날개를 번갈아 치켜들며 서서히 오른다.

　가오리연의 가장 긴 꼬리가 뒷동산 대밭에 닿을 때쯤이면 왕연은 하느작거리는 나의 연을 기습하기 시작한다.

　한두 번의 퇴김으로 연줄이 얽히고 얼레가 감겼다 풀렸다 하는 소리가 몇 번 나면 가오리연은 하늘로 우뚝 솟구쳤다간 백학(白鶴)처럼 멀리 사라져 간다.

　짧은 겨울 해의 잔광(殘光)을 받으며 미지의 세계로 떠나가 버린 연을 생각하며, 허공에서 서서히 땅을 향해 하늘거리며 내려오는 연실을 감는다.

　바닷가 집으로 돌아오는 길옆 선창엔 범선(帆船)의 돛대만이 잔물결에 흔들리고 죽음과 같은 고요와 어둠이 밀물처럼 밀려온다. 해변에 진남색의 어둠이 깔리면, 붉은 불을 컨 아버지의 혼백(魂魄)이 집에서 뒷솔밭으로 가오리연처럼 사라지더란 마을 사람들의 말이 떠올라 나를 더욱 우울하게 만들었다.

　희미하게 꺼져가는 노을을 받으며 사라져 간 연, 그것은 나의 무한

한 동경의 꿈이었다. 아버지를 잃은 고독과 설움을 잊을 수 있고, 가난 때문에 받은 천대와 수모를 겪지 않아도 될 그런 세계로 날아갈 수 있는 연이 되고 싶었다.

그로부터 30년이 지난 요즘 나는 조롱(鳥籠) 속에 갇힌 자신을 발견하기도 하고, 능력의 한계를 느끼고 자학의 술잔을 기울이기도 한다. 어릴 때의 고독과 수모, 그 무엇 하나도 털어 버리지 못한 채 더 많은 번민 속에서 살아간다.

마음이 만들어 버린 속박, 눈으론 느낄 수 없는 질시와 모멸, 예기치 못했던 이별이 나를 엄습할 때면, 나는 줄 끊어진 연이 되어 훨훨 하늘 여행이 하고파진다.

그 옛날 그 하늘에 아스라이 사라지던 연처럼….

그러나 나에겐 이제 가오리연을 띄울 푸른 보리밭도, 연실을 훔쳐낼 어머니의 반짇고리도 없다. 다만 K군만이 2, 3일 후면 돌아올 음력 설날에 띄울 막내아들의 연살을 다듬으면서 혹 나를 생각해 주려는지….

수필가, 범우사 대표, 중앙대 신문방송대학원 객원교수, 현대수필문학상·동국문학상 수상, 문화의날 보관문화훈장 수훈, 국립순천대학교 명예 출판학 박사학위 취득

나비의 춤

이 강 용

　나비는 사람의 눈을 즐겁게 한다. 어린 아이들은 말할 것 없고 나이 든 사람이라 할지라도 저절로 반가운 미소를 띠게 된다. 오랫동안 기다리던 그리운 이를 만난 듯 반갑다. 나비는 항상 나들이옷을 입고 있다. 언제 어디서 보더라도 정장 차림을 볼 수 있다. 화려하고 아름다운 여러 가지 색깔로 단장한 겉모습뿐 아니라 날개 모양도 한껏 멋을 낸다. 꽃이 벌·나비를 불러 모으기 위해서 화려한 빛깔로 장식한다는데, 요놈은 무엇을 위해 몸치장을 할까. 그것들도 숙명으로 타고난 일을 위해서일까. 바로 좋은 짝을 찾아 종족보존을 하려는 일이겠지. 할 수만 있다면 많은 상대를 불러 모으려고 나름대로 지혜를 짜낼 것이다.
　이성을 유혹하는 수단으로 모양내기와 냄새 퍼뜨리기가 있다. 나비는 화려한 날갯짓으로 선을 보인다. 훨훨 나는 모양에 매력이 넘쳐난다. 매력은 춤에 이르러 절정을 이룬다. 벌이 꿀을 모으는 일로 일과를 삼는다면, 나비는 춤추는 일로 하루를 보낸다. 춤을 위해 사는 것처럼 하루 종일 나풀댄다. 그 동작이 보는 이들의 눈길을 잡는다. 저들의 몸놀림은 오래지 않아 군무로 바뀐다. 한 마리가 무용을 펼치면 곧 이어서 여러 마리가 모여 든다.
　나비의 춤은 발레리나 못지않게 우아하다. 집밖에 나오는 순간부터 준비동작도 없이 곧바로 본 동작을 시작한다. 하늘거리는 날갯짓과 자리를 옮겨가며 펼치는 춤동작은 아장아장 걷는 아이 모습을 떠올리게 한다. 어디로 옮겨갈지 가늠할 수 없어서 그저 눈으로만 따라갈 뿐이다. 자연을 무대로 하니 가까운 데서나 먼 곳이거나 가리지 않고 춤판을 벌인다. 돈들이지 않고 무대를 꾸미고 넓혀갈 수 있는 여유를 한없이 누린다. 마음껏 펼치는 저것들의 자유스러움이 부럽다.

하나하나 어떤 무용수보다 아름답게 움직이는 모양을 보노라면 마음이 울적하다가도 이 세상일은 잠시 잊게 된다. 그것들의 놀이에 관객으로 참여했다가 나도 모르게 따라갈 때가 있다. 나비가 멀리 떠나 버리면 내 꿈이 달아난 듯 섭섭한 마음으로, 사라져간 저쪽을 바라보곤 했다. 춤동작은 짐작하기 어렵게 때때로 바뀐다.

펼치고 나아갈 공간이나 파트너도 알 수 없다. 이런 각본은 누가 짜고 어디서 배울까. 따로 배우지 않고도 천부적인 재능으로 스스로 안무와 동작을 할 듯하다. 가르쳐 주는 이 없이 황홀한 춤을 추는 저들 춤사위는 본능이리라. 춤을 배우지 못한 나는 부럽기 한이 없다.

나는 산제비나비를 좋아한다. 큰 몸집에 은은히 반짝이는 까만 날개가 눈길을 끈다. 몸이 커서 더 활달한 춤사위를 펼친다. 이것들의 춤에 빠져들 때면 내 것으로 만들고 싶은 충동이 일었다. 하지만 내 손안에 들면 나비는 춤추는 자유를 잃게 된다. 저들의 아름다운 몸짓을 오랫동안 보려면 자유롭게 놔두어야 한다. 영혼이 자유로울 때 위대한 예술이 탄생한다고 했던가. 자기 것으로 만들어 독점하고 싶은 욕망을 억누르고 참을 때 참다운 기쁨을 갖게 될 수도 있다. 제 마음껏 놀게 놔두어야 더 멋있는 춤을 보여줄 수 있으리라. 진정한 아름다움과 가치는 정신적인 자유에서 나오리라. 거기에 육체적인 자유까지 갖게 된다면 더 바랄 게 없겠지.

소유하고 싶은 것이 한두 가지가 아니다. 그중 어떤 것은 손안에 넣는 것보다 자유롭게 놓아두고 그저 바라보는 것으로 만족하려고 할 때 차원 높은 즐거움을 얻게 될 수도 있다. 제 마음대로 놀다 가도록 내 욕심을 접어 두기로 한다. 자유 속에서 화려한 무용을 펼치고 멀리 떠날 때까지, 말도 붙여보지 못한 그녀의 뒷모습을 보던 때처럼 나는 말없는 관객으로 남는다. 남의 자유를 함부로 빼앗지 아니할 때 진정한 아름다움도 볼 수 있지 않겠는가. 날려 보낸 나비에 내 마음을 실어 보내면, 나비가 가는 곳에 마음도 따라가 함께 어울려 나풀나풀 날아가리라.

「한국작가」 등단, 한국문인협회 회원, 과천문인협회 수필분과 회장, 수수회(과천수필동인회) 회장, 공저 : 「여유 있는 삶」, 「이야기가 있는 곳」 외 다수, 율목시민문학상 수상

시간의 문턱

이 경 은

문턱은 나지막하다.

그러나 때론 그 나지막함이 거대한 산처럼 느껴질 때가 있다. 멀쩡할 때에는 그저 폴짝 넘으면 될 일이 당최 움직여지질 않는다. 아무리 숨을 내쉬고 들이쉬어도 호흡만 바쁠 뿐 요동이 없다. 움직여지질 않는 것은 내 몸인가 마음인가, 움직이고 싶지 않은 건 내 다리인가 내 머리인가. 몸이 아무리 이끌어도 갈 수 없는 마음이 있고, 마음이 아무리 달래도 내딛지 못하는 몸이 있다.

문턱은 나지막하고, 나지막하다.

하지만 그 한 걸음에 세상의 무게가 다 실려 있다.

지난겨울 3개월 동안 나는 침대에서 내려오고 싶지 않았다. 발끝 하나를 들어올려 내딛는 일도 마냥 귀찮기만 했다. 마치 어머니의 자궁 속에라도 들어앉은 듯이 몸을 웅크렸다. 어디가 아픈 것도 아니고 뭐 맘에 걸리는 일이 있는 것도 아니었는데도 그랬다. 주위에서는 그동안 바빴으니 좀 쉬라고 했고, 이제는 몸을 아끼라는 신호라고도 했고, 어떤 이는 우울증의 시초라며 밖에 나가 햇볕을 많이 쬐라고 했다.

우울증과 햇볕. '그래, 따스한 햇볕에 몸을 쪼이면 바스락거리며 이 습습한 기운이 마를 거야. 우주의 에너지가 내 몸으로 들어와 줄지도 몰라.' 그래도 나는 집 안의 블라인드를 다 내리고 올리지 않았다. 아니 올려지지가 않았다. 햇볕이 저만치에서 나를 기다렸는데도.

이런 걸 '나이 들어 값'이라고 말하고 싶진 않다. 우리에게 다가오는 모든 현상들을 그렇게 쉽게 통틀어 치부해 버리는 게 나는 때로 마음에 들지 않는다. 그걸 편히 받아들이면 세상이 좀 더 쉬울지도 모른다.

세상이 뭐 별 거라고, 너는 뭐 또 별 사람이라고…. 그래도 나는 좀 거부하고 싶은 심정이 든다.

지나고 보면 거의 10년의 주기로 나는 그곳, '시간의 문턱'에 서 있었던 같다. 어떤 때는 기쁨과 환희에 찬 발걸음으로, 어떤 때는 슬픔과 외로움 속에서 말없이 그곳을 찾아갔다. 십대에서 이십대로 넘어갈 때에는 여자가 되려고, 그 다음에는 새끼를 낳은 어미가 되느라, 사십에는 세상의 유혹 속에서 불혹이 되느라, 오십에는 세상에 나를 펼쳐 보이며 내 뒷모습을 자주 잃어버리느라. 그리고 오늘 나는 진정으로 내 앞에 놓인 삶을 어찌할 것인가에 대한, 참으로 오랜 만에 생각해 보는 진지함으로….

젊을 때처럼 다시 한 번 미친 듯이 세상을 향해 열정적으로 달려 나갈 것인지, 모든 걸 다 가라앉히고 고요하고 텅 빔의 세계로 들어설 것인지, 툴툴 털고 단순과 편함 속에 나를 맡길 것인지. 뭐라도 결정해야 하는 걸까. 그런데 이번엔 참 쉽지 않다. 괜히 결정한다는 게 귀찮기만 하고 영 의욕이 없다. 뭐 하나 손에 들어오질 않고 마음만 더없이 피로하다. 예전엔 이렇게 가만히 있으면 감정이 고이고 힘이 쌓였었다. 그러면 일어나 씩씩하게 휘파람을 불며 세상을 향해 나아갔다.

저기를 넘어가야만 삶이 지속되고 앞으로 나아가리라는 확실함이 있었다. 이렇게 주춤거리고 있었던 적이 없어서 사실 당황되기도 한다. 여기만 넘어가면 새 세상이 있으련만. 아니 실로 그 세상은 내 스스로 선택하여 만들어 가고, 그것에서 행복을 느껴야 할지언정…. 나는 그런 기억들의 그림자를 마냥 그리워하고 있는 것인가.

며칠 전 나는 침대에서 일어나 블라인드를 올리고 창밖을 한참 내다보았다. 봄이라 이사하는 집들이 많았다. 세상은 여지없이 참 잘 흘러간다. 나는 혼자 중얼거렸다. 이번엔 그냥 있어 보자. 그까짓 거 결정 안하면 어떠랴. 되는 대로 살지, 흐르는 대로 흘러가지, 내 일생 중에 한 1~2년 그냥 멈추어 있다 하여 어찌될 것은 아무 것도 없고, 또 어찌되면 어떠랴. 그러다 조금이라도 힘이 모이면 저 문턱을 단숨에 휘익— 넘어보리라.

가자, 어서 가자. 미모사 꽃을 한 다발 사서 찬란한 봄을 맞이하자. 잔인하리만치 거칠고 딱딱해진 땅을 헤치고 여린 잎을 내어, 생명의 숨을 가득 들이 마셔보자.

"우리 인생길의 한가운데서/ 나는 올바른 길을 잃고/ 어두운 숲속에 처해 있었다."며 두려움 속에서 「신곡」의 서두를 시작한 단테 알리기에리. 일주일의 짧은 시간 동안 지옥에서 천국까지, 그 많은 문들을 지나갔던 단테와 베르길리우스를 친구 삼아 이 세상의 길들을 찬찬히 걸어가 보자. 발 한 걸음 차이에 지옥과 천국으로 갈려지고, 강 하나를 사이에 두고 삶과 죽음의 경계가 나눠진다지만, 차안이든 피안이든 별반 다를 게 무엇이랴. 어떤 길을 선택하든 다 제가 감당해야 할 삶의 몫이 있는 법. 고통도 살아 있음의 증거요 행복이라는 그 평범한 말을 손에 들고, 동굴 밖에서 나와 밤하늘의 빛나는 별들을 바라보자.

시간의 문틱.
낮은 듯하면서 높디높은 그래서 우리를 숨차게 하는…. 오랜 시간 뒤에 나는 또 어떤 모습으로 그곳에 서 있게 될까.

▰ 「계간수필」 등단, 라디오 방송작가, 음악극작가, 율목문학상 수상, 저서 : 「내 안의 길」, 「그대, 바람에 스치다」

기 억

이 상 국

기억이 사라졌다.

어제 아침 약 먹는 것을 식구들이 모두 보았다는데 나는 전혀 생각나지 않으니 보통 문제가 아니다. 술 안 먹고도 필름이 끊기다니.

나이 일흔둘, 노화현상인가. 대상포진이 삼차신경통으로 전이된 후 통증클리닉에서 주문한 약을 장장 십여 년째 먹는 중이고, 목 디스크 약은 아침저녁으로 장복중이니, 그 약물중독으로 인한 기억력 상실? 제약회사 설명서를 꼼꼼히 읽어도 기억력 감퇴에 관해선 일언반구도 없다. 믿음이 안가 의사에게 물었다. 의사의 대답도 "노우!"

곰곰 생각하니 기억력 끊김이 처음은 아니다. 금년 봄에 치매검사를 받은 경험이 있고, 4년 전엔 신경외과에서 자기공명, 인지장애평가, MRI, MRA, 혈액검사를 비롯해 의사가 하자는 것은 하나도 빼지 않고 모조리 검사를 받았지만 결과는 '깨끗함' 시간낭비에 돈 100여만 원 실히 깨지고 돌아왔다.

기억이 사라진다는 것은 나의 의식의 기초이며 내가 존재하는 이유, 존재할 가치, 존재하여야 할 의무, 존재하는 권리, 존재해야 하는 당위성, 이 모든 것들이 흔적도 없이 지워지는 것을 의미한다. 따라서 기억이 사라진 나는 매미나 곤충이 부화해 날아가고 남은 찌그러진 껍데기, 아니면 좀비, 미라, 또는 발 모아 뛰어가는 강시.

읽은 모든 책의 저자들을 암기했고 아무리 생각이 안 나도 곰곰 생각하다보면 1, 2분 내에 재까닥 기억해 내던 내가 웬만한 방정식, 삼각함수, 미적, 집합쯤은 쉽게 풀어내던 내가, 2년 전까지만 해도 영어와 국사, 철학과 문학을 탐독하던 내가 이렇게 무너지다니. 이젠 지적 탐험의 도구들을 모두 쓸어버리고 황급히 죽는 날을 준비해야 하다니. 내게 시간이 얼마나 남은 걸까. 십 년, 오 년, 일 년, 여섯 달, 아니면 삼 개월. 예총회장 임기를 채우려면 삼 년은 더 살아야 하는데, 죽기 전에 책 한 권을 내려면 일 년은 더 살아야 하는데….

기억. 아침부터 늦은 저녁까지를 생각한다. 언젠가 둘째 아들이 기억력을 자랑한 적이 있었다.

"아침부터 저녁까지 하루 동안의 모든 것을 하나하나 빠짐없이 모두 기억할 수 있는 나는 천재가 아닐까?"

그때 "어려서는 모두 그래" 하고 웃어넘겼다. 내 어린 날에도 그랬으니까. 보르헤스의 '기억의 천재 프네스'처럼.

지금도 그렇다. 기억의 천재까지는 생각이 났는데 프네스는 가물가물하다 꽉 막혀, 도저히 기억의 늪에서 건져 올릴 수 없어 인터넷에서 찾아 쓴다. 오로지 내 기억력을 믿고 언제나 머릿속 깊디깊은 심연에서 싱싱한 기억들을 건져 올리던 내가 인터넷을 뒤지고 스마트 폰을 스캔해야 하다니.

대학에서, 공무원 직무교육에서, 인생길에 닥치는 각종 시험에서 학점에 자신이 없는 사람, 낙제가 겁나는 사람은 언제나 나의 옆, 아니면 뒷좌석에 앉았었다. 그리고 그들은 모두 살아남았고 다시 만나지 않았으며 서로 잊었다. 부정한 방법으로 학점을 따거나 성적을 끌어 올렸다는 사실은 잊고 싶은 법이다. 따라서 고맙다거나 감사의 예는 갖추기도 전에 떠났고, 각자의 기억에서 지웠다. 그처럼 나도 이 기억의 상실을 빨리 잊고 싶다. 그러나 이번만은 쉽지 않을 것 같다.

아침에 나는 무엇을 했지?

논(畓)에 나가 어제부터 가동하던 양수기를 껐지.

신문사설은 읽었나? 읽었어.

어젯밤에 읽은 책은?

'성서를 읽다 — 구약을 연구하는 방법'

오전에 읽은 책?

도스토옙스키의 '악령'

오후 한 일은?

내 블로그 상위권에 노출시키기.

이렇게 잘 기억하면서 왜 그리 생각이 안 나고 기억이 사라지며 기억력이 깨어지는 것인지.

…잊는다는 것, 동일한 사물의 미세한 차이를 잊는다는 것은 같은 사물의 각각의 차이를 지우고 개념화한다는 것. 플라톤의 이데아의 각각의 단어들과 같은 하나의 단어로 총체적이고 일반화된 사과, 돌, 강, 산, 달, 삼각형과 같은 보편 언어를 끌어내기 위한 것일 텐데, 그건 아닌 것 같고….

아니면 언어의 차이들을 잊어나가다 단어를 잊고 생각을 잊고 사유를, 개념을, 관념을, 이념을, 사상을 잊다가 급기야, 급기야 아내의 얼굴조차 기억하지 못하는 것은 아닌지.

언젠가 '기억' 중 기자(字)의 초성과 억자(字)의 종성 ㄱ이 각각 떨어지고 억자(字)의 첫소리 ㅇ이 분리되어 'ㄱ ㅇ ㄱ' 남아있는 홀소리는 'ㅓ ㅣ' 이와 같이 닿소리와 홀소리가 각각 떨어져 생각의 늪에서 'ㅓ, ㄱ, ㅣ, ㅇ, ㄱ' 각각 흩어져 떠다니다 소멸되듯 이렇게 나는 사라지고 있는 것은 아닐까?

기억은 이렇게 흩어져 둥둥 떠다니다 육신이 썩어 새로운 원소로 다시 태어나듯 새로운 기억의 원소로 다시 태어나야 한다. 영혼이 사라지지 않는 것이 아니라면, 그리고 시간의 '영원 회귀론'을 믿을 만하다면 마땅히 그리해야 한다.

새로운 영혼. 아직 태어나지 않은 나의 손자. 아니면 옆집 신혼부부의 아기로 태어나던가. 북아일랜드의 신생아로, 또는 모잠비크 검은 피부의 기억, 아니면 에스키모의 영혼, 카리브 해의 꿈, 상트페테르부르크, 또는 뉴요커, 혹은 카이로의 싱싱한 영혼….

따라서 내가 기약 없이 사라진다 해도 서러워하거나 노여워할 일 아닙니다. 사라진 누추한 나의 기억은 레테의 강을 건너, 삼신할미의 점지를 받아 빛나는 영혼이 되어 다시 태어날 것이니.

「현대수필」로 등단, 한국예총 여주지회장, 공무원문예대전 우수상 · 경기문학우수상 수상, 저서 : 「아내가 늙어가고 있다」

노년은 인생을 살아온 벌일까

이 예 경

 엘리베이터에서 위층에 사시는 교수님을 뵈었다. 운동복 차림인데 아침 산책을 다녀오시는 길인 것 같다. 인사를 드리니 손을 내저으며 귀를 가리키신다. 보청기를 안 해서 듣기가 어렵다는 뜻인가 보다. 팔순이 넘으니 건강이 나빠져 한심하다고 한숨을 쉬신다.
 교수님은 대학 강단에서 반생을 보내시며 저서도 많지만 특히 고전음악 들으며 독서하는 일이 유일한 취미셨다. 그런데 요즈음 그저 동네 산책이 유일한 소일거리일 뿐 보청기를 해도 귀가 어둡고 시력까지 나빠진 상태라 독서나 음악도 즐기지 못하신단다. 의사소통이 어려우니 보호자 없이는 외출이 어렵고 일상생활은 물론 부부간에도 의사소통이 쉽지 않아 불편하시다. 그분의 학문적인 업적을 생각할 때 노인 한 분이 돌아가시면 도서관이 하나 없어진 것과 맞먹는다던 속담이 생각나서 안쓰럽고 불로초라도 구해 드리고 싶은 마음이다.
 그러면서 오랜 와병상태 중에 돌아가신 아버지도 떠오르고, 중풍 후유증으로 십년째 힘들어 하시는 구십 시어머니, 가끔씩 기운이 없으신 친정어머니 등 내 주위 친척 어르신들의 미래의 모습들이 머릿속에서 빙빙 돌아간다. 얼마나 여생을 더 보내실 수 있을까, 시간을 거꾸로 돌릴 수는 없을까. 그리고 얼마 후 내 차례가 될 것이다. 세상을 얻은 솔로몬 왕도 세상을 헛되다 했고 불로초를 구해오라 했다는 진시황의 그 안타까운 마음을 알 것도 같다.
 노인복지관의 회원관리 일로 최근 2년 이상 이용실적이 없는 회원들의 상태를 알아본 적이 있다. 이사, 병환, 사망 등으로 분류를 한 다음 다시 오지 못할 회원들의 이름엔 개인정보보호 차원에서 내용을 삭제하는 일이다. 처음 회원 등록했을 당시에는 영어나 컴퓨터, 댄스도 배우는 등 활기 있게 여생을 보냈을 그분들의 연락처, 학벌, 가족관계, 전직, 취미활동, 수강과목 이력 등을 일일이 삭제하면서 컴퓨터 속에서 살던 수백 명 회원들을 내가 밖으로 날려보낸 것 같아 한숨이 절로 나온다.

어떤 어르신은 혈압, 고지혈 약을 복용 중이고 보청기 없이는 듣지 못하신다. 백내장, 축농증, 임플란트, 척추수술, 무릎수술 등 웬만한 수술을 거의 다 받아 일상생활에 불편 없이 살고는 있지만 자신이야말로 '인조인간'이 아니겠느냐고, 의학이 발달된 세상을 만나 고비를 잘 넘겨서 덤으로 살아있다고 하신다.

솔로몬 왕이나 진시황도 현세에 계셨다면 온갖 수술을 다 받았을지도 모르겠지만 그렇다고 2백 살을 넘길 수가 있었을까.

시아버님은 팔십에 백내장 수술을 위해 종합병원에 입원하셨을 때 그곳이 감옥 같다고 하신 적이 있다. 누구는 폐암 형으로 누구는 위장병 형으로 각자 자기의 죗값을 등에 지고 들어와 침대를 하나씩 차지하고 고통을 치루는 것 같다고 하셨다. 그렇다면 노년은 인생을 살아온 벌일까.

아기로 태어나서 세월 따라 청춘이 왔듯이 노경도 바라서 온 것이 아님에도 마음 한쪽이 슬퍼진다. 만물의 생로병사는 조물주가 정해준 인생의 과정이 아닌가. 나무가 열매에서 씨가 맺히고 땅에 떨어져 사계절을 따라 새싹이 나서 성장하여 열매를 맺고 모두 떨어져 겨울을 맞이하면 나무는 제몫을 한 것이다. 누구든 맘대로 순서를 바꿀 수 없고 건너 뛸 수도 없다.

태어날 때 출생통, 진통의 과정을 거쳐야 어미의 몸에서 분리되어 세상구경을 할 수 있고 사춘기의 성장통을 거쳐야 성인이 될 수 있다. 짝을 만나 자손을 낳고 키우면서 인생의 쓴맛 단맛을 보아야 중년고개를 넘어가고 회갑이 지나야 노인이 되는 것이다.

젊음은 아름답지만 늙음은 저물어 가는 것이 아니고 익어가는 것이므로 고귀하다고 볼 수 있다. 누구나 노인이 될 때까지 살 수 있는 것도 아니기 때문이다. 세월은 약, 세월만큼 좋은 스승은 없다며 지혜가 그만큼 늘어간다는데, 위대한 나라는 젊은이들이 망치고 노인들이 회복시킨다는 말도 있는데 벌이라는 말에는 왠지 불편하다.

　그렇다면 노화의 과정 또한 진도가 나간 것이라고 볼 수 있지 않을까. 조물주가 정해준 인생의 숙제를 잘 이루고 다음 과정으로 가려는 것이다. 출생통, 성장통, 성인통 뒤에 오는 노화통이다. 어느 과정이든 앞쪽 단계를 졸업해야 다음 단계로 갈 수가 있는 것이다.

　노화통의 마무리는 언제든 이 세상을 떠날 채비를 갖추는 것이라고 생각된다. 그 준비로 법정 스님은 누구나 빈손으로 세상에 왔듯이 애초의 마음으로 돌아가는 것 즉 비움, 용서, 이해, 자비라고 하신 글을 본 적이 있다. 살아오는 동안 나도 모르게 쌓여진 물건들은 정리할 생각을 하고 있었지만 이 글을 쓰면서 감정들까지 정리할 생각은 미처 하지 못했던 것을 알았다. 세상에 태어나는 일이 쉬운 일이 아니었듯이 아름다운 마무리를 하는 것 또한 나이 들었다고 저절로 되는 일이 아닌 듯하다.

　그러니 노화통은 슬퍼할 일이 아니고 자랑스러운 일인 것이 분명하다. 고3 때 열심히 공부해서 대학에 진학하면 축하를 해주듯, 회사에 입사하여 과장 부장 그 이상으로 계속 승진, 다음 과정까지 잘 가기 위해 얼마나 노력을 했는가. 긴 세월 견디어 온 후 맞이한 노화통 역시 인생의 마무리를 위한 준비라고 볼 수 있다. 그러니까 다음 단계를 맞이하기 위해 누구나 피할 수 없고, 몫을 충분히 해온 자신의 삶에 유종의 미를 거두는 중요한 과정이 아닐까 싶다.

▪ 율목시민문학상 우수상 · 자유문학 신인상 수필부문 수상, 남태령수필동인회 회장, 율목문학상 수상, 과천문인협회, 이대동창문인회 이사, 한국문인협회 회원

두 개의 인격

이예지

얼마 전 황당한 일을 겪었다.

평소에는 다정다감한 사람이었다. 말이 별로 없고 필요한 것 외에는 그다지 신경 쓰지 않는 사람으로 비춰지기도 했다. 물론 장소와 자신의 위치에 따라 말이라는 게 달라지곤 하지만 사람의 화법은 크게 변하지 않는다는 생각을 하고 있었다.

그래서 그런지 몰라도 생각지도 않은 그의 처세에 당황하지 않을 수 없었다. 사람마다 특징이 있고 지식인에 맞는 책임 있는 행동을 한다는 전제하에 나 역시 그의 학벌에 익숙해져 있었다는 것을 뒤늦게 알게 되었다.

내일이면 칠십을 바라보는 나이다보니 그 긴 인생연륜에서 배울 것이 많았다. 지혜롭고 때론 젊은 사람들과의 화법에서도 결코 세대 간의 차이를 보이지 않았다. 그래서 더욱 그 모임이 잦아졌고 그러면서 차츰 나이를 참 곱게 먹을 수 있다는 희망을 갖게 되었다.

하지만 그것은 나만의 착각이었다는 것을 깨닫는 데는 그리 긴 시간이 걸리지 않았다.

우리의 모임은 단조로웠다. 만나면 서로 문학을 교류하고 소통하는 자리이다. 그런 자리에서 자신의 추한 모습을 드러낼 수 있는 기회가 있는 것도 아니고 그렇다고 잡담을 일삼으며 하는 장소도 아니었다. 그렇다보니 사람에 대한 신뢰는 처음 보는 인상이 지배적이었고 그 기준을 끝내 적용시키곤 했다.

사람마다 성격이 다르고 환경이 다르다. 하지만 우리의 공통적인 것은 문학이기 때문에 무엇보다 만나면 기뻤던 관계다.

얼굴이 보이지 않으면 궁금해서 전화하고, 그런 사람들이 있다보니 일상이 즐거웠던 것도 사실이다. 그런데 만나기로 약속한 날 보이지 않아 전화를 하게 되었다. 통화중이라 전화를 끊고 있던 중에 전화벨이 울렸다.

통화버튼을 누른 순간 시끄러운 소리와 함께 듣게 되는 상대방의 목소리는 나를 적잖이 놀라게 만들었다. 평소 알고 있던 사람이라고 생각하기 힘들 정도의 저질적이고도 명문대를 나온 사람인가 의심이 들었다.

한참을 정신을 차릴 수가 없이 무언가에 홀린 듯했다.

인격이라는 것이 두 개의 얼굴을 하고 있었다는 사실을 뒤늦게 알면서 슬펐다.

사람이 아름다운 본성을 지니고 있음에도 추악한 모습을 드러내며 상대에게 상처를 준다는 사실은 이해하기 힘들었다.

다시금 시작된 통화는 또 다른 화법으로 나를 기만하고 있었다. 그 추악한 모습은 자신의 모습이 아니라고 변명을 하면서 속으로는 감출 수 없는 본질을 슬금슬금 꺼내놓은 인격 앞에 나 자신이 무력하다는 것을 느끼는 순간이었다.

학벌과 사람과의 관계에 어떤 영향이 있을까 싶다. 물론 많이 배운다고 해서 사회 일등생이 되는 것은 아니다. 어찌 보면 사회생활을 많이 한 사람이 사람 관계를 더 훌륭하게 하는지도 모른다. 또한 많은 학식을 쌓았으면 더불어 그 인격도 함께 갖추어져 있어야 한다. 그렇지 않으면 시소의 원리처럼 기울게 되고 그 기울임이 추한 모습으로 나타나게 된다는 사실을 알아야 한다.

사회생활에서 아이들을 가르쳤던 교사의 입장에 서보기도 했고, 나이를 먹으면서 배웠던 지식을 활용해 사람들에게 나눠주기도 하는데 어떻게 추한 자신의 모습을 다듬지 못했는지 안타까웠다. 세상살이가 녹록치 않다는 것을 진즉에 알았지만 사람과의 관계에서 받은 상처를 치유하는데 시간이 오래 걸렸다. 보지 않는다고 상처가 낫는 것도 아니고, 그렇다고 매번 찾아가서 소리 지른다고 해결되는 것도 아니었다.

내 스스로 자신을 어루만지며 나의 잘못된 잣대에서 비롯된 것이라고 치부할 수밖에 없었다.

  시간이 지나고 해가 바뀌면서 잊어버리려 했던 두 개의 인격에 대해 무엇보다도 그러면 안 될 사람이라는 데서 더욱 충격이 컸는지도 모른다.

  겉으로 드러내놓은 성격은 각기 개성이 있다. 혼자 있을 때는 그 성격이 나타나지 않는다. 많은 사람들과의 자리에서 본성이 나타나게 되고 그러면서 그 사람이 갖고 있는 성격이 드러나게 된다. 사람들이 생각하기에 학식이 높은 사람은 점잖고 못 배운 사람은 천박하다는 인식을 갖고 있는 경향이 있다.

  그러나 나이를 먹을수록 학식은 크게 좌우되지 않는다. 전문적인 직업이 아니고 그저 사회생활에서 일하는 데는 그 나름의 관계설정이 어떠냐가 중요하고 일의 능력을 보는 것이다. 그런데 사람들은 나이를 먹어도 내가 그래도 어디 출신인데 하며 어깨를 으쓱대곤 한다.

  물론 학식을 폄하하고 싶은 생각은 없다. 하지만 그 배움을 추한 자신의 잘못된 행동으로 말미암아 그르치고 만다는 사실을 모르고 있다는 것이 문제다.

  하나의 행동과 말에도 책임이 따르고 그 책임은 고스란히 본인에게 있다는 것을 알면 사회생활이나 인간관계가 조금은 유연하지 않을까 하는 생각을 떨쳐낼 수가 없었다. 뿐만 아니라 말로서 자신을 괜찮은 사람으로 만드는 것이 아니라 몸에 밴 습관처럼 처세가 자유로워야 한다. 실수가 거듭될수록 사람들에게서 멀어지고 그 사람은 그렇게 낙인찍힌다.

  나 역시도 그 사람을 이해하려고 노력한다. 하지만 아직은 젊어서 그런지 아니면 그 인격에 그런 모습이 있다는 게 너무 충격적이라서 그런지는 모르겠으나 마음의 용서를 하지 못하고 있다. 얼굴이 떠오르면 함께 치솟는 혈압처럼 명문대 운운하며 교만스러웠던 두 개의 얼굴이 교차되며 소름이 돋는다.

  인격은 곧 그 사람을 말한다. 그래서 처세하는데 책임감 있는 행동과 말로서 상대를 대하고 신중하고 조심스럽게 배려해야 한다. 가깝다는 이유로 스스럼없이 행동하여 상대에게 상처를 주고 때론 교만

하다는 말을 듣곤 한다.

그것은 상대가 느끼는 감정이고 말을 하는 사람으로서는 느끼지 못하는 미숙함에서 오는 것이다. 그래서 늘 겸손해야 하며 많이 배울수록 벼가 고개를 숙인다는 말처럼 명문대 운운하기 전에 인생선배로서 후배들에게 좋은 표양이 되도록 노력해야 하는 나이임을 잊지 말아야 한다.

「자유문학」으로 등단, 월드컵전국공모전 대상 · 자유문학상 · 경기도문학상 · 경기예술대상 · 성남예술대상 · 한국예총예술공로상 · 경기도지사상 수상, 수필집 : 「그리움 오려두고」, 「가슴에 있는 행복」, 「그리운 연습」, 「가장 소중한 느낌」, 「달빛 머무는 정원」 등, 국제PEN 한국본부 이사, 한국문협 성남지부회장 역임, 현 계간 「한국작가」 편집국장, 한국문인협회 경기도지회 회장, 경기예총 부회장

공짜 자가용

임 경 애

　서류상 베테랑 운전사인 그이가 가깝게 지내는 형이 차를 바꾸면서 쓰던 차를 주었다며 싱글벙글 웃으며 들어왔다. 시어머니를 모시고 동네를 두 바퀴나 돌고 들어오더니 친정에 가자고 한다.
　좀 있으면 저녁준비를 할 시간이라고 머뭇거리니, '걱정 말고 다녀오라'는 시어머니 말씀이다.
　얼떨결에 10개월 된 아기의 짐을 챙겨 자가용에 탔다. '친정에 한번 가려면 버스를 세 번씩이나 갈아탔는데 자가용을 타고가다니!' 엄마도 가족들도 좋아할 모습을 떠올리며 빨리 가고픈 마음 간절하다.

　버스를 올려다본다. 명절에 친정에 가려고 버스에 올랐을 때 자리가 없을 때면 양보 받는 것이 미안해서 차라리 안 간다고 하면, 친정오빠가 한 시간도 넘는 거리를 와서 태워갔었다.
　이젠 우리도 자가용이 있다고 자랑하고 싶었고, 버스에 서 있는 사람들을 보며 잠시만 기다리면 우리처럼 자가용을 굴릴 수 있을 것이라고 말해 주고 싶었다.
　빨리 달리다 늦어지다가 하는 차의 시속을 의아해 하며 그를 바라보았더니 상기된 얼굴로, '서울이라 차가 많아서 그렇다'며 눈빛을 읽은 듯 대답을 한다. 하기야 서울에서 고정 속도로 주행을 한다는 것은 불가능한 일임을 모르는 사람은 없을 것이다.
　출퇴근과 등하교 시간의 일치도 한몫을 하고 그 시간대를 피해서 외출을 하는 사람들과 또 맞닥뜨리는 늘 분주한 도로라는 사실을. 베테랑 운전자라도 늘 긴장하는 서울의 복판, 초보 아닌 초보 운전자의 손바닥이며 이마에 송골송골 맺힌 땀이 흐를 무렵 도심지를 벗어났다.

저녁준비에 눈코 뜰 새 없이 바쁠 시간이 다가오는데, 오늘은 횡재수가 있는 것인지 그 시간에 드라이브를 한다는 꿈같은 현실, 나는 노래라도 부를 것 같은 기분으로 들판의 싱그러움에 빠져들었다.

정겨움 가득한 내 고향의 김포가도를 달린다. 아롱아롱 추억들이 꼬리를 물고 일어선다. 누군가 손을 흔들고 지나간다. 답례하듯 같이 손을 흔들며 그이에게 물었다.

"아는 사람예요?"

"아니, 모르는 사람인데."

저 사람도 우리처럼 기분 좋은 일이 있는가보다며 다시 창밖을 주시하는데, 지나던 운전자가 손짓을 하며 말을 하지만 알아듣지 못했고, 다시 지나던 운전자들이 약속이라도 한 듯 경적을 울리고 큰소리로 말을 하면서 지나가니 짜증이 났다.

그이 말이 내가 너무 늦게 가고 있는가 보다며 액셀러레이터를 밟으니 붕붕거리면서도 속도를 내지 못하는 자가용이다. 나는 혹시 뒤에 오는 차들에게 실수하며 달리는 것 아니냐며 뒤의 차들을 보려 고개를 돌렸는데 우리 차에서 뿌연 연기가 치솟고 있는 것이다.

"큰일 났어, 우리 차에 불이 났나봐."

그때서야 남편도 알아채고 차를 세웠다.

모내기철이라 길가의 풀도 논도 푸름 가득한데 우리의 발등엔 불이 떨어졌다. 소독차가 지나간 자리처럼 연기가 솟고 난로인 듯 차에서 열기가 뿜어져 나오고 있다. 영화에서 보았던 것처럼 차가 폭발이라도 할까 겁이 났다. 나는 아기를 안고 최대한 멀리 떨어졌는데 그이가 다급히 부르더니 "빨리 저 논에 가서 물 퍼와, 연기가 치솟는데 더 커지기 전에." 라고 말하는 것이다.

"아기는 어떻게 하냐?"고 했더니 '차에 내려놓고 하라'는 것이다. '차가 폭발하게 생겼는데 무슨 소리냐'며 아기를 안고 비틀비틀 논으로 내려가니, 다시 올라오라고 소리를 치더니 주변에 있던 비닐봉투를 주워 물을 담아 나르고 있다.

지나던 분이 차를 살펴보더니 그 소동의 원인은 사이드 브레이크가 고장이 났다고 한다. 그것을 올려놓고 운전을 하다 보니 과열되었던 것이라며 어찌해야 하는지 친절히 알려주고 가셨기에 소동은 일단락 되었다. 많은 시간이 흐르니 차가 식었기에 다시 운행을 해도 이젠 연기가 나지 않는다.

친정집에 도착한 나는 씩씩거렸다. "아니 차가 폭발이라도 하면 어쩌라고 아기를 차에 뉘라는 것이고, 가장이면 가족을 챙겨야 할 사람이 그 상황에 아기 안고 있는 아내를 부르느냐"며 타박을 했더니 내가 언제 그랬냐며 큰 소리를 친다.

뒤에 알고 보니 그는 나보다도 더욱 당황을 했던 것이고 본인이 무슨 말을 했는지 어떤 행동을 했는지 전혀 기억을 못하고 있었다.

초보 운전자의 심리는 안 그래도 불안정한 상태이다. 그렇게 특이한 상황을 잘 넘기고 무사할 수 있었음은 지나던 분들의 관심 덕분이었다. 그러나 그분들의 마음을 알기 전에는 손짓과 알아들을 수 없었던 말과, 경적으로 무척이나 긴장이 되었다고 한다.

보살펴주시던 분께는 감사의 인사를 하긴 했으나 정중히 했는지, 아님 얼떨떨한 표정으로 했는지 기억이 나지 않는다고 한다.

카센터에 갔더니 이곳저곳 고장이 많고 낡아서 고칠 정도는 아니라고 한다. 폐차를 권유한다며 '쓰던 차를 얻었으면 이상이 없는지 검사 정도는 하고 타야 한다'고 조언을 한다. 공짜 자가용이 생겼다고 업 되었던 기분은 지옥으로 추락하며 몇 시간 탄 값으로 폐차 비를 지불해야 했다.

장롱면허란 오랫동안 운전을 하지 않았던 상태를 말한다. 운전대를 잡으며 사이드를 내렸는지 올렸는지도 몰랐던 초보와 다름없는 긴장 상태다. 와중에 고장으로 사이드는 올라 있었어도 바퀴는 굴렀으니 횡설수설할 뿐 대책을 세울 수조차 없는 것이다. 어느 곳을 지정해서 고장이 날 수는 없는 일이지만, 차라리 시동이 걸리지 않았다면 하는 생각이 나면서 식은땀이 흐른다.

운전학원에서 배우는 것은 전진과 후진이고 간단한 주차 정도이므로 운행 중에 차에 이상이 생기면 당혹감으로 안절부절 못하는 그것이 전부인 것 같다. 시간이 걸리더라도 정비의 상식 정도는 배울 수 있다면 좋겠다는 생각이 든다. 그 일이 있은 후 자동차에서 뿜어 나오는 매연을 바라볼 때면 한참을 바라보는 습관이 생겼다. 저 차도 이상이 있는 것일까? 하다가 웃기도 했고 만약에 저 차에도 이상이 있다면 어떻게 가르쳐 주어야 하는지 등등….

 장롱면허란 때론 차라리 없는 것만 못한 면허가 아닐까. 이수과정이 있었으니 장롱면허의 소유인이라면 반드시 연수를 받고 운전대를 잡았으면 하는 바람이다. 큰 사고로 이어질 수 있었다며, 중고차의 경우 검사는 필수라고 강조하시던 말씀을 생각하니 '휴~' 안도와 긴장의 한숨이 나온다.

▪ 수필가, 아호 영랑, 경기신인문학상 수상, 「한국스토리문학」 등단, 한국문인협회 · 한국수필가협회 · 한국스토리문인협회 회원, 포천문인협회 이사, 동인지 : 「포천문학」, 「자작나무수필동인지」, 「김삿갓문화제 엔솔로지」, 「문학공원동인」, 수필집 : 「엄마와 양말」

어느 날의 회상

임 금 재

지나간 세월의 조각보 속에는 그런 날이 있다.
아무리 잡으려 해도 잡히지 않는 물처럼 흘러간 수많은 시간 속에 그런 날이 있다.
두 손아귀에 움켜쥐려고 발버둥 쳤지만 손가락 사이로 빠져나가는 모래알 같은 허망으로 내 마음은 외로운 시루 섬이 되는 그런 날.
썰물에 쓸려나간 뱃길처럼 텅 비어지는 가슴에 비로소 하얗게 빛바랜 추억들이 되살아나고 혼자라는 생각에 가슴이 시려 눈시울이 붉어지는 그런 날이면 꿈길 따라 발길 닿던 고향집이 그리워진다.
이미 과거가 된 시간들 속에는 한 시대를 치열하게 살아, 결코 되돌아가고 싶지 않은 날들을 뒤로하고 나면 저 너머로 다시 주워 담아 보고픈 고향의 향긋한 향내가 있다.

아련한 꿈속 안개처럼 뿌옇게 떠오르는 나의 고향은 강원도 철원 토교 저수지 물속에 깊이 가라앉아 발목이 잘린 채 발랑 눕혀져 제 자리만 뱅뱅 도는 풍뎅이가 되었다.
지난 세월 돌아보는 여유로 쉼과 지혜를 얻으려 해도 가야할 고향이 없기에 나는 옛 고향이 수장된 비무장 지대의 토교저수지를 찾는 나그네가 된다. 알알이 영근 붉은 팥알 같은 추억만이 호수에 일렁이면 하늘을 이고 간 먼 기억의 일들이 수면 위로 떠오른다.
잔잔한 수면 위에는 옛 일을 알 리 없는 수천 수백의 청둥오리 떼가 웅성이며 쉼을 얻고 호수에 내려앉은 늦가을 빈 하늘은 무심하다.

물결 위에 마음을 뉘면 외양간에서 풀려난 송아지처럼 들판을 뛰놀며 새들의 군무 속에서 비상하는 한 마리 학이 되는 꿈을 꾸었을 나의 유년이 물속에 어른거린다. 유년의 뜰은 화려하다.

부엉이 우는 밤이면 돌부리 어스름 길 눈물로 비추던 달이 초가지붕 위에 뒹구는 호박 위에 내려앉아 긴 밤을 지새우고 먼 길을 가던 낮달.

나는 이미 과거가 된 시간 속에서 고향의 낯익은 길을 깊은 물속에서 더듬는다. 천수답에 단비 내린 달 밝은 밤이면 개구리 합창단의 음악회가 열리고, 맹꽁이 부부가 들려주던 풍년가가 귓전에서 맴도는 듯한 환청에 소스라치게 놀라는 나.

키 큰 미루나무 두어 그루 정겹게 물그림자로 서서 지켜보던 작은 방죽에는 물방개가 한가롭게 헤엄을 치고, 소금쟁이 숨바꼭질하는 도랑 따라 음습한 길 양 옆으로 보랏빛 달개비며 애기똥풀이 흐드러지게 피어 있어 어린 가슴을 송두리째 뒤흔들어 놓았다.

고향은 늘 가슴이 뭉클하도록 울렁이게 하는 마술을 지녔다.

달구지길 양쪽 풀숲에 질펀하게 자라나던 싱아며 삘기 찔레꽃 새순, 꽃구름 속에 아련히 모습 드러내던 30여 채의 초가지붕 위로 벌 나비 떼를 지어 날던 나의 고향이 토교 호수에 잠겨있는 것이다.

사기막골에서 시작 되던 실개천은 마을 어귀를 휘돌아 빈장 개울물과 어우러져 남으로 길을 열었으나 이제 그 물길은 토교 저수지에 이르러 길을 잃고 만다.

땅에 금을 긋고(DMZ) 산을 밀어내고 추억을 묻어버리고 물을 채운 사람들에 의해 나는 고향을 빼앗겼고 꿈을 잃었었고, 이제는 추억마저 잃어가는 나그네. 길을 잃고 살아온 나는 오늘 또다시 추억마저 잃어가는 또 다른 나그네가 되어 이 호숫가에 앉아 있는 것이다.

빈 바람결에 고마운 인연으로 맺어진 이야기며 하늘 내린 항아리 속에 깊이깊이 숨겨 두었던 세상살이 얘기들을 이렇게 호숫가에 풀어 놓는 것으로 위안을 삼는 그런 나그네다.

불빛 창가를 멀리 바라보며 그 따스함을 부러워하던 날, 고되어도 뉘이지 못하는 고통이 너무 커다래 남의 상처 헤아림이 고갈되고 낯익은 풍경이 싫증나 가끔은 길을 잃고 싶었던 그런 날이 있었다.

가던 길에서 비켜서고 싶을 때 찬물을 뒤집어 쓴 듯 너무 추워서 길가에 굴러다니는 돌덩이나 쓸모없이 버려진 나무토막에라도 매달려 위로 받고 싶었던 그런 날도 있었다.

칭칭 감긴 운명의 사슬을 끊고 새처럼 날고 싶을 때가 정말 있었다.

처마 끝 주춧돌 패며 울부짖는 낙숫물에 시름을 달래고 세월 한 가닥씩 헤아리며 반백년 걸어온 나의 자화상이 호수에 비치니 한 폭의 수묵화가 아닌가. 시간은 또 다른 치유의 신의 이름이던가!

시간이 해결하지 못하는 문제는 없었다. 장독대 가지런한 간장 항아리에 얼굴을 비추어 보던 어린 시절처럼 나는 호수에 나의 지나온 뒷모습을 비추어 본다.

호수는 배 떠난 물길처럼 새겨둔 흔적 없이 지우며 살라 한다.

무심천 구름 머물듯 그저 잠시 쉬어 가며 실타래로 얽힌 세상, 뒷에 걸린 옭매듭 인연 모두 풀어 놓으란다.

높은 목청으로 수면을 박차고 날아올라 히말라야 상공으로 날아갈 새의 무리, 그 날갯짓이 힘차다. 새로이 다가올 봄, 봄비에 순잎이 초록으로 물들면 가뭇없는 내 발자국 벋드는 양지는 따스하여 세월은 가람물처럼 또 그렇게 흘러가리라.

산까치, 어치 절명하듯 소리치고 꾀꼬리 탁란할 둥지 찾는 설월리 뒷산을 넘는 노을처럼 남은 세월 순하게 보내라 하는가!

폭풍우도 지우지 못하는 초록의 산, 순리의 고운 잎 갈아입고 바람의 길 가듯 그렇게 살다 가라 한다. 고라니 모녀 지나는 창 너머 숲에 머무는 그윽한 시선으로 남은 세월 한 해 두 해 그리 살라 한다.

서해에 지는 은은한 노을, 구름 가듯 그리 살다 가라 한다.

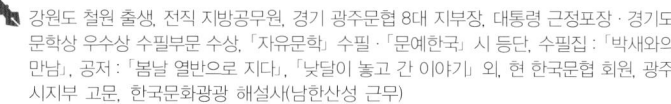

강원도 철원 출생, 전직 지방공무원, 경기 광주문협 8대 지부장, 대통령 근정포장·경기도 문학상 우수상 수필부문 수상, 「자유문학」 수필·「문예한국」 시 등단, 수필집: 「박새와의 만남」, 공저: 「봄날 열반으로 지다」, 「낮달이 놓고 간 이야기」 외, 현 한국문협 회원, 광주시지부 고문, 한국문화광광 해설사(남한산성 근무)

세월이 가도 지워지지 않는 무늬

임 종 호

애환과 곡절 많았던 군대생활도 어느 덧 30개월이 지나고 제대를 6개월 앞두게 되었다. '비바람이 불어도 설한풍이 몰아쳐도 국방부 시계는 돌아간다' 라고 푸념을 하며 제대를 갈망해 온 30개월이었다.
다들 제대만 하면 비약적 변신이라도 될 것처럼 포부를 털어 놓고 있음은, 통제의 영역을 벗어나고 싶은 심정의 일단일 것이다. 세월이 빠르다고 하는데 군복무 기간은 긴 터널을 관통하는 여정에 비할 수 있다.
타이트한 병영의 일상에 길들여져 왔음에도, 때로는 울적한 기분이 들 때도 있다. 행여 좋은 소식이라도 날아와 주었으면 하고 기다려지던 차에 때마침 김 선생에게서 편지가 왔다.
봉투가 여느 때보다 두툼하여 특별한 사연이 담겨 있을 것 같은 기대감으로 부풀어 있었다. 마치 보물을 찾듯 자자구구 음미하며 읽어내려 갔다.

글씨는 한 글자 한 글자 조각을 한 듯 아로새겨져 있었고, 문장은 시적 분위기가 묻어나고 있었으나 내용은 최후의 통첩 같은 무게로 전달되었다. 어머니와 오빠가 진작부터 결혼을 재촉해 왔다는 것. 금년 봄을 넘기면 큰일이라도 일어날 듯이 몰아세워 몸둘 바를 모르겠다는 어조였다.
전후 사정이나 맥락으로 보아 어머니와 오빠 선에서는 이미 유력한 대상을 물색해 놓은 듯했고, 당사자인 그녀로서는 아직 유보적인 입장인 듯 감지되었다. 이른바 결혼에 대한 나의 입장을 타진해 보고 최종 결정을 내리려 하는 듯 전달되었다.

하지만 나는 군복무 중일 뿐만 아니라 변변찮은 시골 태생에다 보여줄 만한 것이 아무것도 없었다. 제대를 한들 남들처럼 비상(飛上)할 일이 있을 것 같지 않아, 현실적으로 수용할 수 있는 여건을 조금도 갖추지 못하고 있는 편이었다. 그렇다고 기약도 없이 마냥 기다리라고 제의할 수는 없었고, 더구나 대책도 염치도 없이 무리한 결심을 단행할 수도 없는 입장이었다.

당초부터 결혼을 염두에 두고 연심을 지녀온 것은 아니었지만, 단절감에서 오는 충격은 적지 않았다. 이로 인해 한동안 불면의 밤을 지새우기도 하면서 가까스로 마음을 추스린 후 단호한 어조로 답장을 썼다.
'서로의 처지와 입장이 다른 것 같으니 우리의 인연도 여기서 막을 내릴 수밖에 없겠구려~. 앞으로 다시 만날 기회가 영영오지 않을 것 같으나 내 기억 속에서는 변함없이 고운 모습으로 자리잡고 있을 것'이라는 내용으로 쓴 것 같다.
얼마 후 그녀로부터 다시 편지가 왔다. 절제의 면모를 가다듬는 듯했으나 단절감에서 오는 심사의 일단이 행간에 무늬져 있음이 엿보였다. '미완성으로 끝날 수밖에 없는 인연의 한계를 거스릴 수 없구려. 하지만 그동안 지녀왔던 믿음과 그리움은 소중하게 간직할 것'이라는 유의 답신이었다. 그리고 휴가 올 기회가 있다면 잠깐이라도 한번 만나 봤으면 좋겠다는 간청도 덧붙였다.

제대를 6개월 정도 앞두고 특별휴가를 얻게 되었다. 마지막이 될 것 같은 김 선생과의 만남을 위해서였다. 7년만의 만남이 되는 편이다. 그동안 연연해 왔음에도 편지를 주고받은 것이 고작이었을 뿐 변변찮은 모습을 보이고 싶지 않아 미루어 온 셈이다.
미리 약속을 하지 않았음에도 다행히 학교로 전화 연결이 되었다. 놀라움과 반가움이 겹치고 있는 듯한 목소리였다. 예고 없이 불쑥 나타나 어떻게 생각할지 몰라 다소 신경이 쓰이기도 했다.

할 말이 켜켜이 쌓여 있는데도 막상 무슨 말부터 꺼내야 될지 잘 생각이 나질 않았고, 설레임과 긴장감이 쉽사리 다스려지질 않았다. 그동안 세월이 흘러 많이 변했을 거라고 생각하면서도 하얀 투피스 차림을 한 긴머리 소녀의 이미지를 그리고 있었다. 내 기억 속에 각인되어 있는 잔영(殘影)인 듯하다.

상상을 하고 있는 동안 창 너머로 그녀가 보이고 있었다. 오랜만에 감격스러운 재회가 이루어지게 될 참이다. 설레임을 내색하지 않으려 마음먹었다. 그런데…! 상상과 실상의 부조화라 해야 할까…?
청순한 소녀의 이미지를 그려 왔었는데 그동안 성숙한 여인의 모습으로 바뀐 듯하다. 당연한 귀결이라 생각하면서도 세월이 무상하다는 느낌이 들었다.
반가운 사람을 만나면 동공(瞳孔)이 크게 열린다고 했던가!
김 선생은 나를 커다란 눈으로 맞이해 주었다. 우리는 한동안 표정만 주고받을 뿐 말을 이어가지 못했다. 말이 별로 필요치 않았다. 화려한 수사(修辭)보다 더 절실한 메시지를 무언과 오감(五感)을 통해 교감할 수 있었다.

잃어버린 시간을 찾으려는 듯 지난날의 필름을 재생해 보면서 몰입하고 있었던 것 같다. 나는 남녀 간의 스킨십을 금기로 여겨왔던 터이나 감격스러운 마음이 녹아있는 절실한 소통이라면 용인되어야 할 것이라는 생각이 밀려오기도 했다.

결혼 문제는 어떻게 되어가고 있는지가 자못 궁금했다. 망설임 끝에 입을 열었다. 얼마 전에 약혼을 했다는 것. 그리고 곧 결혼을 하게 될 것이라는 말을 덧붙였다. 예상했던 대로였다. 파문이 일었다. 애써 태연한 체했지만 모를 리 없었을 것이다.
단념을 결심했으면서도 내심으로는 아직까지 유보상태로 남아있어 주기를 바라는 이율배반적 심리가 잔존하고 있음은 왜일까? 몰래 침을 삼키며 헝클어진 심사를 가다듬어야 했다.

이를테면 '김 선생을 너무 미화하는 것은 착각일 수 있다. 더 이상 연연하지 말자. 그녀 못지않은 이상적인 반려자가 이 세상 어딘가에 또 있을 것이다' 라는 쪽으로 마음을 다잡으려 했다.

이솝우화의 한 대목 중 나무에 높이 달린 포도송이를 쳐다보면서 아쉬워하고 있던 여우가 '저 포도는 시다' 라는 구실을 붙여 포기하고 있는 처지와 흡사했을 성싶다.

창밖에는 어둠이 드리우고 있었다. 김 선생은 수요일예배 피아노 반주를 맡고 있었기 때문에 더 이상 붙잡아 둘 수 없었다.

못다 한 얘기를 나누면서 교회까지 꽤 먼 거리를 걸어서 가기로 했다. 허공을 디디며 걸었던 것으로 회상된다. 더 이상 같이 걸을 길이 없어서 거기서부터 각자의 행로를 택할 수밖에 없게 되었다. 별리(別離)의 정한을 이심전심(以心傳心)으로 대신하고 작별을 고했다.

서로의 모습이 보이지 않을 때까지 연신 뒤를 돌아보고 손을 흔들었다. 그때 마침 어디선가 애조를 띤 유행가 가락이 들려왔다. "울어라 열풍아 밤이 새도록~."

> 못 견디게 괴로워도 울지 못하고
> 가는 님을 웃음으로 보내는 마음
> 내 가슴의 이 상처를 그 누가 달래주리
> 울어라 열풍아 밤이 새도록~

인간에게는 다행히 망각이라는 장치가 있어서, 정신적으로 안정을 유지하며 살아갈 수 있도록 마련되어 있다. 하지만 애련을 훌훌 털고 평정심을 회복한다는 것은 그리 쉬운 일이 아니었다. 수수로웠던 심회를 가다듬는데 남모르는 인고가 뒤따랐다.

미련에 무엇을 더 보태려 함인지 나도 모를 일이다. 내 마음의 화폭에 김 선생의 이미지를 너무 인상적으로 그려 놓았기 때문이었을 것이다.

결혼을 앞두게 되었다.

그동안 김 선생과 주고받은 편지 백오십여 통과 몇 컷의 사진을 재산목록처럼 간직해 오던 중, 미련에 종지부를 찍어야 될 것 같아 한 줌의 재와 연기로 날려 보냈다.

아무런 기약도 없이 헤어져서 지금은 까마득하게 멀어져버린 그녀이지만, 이 땅 위 어딘가에서 더러는 그때 그 시절을 떠올리고 있을 것이라는 상상만으로도 좋다. 애련(愛戀)은 세월이 가도 지워지지 않는 무늬로 남게 되는 것일까….

▶ 전 안산시청기획실장, 안산시의회 사무국장, 안산문화예술의전당 본부장, 현 수원지검 안산지청 형사조정위원, 한국문인협회 회원

울밑에 선 봉선화

정 인 자

산다는 것은 무엇인가?
누군가가 세월이 약이라고 했던가. 요즈음 나는 무심한 세월이 약도, 병도 아닌 것을 새삼 깨닫는다. 지난 일이 내 기억 속에 푸른 이끼로 남아 간혹 선하게 떠오르기 때문이다.

화성시에 몇몇 무료 양로원을 매년 한두 번씩 떡, 과일, 과자를 준비해서 순례자처럼 위문공연을 다녔던 적이 있다. 내가 평소 꾸준하게 하고 싶었던 봉사였다. 그러나 지금은 건강 때문에 모든 활동을 접고 고요한 연못처럼 산다.

내가 창조하여 맡아서 활동하던 민요합창단원은 중년을 훨씬 넘긴 여성들로 구성되어 있었다. 민요는 민족의 노래다. 서민 속에서 자연스럽게 생겨나 오랫동안 구전으로 내려오는, 민중의 감성이 소박하게 반영된 전통음악이다. 쉬울 것 같은데 배우면 배울수록 어려운 반면에 들으면 들을수록 흥이 나는 가락이 민요다. 게다가 가사는 감동적인 내용이 많다.

몇 해 전 이른 봄, 비봉면에 있는 양로원에 위문공연을 갔었다. 처음 방문했을 땐 마음의 문을 쉽게 열지 않는 노인 분들이 많았다. 우리가 멋진 공연을 해드리겠다고 해도 어쩔 수 없이 구경하는 정도였다. 하지만 여러 차례 찾아가다보니 딸자식 반기듯 좋아하며 자주 오라는 부탁까지 하셨다.

우리 봉사단은 노래를 썩 잘 부르진 못했다. 딸들이 엄마 앞에서 하듯 어설프게 반 건시곶감처럼 말랑말랑하게 불렀다. 그래서 친근감이 더욱 갔는지 나중에는 무리 없이 공연을 받아들이며 웃고 박수도 치는 것이었다. 우리가 막무가내로 찾아가서 공연을 한 것은 아니었다. 나름대로 프로그램을 만들어서 진행하였다.

　사회도 잘 보면서 노래도 잘하는 민요 강사님을 모시고 노래하다 보면 우리의 부족한 면도 살짝 감추어지고, 듣는 사람은 흥이 절로 나게 마련이었다. 공연이 끝나면 장기자랑 시간을 만들어서 한 분씩 나오셔서 노래도 부르게 하였다.

　할머니 한 분이 흥에 겨워 우리 춤을 멋들어지게 추셨는데, 동작 하나 하나가 예사롭지 않았다. 또 한 분은 '선구자'를 부르시는데 성악가 못지않은 목소리도 가지고 있었다. 이미자의 '여자의 일생'을 부르실 때는 우리 모두가 숙연해지기도 하였다. 또 '노랫가락'에 작사를 하여 불렀는데 그 가사는 우리들에게 고맙다는 내용이라 가슴이 뭉클하였다. 그런데 휠체어를 타고 나오셔서 봉선화 노래를 너무 잘 부르는 할머니가 계셨다.

　"아름다운 꽃송이들 모질게도 침노하니,
　낙화로다 늙어졌다 네 모양이 처량하다."

　아주 낭랑한 목소리로 불렀는데, 우리 단원 모두 소리 없이 눈물바다를 이루었다. 그 노래 가사가 할머니께서 살아오신 삶을 고스란히 얘기하듯 들리는 것은 왜였을까? 아니면 같은 여성이라는 공감 때문에 그렇게 눈물이 펑펑 쏟아졌는지. 특히 가사 내용 중에 '네 모양이 처량하다. 너를 반겨 놓았도다. 낙화로다 늙어졌다.' 라는 가사가 왜 그렇게 슬프게 들렸는지 모른다.

　진정한 봉사자는 소리 없이 움직인다는 철학을 가지고 25년 동안 안 해 본 것 없이 봉사하는 동안 이렇게 가슴이 다 녹아내리는 눈물을 흘린 적은 없었다. 봉숭아 잎이나 꽃술을 짓찧어서 손톱에 물들이면 아름다운 빛깔이 선명하게 나타나 사랑스럽게 보이는데, 할머니에게는 어떤 슬픈 사연이 있었는지 아니면 노래를 좋아해서 불렀는지 모르지만, 우리 단원들은 두고두고 잊지 못할 추억이 되었다.

　나이가 들면 기력이 없어지고 병들게 마련이다. 보살펴 줄 가족이 없거나 갈 곳이 없으면 무료 양로원에서 생을 마감한다는 것도 알게 되었다. 그곳에는 특히 유능하신 어르신들이 많았다. 시대 탓으로 제

일 고생을 많이 하신 어르신들이다. 국가와 사회를 위해, 아니면 가정을 위해 헌신적으로 봉사를 하면서 사시지 않았나 생각되었다.

그 공연 후 우리 모두 크나큰 감동을 받았다. 가정에서 살림만 하고 살다가 사회의 어두운 곳을 체험한 단원들은 지금도 가끔 위문공연을 가자고 하는 분들이 계셨다. 특히 나이가 좀 드신 병희, 태자, 동숙 형님들은 자금을 선뜻 내놓으면서 봉사하러 가자고 하였다. 정이 많은 그분들과 여러 양로원을 다니며 봉사활동을 한 세월이 소생하듯 새롭기만 하다.

나도 늙어가고 있다. 나는 베이비붐 시대에 태어나 가난을 먹고 자랐다. 그 가난을 극복하면서 자식들에게 공부시키는 일만은 소홀하게 하지 않으셨던 내 부모님의 은혜를 생각하게 된다. 그분들은 모두 이 세상 사람이 아니다. 내가 봉사활동으로 양로원을 찾는 이유는 자식으로서 효행을 못했기 때문이기도 하다.

나는 아버지에게 너무너무 죄송하다는 생각이 들 때가 많다. 그럴 때면 나도 모르게 눈물이 주르르 흘러내린다. 아버지는 자식으로부터 환갑잔치를 받고 싶어 하셨다. 동네 친지들에게 소박한 술 한 잔 대접하고 싶었고, 자식들이 해주었노라 자랑도 하고 싶어서였다. 자식에게 난생 처음 본인의 의사를 표시하셨는데 나는 딸이라는 이유 때문에 적극 나서지 못하다가 결국 그 뜻을 들어드리지 못한 불효를 저지르고 말았다. 서운해 하시는 아버지께 칠순잔치는 꼭 해 드리겠노라 결심하고 말씀드렸건만 칠순이 되던 정월달에 그만 세상을 떠나시고 말았다. 아버지를 땅에 묻고 돌아서서 복받쳐 오르는 회한으로 입을 막고 눈물만 펑펑 쏟아냈다.

그후 아버지께 지은 불효를 조금이라도 씻으려는 뜻으로 떡 한 가마니를 비롯한 음식을 준비하여 화성시 어르신 600명을 초청하였다. 배뱅이굿의 무형문화재인 이은관 선생님을 모시고 우리 가락 한마당 잔치를 시청 대강당에서 해드렸다. 어느 한 자리에 그리운 아버지도 앉아 흐뭇한 모습으로 지켜보시리라 상상하며.

부모님 청을 들어드리지 못한 아쉬움은 나이를 먹을수록 커지고 있다. 우리 동네 어르신들은 나에게 자식 대하듯 하며 사랑을 많이 주신다. 나는 그 분들이 살아계시는 동안 무엇이든 해드리고 싶었다. 그래서 매년 초복은 나의 날로 정하고 동네 어르신들께 복달임을 해드린다. 닭을 오십여 마리 사오면 부녀회에서 나의 마음을 씻어주듯 적극적으로 음식을 만들었다. 동네 어르신들이 부모님의 빈자리를 채워주고 있지만 언제 떠나가실지 모른다.

매년 여름 우리 집 대문 안쪽에 스스로 피고 지는 봉선화 꽃을 보면서 무료 양로원을 의지하며 여생을 보내는 할머니들을 생각한다. 산다는 것이 뭔지. 사랑하는 가족들이 없는 차디찬 공기만 맴도는 벽을 벗삼아 살아온 세월들을 꾹꾹 누르며 지내야만 하는, 그분들의 노래 소리가 봉선화 꽃 속에서 흘러나오는 것만 같다.

▪ 중앙대예술대학원 문창과 전문과정,「문학21」수필·「문예비젼」시 등단, 한국문협회·
한국경기수필회 회원, 화성문협 지부장 역임, 한국경기수필 작품상 · 2012년 본상 · 국제
문학상 수상

국립묘지에서

조 정 선

지난 봄, 교회 봉사단원들과 함께 국립묘지에서 봉사활동을 하게 되었다. 200여 명이 넘는 인원들은 국립묘지 관계자의 안내를 받아 일반 병사 묘비 주변을 정리하게 되었다. 넘어진 꽃바구니를 바로 세우거나 말라버린 나뭇잎을 줍고, 두렁에 쌓인 나뭇가지를 거둬내는 일, 저마다 일을 분담해서 하고 있었다. 나 역시 큼직한 비닐봉지를 펄럭이며 껌종이, 담배꽁초, 시든 나뭇잎, 잔디에 박혀있는 작은 돌까지 주위를 돌며 주어냈다.

조국을 위해 목숨 다한 이들의 묻혀있는 곳이라서 그랬을까? 장소가 장소이니만큼 그동안 한 번씩 봉사활동을 했지만 그날의 봉사하는 내 마음은 어느 때와는 달랐다. 지금까지 그 어느 장소에서도 느끼지 못했던 경건한 마음과 티끌 하나라도 마음 다해 주워내고 싶은 심정이었다.

5월의 눈부신 햇살을 받으며 장밋빛보다 더 붉은 빛으로 사라져간 영령들의 묘, 주변을 돌며 오물을 줍던 나는 어느 비석에 새겨진 글귀가 유난히 눈에 띄어 발걸음을 멈추게 되었다.

'보고 싶은 내 아들아! 금방이라도 내 곁에 달려올 것 같건만, 꿈속에서라도 나를 찾아올 것 같건만 강물처럼 흘러가 버린 장한 내 아들아….'
'어미의 가슴엔 오늘도 네 모습이 이렇게 메여지는 그리움으로 살아 있는데 사방을 둘러봐도 네 모습은 찾을 길 없는 것을….'

'애처로이 보고 싶은 그대여! 안타까이 그리운 그대여! 그대가 남기고 간 아들딸과 함께 목메여 당신 이름을 부르고 또 불러 봅니다.'
'고이 잠드소서. 하늘나라에서 부디 평안하소서….'

'아빠! 보고 싶은 아빠! ○○이 ○○가 이렇게 컸어요.'

비석에 새겨진 절절한 사연의 비문을 읽으며 피맺힌 절규와 그리움과 목메임이 고스란히 내 가슴에 전해져 찡한 통증으로 다가왔다.
자식을 잃고 아픔을 토해낸 그 한마디, 한마디 남편을 잃어버린 여인네의 아린 고백, 어버이를 잃은 자식의 그리움의 절규, 자식과 남편과 아버지를 잃고 수많은 세월을 아파하며 통곡했을 그들의 모습이 떠오르기도 했다.
사랑하는 아들과 남편과 아버지를 잃고 남겨진 사람들은 묘 앞에 앉아 그동안 얼마만큼이나 슬픔을 토해냈을까. 비석을 끌어안고 그들이 쏟아낸 눈물의 양은 또 얼마나 될까. 불러도 대답 없는 이를 향해 그리움을 누르느라 가슴은 또 얼마나 두드려 댔을까를 생각하며 나는 그만 묘 앞에 주저앉고 말았다.
다 피지도 못한 채 떨어진 영혼들과 혹은 아내와 자식을 남겨놓고 떠난 이들, 조국을 위해 이슬같이 사라져간 사랑하는 이들이 묻혀 있는 곳, 그의 가족들은 그리움으로 복받치는 사람을 생각하며 이름이 새겨진 비석을 또 얼마나 어루만졌을까.
나는 비석에 새겨진 애절한 사연과 가족들의 아픔을 생각하며 알 수 없는 상념에 젖어 묘 앞에서 좀처럼 일어나지 못했다. 사랑하는 사람을 잃고 탄식과 서글픔을 안고 살아갈 가족들을 생각하며 그날 유족 누구라도 옆에 있었다면 당신들의 장한 아들과 남편의 피 값은 이 땅 위에 영원히 빛날 거라는 감히 위로라도 한마디 해주고 싶었다.
밑에서 바라보면 묘역은 끝없이 위로 펼쳐져 있었고 위에서 아래를 보면 아득한 곳까지 이어진 묘역. 아직도 조국을 위해 고이 잠들지 못하고 있을 이 땅 위해 몸 바친 영혼들!
그들의 피 값으로 우리는 자유와 부귀의 특권을 누리면서 그곳에 묻혀있는 영혼들의 피의 대가를 생각해 본 적이 없었다. 더구나 그 가족들의 뼈를 깎는 아픔을 헤아려본 기억이 없었던 것을 깨닫는 순간 죄스러운 마음에 비석을 쓸어보았다.
나같이 무심한 사람들을 향해 그들은 과연 무슨 말을 하고 싶을까?

또 오늘날의 이 사회를 바라보며 어떤 말을 던지고 싶을까를 생각하며 얼굴 뜨거워지지 않을 수 없었다.

그 한 몸 이 나라 이 민족 위해 아낌없이 내어주었건만, 우리는 얼마나 조국에 관심을 갖고 있었으며, 이 나라를 책임지고 이끌어가는 사람들은 또 무엇을 위해 그토록 분쟁만 일삼고 있는 것인지, 분쟁을 하는 이들은 그들을 향해 무슨 말로 답변을 할 것이며 그들은 투쟁을 일삼는 이들에게 어떤 말을 듣고 싶은 것일까를 생각해 보았다.

영혼들이 살아 숨 쉬는 곳에서 봉사를 하면서 봉사를 위해 수고하고 애쓴 것보다 더 많은 것을 깨달을 수 있었던 현장을 나오며 나는 이런 기도를 드릴 수밖에 없었다.

주여! 이곳에 오시옵소서! 조국을 지키다 풀잎처럼 스러져간 소중한 생명들을 기억하여 주시옵소서.

저들의 아픔을 위로해 주시고 저들의 영혼 위에 하해와 같은 은총과 평안과 저들이 고이 잠들게 도와주시옵소서.

또한 저들의 피 값으로 붕괴돼 가는 도덕성과 정의가 다시 살아날 수 있도록 도와주시옵소서. 저들이 간절하게 소망할 전쟁이 없는 나라, 그래서 더 이상 피 흘림이 없고, 희생자가 일어나지 않는 평화로운 세상이 되게 하여 주시옵소서.

사랑하는 사람들을 잃고 죽을 만큼 아파하며 그리움에 눈물 닦아낼 가족들을 따뜻하게 보듬어 주시고, 아픔을 덜어주시고 아낌없는 축복을 그들에게 내려주시옵소서.

이 나라 국민 모두가 저들의 피 값을 생각하게 하시고, 그의 가족들의 쓰라림을 생각하며 세상을 함부로 살지 않도록 절제시켜 주시옵소서. 우리 국민 모두가 이 나라와 민족을 사랑하게도 도와주시옵소서. 그리하여 조국 위해 몸 받친 자랑스러운 영혼들! 그들이 영원히 안식하게 하여 주시옵소서.

「지구문학」 등단, 성남문학상 · 성남시장상 · 경기문학상 · 한국예총회장상 수상, 성남문인협회 · 한국문인협회 · 국제펜클럽 회원, 수필집 :「산 넘고 물 건너」 등

향기 없는 꽃

진 우 곤

　언젠가 나는 분재에 흠뻑 빠져든 적이 있었다. 꽃을 좋아하는 아내가 화원에서 사온, 향기가 진한 치자나무를 가만 내버려두지 않았다. 훌륭한 분재를 만들겠다는 욕심에 수시로 가지를 이리 비틀고 저리 비틀어서 철사나 노끈으로 감거나 묶기도 했다. 하지만 얼마 안 가서 선무당이 사람 잡는 격으로 그 나무를 죽이고 말았다. 그냥 자연스럽게 자라도록 놔뒀으면 더 좋았을 걸 괜히 건드려 화를 자초한 셈이었다.
　지금의 세상은 '나 예뻐? 나 예뻐?' 하는 말이 공공연히 나돈다. 아니, 상대방으로부터 굳이 예쁘다는 말을 들으려 몸부림친다. 이렇듯 '외모중시' 현상이 판을 치는 터라 이에 편승해서 성형수술이 각광을 받고 있다. 그런 질문에 때론 어딘가를 뜯어고치지 않았나 의심부터 하게 된다. 돈 들여서 가꾸는 아름다움이야 누군들 못하겠는가. 다만 내면의 미는 제쳐두고 한낱 자신의 외모만을 가꿔서 굳이 인정받으려는 데엔 정나미가 뚝 떨어진다. 명주 자루에 개똥이 든 듯 향기 없는 꽃들이 자신을 봐달라고 갖은 아양을 떨고 교태를 부리는 것처럼 말이다.
　또 이따금 과자봉지를 보면 믿는 도끼에 발등 찍힌 듯하다. 내용물은 절반밖에 안 되건만 봉지가 턱없이 크기 때문이다. '눈 가리고 아웅' 하는 비열한 눈속임, 바로 그 짝이다. 이에 진실과 성실보다는 거짓에 길들여지고 자기과시와 허세를 부리지 못해 안달인 지금의 세태를 보는 듯하다. 다시 말해서 '가난할수록 기와집을 짓는다.' 것과 다를 바 없다.
　비단 이에 그치랴. 이렇듯 표리부동한 모습은 맘먹고 찾으려 들면 한도 끝도 없다. 그래서일까, 사람이 사람답게 사는 냄새도 예전만 같지 못하다. 날로 각박해지는 인심이 그렇고, 나만 좋고 편하면 그만이라는 이기심이 극성을 부리는 게 그렇다. 마음속엔 구더기가 들끓으면서도 겉으론 교양과 품위가 있는 척 위장을 하며 상대를 은근히 깔보고 무시하려 들고, 보잘것없는 걸 가지고 침이 마를 새도 없이 말끝마다 자기 자랑만 늘어놓으며 뻐기는 태도엔 그것처럼 구역을 느끼게 하고 숨을 막히게 하는 일도 없다.

모름지기 꽃에는 속에서 우러나오는 향기가 있어야 벌과 나비가 즐겨 찾아든다. 하지만 지금의 사람들은 내면의 미를 가꾸기엔 소홀히 하면서 인위적으로 뜯어고친 외모로 어디에서든 겁 없이 승부를 걸려고 한다. 그것도 모자라 구태여 '나 예뻐?' 하고 묻기까지 하니, 이 얼마나 역겨운 아이러니인가. 마치 홍등가의 창녀가 아름답게 보이려 분칠과 날개옷을 입고 호객행위를 하는 것처럼 여겨진다. 이는 짚신에 구슬감기요, 회칠한 무덤 같아 씁쓸함을 금할 수가 없다.

한 독실한 기독교인이 이런 말을 했다. 몇 사람이 여행을 하던 중 깊은 숲속으로 들어갔다. 그런데 난데없이 사방에서 화염이 너울너울 춤추며 가까이 다가오는 게 아닌가. 이에 서로 우왕좌왕하다가 빠져나갈 안전한 곳을 찾지 못했다. 그때 희한한 일이 벌어졌다. 일행 중 크리스천들이 서있는 곳엔 불길이 피해 갔다. 하지만 타종교를 믿는 자나 무신론자들만 전부 불에 타 숨졌다는 게 아닌가. 그러면서 오로지 하나님을 믿는 자만이 구원을 받을 수 있다고 강조했다.

듣고 보니 속이 여간 메스껍지 않았다. 진정 그가 올곧은 신앙인인지 의심도 갔다. 잔인하달 정도로 배타적인 신앙인의 냄새가 묻어났기 때문이다. 억지로 꿰맞춘 것 같은 결론부터가 그렇다. 차라리 크리스천들이 합심해서 간구하는 바람에 일행 모두가 무사했다고 유도했다면 훨씬 품위 있고 가슴을 훈훈히 적시는, 하나님이 가르친 '이웃사랑'의 비유로 통했을 텐데 말이다. 나는 그가 입으로만 사랑과 자비를 말하면서도 마음속은 저만 살겠다는 더러운 이기심을 가진, 그리스도인다운 향기라곤 전혀 맡을 수 없는 사람이 아니길 바랐다.

사람은 나만 잘 먹고 잘살면 그만이라는, 무성한 잡초와 같은 탐욕적인 이기심에 길들여져서는 안 된다. 그걸 버리지 않으면 약육강식만 통하는 비정한 동물의 세계와 뭣이 다르랴. '인간의 본성 가운데는 타인을 사랑하려는 숨은 욕구와 움직임이 있다.'고 베이컨은 말하지 않았던가.1) 따라서 사람이라는 근본을 잊어서는 안 되는 소이가 바로 여기에 있다.

'이웃을 네 몸과 같이 사랑하라'는 말을 실천하기 어려울 만큼 어수선한 시절이다. 그래도 마음까지 향기를 잃는다면 삶에 무슨 재미가 있겠는가. 갈수록 볼품없게 닳아빠진 몽당 빗자루를 보는 듯 향기 없는 꽃들이 도처에서 무수히 피어날 때마다 '남에게 건넨 장미꽃 한 송이의 향기는 자신의 손 안에 고스란히 남는다.'는 중국 속담이 절로 읊조려지곤 한다.

---

1) 베이컨의 수상록 중 '연애에 관해'에 나오는 말.

「자유문학」 수필부문 신인상 등단, 현 한국문인협회 수필분과 회원, 과천문인협회 자문위원, 계간 「자유문학」 편집동인, 한국자유문인협회 이사, 한국PEN클럽본부 회원, 자유문학상·율목문학상 수상, 수필집: 「개가 개답게 사는 세상」, 「부자로 사는 길」, 공저: 「과천에 바람 분다」, 「동강을 찾아서」

권력의 함수(函數)인 人事
―하면 존경? 아니면 굴종?

최 영 종

"여보 걷기운동을 마구산에서 이쪽 경안천으로 코스를 옮기고 1년이 가까워 오는데 오가며 인사 한번 받아본 일이 없는 것 같은데 혹나 모르게 혼자서 인사 받아본 일이 있나요?"
 앞서 가던 아내가 뒤돌아보며 묻는다. "참, 그렇군. 나도 한 번도 받아본 일이 없어요." 하고 응답은 해 두었다.
 그렇지만 하면서도 아는 단어이나 인사를 사전과 인터넷을 뒤져 깊숙이? 공부해 보았다.
 안부를 묻거나 공경(恭敬)하는 마음을 나타내기 위하여 몇 마디 하는 말이나 머리 숙여 예(禮)를 표시하는 일로 알지 못하던 사람끼리 서로 성명을 통하여 자기를 소개하는 일, 사람들 사이에 지켜야 할 예의로 마땅히 사람으로서 해야 하는 일을 말한다고 써 있다.

 그러니까 그날도 아내는 앞서서 걷고 뒤따라가면서 못 고치는 고질병(痼疾病)으로 잔소리 듣는 책읽기를 하다간 앞쪽에서 오는 사람의 어깨를 부딪친 일로 미안하다고 머리 숙여 인사하자 "아니, 책은 집에서나 읽으시지…." 하고 씁스런 여운을 남기고 헤어진 뒤 아내가 한 말이다.
 사실 그동안 산을 오르내리기 00년이 넘으나 집앞 뒷산 말고 관악산, 도봉산, 아닌 모악산이나 지리산의 국내 명산 말고도 멀리 알라스카의 앙카레지의 호텔 옆 산을 조깅할 때도 만난 에스키모도 생긋 웃으며 "헤이, 굳모닝" 하고 반갑게 인사를 했다.
 뿐더러 현지에 와서 사는 교포들도 그저 반가워하며 "안녕하세요, 반갑습니다. 서울서 오셨나요?" 하고 인사한다.

일 때문에 달에 두어 번씩 들리는 이곳에서 만나는 교포와 아침 산책길에서는 알건 모르건 가볍게 눈인사를 주고받았다.

처음엔 "이 사람을 내가 어디서 만났더라…하고 한참씩 만남의 역사를 더듬어 보기도 했다.

오늘처럼 세계가 글로벌 되어 좁아지기 전인 50년 전 일이지만 매일 거르지 않는 걷기운동 코스인 경안천 옆길 걷기 때는 뭔가 일이 있지 않고는 인사를 받아본 일이 없다.

필자 역시 먼저 생면부지 모르는 사람에게 인사하기는 80의 촌로가 되어선지 먼저 아는 체하고 인사하기가 자존심이 허락지 않았다.

함에도 3, 40년 전 일이지만 아침 일찍 오르내리는 등산길에서는 누구랄 것 없이 눈이 마주치기기가 무섭게 먼저 "좋은 아침입니다" "저 위쪽 벌거숭이 고개 쪽은 길이 패였으니 아랫길로 돌아가셔야 하겠던데." 하고 비온 뒤면 인사만이 아니고 가는 길 안내도 해주는 대접까지도 받은 적이 헤일 수 없도록 많았다.

오르는 길이나 평지를 걷는 길이건 서로 눈 마주치면 먼저 '밤새 안녕하세요' 라고 밤새를 강조했다고 들었다. 그것은 옛날 사색당쟁으로 하룻밤 사이 어제 본 그 사람이 밤 지나고 나면 없어지던 때의 아침 인사는 아니더라도 "안녕하세요" 하고 쌩긋 웃으며 고개 숙여 인사하는 경안천의 길 걷기에서 찾기는 무척 어려운 듯 느껴진다.

필자가 말하는 이 길 아니고 다른 걷기 길에서도 서로 인사 없는 길이 있는지 모르나 우리는 서로 알건 모르건 서로 인사하며 얽혀 사는 집단 생활하는 사유력 깊은 호모사피엔스들이 아닌가!

인사를 두고 이리저리 생각하며 따지다 보니 서양의 어느 철인이 한 말 '인사는 바로 힘이다. 힘-power-은 권력이고 여기서 인사는 나온다' 는 말을 되새겨 보고 싶어 여기 몇 줄 더 보탠다.

아득한 원시 수렵시대 호모들은 강한 자의 힘 때문에 고개 숙여 강한 자에게 예를 차려 인사를 하였고, '나는 당신에게 아무런 감정도 없소. 보시오. 손에 든 것이 아무것도 없소' 아니면 '나는 당신을 존경하며 따르겠습니다' 하는 공경과 복종에 아부의 뜻이기도 하다고 누군가 말한다.

또한 인지가 차츰 계발되면서는 약육강식이 두려워 '일신상의 보호 영달과 후손들을 위하여' 권력자에게 아부하며 간도 쓸개도 빼주다 싶이 하면서 인사를 하였으니 귀하는 '나보다 힘도 권력도 가지고 있으니 받들어 모십니다'고 겉으로나 마음으로나 고개 숙임도 인사로 뭉뚱그려 예단(豫斷)해서 잘못일까?

이 예단이 오가며 주고받는 인사와는 다른 각도에서 살펴본 인사의 풀이 방법이라 하더라도 건강이, 내 이 생명이 다하는 날까지 이 경안천을 걸을 작정이다.

계간 「처인문학」 발행인, 한국문협 경기지회 자문위원, 한국문협 문인저작권협옹호위원, 한맥문학·문학공간·농민문학·수필문학 이사, 저서 : 「이색찻지」 외 소설 다튜 문집 등 다수, 경기문학상·한맥문학상·소운문학상 수상

구석과 모퉁이

최 장 순

그림자가 웅크리고 있다. 당긴 두 무릎을 손깍지로 가둔 채. 원초적이고 무방비한 태아 같은 자세를 받아주는 곳은 구석. 그 바깥, 걸음이 서둘러 돌아오는 모퉁이가 있다.

두 개의 벽면이 만나면 정확히 두 개의 공간이 생긴다. 구석과 모퉁이. 구석은 안이고 모퉁이는 밖이다. 두 공간의 의미는 사뭇 달라서, 구석이 닫힌 공간이라면 모퉁이는 열린 공간이고, 구석이 어둡다면 모퉁이는 밝다.

유달리 구석을 좋아하는 이들은 개방된 곳보다 은밀한 곳을 찾는다. 강의실에서, 레스토랑에서, 영화관에서 그들이 믿는 구석은 은폐가 주는 위로와 안도가 있다.

권투선수가 3분 동안 4각의 공간에서 죽을힘으로 싸우고도 버틸 수 있는 것은, 매 라운드마다 90초간 쉴 수 있는 코너 덕분이다. 오픈된 링에서 사각의 구석은 안심할 수 있는 장소다. 로마의 원형경기장이 무자비했던 이유는 구석이 없는 까닭이다. 흥분한 눈들을 벗어날 곳은 아무 데도 없다.

속속들이 비밀을 꿰고 있는 신 앞에 최초의 인간은 얼마나 두려웠을까. 언제든지 죄수를 감시할 수 있도록 원형으로 만든 파놉티콘(panopticon) 감옥처럼, 은신할 구석이 없어 여유를 잃어버린 세상은 얼마나 불안할까. 애써 손에 넣은 사냥감을 숨겨놓은 구석은 짐승이 안심하게 먹이를 먹을 수 있는 곳이다.

구석은 탐욕과 허영을 버린 겸손한 자를 받아들인다. 부끄러움을 내려놓거나 가식을 벗은 자를 끌어안는다. 마음 깊숙이 잠자던 고독을 깨우고 잃어버린 사색을 찾아주는 구석은, 쓸데없이 부풀린 욕망의 몸

피를 작아지게 한다. 웅크린 자세를 좋아하는 것도 그 까닭이다.
 구석을 잘 아는 사람은 성공의 앞줄에 선다. 중심에서 키우는 목청이 잘 들릴 테지만, 후미진 곳의 애환을 모르고 살아온 사람을 누가 따르겠는가. 선거에서 이기는 쪽은 구석구석을 파고든 사람이다. 리더는 구석의 눈물을 알기에 그 구석들이 힘을 모아 지도자를 만든다.
 슬픈 소식이 오거나 사랑하는 사람이 사라지는 곳이 모퉁이다. 매정한 그림자를 남긴 서늘한 이별은 서둘러 모퉁이를 돌아서 나간다. 사랑이란, 어쩌면 서로의 틈을 메우는 일인지도 모른다. 가지 말라고 매달리는 울음을 떼어놓고 돌아서는 이별은 벌어진 틈을 끝내 메우지 못해서이다. 믿음의 울타리가 허물어지던 날, 미안하다는 말 한 뭉치를 휙 던져놓고 돌아간 걸음은 다시 모퉁이를 돌아오지 않았다.
 모퉁이는 간절한 시선이 머무는 곳이다. 누가 올까, 무엇을 가져올까, 무슨 일이 생겼나, 끝도 없는 궁금증이 뿌리에서 줄기로, 줄기에서 열매로 이어지듯 확장된다. 낯선 도시에서 본 적 없는 풍경에 눈이 번쩍 뜨이듯 길모퉁이를 돌아서면 멋진 세계가 있으리라는 기대가 모퉁이 너머를 동경한다.
 언젠가 골목을 힘들게 오르다 만난 부암동 카페 이름은 '산모퉁이'였다. 도심을 빠져나온 모퉁이, 산과 인접한 그곳은 기분마저 경쾌하게 만들었다. 인왕산과 성곽 길을 한눈에 바라본 것은 보너스였다. 일 년에 겨우 두서너 잔 마실까한 커피가 그날따라 기분 좋게 목을 타고 넘어갔다.
 구석은 생활의 4각 링으로 나가기 위한 충전소. 하지만 구석은 지친 일상이 오래 머물기를 원치 않는다. 지극히 개인적인 공간이면서 생명의 힘을 얻는 곳이다. 세상의 한가운데서 시달린 육신을 받아주는 곳이며 또한 세상으로 나갈 준비를 하는 곳이다.
 '방구석' '집구석' '촌구석'. 얕보듯 하찮은 듯 발음하던 그곳들에서 나는 에너지를 충전했다. 넥타이를 바짝 고쳐 묶고, 신발 끈을 조이면서 삶의 중심을 향해 힘찬 발걸음을 내디뎠다.
 반면 구석은 부끄러움이 많아서 좀처럼 밖으로 나가지 않는다. 그러나 바깥을 향한 호기심은 끝없이 커져서 청각과 후각이 자라는 곳이다. 구석이 구석을 벗어나는 것도 그 때문이다. 시린 마음에 군불을 때기도 하고, 숨죽여 울 수 있는 부엌은 어머니의 구석이었다. 하지만 그곳을 나올 때면 언제 그랬냐는 듯 환해지셨다. 그런 어머니를 내내 기다리던 곳은 모퉁이었다. 산자락이 휘돌아 나오는 그곳을 지켜보던 눈이 반짝, 빛나는 순간 저 멀리서 미소가 다가왔다. 어스름 속에서도 가쁜 숨소리가 느껴졌다. 작은 가게 모퉁이를 돌아나간 소년은 따스한 품에 안겼다.

그때처럼 모퉁이는 여전히 설렘이다. 예상한 시간에 맞춰 찾아온 환한 웃음은 짜릿하다. 지극한 기다림 끝에 맛보는 기쁨. 사랑이 조바심을 일으키기도 하지만 그 조급증을 누르며 기다릴 수 있는 것은 설렘이라는 마지막 모퉁이가 있기 때문이다.

그 모퉁이에 추억을 부르는 소리들이 있다. 이슥한 밤, 담 모퉁이를 돌아 나오던 "찹쌀떡" 외침은 추억의 입맛을 돋게 한다. 계절의 모퉁이를 돌면 귀뚜라미가 글을 읽고 가시덤불을 헤치며 노래하던 찌르레기가 있다.

바람에 실려 온 모퉁이엔 낙엽 구르는 그리움이 있다. 때로 지루하고 짜증스러워도 끝내 기다리는 기쁨, 모퉁이에서는 시각이 끝도 없이 자란다. 청춘의 기다림이 하루 종일 스마트폰에서 눈을 떼지 못하는 것도 사랑한다는 연인의 기별을 보기 위해서다. 모퉁이를 돌아온 소식은 잘 익은 포도주처럼 반가운 향기를 풍긴다.

먼 북쪽을 돌아온 정겨운 소리가 채근한다.
"일어나거라."
"밥 먹어라."
"체할라."

그 소리가 새벽의 모퉁이를 돌아와 나를 깨울 때면 불현듯 그리움이 치민다. 그 소리들은 이미 이승의 모퉁이를 돌아나갔다.

사물들을 가만 살펴보면 구석과 모서리가 있다. 어디 사물뿐이겠는가. 어둡지만 아늑하게 숨은 공간이 있다면, 밝게 열려있는 공간도 있다. 어떤 대상이든 한쪽 면만으로 다 알 수 없다. 양면을 다 알아야 진면목이 보인다. 안과 밖을 모두 알아야 비로소 오해와 편견은 멀어지고 이해와 배려는 가까워지는 것이다.

 어느덧 구석을 볼 줄 아는 나이. 허물을 이해하고 어려움을 배려하는 포용 속에서 나는 구석을 벗어나거나 모퉁이를 돌아나간다. 곧게 뻗은 길이 성공에 이르는 지름길로 알았지만, 번번이 모퉁이를 만나면서 속도를 줄여야 함을 깨닫는다. 모퉁이가 없는 길은 어디에도 없다. 모퉁이는 돌아가는 지혜를 일깨워 준다. 들숨과 날숨을 조절하며 오늘도 나는 구석과 모퉁이를 오간다.

 강릉 출생, 계간 「에세이문학」·격월간 「에세이스트」로 등단, 현대수필문학상·한국산문 문학상 수상, 에세이피아 발행인, 수필집 : 「이별연습」, 「유리새」 등

나하고 같이 샤워할까, 오빠!

韓 明 熙

'말'은 사람의 생각이나 느낌을 표현하고 전달하는 음성기호로 하나의 약속이다. 우리는 사람의 호흡기관을 '허파'라고도 하고 '폐(肺)'라고도 한다. 그렇게 부르는 것은 우리가 묵시적으로 약속을 하였기 때문이다. 그 약속이 제대로 지켜질 때 말은 생명을 얻게 되고, 반대로 약속이 지켜지지 않을 때는 소통의 기능을 잃거나 혼란에 빠져들게 된다.

허파와 폐는 같은 뜻의 말이지만 쓰이는 장소가 다를 때가 있다. 예를 들면 폐병, 폐암 등에서 보는 봐와 같이 한자 식 표현인 '폐'는 병원 같은 데서 쓰이고, 한글 식 표현인 '허파'는 정육점이나 사육장 같은데서 주로 쓰이고 있다. 병원에 가서 허파가 아파 왔다고 하면 이상히 여길 것이고, 정육점에 가서 소의 폐를 사러 왔다고 하면 이상히 여길 것이다.

이와는 경우가 다르지만 이즈음 '남편'을 '오빠!'로 호칭하는 젊은이가 적지 않다. 남편을 오빠로 호칭하는 것은 열 번 백번 생각해 봐도 잘못된 일이다. 그런데 이 잘못된 호칭이 돌림병같이 마구 퍼져나가고 있어 정말로 안타깝다. 남편을 오빠라고 부르면 혈육인 오빠와 어떻게 구별할까? 또 이웃집 오빠와는 어떻게 구별할까? 정말 혼란스럽다.

어찌되었던 간에 말은 약속대로 바르게 써야 한다. 말을 바르게 쓰지 않아 생겨난 우발적인 사건이다. 하나는 '다르다'는 형용사를 써야 할 때 '틀리다'는 동사를 잘못 사용하여 일어난 해프닝이고, 다른 하나는 남편을 오빠라고 부르는 것을 보고 남매로 착각할 뻔한 경우이다.

H기업 축구팀이 친선경기차 평양을 방문하여 호텔 음식점에서 냉면 대접을 받았다고 한다. 남북한 선수가 마주하고 식사를 하던 중, 남한의 한 선수가 별 생각 없이 "냉면 맛이 우리하고 틀리네."라고 말을 했다. 그 소리를 들은 북한 선수들이 수군수군 대더니 모두 일어나 밖으

로 나가더란다. 무엇인가 일이 잘못되어진 것 같아 한국 측 인사가 쫓아나가 연유를 물으니 "우리는 남측 선수들을 위하여 맛있는 냉면을 대접하였다." 그런데 냉면 맛이 틀려먹었다고 떠드니 화가 나서 밖으로 나왔다고 설명을 하더란다.

한국 인솔자가 선수들에게 어떻게 된 일이냐고 물어보니 "한국 냉면과 맛이 다르다'는 뜻으로 "한국 냉면과 맛이 틀리다'라고 했을 뿐인데 북한 선수들이 오해한 것 같다고 해, 남한에서는 '다르다'는 뜻으로 '틀리다'라는 말을 사용하는 경우가 있다고 북측에 설명을 하여 해프닝은 끝이 났다고 한다.

말은 언제 어디서나 바르게 써야 한다. 우리는 '다르다'고 써야 할 때 '틀리다'고 쓰는 경우가 종종 있다. 나도 지금은 고쳤지만 그전에는 '내 생각은 너와 다르다'고 써야 할 때, '내 생각은 너와 틀리다'는 말을 생각 없이 쓰기도 했다. 그러나 분명한 것은 '다르다'와 '틀리다'는 다른 뜻을 가진 말이다. 따라서 '다르다'라고 써야 할 때 '틀리다'라고 써서는 아니 된다.

요즈음 나는 TV를 보다가 나도 모르게 짜증이 날 때가 있다. 어느 TV프로에서 유명연예인 신혼부부가 제주에 이사하여 생활하는 모습을 소개하고 있다. 그 프로에서 신부인 여주인공이 말끝마다 남편을 보고 '오빠!'라고 부르고 있다. "나하고 같이 샤워할까, 오빠!", "와인 한 잔할까, 오빠!" 하고 말이다. 하도 유명한 가수라 그가 오빠라고 부르는 사람이 '남편'인 줄 알긴 하였지만 보통사람이었으면 남매지간으로 오해할 뻔했다.

"와인 한 잔 할까, 오빠!"는 말 자체는 틀린 말이 아니다. 그러나 "나하고 같이 샤워할까, 오빠!"는 말 자체가 성립이 안 된다. 어떻게 성인이 된 남매가 같이 샤워를 할 수 있는가. 이건 외설을 넘어선 패륜(悖倫)적인 표현이 될 수밖에 없다.

여가수 자신은 물론 방송작가도 그렇고, 프로듀서나 방송 내용을 모니터하는 관계자까지 남편에게 오빠라고 호칭하는 장면을 그대로 내보내고 있으니 한심하다는 생각이 들었다. 공영방송에서는 재미 못지않게 중요한 것이 계도 기능인데….

이 신혼부부 말고도 요즈음에 와서는 젊은 부부 중 십중팔구는 남편을 오빠라고 부르고 있다. 가정교육이 잘못된 것인지, 학교교육이 잘못된 것인지는 몰라도 참으로 딱하고 한심스러운 일이다.

한동안은 남편을 '아빠'라고 호칭하여 우리의 눈살을 찌푸리게 하였다. 아마도 아빠라는 호칭은 '○○ 아빠'에서 아이 이름이 생략되어 생겨난 호칭 같다. 이유가 어떠하든 간에 남편을 아빠라고 부르는 것 때문에 속앓이를 많이 하였는데, 이제부터는 남편을 '오빠'로 호칭하는 것 때문에 또 얼마나 속앓이를 해야 할지 걱정이 앞선다.

또 하나, 요즈음 젊은이들은 자기의 의견을 분명하게 말하지 못하고 있다. 확실한 사실을 말 할 때도 "…같아요." 하고, 애매하게 표현을 한다. 어떤 학생이 복숭아를 맛있게 먹고 있기에 복숭아 맛이 좋으냐고 물었더니, "맛있다"고 분명하게 대답을 못하고 "맛이 있는 것 같아요" 하고 애매모호하게 답을 한다.

얼마 전 중학생으로 보이는 학생이 삼국지 소설을 보고 있기에 재미있느냐고 물었더니, 이 학생 역시 "재미 있는 것 같아요" 하고 추측성 답을 한다. 왜 우리 아이들이 확실한 사실도 분명하고 명확하게 답하지 못하는 걸까.

말은 그 사람의 영혼이요, 인격을 담아내는 그릇이다. 이 글에서는 '다르다'와 '틀리다', 남편을 오빠라고 부르는 잘못된 호칭, 확실한 사실도 애매모호하게 답하는 말버릇 등 세 가지만을 예로 들었지만, 우리말이 너무나 많이 잘못 사용되고 있어 걱정이 된다. 우리가 사용하는 말은 우리의 품격이고, 우리의 문화수준을 가늠하는 척도이다. 개인은 물론 학교, 사회에서도 우리말을 갈고 다듬어 바른 말 고운 말을 쓰도록 하자. 그렇지 않으면 우리는 문화 후진국의 나락으로 떨어질 수밖에 없을 것이다.

전 교육부 편수국장·구리문인협회장·서울교원문학회장, 경기도문인협회 자문위원, 한국문인협회 자문위원

부족함의 미학(美學)

홍 미 숙

나는 완벽해 보이는 사람은 싫다. 완벽한 사람은 가까이 하기가 왠지 부담스럽다. 어딘가 조금은 허술한 사람이 좋다. 그러나 아무리 완벽한 사람도 안을 들여다보면 부족한 구석이 분명히 있을 것이다. 겉으로 보기에 완벽해 보이는 것이지 속은 알 수 없는 노릇이다.

부족함이 있어야 겸손할 줄도 알고 남을 배려할 줄도 안다. 부족함 속에는 무한한 가능성도 내포되어 있다. 그렇기 때문에 다른 사람들에 비하여 부족함이 있어도 실망할 일만은 아니다.

예를 들어 건강에 부족함이 있으면 건강한 사람보다 병원을 자주 찾아 건강 체크를 하게 될 것이니, 큰 병을 미리 예방할 수 있을 것이다. 또 매사에 한 박자 느린 사람은 빠른 사람보다 부지런하게 행동하려 할 것이고, 다른 친구들보다 머리가 나쁘면 몇 배 더 노력하는 습관을 기르게 되니 손해 볼 게 없다.

부족함은 이렇게 유비무환(有備無患)의 정신을 길러준다.

부족함이 있어야 삶에 의욕이 살아난다. 그 부족함을 채워나가기 위하여 열심히 노력할 것이기 때문이다. 이 세상에 부족함이 없는 사람은 없다. 그런 사람이 있다면 그는 아마 사람이 아닐 것이다. 문제는 부족함이 많은데 그 부족함을 자신이 모르고 살아가는 게 문제다.

부족함은 될 수 있으면 일찍 발견하는 게 좋다. 나이 들어서 발견하는 것보다는 그래도 젊었을 때 발견해야 살면서 고생을 덜 할 것으로 본다. 그러기 위해서는 본인의 부족함을 본인 스스로 찾아내야 한다. 본인이 찾아내지 못하면 평생 부족함을 채울 수가 없다.

부족함이 있음을 깨닫고, 그 뒤부터 채워가도록 노력하면 훗날 얼마든지 성공할 수 있다.

부족함이 많은 것은 앞으로 할 일이 그만큼 많다는 것과 같다. 할 일이 많다는 것은 행복한 것이다. 그러므로 부족함에 대하여 부끄러워할 일만은 아니다. 부족함은 결코 흉이 아니다. 부족함이 있는지 모르고 살아가는 사람이 불쌍하지, 그것을 알고 극복하려 애쓰는 사람은 누구보다 아름답고 행복한 사람이다.

나도 부족함을 조금이라도 채워보기 위해 하루하루 바쁘게 살아가고 있다. 하지만 나 역시 나의 부족함을 아직 찾아내지 못한 것이 많을 것이다. 솔직히 아는 게 많아야 부족함도 잘 찾아낼 텐데, 세월이 흐를수록 모르는 것만 늘어가니 걱정이다. 욕심을 버린다 해도 만족스런 나를 만들기는 어려울 것이다. 나이 들면서 부족함이 많아지면 많아졌지, 쉽게 채워지기는 어려울 것 같아서다. 알고 있는 부족함을 어느 정도 채우고 나면, 또 다른 부족함이 나에게 찾아들 것은 분명하다.

다행히 나의 부족함이 내 삶에 활력소가 되어 나를 이끌어 주고 있다. 그러니 나의 부족함을 사랑하지 않을 수 없다. 그 부족함을 채우기 위해 나는 이곳저곳을 기웃거리며 살아간다.

요즘은 일주일에 두 번 민속학 강의와 조선 역사 강의를 듣고 있다. 아울러 독서를 하거나 글을 쓰기 위해 도서관 찾는 일도 게을리 하지 않고 있다. 아마 나에게 부족함이 없으면 살아가는 재미도 못 느낄 것이다. 나의 부족함이 나를 활기차게 살아가도록 도와준다. 부족함을 채워나가는 일만큼 행복한 일은 없다. 나의 부족함에 대해 나는 마음 아파하지 않는다. 열심히 노력하면서 살아갈 수 있기 때문이다.

이 세상에 공짜로 얻어지는 것은 아무 것도 없다. 꼭 노력한 만큼을 얻는다. 노력에 노력을 거듭해야만 꿈을 이룰 수 있다. 흔히 성공한 사람을 두고 운이 좋아 성공했다고 말하는 사람이 있다. 그러나 그 운은 아무에게나 찾아오지 않는 법이다. 피땀 흘린 사람에게만 찾아온다.

'천재란 1퍼센트의 영감과 99퍼센트의 땀으로 이루어진다.'는 발명왕 에디슨의 말도 있지 않은가? 에디슨 역시 3,400권이나 되는 메모노트를 썼기에 이런 명언을 만들어 낼 수 있었을 테고, 세계에서 가장 많은 발명을 하여 발명왕이 되었을 것이다. 그는 1,093개의 특허를 얻어낸 발명왕이다. 누구보다 노력을 많이 한 에디슨이다.

에디슨뿐만 아니라 누구나 노력에 노력을 거듭한다면 이루지 못할 꿈은 이 세상에 없다. 노력이 결국은 행복을 가져다줄 것이다. 그렇기에 나는 나의 부족함에 대해 크게 걱정을 안 한다. 나의 부족함이 언제나 나를 노력의 길로 안내해 줄 것이기 때문이다. 그러므로 오히려 나는 나의 부족함에 고마움을 갖는다.

부족함은 결코 삶에 걸림돌이 아니다. 삶을 이끄는 힘이 될 뿐이다. 그러니 나의 부족함을 영원히 사랑할 수밖에 없다. 나는 조금 부족할 때가 가장 행복할 때라 생각한다. 열심히 노력할 수 있어서다.

경기 화성 출생, 「창작수필」 등단, 수필집 : 「그린벨트 안의 여자」, 「추억이 그리운 날에는 기차를 타고 싶다」, 「마중 나온 행복」, 「작은 꽃이 희망을 피운다」, 「희망이 행복에게」, 「나에게 주는 선물」, 「웃음꽃 피다」, 역사서 : 「왕 곁에 잠들지 못한 왕의 여인들」, 「사도, 왕이 되고 싶었던 남자」, 「조선이 버린 왕비들」, 안양을 빛낸 여성상 수상, 현 2003년부터 국정교과서에 이어 검인정교과서(중학교 3학년 국어교과서)에 작품 「신호등」 수록

아동문학

동시
김율희—開心寺 외2편
김지례—허(虛)한 것은 반짝이는 너의 눈 외2편
신새별—매달려 있는 것 외2편
이해복—장갑 한 짝 외2편
정두리—물휴지 외2편

동화
강태희—다람쥐들의 신나는 묘기 대행진
김남희—은행나무 일기
마 리—긴 하루
윤수천—달이 생긴 이야기

開心寺 외2편

김 율 희

구두는 벗지 않았습니다.
머리는 열심히 감았지만
얼굴은 깨끗이 씻었지만

그대가 신겨준 구두
벗으면 학 되어 날아갈까 봐
벗으면 구름 되어 날아갈까 봐

구두는 벗지 않았습니다.

겨울 · 2

닫혀져 있는
빗장을
푼다.
언어의 푸른 빗장

그곳에 쏟아져 내리는 눈
언어의 은빛 날개

동굴 앞에서 만나는
神

겨울이다.

시는 칼이다

시는 칼이다.
바람을 베고 사람을 베더니
세상을 베어버린다.

깃털처럼 가벼워지는 칼
세상이 가벼워진다.

「현대시학」으로 등단, 시집 : 「굴뚝 속으로 들어간 하마」, 동화집 : 「책도령은 왜 지옥에 갔을까」, 「책도령과 지옥의 노래하는 책」, 「거울이 없는 나라」 외 다수, 한국아동문학작가상 · 한정동문학상 · 경기문학상 본상 외 수상, 국제PEN 한국본부 〈펜문학〉 편집장

허(虛)한 것은 반짝이는 너의 눈 외2편

김 지 례

억새야 억새야
허(虛)하다고 울지 마라
가을 한철 피는
꽃손가락 탓이다
시인은 시인은
허하다고 울지 않는다
봄 여름 가을 겨울
꽃손가락 달고 살아도
허한 것은 새 세상을 교직하는 베틀
허한 것은 반짝이는 너의 눈

어느 별인가요

어느 별의 별빛인가요
가을 코스모스

어느 별의 간이역인가요
가을 허수아비

어느 별의 그리움인가요
가을 고추잠자리

어느 별의 그림자인가요
가을 풀벌레 소리

위대한 시인에게

박제된 사람들이 다닌다
박제된 새들이 날아다닌다
박제된 꽃들이 피고 진다
박제된 세상
박제된 내 눈들이다
위대한 시인이여!
마법에 걸린 내 눈을 풀어 주오
박제된 내 눈을

경북 안동 출생, 한국문인협회 · 한국현대시인협회 · 국제펜 한국본부 회원, 여주문인협회 감사, 시집 : 「꽃」 등

매달려 있는 것 외2편

신 새 별

나뭇가지에 매달려 있는 게 뭐지?
- 나뭇잎

나뭇잎에 매달려 있는 게 뭐지?
- 물방울

엄마한테 매달려 있는 게 뭐지?
- 나!

독도의 말

바다제비·괭이갈매기·슴새 날갯짓으로 외롭지 않아요.
번행초꽃·섬장대꽃 함께 피어 주고요,
갯메꽃·섬기린초·바위수국도 찾아와 줘요.
독도장님노린재·섬땅방아벌레·어리무당벌레 등대 불빛에 반짝여요.

바위 틈에 붙어 있는 오징어알 지켜줘야 하고요,
연어·대구·명태도 받아주어야지요.
전복·소라·게도 품어줘야잖아요.
할 일이 얼마나 많은데요.

진눈깨비 시작되는 겨울 올 때까지
바다 한가운데 서 있으면
매운 바람이 온몸을 때려
조금 힘들어요.

그래도 할 일이 많아 금세 잊어버린답니다.
누가 외로운 섬이라 하나요?

발의 잠

서울역 광장에서
잠자는 아저씨의 까만 맨발이
종이상자집에 누워 잔다.

어릴 적 뽀얗던 발이
까맣게 잠들어 있다.

어머니가 두 손으로 씻겨 주었을 발
힘없이 자고만 있다.

곧 서리가 내린다는데….
아들딸한테 돌아가는 꿈이라도 꾸는지
엄지발가락이
꼼지락 꼼지락,

신발이
종이상자집 앞에서
까만 맨발을 지키고 있다.

 서울 출생, 경희대학교 불문과 · 동 대학원 불문과 졸업, 경희대학교 · 재능대학 강사 역임, 아동문예문학상 동시부문 수상, 동시집 : 「별꽃 찾기」, 「발의 잠」 등, 한국아동문예상 · 율목문학상 · 열린아동문학상 · 오늘의 동시문학상 등 다수 수상, 현 계간 「自由文學」 발행인, 한국동시문학회 이사, 文協 과천시지부 부회장

장갑 한 짝 외2편

이 해 복

저절로 어깨
웅크려지는 아침
발갛게 언 손이
걸어간다.

폭신한 장갑 속
따뜻함이
망설이다 망설이다
잰걸음 내딛고

"이거 나눠 끼자."
엉겁결에 받아드는
그 애 얼굴
발그레 아침 해 된다.

마주 보고 씨익 웃는
외쪽 장갑들
찬바람에도 결코
춥지 않다.

여름 한낮

아버진 논으로 피사리 가시고
어머닌 산 너머 밭 매러 가시고
집에는 아가 혼자 쌔근쌔근

아기 보던 누렁이 졸음에 겨워 눕고
뜰엔 바람만 소소한데
키다리 접시꽃 울 곁에서
병정처럼 눈 부라려 집 지키고 있다.

봄은 공사 중

뚝딱, 뚝딱
집 앞 공터는 공사가 한창이다.
하루가 다르게
아파트가 층수를 높여가고
인부 아저씨들은 개미처럼 일한다.

주머니에 넣었던 손의 깊이가
점점 얕아지고
어깨가 한껏 펴지는 걸 보니
내 안에도 작은
공사판이 벌어지고 있나 보다.

겨우내 웅크렸던 몸에
푸른 기운이 찌르르 돌고
땅을 디디면 금세라도
발밑엔 뿌리가
두 팔엔 파릇파릇 잎이 돋을 것만 같다.

뚝딱, 뚝딱
꿈틀꿈틀
공사판에 기운이 넘친다.

월간 「문예사조」 동시 당선, 계간 「자유문학」 민조시 · 동 민조시 천료, 한국문인협회 · 한국아동문학회 회원, 국제PEN 한국본부 회원, 평택문인협회 · 평택아동문학회 회원, 평택문인협회 · 평택아동문학회 회장 역임, 경기도문학상(아동문학) 수상, 동시집 : 「장갑 한 짝」, 「아빠의 리모컨」, 문해교육 교재 「삶과 언어의 악보」, 「나랏말씀 I · II」

물휴지 외2편

정 두 리

물을 흠씬 먹고도
찢어지지 않는 종이를 봐
대단하지?
그 종이 잠기게 한
물의 기운은 또 어떻고?

서로
내가 이겼다
내가 낫다
우기는 건 보기 싫어

이제,
둘이 따로 해야 할 일을
물휴지 혼자 다해야 해
두 몫을 한꺼번에 시키자고
함께 살게 했으니까.

뚱보 갈매기

배를 타고
석모도 가는 날

뱃전으로
나온 사람들
모두 같은 과자봉지 들고 있다
나도 그래 본다

어디선가 쿠루루 갈매기 떼
기다렸단 듯이
익숙하게 나타난다

한 녀석이
내 손끝으로 날아온다
눈을 감았다
손가락 끝에 부리가 닿는 느낌
간지럽다
휙 잽싸게 과자를 채가는 갈매기 솜씨

다시 눈을 뜨고 본다
갈매기는 저만치 떠났다
간식으로 배가 부른 갈매기들
뒷모습이 통통하다

잠깐 재밌기 위해
사람들이
갈매기를 뚱보로 만들고 있다.

나무 시장

뿌리에 흙뭉치
둥글게 붕대처럼 감싸고
아직 잎을 틔우지 못한
몸이 마른 나무들
이름표를 달고 나와
주루룩 세워 놓고
선을 보인다

나무 시장에는
이 다음
잎을 달고 꽃을 피우고
열매를 매달 것을
서로 믿는 사람과 나무들이
만나기 위해
모인 곳이다.

「한국문학」 신인상 시부문 당선, 동아일보 「신춘문예」 동시 당선, 시집 : 「기억창고의 선물」, 동시집 : 「내일은 맑음」 외 다수, 우리나라 좋은 동시문학상 · 방정환문학상 · 펜문학상 외 다수 수상, 한국문인협회 회원, 국제펜 한국본부 자문위원, 여성문학인회 이사, 동요작사작곡가협회 운영위원, 현 (사)새싹회 이사장

다람쥐들의 신나는 묘기 대행진

강 태 희

　민석이네 가족은 단풍놀이를 갔습니다. 아버지, 어머니, 민석이, 민우, 이렇게 네 식구는 모두 배낭을 메거나 손에 들고 깊은 산골짜기를 올라갔습니다.
　한여름에 초록물이 뚝뚝 떨어지던 나뭇잎이 서늘한 가을바람이 불어오자 어느덧 빨갛고 노랗게 색동옷으로 갈아 입었습니다.
　단풍나무 잎은 빨갛다 못하여 아주 새빨갛고 싸리나무 잎도 지지 않으려고 노랗다 못하여 진노랑이었습니다.
　사람의 솜씨로는 그처럼 곱게 물든 단풍잎처럼 멋지게 색칠을 못하였을 것입니다.
　늦가을이라 아침엔 제법 쌀쌀한 날씨지만 해가 떠오르면서 춥지도 덥지도 않은 파란 가을 하늘 날씨 그대로였습니다.
　민석이 아버지는 배낭에 점심을 무겁게 짊어지고 어머니도 손에 한 보따리 드셨습니다.
　민석이도 과자며 과일을 배낭에 잔뜩 메고, 민우도 물통을 어깨에 걸었습니다.
　민석이네 가족들은 땀을 뻘뻘 흘리면서도 자갈밭인 그 험한 산을 아주 즐겁고 신바람이 나게 올라가고 있습니다. 어느덧 산꼭대기에 다 올라왔습니다.
　정상은 바위로 된 바위산이었지만 민석이네 가족들이 삥둘러 앉자 점심을 먹고 놀만한 아주 널찍한 바위가 있었습니다.
　온 가족이 편편한 바위에 앉아서 산 아래를 굽어보니 이제껏 올라오느라 땀 흘리고 힘들었던 수고가 한꺼번에 말끔히 가시고 비단폭처럼 펼쳐진 곱고 곱게 물든 단풍잎의 아름다움이란 한 폭의 그림 같았습니다.

　민석이네 가족들이 얼굴의 땀을 닦으며 쉬고 있는 동안 수십길 바위 아래 넓은 곳에는 어디선지 다람쥐 가족들이 일제히 모여들었습니다.
　"어머니! 저 바위 아래 귀여운 다람쥐들을 좀 보세요. 얼마나 예뻐요!"
　민우가 어느 새 보고 큰 소리로 외쳤습니다.
　"얘야! 큰 소리 치면 다람쥐들 도망갈라. 정말 귀엽구나! 조용조용 말해라, 응?"
　어머니는 다람쥐가 도망갈까 깜짝 놀라며 조심시켰습니다.
　"아버지! 이 과자 다람쥐에게 좀 주면 어떨까요?"
　민석이는 아버지가 미처 대답하실 틈도 없이 벌써 과자 한 줌을 집어던졌습니다.
　"다람쥐들은 과자를 안 먹을 텐데?"
　아버지는 의아해 하였습니다. 그렇지만 다람쥐 가족들은 모두 과자를 입에 물고 고맙다는 듯이 앞발을 모으고 싹싹 비볐습니다.
　"참 아버지도, 사람이 먹는데 다람쥐가 안 먹어요? 저것 좀 보세요."
　민석이는 신난다는 듯 바위에서 일어나 깡충깡충 춤을 추었습니다.
　"민석아! 조심해라. 다람쥐 때문에 바위 아래로 떨어질라."
　어머니는 너무 놀라 바위에서 춤추는 민석일 붙들어 앉혔습니다.
　"나도 다람쥐에게 땅콩을 주어야지."
　민우는 양손에 잔뜩 쥔 땅콩을 던졌습니다. 이번에도 다람쥐 가족들은 고맙다는 듯이 땅콩을 입에 물고 앞발을 싹싹 비벼 댔습니다.
　"자, 우리 식구들도 가져온 음식을 맛있게 먹자꾸나."
　어머니도 배낭을 열고 음식을 골고루 실컷 먹도록 다람쥐에게 던져 주셨습니다.
　"민석이네 가족들! 정말 고맙고 감사해요." 라는 말이라도 하듯이 다람쥐들은 '찍찍찍' '찍찍찍' 이상한 소리를 내며 앞발을 모으고 비벼 댔습니다.
　민석이네 가족과 다람쥐 가족들은 한동안 점심을 먹는 조용한 시간을 가졌습니다.

민석이네 가족들은 얼마 동안 점심을 다 먹고 나서 바위 아래를 내려다보니 다람쥐들의 묘기 대행진이 펼쳐지기 시작하였습니다.
　"우리 다람쥐 가족들은 민석이네 가족들이 단풍놀이 온 것을 환영하여 신나는 묘기 대행진을 펼치니 즐겁고 재미있게 보아주시면 감사하겠습니다."
　다함께 아빠가 앞에 나와 인사하는 것으로 다람쥐들의 묘기는 시작되었습니다.
　첫 번째 묘기였습니다. 다람쥐 가족들은 아빠 다람쥐가 앞에 서서 이쪽 큰 나무 위로 올라가면 다람쥐 오형제가 맏형부터 차례대로 올라가고 맨 끝에는 엄마 다람쥐가 올라갔습니다.
　저쪽 작은 나무 위로 건너뛰기를 하는데 나무 위에 올라간 차례대로 한 다람쥐도 실수 없이 멋지게 건너뛰었습니다.
　이 나무 위에서 저 나무로, 저 나무 위에서 이 나무로 다람쥐들의 신기한 묘기는 서너 번씩 반복되었습니다.
　"어머니! 저 다람쥐 가족들 좀 보세요. 얼마나 멋있는 묘기예요."
　민석이네 가족들은 열렬한 박수를 아끼지 않았습니다.
　다람쥐 가족들의 두 번째 묘기가 시작되었습니다.
　저 높은 바위에서 이 낮은 바위로 뛰어 날아가는 묘기였습니다.
　다람쥐 가족들은 나무 위에서 건너뛰는 묘기처럼 아빠가 앞에서 뛰어 날면 오형제가 맏형부터 차례대로 뛰어 날고 맨 나중에 다람쥐 엄마가 뛰어 날았습니다.
　높은 바위에서 낮은 바위로 공중날기를 하는데 재주를 홀딱홀딱 넘으며 아슬아슬한 묘기였습니다.
　"아버지! 저 공중에서 재주 넘는 다람쥐들의 묘기를 보세요. 참 멋지지요?"
　민우는 공중을 뛰어 나는 다람쥐들에게 반해서 아버지께 중얼거렸습니다.
　"정말 멋진 묘기로구나! 공중을 뛰어 나는 묘기야말로 묘기 중의 묘기로구나!"
　아버지도 너무 흥분해서 계속 손뼉만 힘차게 치셨습니다.

세 번째는 다람쥐들의 합주 묘기였습니다. 다람쥐 아빠가 앞에서 멋지게 지휘를 하였습니다.

다람쥐 오형제 중 맏형이 큰북을 둥둥둥 치고, 둘째가 작은 북을 '쿵자자, 쿵자자 쿵자자' 치면, 셋째는 나팔을 따따따, 따따따, 따따따 불어 댔습니다.

넷째는 리코더로 빌라리, 빌라리, 빌라리 불고, 다섯째는 탬버린을 찰찰찰, 찰찰찰, 찰찰찰, 엄마다람쥐는 심벌즈로 쨍 – 쨍 – 쨍하고 장단을 맞췄습니다.

민석이네 가족들도 장단에 맞춰 손벽을 짝짝짝, 짝짝짝, 짝짝짝 멋지게 치자, 이 산 저 산에서도 짝짝짝, 짝짝짝, 짝짝짝 모두 메아리쳤습니다.

은행나무 일기

김 남 희

　간밤에 찬이슬이 내렸어요. 바람도 제법 서늘해졌어요. 무당벌레는 이슬이 맺힌 거미줄에다 작은 벌레들을 달아놓고 아침을 맞았어요.
　쥐똥나무 울타리의 만지면 터질 것 같은 까만 열매에도 거미줄이 걸렸어요. 유난히도 무더웠던 지난여름을 잘 견뎌내고 밤송이마다 튼실한 열매가 꽉 차 있어요.
　가을이 밤처럼 익어가요.
　익어가는 가을, 쑥부쟁이도 한몫 거든답니다. 봄여름 꽃들이 다투어 피는 동안 꾹 참고 있다가 가을이 되자 기다렸다는 듯 예쁜 꽃과 향기를 선물하고 있네요.
　하늘하늘 꽃잎이 마치 가을 하늘을 닮은 것 같아요.

　오늘은 현장조사학습을 하는 날. 우리집 근처 향교 공원에서 우리 지역 지명과 전해 오는 이야기를 조사하는 것이 과제예요. 며칠 전부터 여러 누리집을 검색해 보고, 오늘은 직접 향교 공원을 중심으로 조사하기로 했어요.
　"자, 애들아, 퀴즈! 수억 년 전 공룡이 살았던 시절에도 있었던 나무는 뭘까?"
　꽃님이 선생님이 공원에 도착하자마자 우리에게 퀴즈를 냈어요. 왜 꽃님이 선생님이냐고요? 꽃과 나무에 대해 모르는 게 없어 우리가 꽃님이 선생님이라고 부르거든요.
　"네? 공룡요? 공룡은 멸망했잖아요."
　"공룡은 멸망했지만, 이 나무는 지구상에서 가장 오래 된 나무야. 그래서 살아있는 화석이라 말하기도 하지. 가을에 노란 물이 예쁘게 드는 단풍으로 유명한 이 나무를 찾아볼까?"

선생님의 이야기를 듣고 친구들은 향교 앞 커다란 나무 앞으로 뛰어 갔어요.

"이거요! 이거! 찾았어요!"

우리가 만난 나무는 부채 같은 잎이 다닥다닥 붙은 커다란 은행나무 예요.

"와! 엄청 큰 은행나무인데 아주 오래된 나무인가 봐요."

"여기 쓰여 있네. 이 은행나무 나이는 500살쯤 되었다고."

"우와! 500살이나요? 그래서 공룡시대 그림 배경에 은행나무가 그려져 있는 것도 그 때문이겠네요."

"그렇지, 우리나라에도 천년이 넘은 은행나무도 있으니까. 은행나무는 암나무와 수나무가 따로 있어서 서로 마주 보아야 꽃이 피고 열매를 맺는다고 하는데, 우리가 다른 은행나무들도 찾아볼까?"

"저기 향교 뒤쪽으로 은행나무가 또 있어요. 은행이 엄청 많이 달린 걸 보니 암나무인가 봐요."

우리들은 다른 은행나무를 찾아 잔디밭을 뛰어 다녔어요. 풀숲에 앉았던 참새들이 놀라 한꺼번에 푸르르 날아오르네요.

"옛날에는 은행나무가 사람처럼 서로 사랑한다고 여기고 은행나무 꽃이 피면 남녀가 서로 은행 알을 선물하기도 했어. 열매를 많이 맺기 때문에 자손이 번성하라는 의미에서 은행을 제사상이나 결혼 폐백 상에 올리기도 한단다."

"공원으로 오는 길 가로수 은행나무도 아주 멋있었어요."

"요즘에는 도시의 가로수로도 많이 심기도 하지. 기르기 쉽고 병충해도 강하고, 노랗게 물드는 가을 단풍은 도시를 아름답게 해주고."

"빨갛게 빨갛게 물들었네. 노랗게 노랗게 물들었네. 가을 길은 비단 길."

가을길 노래가 저절로 나와 친구들과 신나게 불렀어요.

"근데 왜 이름이 은행이에요?"

"씨앗이 은빛을 띠고 열매 모양이 살구처럼 생겼다고 은행이라고 불렀대. 껍질 냄새는 퀴퀴하지만 딱딱한 속껍질 속에 고소하고 향긋한 씨앗이 들어 있지. 구워서 먹으면 쫄깃쫄깃하고 고소한 맛이 나. 하지만 약간 독성이 있어서 꼭 익혀서 먹어야 하니까 조심!"
　몇 개의 은행 알을 줍기 위해 선생님이 장갑을 꺼내 끼시네요. 친구들은 떨어진 은행을 밟아 냄새가 난다고 캭캭 소리를 내며 잔디밭을 가로질러 뛰어 갔어요.

　"선생님, 왜 여기에는 오래 된 은행나무가 많은가요?"
　"응, 바로 오늘 우리가 조사할 내용 중 하나지. 우리나라에서는 은행나무를 주로 절이나 향교에 많이 심었다고 해. 특히 공자의 뜻을 받드는 향교에 많이 심었던 까닭은 옛날에 공자가 은행나무 아래에서 제자들을 가르쳤다는 향단의 유래를 보면 알 수 있지. 향교는 지금의 중고등학교 같은 곳이었고 선현에게 제사를 지내는 장소이기도 했어. 이곳 광주 향교는 예로부터 경기 제일의 큰 향교였지."
　향교 명륜당 마루 위에 앉아 선생님 설명을 듣고 있으니, 마치 타임머신을 타고 조선시대로 돌아간 것 같았어요. 머리를 길게 땋고 한복을 입은 아이가 훈장님 앞에서 훌쩍훌쩍 울고, 친구들은 입을 가리고 킥킥대며 웃고 있는 그림이 생각났어요. 살짝 선생님을 쳐다보니 마침 꽃님이 선생님 모자가 노란 은행잎 색깔이네요.
　우리는 조사보고서에 붙일 사진을 찍고 공원으로 나왔어요.
　가을바람을 따라 잠자리 떼가 날아다녀요. 고추잠자리가 나뭇가지 끝에 앉아 쉬기도 해요. 친구들은 가지 끝에 앉은 잠자리를 잡아보려 살금살금 다가가요.
　"나 잡아 봐라!
　눈치 빠른 잠자리는 재빠르게 날아올라요. 잠자리를 잡으려 하던 친구 손도 덩달아 높이 올라가요. 하트 모양 손가락을 보니 아쉽지만 한편으로는 다행이라는 표정이에요.
　오늘은 두 배로 신나고 재미있는 날이에요.
　영어학원 한 군데, 키 크는데 도움 된다는 농구학원까지 가야 하는 날인데 현장조사학습을 하는 날이라고 오늘은 학원 빠져도 된다고 엄마가 허락하셨거든요.

오백년 이야기가 숨어 있는 은행나무를 만난 날, 오늘 내 일기 제목은 '지구상에서 가장 오래된 살아있는 화석 은행나무'예요. 은행나무 옆에는 내가 좋아하는 공룡 벨로키랍토르도 그려 넣을 거예요.

이제 곧 거리마다 노란 물결이 출렁이겠지요. 늘 봤던 은행나무이지만 이젠 좀 다르게 보일 것 같아요.

아동문학연구 등단, 한국문인협회 하남지부장 역임, 한국문인협회·국제PEN클럽 한국본부·한국여성문학인회·시문회 회원, 한국아동문학연구회·한국아동문학회 임원, 풀꽃아동문학회 회장, 아름다운글문학상·경기예술대상·하남문학본상 등 다수 수상, 창작동화집 : 「시장님의 구두」, 「멀리서 바라보는 거울」, 「이야기 팔만대장경」, 위인전 : 「마더테레사」 외 2권, 「글쓰기와 독서지도」 등 다수

긴 하루

마 리

"오빠, 놀이터 가자."

수정이가 또 귀찮게 한다. 난 초등학교 1학년이고 수정인 다섯 살이다. 수준이 맞을 리 없다. 둘이 놀이터에 가봤자 맨날 미끄럼틀만 타다 온다. 미끄럼틀은 하도 타서 질렸다. 시소는 균형이 안 맞아 제대로 탈 수도 없다.

"싫어. 난 숙제할 거야."

공부하는 것도 별로지만 수정이랑 놀이터 가는 것보단 차라리 공부가 낫다.

"수철아, 숙젠 이따 하고 놀이터 좀 다녀오지 그래."

엄마가 상냥하게 말한다.

"내가 가게 볼게. 엄마가 다녀오면 안 돼?"

"그걸 말이라고 해?"

엄마 말투가 더는 곱지 않다. 별 수 없이 수정일 데리고 밖으로 나왔다. 분식점을 하는 엄마는 저녁 일곱 시가 돼서야 아르바이트하는 누나랑 교대하고 퇴근한다. 그때까지 수정이를 돌보는 일은 내 차지다.

놀이터에 애들이 많다. 얼음땡 놀이를 하는 애들도 있고, 축구하는 애들도 있다. 나는 또래 친구들과 놀고 싶은 맘에 축구하는 애들에게 다가간다.

"같이 놀자."

애들이 수정이와 나를 번갈아 본다. 수정이가 내 바지자락을 잡고 있다.

"축구하려면 동생은 집에 두고 와."

치사한 맘이 들어 축구는 안 하기로 한다. 이번엔 얼음땡 하는 애들에게 간다.
"나도 붙여라. 내가 술래할 게."
수정이가 여전히 내 바지자락을 잡고 있다. 애들이 수정일 물끄러미 보더니 대꾸도 없이 저희들끼리 뛰논다. 나는 바지자락을 잡은 수정이 손을 힘껏 친다.
"너 땜에 맨날 이게 뭐냐? 친구들 하고 놀지도 못하고!"
수정이가 말도 안 되는 소릴 한다.
"오빠… 우리 축구하까?"
"너, 축구할 줄 알아? 그리고 공이 없는데 어떻게 축굴 하냐? 얼른 미끄럼틀이나 타. 열 번만 타기다!"
쟨 자존심도 없다. 내가 그렇게 화를 냈는데도 미끄럼틀을 탄다. 난 미끄럼틀 밑에 서서 숫자를 센다.
"열 번 됐거든? 가자, 엄마한테."
미끄럼틀에서 내려온 수정이가 말도 안 되는 소릴 또 한다.
"오빠, 얼음땡 하까?"
"됐거든?"
수정이가 너무 밉다. 내 머릿속은 수정이만 없으면 얼마나 좋을까 하는 생각으로 가득하다. 수정이만 없으면… 수정이만 없으면… 하다가 좋은 생각이 났다.
"수정아, 우리 얼음땡 할까?"
"응."
"멀리 가서 하자. 오빠 친구들이 놀릴지도 모르니까."
"응."
'응' 밖에 모르는 수정이가 오랜만에 예뻐 보인다. 한참을 구불구불 걸었다. 수정이 혼자선 집을 찾을 수 없을 만한 낯선 골목으로 왔다. 가위바위보로 술래를 정한다. 물론 내가 이겼다.
"오빠가 '얼음' 하면, 그때부터 오빠가 '땡'할 때까지 넌 계속 얼음이야. 절대 움직이면 안 돼!"
"응."

난 들뜬 목소리로 크게 외친다.
"얼–음."
수정이가 꼼짝도 않는다. 난 살금살금 수정이 뒤로 간다.
"땡할 때까지 절대 움직이면 안 돼?"
"응."
나는 뒤도 안 보고 뛰며 생각한다.
'수정아, 미안. 나도 어쩔 수 없어. 너 땜에 너무 힘들거든. 이담에 어른 되면 니가 오빠 귀찮게 안할 테니 그때 널 찾을게. 니 팔뚝에 커다란 빨간 점 있으니까 찾기 쉬울 거야.'
어느새 분식점 앞에 왔다. 유리창 너머로 엄마가 보인다.
'수정인 어디 있냐고 엄마가 물으면 뭐라고 하지? 동생 잃어버렸다고 나까지 내쫓으면 어쩌지?'
아무리 생각해도 답을 모르겠다. 일단 부딪쳐 보기로 하고 단숨에 문을 열어 분식점으로 들어간다. 엄만 내가 왔는지도 모르고 일만 한다. 책가방을 메고 엄마 앞으로 간다.
"엄마! 나 집에 가 있을게."
"그래. 근데 수정인?"
불이 붙은 것처럼 가슴이 뜨끔하다. 하지만 눈 딱 감고 잡아뗀다.
"몰라."
엄마가 피식 웃으며 김밥 두 줄을 가방에 넣어준다.
"또 까분다. 얼른 가서 수정이랑 깨끗이 씻고 김밥 먹고 숙제해. 퇴근시간 다 됐으니까 엄마도 곧 갈게."
이대로 집에 가면 수정일 영 못 찾을 거다. 그럼 난 자유다. 근데 이상하다…. 맘과 다르게, 수정일 두고 온 곳으로 발길이 간다.
'수정이가 없어진 걸 확인하고 집에 가지, 뭐.'
골목에 도착하기도 전에 수정이 울음소리가 커다랗게 들린다. 나도 모르게 뛴다. 씨름선수만한 아저씨가 수정일 번쩍 안고 있다. 수정이가 몸부림치며 운다. 조용히 사라지길 바랐는데 쟤가 결국 납치범 눈에 띈 거다. 그동안 너무 귀찮긴 했지만, 동생이 납치범에게 붙잡힌 걸 보니 눈이 튀어나올 만큼 끔찍하다. 어쩌지? 난 너무 작아서 납치범을

이길 자신이 없다. 갑자기 온몸에서 땀이 난다. 납치범이 수정이를 달래는 척한다.
"꼬마야, 그만 울어. 아저씨 나쁜 사람 아냐."
'납치범이 나쁜 사람 아니면 세상에 나쁜 사람은 과연 누굴까?'
납치범이 수정일 안고 걷기 시작한다. 나는 무작정 달려가 납치범의 다리를 힘껏 물어뜯는다.
"으아악!"
납치범이 수정일 내려놓는다. 던지지 않아 다행이다.
"누군데 아저씨 다릴 물어, 이 녀석아!"
수정이가 구세주를 만난 듯 나를 부른다.
"오빠!"
"니가 이 꼬마 오빠냐?"
"내 동생 아무 데도 못 데려가요."
나는 수정이의 손을 꽉 잡는다.
"이제라도 오빨 찾아 다행이네. 울음소리에 창문을 내다봤더니 꼬마 혼자 한참을 울잖아. 그래서 경찰서 데려다 주려던 참이야."
할 말이 없다. 나는 수정이를 데리고 골목을 빠져나온다. 울음을 그친 수정이가 흐느끼는 소리로 말한다.
"오빠, 나 이제 땡이야?"
"뭐?"
"오빠가 '땡' 하면 움직이는 건데, 난?"
"으응. 너… 이제 땡이야."
목이 아파온다. 눈물도 찔끔 난다. 애는 지금까지 무슨 일이 벌어졌는지도 모르고 아직도 얼음땡만 생각한다.

집에 왔다. 수정일 욕실로 데리고 가 얼굴을 씻긴다. 눈물자국으로 얼룩졌던 수정이 얼굴이 하얀 도화지처럼 깨끗해졌다.
"배고프지?"
"응."
"오빠가 김밥 가져왔어."

가방에서 꺼낸 김밥을 수정이 입에 넣어준다. 김밥을 오물거리는 작은 입이 풍선처럼 부풀었다. 볼록한 입이 새삼 귀엽다.
미안한 맘을 씻기 위해, 수정일 기쁘게 해주고 싶다.
"오빠가 그림책 읽어줄까?"
"응."
수정이가 그림책을 무지 많이 가져온다. 나는 숙제도 미루고 그림책을 읽어준다. 한 권을 다 읽을 때마다 수정이는 새로운 그림책을 펼친다.

엄마가 들어왔다. 수정이가 쪼르르 달려가 엄마 품에 안긴다.
"우리 수철이, 동생 보느라고 고생 많았지?"
"아니…."
수정이가 엄마 품에서 재잘거린다.
"오빠랑 얼음땡 했떠. 오빠가 책도 읽어줬떠."
"그래서 재밌었어?"
가슴이 철렁한다. 나는 눈을 동그랗게 뜨고 수정이 입만 쳐다본다.
"응."
엄마가 수정이에게 또 묻는다.
"수정인 엄마가 좋아, 오빠가 좋아?"
"응… 응… 오빠!"
바보. 엄마보다 내가 좋다니. 엄마 품에 안긴 수정이가 날 보며 생긋 웃는다. 미안한 마음에, 오늘 하루를 싹둑 잘라버리고 싶다. 머릿속으로 가위를 그린다. 오늘을 잘라본다. 아무리 잘라도 골목에 가득했던 수정이 울음소린 사라지지 않는다.
단숨에 잘라내기엔 오늘이 너무 길다.

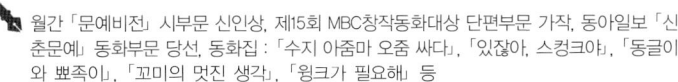
월간 「문예비전」 시부문 신인상, 제15회 MBC창작동화대상 단편부문 가작, 동아일보 「신춘문예」 동화부문 당선, 동화집 : 「수지 아줌마 오줌 싸다」, 「있잖아, 스컹크야」, 「동글이와 뾰족이」, 「꼬미의 멋진 생각」, 「윙크가 필요해」 등

달이 생긴 이야기

윤 수 천

　우리가 살고 있는 이 세상에 어두운 밤을 밝혀주는 달이 있다는 것은 얼마나 고마운 일인지 모릅니다.
　그런데 옛날에는 이런 고마운 달을 집집마다 한 개씩 갖고 있었답니다.
　그때의 달은 지금처럼 크고 둥그런 달이 아니었어요. 아주 작고 모양도 가지가지였지요.
　그래서 온 세상을 환하게 비추던 해가 서쪽으로 넘어가고 어둠이 내리면, 마을 사람들은 기다렸다는 듯이 손바닥만 한 달을 자기 집 처마 끝에 매달아 놓곤 했습니다.
　이 손바닥만 한 달은 작기는 했지만 그런대로 집 안을 밝히기에는 모자람이 없었습니다.
　"수동아, 해 진다. 장롱 속에 넣어 둔 달을 꺼내 오너라."
　수동이네 집은 달을 장롱 속에 넣어 둡니다.
　"봉녀야, 뭘 하고 있냐? 벌써 해가 떨어지고 있지 않니? 항아리 속에 넣어 둔 달을 냉큼 꺼내 오지 않고."
　봉녀네 집은 항아리 속에 달을 넣어 둡니다.
　이런 광경은 집집마다 비슷했답니다. 하루해가 저물 무렵이면 모두 달을 꺼내느라 바빴으니까요.
　그런데 어느 때부터인지 마을에는 안 좋은 일이 생기기 시작했습니다. 바로 그 소중한 달이 자꾸만 없어지는 것이었습니다.
　"이를 어째! 마루 밑에 넣어 둔 달이 감쪽같이 없어졌네!"
　"아유, 오늘밤부터 깜깜해서 어떡하지? 이거 큰일인 걸."
　누군가 자기 집을 좀 더 환하게 하려고 남의 집 달을 훔쳐 갔던 것입니다. 달 두 개를 매달아 놓고 다른 집보다 훨씬 밝은 밤을 보내려고 하는 고약한 심보죠.

　달을 도둑맞은 집은 칠흑같이 어두운 밤을 보내야 했습니다.

　이런 일이 벌어지자 마을 사람들은 자기 집 달을 도둑맞지 않기 위해서 안간힘을 썼습니다.

　하지만 아무 소용이 없었습니다. 되도록 환한 밤을 보내려고 너도나도 앞을 다투어 달을 훔쳐갔기 때문입니다. 그래서 달 도둑은 줄기는커녕 점점 더 늘어만 갔습니다.

　이러니 사람들은 자기 집 달을 혹시 누가 떼어 가지 않을까 항상 마음을 졸여야 했습니다. 한 사람씩 돌아가며 지키는 집도 있었고, 어떤 집에서는 달에 구멍을 뚫어 끈으로 꿰어서 기둥에 묶어 놓기도 했습니다.

　그래도 달을 도둑맞는 집은 계속 늘어만 갔습니다. 달을 지킨다는 건 그만큼 어려운 일이었습니다. 아무리 집안 사람끼리 돌아가며 지킨다 하더라도 하루 이틀도 아니고 날이면 날마다 꼬박 밤을 새우기란 쉬운 일이 아니었으니까요.

　달에 구멍을 뚫어 끈으로 매달아도 마찬가지였습니다. 아무리 튼튼한 끈을 써도 낫이나 칼만 있으면 단번에 끊을 수 있으니 그것도 그리 믿을 만한 방법은 되지 못했습니다.

　'어허, 이거 정말 큰일이로구나. 이러다간 달 때문에 마을 사람들끼리 서로 원수가 되고 말겠어.'

　원님은 걱정이 태산 같았습니다. 남의 집 달을 훔치지 말라고 곳곳에 방을 붙여도 소용이 없고, 집집마다 찾아다니며 타일러도 소용이 없었습니다. 달 도둑은 좀처럼 줄어들지 않았습니다.

　오히려 아침마다 달을 잃어버렸다는 소리만 점점 더 늘어 갔습니다. 어느 날 아침, 원님은 마을을 한 바퀴 돌아볼까 해서 슬며시 관아를 나왔습니다.

　그런데 가는 날이 장날이라고 이 날은 날씨가 매우 변덕스러웠습니다. 금방 해가 쨍쨍하다가도 갑자기 흐려지면서 비를 뿌리는가 하면, 잠시 후엔 언제 그랬냐는 듯이 다시 멀쩡해지는 등 참으로 고약한 날씨였습니다.

'어허, 이거 날을 잘못 잡아 나왔는 걸. 어? 또 비가 오네. 어이구, 저기 처마 밑에서 비를 좀 피해야겠다.'

원님이 비를 피하느라 어느 집 처마 밑에 서 있을 때였습니다. 웬 더벅머리 청년이 빗속을 헐레벌떡 뛰어다니는 것이 보였습니다.

그런데 가만히 보니 청년의 행동이 참 이상야릇했습니다. 무슨 사정이 있는지 왔던 길을 다시 뛰어갔다가는 또 다시 되돌아오곤 했기 때문입니다. 꼭 정신이 어떻게 된 사람 같았습니다.

원님은 더벅머리 청년을 불러 세웠습니다.

"자네는 무슨 일 때문에 이 빗속을 그렇게 허둥대며 뛰어다니는가?"

그러자 더벅머리 청년은 별 참견을 다한다는 듯 퉁명스럽게 말했습니다.

"모두가 이 고약한 날씨 때문이지요."

"날씨 때문이라니? 그게 대체 무슨 말인가? 비가 내릴 때는 남의 집 처마 밑에라도 들어가 비를 피할 일이지, 왜 일부러 비를 맞으며 뛰어다니는가?"

"제 사정을 들어보시면 이해가 가실 겁니다."

더벅머리 청년은 한숨을 푹푹 쉬며 말했습니다.

자기는 홀어머니를 모시고 사는데, 얼마 전에 달을 잃어버려 그동안 캄캄한 밤만 보내게 해서 어머니에게 불효를 했답니다. 그러다가 돈을 마련하여 달을 하나 샀는데 어젯밤에 그만 실수로 우물에 달을 빠뜨렸지 뭡니까?

날이 밝자마자 우물에 빠진 달을 건져 보니 물에 흠뻑 젖어 있더래요. 물이 뚝뚝 떨어지는 그 달은 도저히 빛이 날 것 같지 않았습니다. 하는 수 없이 햇볕에라도 말리려고 널어놓았는데 고약한 날씨 때문에 왔다 갔다 하는 중이라는 것입니다. 볼일도 못 보고요.

"그것 참 안 됐네. 하지만 볼일을 미루더라도 젖은 달을 말려 놓아야 오늘밤을 밝게 보낼 수 있지 않겠나?"

"예예, 그렇습니다. 젖은 달부터 말려야지요."

더벅머리 청년은 꾸벅 절을 하고 뛰어갔습니다.

청년의 뒷모습을 보고 있던 원님은 빙그레 웃음을 지었습니다. 어머니를 생각하는 청년의 마음씨가 너무도 가상하였기 때문입니다.

비가 그치자 원님은 다시 걸음을 옮겼습니다. 시장을 지나 느티나무 골에 다다르자 동네 아이들이 사금파리를 가지고 놀고 있었습니다. 사금파리에 햇빛을 반사시켜서 누가 더 멀리 빛을 보내느냐를 겨루고 있었습니다. 그때 한 아이의 장난기 어린 말소리가 원님의 귀를 번쩍 뜨이게 했습니다.

"애들아, 우리들의 사금파리를 전부 녹여서 크게 만들면 좋겠다. 그러면 빛이 훨씬 셀 테고, 훨씬 멀리 갈 것 아니겠니?"

'옳거니! 저 아이의 말처럼 집집마다 간직하고 있는 달을 모아다가 아주 커다랗게 한 덩이로 만드는 거야. 그 커다란 달을 우리 마을에 띄운다면 온 마을이 환해지겠지. 그렇게 되면 내 달, 네 달 해가며 다툴 일도 없을 게 아닌가!'

원님은 급히 관아로 돌아갔습니다. 그러고는 떡 잘 주무르기로 이름난 노인을 당장 불러 말했습니다.

"노인장, 집집마다 간직하고 있는 달을 모아다 줄 테니 큰 달을 만들 수 있겠소?"

"달을요?"

노인은 무슨 소린가 싶어 눈을 동그랗게 떴습니다. 하지만 곧 원님의 뜻을 알아차린 노인은 고개를 끄덕였습니다.

"이제까지 떡은 많이 주물러 봤지만 달은 처음입니다. 하지만 정성을 다해 만들어 보겠습니다, 사또!"

그날부터 노인은 열심히 달을 주무르기 시작했습니다.

그런데 달을 주무르는 일은 떡을 주무르는 일보다 힘이 들었던지 며칠이 지나도 노인에게서는 아무런 소식이 없었습니다.

이렇게 되자 마을 사람들은 하나둘씩 불평을 하기 시작했습니다.

"이거 정말 답답해서 못 살겠군."

"누가 아니래. 원님 말만 듣고 달을 내준 게 잘못이야. 그러나저러나 큰 달을 만들긴 만드는 거야?"

원님을 향한 원망의 소리는 점점 높아 갔습니다.

답답하기로는 원님도 마찬가지였습니다. 날마다 사람을 보내어 재촉했지만, 시원한 소식은 들을 수가 없었습니다.

그러던 어느 날 저녁, 마침내 노인에게서 기쁜 소식이 왔습니다. 달 만드는 일이 다 끝났다는 것이었습니다.

원님은 당장에 노인의 집으로 달려갔습니다. 노인의 집은 아름다운 달빛에 싸여 눈부시게 빛나고 있었습니다.

"오, 굉장하군! 정말 아름다워!"

"감사합니다, 사또!"

원님은 서둘러서 커다란 연에 노인이 만든 큰 달을 조심조심 얹었습니다. 그러고는 마을 한가운데서 하늘을 향해 띄워 올렸습니다.

이날부터 마을은 밤이 되어도 불편한 줄을 몰랐습니다. 마을 하늘에 높이 떠 있는 크고 둥근 달 덕분에 밤에도 대낮같이 환했으니까요.

마을 사람들은 밝고 큰 달을 보면서 원님에게 감사하고, 달에게 고마운 마음을 가졌습니다. 그리고 달처럼 둥글고 아름다운 마음을 지니려고 노력하였습니다.

그런데 이렇게 아름다운 달을 은근히 시샘하는 친구가 있었습니다. 그것은 다름 아닌 붉은 빛을 뿜는 해였습니다.

해는 자기보다도 은은하고 아름다운 빛을 지닌 달을 보자 그만 질투가 났습니다. 심통이 난 것이지요.

달보다 먼저 하늘에 있었던 해는 달에게 텃세를 부리기 시작했습니다.

밤하늘에 떠 있는 달이 둥그레졌다, 반쪽이었다가 또는 낫같이 가늘어지는 것은 모두 해님의 텃세 때문이랍니다.

그리고 달 속에 멍이 든 것처럼 거무스름하게 보이는 곳이 있는 것은 원님이 달 만드는 일을 하도 재촉했기 때문에 노인이 손도 못 씻고 달을 만드느라 손때가 묻어서 그렇게 된 것이랍니다.

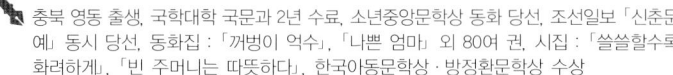
충북 영동 출생, 국학대학 국문과 2년 수료, 소년중앙문학상 동화 당선, 조선일보 「신춘문예」 동시 당선, 동화집 : 「꺼벙이 억수」, 「나쁜 엄마」 외 800여 권, 시집 : 「쓸쓸할수록 화려하게」, 「빈 주머니는 따뜻하다」, 한국아동문학상·방정환문학상 수상

※ 약력과 사진은 필자가 보내오지 않아 그 의견을 존중하여 생략하였음.

2017 경기문인 대표작품선집

인 쇄	2017년 12월 10일	
발 행	2017년 12월 18일	
발 행 인	이 예 지	

발 행 처　(사) 한국문인협회 경기도지회
　　　　　㉾ 13339
　　　　　경기도 성남시 수정로 170번길 14-7 (신흥1동)
　　　　　TEL. (031) 744-5005, 758-5090
출　　판　도서출판 지성의샘

값 30,000원

· 본지에 실린 작품은 허락 없이 복제할 수 없습니다.
· 이 책은 경기문화재단 지원을 받아 제작하였습니다.

이 도서의 국립중앙도서관 출판예정도서목록(CIP)은 서지정보유통지원시스템 홈페이지(http://seoji.nl.go.kr)와 국가자료공동목록시스템(http://www.nl.go.kr/kolisnet)에서 이용하실 수 있습니다.(CIP제어번호: CIP2017032001)